KB071553

청소년학총서 3

청소년복지론

Adolescent Welfare

(사)청소년과 미래 편
김도영 · 이혜경 · 노자은 공저

학지사

청소년학총서 시리즈를 내며

우리는 그 어느 때보다 미래를 예측하기 힘들 정도로 빠른 변화의 시대에 살고 있습니다. 청소년들 역시 이러한 시대의 한가운데를 살고 있으며, 특히 이들은 인간의 발달 단계 중 변화가 빠른 시기를 보내고 있는 중이기도 합니다. 이처럼 급변하는 세상 속에서 미래를 준비하는 청소년들과 이들을 둘러싼 환경을 글로써, 이론으로써 다룬다는 것은 쉬운 일이 아닙니다. 더군다나 청소년학의 역사가 그리 길지 않은 것을 감안하면 청소년학의 이론서를 쓰는 것은 더더욱 고민이 되는 일이기도 합니다.

청소년현장에서 일을 하고 청소년학을 전공하면서 청소년학의 정체성, 청소년학의 현장 기여도 등에 대해 여러 생각과 고민이 있었고, 특히 청소년학을 전공으로 하는 이들을 위한 교재가 안팎으로 좀 더 풍부해야 한다는 생각을 늘 갖고 있었습니다. 이러한 고민은 청소년, 청소년지도사, 청소년현장 등을 좀 더 구체적으로, 제대로 알릴 수 있는 풍부한 고민의 장이 마련되어야 한다는 작은 결론에 이르게 되었습니다. 그래서 나름대로는 야심 찬 계획을 세웠고 청소년학을 전공한 박사님들을 한 분 한 분 만나기 시작했습니다.

박사님들의 공통적인 견해는 청소년 분야를 두루 아우르면서 각 영역의 이론과 지식을 전달할 수 있는 교재가 필요하다고 하였고, 특정 교재 한 권 정도로 한정 짓지 말자는 것이었습니다. 그래서 우선 현재 대학에서 청소년지도사 양성을 위한 전공 교과목을 중심으로 집필하기로 하였습니다.

교재를 집필하기 전에 8종 모두 청소년학을 전공한 박사학위 소지자들을 집필진으로 세웠고, 전 집필진이 모여서 워크숍을 개최하고 의견을 공유하였으며, 집필 중

간중간에 모임을 갖고 교재의 통일성을 위해 논의를 하기도 하였습니다. 집필진 나름대로는 기존의 교재들을 조금이라도 보완하기 위하여 애를 쓰기는 하였지만 막상 다 완성된 시점에서 들여다보니 너무 많이 부족하다는 말씀을 전하셨는데, 독자 여러분은 어떻게 보실지 모르겠습니다.

이 교재들은 청소년지도사 2급 자격 검정을 위한 8개 과목, '청소년활동' '청소년문화' '청소년복지' '청소년문제와 보호' '청소년심리 및 상담' '청소년육성제도론' '청소년지도방법론' '청소년 프로그램 개발과 평가'로 시리즈 형식으로 구성하였습니다. 청소년지도사 2급의 경우, 다른 급수에 비해 많이 배출되었을 뿐 아니라 청소년활동 현장에서도 2급 청소년지도사들을 많이 볼 수 있습니다. 실제로 여성가족부(2018)에 따르면, 우리나라 청소년지도사는 청소년지도사 양성 계획에 따라 1993년부터 2018년까지 1급 청소년지도사 1,730명, 2급 청소년지도사 35,425명, 3급 청소년지도사 12,691명 등 총 49,846명의 국가 공인 청소년지도사를 배출한 것으로 보고하고 있습니다.

이와 같이 청소년지도사가 5만 명에 이르고 있으나 기존에 예비 청소년지도사를 포함한 청소년지도사들을 위한 교재는 그리 많다고 볼 수 없으며, 자격 검정을 준비하는 이들이나 대학에서 강의하는 교수님들 역시 관련 교재가 충분하지 않음을 토로하기도 합니다. 이러한 상황 역시 저희 법인에서 더욱 청소년지도사를 위한 교재를 준비해야겠다고 생각하게 된 계기가 된 지점이기도 합니다.

본 법인이 이 교재를 기획하긴 하였지만 신규 법인이다 보니 집필진 여러분에게 큰 힘이 되어 드리지 못한 것 같아 송구스럽기도 합니다. 그럼에도 불구하고 저희 법인에서 용기를 낸 것은 기존에 출판되어 있는 청소년학 교재들이 단권이나 몇몇 교재에 한정하여 출판하는 경우가 많아 시리즈로 구성되는 사례가 많지 않고, 집필진 전원을 청소년학을 전공한 이들로 구성하는 경우 또한 흔치 않아 이 부분을 지원하면 좋겠다는 판단이 들었기 때문입니다.

이 책을 접하는 독자의 입장에서는 전체 교재가 나름의 일관성을 지니게 되어 책을 보는 데 좀 더 수월하지 않을까 하는 기대와, 집필진의 입장에서는 책의 내용에 있어서 최대한 청소년학 전공자의 관점을 유지할 수 있지 않을까 하는 생각을 하게 되었기 때문이기도 합니다.

이러한 고민들을 모으고 논의를 거쳐서 책을 내놓게 되었습니다. 집필진의 말씀처럼 나름의 노력과 고민을 담았으나 여전히 부족함이 눈에 보이고 부끄러운 마음도 없지 않지만, 조금이나마 청소년지도사를 꿈꾸는 후배 청소년지도사들에게 도움이 되기를 바랍니다.

앞으로도 저희 사단법인 청소년과 미래는 청소년들과 청소년지도사들을 위한 다양한 연구와 사업에 매진할 것입니다. 여러분의 많은 관심과 응원 부탁드립니다.

2019년 청소년의 달, 5월에

사단법인 청소년과 미래 대표 진은설

청소년하면 자동적으로 떠오르는 문구가 있다. '청소년은 미래의 주인공' '청소년은 우리의 미래' '청소년은 미래의 주역이자 기둥' 이외에도 여러 비슷한 내용이 있다. 하지만 필자가 청소년복지 현장에 근무할 때 이와 같은 문구들이 좋게만 느껴지지는 않았다. 청소년은 현재가 중요하다는 생각을 갖고 있었기 때문일지 모른다. 오히려 미래의 주인공이라는 이미지 때문에 그런지 언제나 청소년의 힘든 부분은 청소년 개인의 문제로 치부해 버리고 소홀하게 대하는 경향이 있다. 과연 현재에 행복하지 않은 청소년이 미래의 주인공이 되어 행복할 수 있을까?

청소년복지의 지향점은 모든 청소년이 조화롭게 성장 및 발달할 수 있는 환경을 조성하여 청소년이 행복한 삶을 살 수 있도록 하는 데 있다고 할 수 있다. 최근에 청소년기가 점점 길어지고 학교 밖 청소년, 가정 밖 청소년 등 청소년문제가 부각되면서 청소년복지에 대한 관심이 점점 많아지고 있다. 하지만 아직까지도 청소년복지는 그 정체성을 확립하지 못하고 있다. 그럼에도 청소년복지에 대한 욕구가 높아지고 청소년복지의 다양한 관점에 대한 논의가 활발해지고 있다.

이 시점에 미래의 청소년지도사와 청소년복지 실천현장의 청소년지도사를 위한 교재를 써 보자는 의견이 모아졌고 청소년학 전공자를 중심으로 집필진이 구성되었다. 교재의 내용과 목차를 구성하기 위해 청소년복지 관련 서적 분석 등이 이루어졌고, 제주에서의 1박 2일 워크숍을 통해 최종 교재의 내용이 확정되었다. 본격적인 집필이 이루어지면서 조금이라도 완성도 높은 책을 만들기 위해 집필진들의 끊임없는 소통이 이루어졌다. 청소년복지 실천현장에 근무한 경험과 대학에서의 청소년복지 강의 경험을 바탕으로 학생들에게 꼭 필요한 내용을 담기 위해 토론을 통해 내용을 수정 및 보완하였다. 청소년복지를 배우는 학생들이 쉽게 이해할 수 있도

록 작성하였고, 학생과 교수님들을 위해 가급적 최신 자료와 참고문헌을 인용하는 등 사회의 최근 변화를 담으려고 노력하였다.

이 책은 총 12장으로 구성되었다. 각 장의 집필은 1장 김도영, 2장 노자은, 3장 김도영, 4장 김도영, 5장 노자은, 6장 이혜경, 7장 이혜경, 8장 김도영, 9장 이혜경, 10장 노자은, 11장 노자은, 12장 이혜경이 하였다. 1장은 청소년복지의 이해에 대해 설명하였고, 2장은 청소년복지의 관점을 제시하였으며, 3장은 청소년 복지의 정책과 법에 대해 상세히 다루었다. 4장부터 11장까지는 청소년복지의 실제(가출, 학교 밖 청소년, 성, 폭력, 범죄, 경제활동, 인권, 참여)에 대해 각 영역별로 구분하여 자세하게 기술하였다. 마지막으로 12장은 청소년복지의 전망과 과제에 대해 살펴보았다.

비록 이 책이 청소년복지에 대한 모든 내용을 담지 못하여 부족한 점이 많지만 청소년의 복지를 이해하고 실천하는 데 조금이나마 도움이 되길 바란다.

이 책이 출판될 수 있었던 것은 단 한 명의 집필진도 포기하지 않고 함께해 주었기 때문에 가능했다. 기한을 엄수해서 집필해 주었고, 집필진 모임 또한 빠지지 않고 참석해 토론을 통해 의견을 제시해 주었다. 이러한 집필진의 노력이 있기에 이 책이 완성될 수 있었다. 이 지면을 통해 집필진에게 감사드린다.

마지막으로 이 책의 출판을 위해 도움을 주신 학지사의 김진환 사장님을 비롯한 편집부 선생님들께 고맙다는 말씀을 드린다.

2019년 6월

한라산이 보이는 연구실에서 집필진을 대표하여 김도영 드림

차례

제1장

청소년복지의 이해

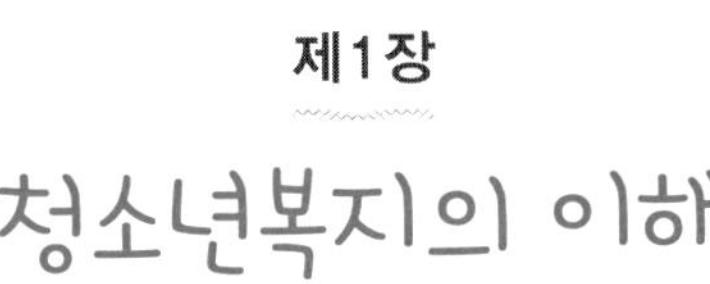

학습개요

청소년복지의 개념을 이해하기 위해서는 한국에서 통용되고 있는 복지와 사회복지의 개념을 알아보고 이에 대한 개념 분석을 통해 청소년복지의 개념을 설명하는 것이 필요하다. 이를 위해 먼저 사회복지와 청소년복지가 어떠한 연관성이 있는지 살펴보고, 다음으로 청소년복지와 아동복지의 연관성을 비교해 보는 것이 중요하다.

청소년복지는 사회복지 틀 속에서 설명된다. 특히 청소년복지보다 먼저 등장한 아동복지의 영향을 받고 있다. 따라서 사회복지 영역을 살펴봄으로써 청소년복지의 영역에 대해 이해할 수 있을 뿐만 아니라 아동복지와의 비교를 통해 청소년복지의 정체성에 대해 고민해 볼 수 있을 것이다. 또한 청소년복지가 추구하는 가치를 확인하기 위해 사회복지의 가치를 살펴보고, 이를 통해 청소년복지의 가치를 재확인해 볼 것이다.

이 장에서는 복지의 개념, 사회복지의 개념, 사회복지와 청소년복지, 청소년복지와 아동복지, 사회복지와 청소년복지의 가치, 청소년복지의 발달에 대해 살펴보고자 한다.

01 복지의 개념

한국 사회에서 현재 사용되고 있는 복지는 'welfare'를 번역한 용어이다. 사전적 의미로는 'welfare'는 'wellbeing'과 같은 뜻이거나 'wellbeing'을 위해 사회와 국가가 개입하는 행위를 뜻한다. 레이몬드 윌리엄스(Raymond Williams)는 'welfare'가 14세기에는 행복, 부유함을 의미했는데, 20세기에 들어와서는 의미가 확장되어 사용되기 시작했다고 주장하였다. 여기에 국가가 덧붙여진 복지국가(welfare state)라는 용어는 1939년에 사용되기 시작했다. 즉, 제2차 세계대전의 과정에서 사회정책이 확장되었고 전쟁국가(warfare state)와 대비되어 사용되기 시작했다(정근식 · 주윤정, 2013; Williams, 1983).

한자문화권에서 'welfare'는 '복지(福祉)' 혹은 '복리'로 번역되었다. 일본어 용례를 살펴보면 복지라는 용어는 'wellbeing'과 'welfare'를 혼용하여 사용하였는데, 20세기 초까지도 이들은 중첩되어 사용되었다. 개인적 차원에서는 '실제의 행복감, 건강이 잘 보장되는 것' 등을 의미하고, 집단적 차원에서는 '도덕심이 침투해 물질적으로 풍요로워지는 것'을 의미한다. 특히 어떤 특정 집단과 지역에 있어서 물질적 · 경제적 측면에서 구성원의 행복감, 건강, 재산, 도덕성, 심리상태, 환경 등이 행정과 민간단체 등 사회적 노력에 의해 조직적으로 제공되고 유지되는 것이라는 의미이다(정근식 · 주윤정, 2013).

국립국어원 표준국어대사전에 복지는 "좋은 건강, 윤택한 생활, 안락한 환경이 어우러져 행복을 누릴 수 있는 상태를 말한다."라고 설명하고 있다. 장인협(1986)은 '복지'의 사전적 의미는 '안락하고 만족한 상태 또는 인간의 건강과 번영의 상태'라고 정의하고 있으며, 'fare'는 '살아가다 또는 지내다'라는 의미로, 목적이나 목표의 개념이 구체적인 제도나 서비스의 실천까지 포함하는 용어로서 사용된다고 하였다. 따라서 복지는 '인간의 좋은 건강을 유지하면서 윤택한 생활과 안락한 환경들이 어우러져 행복을 누릴 수 있는 상태, 즉 행복한 삶이 유지되어 매우 만족한 상태'를 말한다.

02 사회복지의 개념

사회복지(social welfare)의 개념은 학자들마다 매우 다양하게 정의를 내리고 있다. 존스(Jones, 1985)는 사회복지의 '사회(social)'라는 접두사에 부여된 의미에 대해 첫째, 어떤 형태의 보호와 공유를 의미하고, 사전적으로는 상호작용, 우애, 호감 등의 특성을 나타내며, 둘째, 전체로서의 사회에 관련된 것을 의미하고, 사전적으로는 사회의 구성과 그로 인한 문제에 관련된 것이라고 하였다. 포더(Forder)는 '사회(social)'의 의미를 집합적 행동에 의해 제공되는 서비스, 사회적 욕구를 목표로 제공되는 서비스, 이윤 추구와 같은 경제적 동기가 아니라 상부상조 또는 이타주의와 같은 사회적 동기로 제공되는 서비스를 의미한다고 정의했다(김상균, 1987; 박정선, 2014).

사회복지의 개념을 살펴보면 프리들랜더와 앱트(Friedlander & Apte, 1961)는 국민 전체의 복지와 사회질서 유지에 기초가 되는 사회적 욕구를 충족시키기 위한 제반 장치를 강화하고 보장하는 법률, 프로그램, 급여, 서비스라고 정의했으며, 윌렌스키와 르보(Wilensky & Lebeaux, 1965)는 사회복지를 국민의 경제적 상황, 건강, 대인관계 능력을 유지시키거나 향상시키는 기능을 도모하는 기관, 제도, 프로그램의 조직화된 체계라고 정의했다. 김상균(1987)은 사회복지의 개념을 광의와 협의의 사회복지로 구분하여 정의하였다. 광의의 사회복지란 인간의 기본욕구 충족과 사회질서의 유지를 위해 필요하다고 인정되는 사회적 욕구의 해결을 목적으로 제공되는 법, 프로그램, 현물 및 현금 등의 일체의 서비스 체계라고 정의하여 직업복지와 자원복지까지 포함시켰다. 협의의 사회복지는 개인의 복지 증진을 국가가 책임지는 활동으로, 사회보장, 의료보장, 주택보장, 교육정책, 실업대책 혹은 포괄적인 사회정책을 포함시켰다. 장인협, 이혜경, 오정수(2007)는 사회구성원이 기존의 사회제도, 가족제도, 시장제도, 정치제도, 종교제도 등을 통하여 기본적인 욕구를 충족시키는 데 어려움을 겪고 있거나 어려움이 예상될 때 그 욕구를 충족시킬 수 있도록 도움을 제공하는 조직화된 사회적 활동의 총체라고 정의하였다. 이처럼 사회복지의 개념을 명확하게 단정짓기는 어렵다. 이 장에서는 사회복지를 '인간의 기본욕구 충족과 사회적 욕구의 해결을 위한 국가 차원의 조직화된 활동의 총체'라고 정의하였다.

03 청소년복지의 개념

1) 사회복지와 청소년복지

청소년복지는 사회복지의 틀 속에서 설명된다. 사회복지는 인간의 행복을 추구하는 실천적 활동이다. 청소년복지는 청소년이 행복하게 살아갈 수 있도록 돕는 실천적 활동이라 할 수 있다. 사회복지는 응용사회과학이며 실천학문이다. 청소년복지 또한 청소년과 복지에 관련한 다양한 학문에 기반을 둔 실천학문이다. 이런 점에서 볼 때 청소년복지는 사회복지와 불가분의 관계를 지닌다. 청소년복지는 사회복지가 갖는 기본이념이나 가치를 계승한다고 할 수 있다.

청소년복지는 사회복지의 기본이념이나 가치 등을 그대로 계승하지만 청소년기의 특성과 청소년이라는 계층에 초점을 둠으로써 다른 분야와는 차별되는 독특성을 갖는다. 청소년복지가 다른 사회복지 분야와 차별되는 독립된 영역이며, 청소년에 대한 접근은 다른 접근들과는 구별되어야 한다는 점에는 상당수의 사람이 인식을 같이하고 있다. 홍봉선과 남미애(2009)도 청소년복지는 아동복지와 구별되는 독립된 사회복지 분야 중의 하나로서 청소년의 기본적 욕구의 충족과 건강한 성장 및 발달의 촉진은 물론 청소년이 사회구성원의 한 사람으로서 주체적인 삶을 영위하도록 한다고 하였다. 더 나아가 청소년복지는 청소년을 둘러싼 환경이 청소년의 성장을 돕기 위해 최적의 기능을 발휘할 수 있도록 청소년과 가정, 사회를 통해 직간접적으로 제공되는 모든 사회정책과 관련 제도 및 전문적 활동이라고 하였다. 하지만 아직까지 청소년복지는 학문적 정체성을 확립하지 못하고 있다. 이는 청소년이 우리 사회에서 차지하는 위치와 역할의 중요성, 청소년에 대한 사회적 책임을 인식하게 된 것이 다른 사회복지 분야에 비해 매우 늦을 뿐 아니라 청소년복지가 이론적 정립보다는 청소년들이 야기하는 여러 가지 문제에 응급적으로 대응해 가는 과정에서 필요에 의해 형성된 성격이 강하기 때문이다(홍봉선, 2009).

그럼에도 불구하고 사회복지가 인간의 행복한 삶을 지향하는 것처럼, 청소년복지 역시 청소년들에게 행복한 삶을 위한 성장과 교육에 초점을 맞추어야 한다는 데에는 큰 이견이 없을 것이다. 청소년복지는 국가가 청소년복지에 대한 책임을 인식하고 적극적이고 주도적으로 개입함으로써 청소년들이 자신의 과업이나 문제를 원만하게 해결할 수 있도록 돕고, 그들의 잠재능력을 최대한 발휘하여 책임 있고 건강한 사회구성원으로 성장하도록 돕는 데 그 의의가 있다(노혁, 2011).

2) 청소년복지와 아동복지

아동과 청소년은 유사하지만 다르다. 「아동복지법」에서는 18세 미만을 아동으로 정의하고 있고, 「청소년 기본법」에서는 9세부터 24세까지를 청소년으로 규정하고 있다. 아동과 청소년은 겹치는 연령대가 있지만 엄연히 구분되는 연령대가 존재한다. 물론 연령만으로 대상을 구분하는 것이 모호한 부분이 있다. 그럼에도 불구하고 사회에서는 통상적으로 아동과 청소년을 연령으로 구분하고 있다. 하지만 아동과 청소년은 태생적으로 같은 시대의 산물이다. 아동이라는 용어가 근대화의 산물(문지영, 2003)인 것처럼 사실 청소년도 이와 관련한 근대의 산물이다. 길리스(Gillis, 1981)에 따르면 전 산업사회에는 오늘날 사회적으로 의존적인 위치의 청소년기(adolescence)는 존재하지 않았고, 이미 부모 곁을 떠나 노동을 하면서 경제적인 자립능력을 가진 반의존적(semidependent)인 형편에 있는 청소년(youth)이 비교적 긴 기간 동안 존재하였다고 한다. 더욱이 후기 산업사회에 들어와서는 10대 중심의 의존적 성향의 청소년기와 20대 중심의 반의존적 청소년기가 함께 나타나기 시작했다(김선애, 2015).

사회적 청소년기라고 할 수 있는 'youth'가 새롭게 부각되는 이유는 청소년기가 연장되면서 가정을 떠나 경제적 자립을 하는 독립적 시기가 지연되고 결혼 연령 또한 늦추어지고 있는 상황이 청소년기를 확장하게 하였기 때문이다(Cavalli & Galland, 1995; Gillis, 1981). 이러한 청소년기는 아동기와 유사하게 부당한 억압, 학대와 착취로부터 보호받고 기본적인 생존을 위한 환경 마련을 요구받는다. 하지만 아동기보다는 좀 더 적극적이고 사회와 경제적 자립을 준비하는 시기이기 때문에

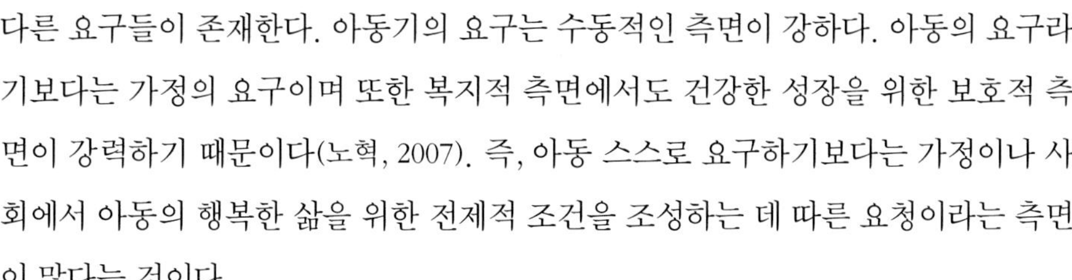

다른 요구들이 존재한다. 아동기의 요구는 수동적인 측면이 강하다. 아동의 요구라기보다는 가정의 요구이며 또한 복지적 측면에서도 건강한 성장을 위한 보호적 측면이 강력하기 때문이다(노혁, 2007). 즉, 아동 스스로 요구하기보다는 가정이나 사회에서 아동의 행복한 삶을 위한 전제적 조건을 조성하는 데 따른 요청이라는 측면이 많다는 것이다.

반면, 청소년의 요구는 좀 더 다른 맥락에서 보아야 한다. 물론 아직 청소년기가 완전한 자립을 성취하지 못한 시기라는 측면에서는 아동기의 건강하고 행복한 환경을 조성하는 요구와 일차적으로 유사하다. 그런데 청소년은 아동과는 사뭇 다르다. 청소년은 아동보다는 더 구체적이고 가시적인 잠재적 인력자원인 동시에 현재 진행형인 사회노동인력이다. 더욱이 산업사회에서 탈산업사회로 이전되어 노동시장의 유연성이 확대되면서 비정규직 인력이 늘어나고 직업의 불안전성이 가속화되고 있다. 이러한 상황에서 청소년층은 취업 기회의 제한과 교육훈련 부족으로 인해 학교, 특히 고등학교에서 직장으로의 이행과정이 어렵게 되었다. 또한 노동시장에서 빈번하게 발생하는 부당임금과 열악한 노동조건, 불법고용, 시간제 일자리의 제한 등 권익을 침해하는 일들이 빈번하게 일어나고 있다. 이처럼 청소년은 미래에 대한 불안뿐만 아니라 현실에서도 행복할 수 있는 기본적 권리조차 빼앗기는 경우가 많다. 즉, 아동의 연령대에서는 생존 및 발달에 관한 내용이 중요할 수 있지만, 청소년 연령대에서는 아동과 구분하여 생존 및 발달을 포함한 위험 사회환경 및 문화로부터의 보호, 사회참여 및 성인과의 의사소통을 통한 자기발전 등에 관한 복지적인 과업과 발달이 사회적으로 요구된다(김윤나, 2012).

전통적으로 아동복지는 대상과 목표가 비교적 뚜렷했다. 아동복지의 기본은 가정이다. 실제 우리나라뿐만 아니라 대부분의 복지를 지향하는 국가에서 복지의 수월성 등 다양한 이유 때문에 복지정책의 근간은 가정이고, 가정에서 복지의 핵심은 바로 아동복지라고 볼 수 있다(공계순 · 박현선 · 오승환 · 이상균 · 이현주, 2013; 오정수 · 정익중, 2013). 우리나라에서 아동복지에 대한 실무적이고 학술적인 논의는 이미 1960년대에 「아동복지법」이 등장하면서부터 시작되었지만 이와 같은 연장선상에서 청소년복지라는 말이 등장한 지는 그리 오래되지 않았다. 청소년복지는 실제 1998년에 사회복지 분야에서 사회복지사 자격시험제도에 청소년복지가 선택과목

으로 등장하면서 관심을 갖기 시작했다고 볼 수 있다(노혁, 2010). 청소년복지는 사회복지와 아동복지 외적 영역에서도 관심을 갖고 있지만 여전히 아동복지의 연장선상에서 그 정체성의 어려움을 겪고 있다. 그럼에도 불구하고 청소년기가 연장되고 청소년문제가 점점 사회적 관심의 대상이 되고 학교를 떠나는 중고등학생이 늘어나면서 청소년복지가 주목받고 있다(김선애, 2015).

3) 사회복지와 청소년복지의 가치

국립국어원 표준국어대사전에 "가치는 대상이 인간과의 관계에 의하여 지니게 되는 중요성이며, 가치관은 가치에 대한 관점으로 인간이 자기를 포함한 세계나 그 속의 사상(事象)에 대하여 가지는 평가의 근본적 태도이다."라고 설명하고 있다. 클라크혼(Kluckhohn)은 가치란 행위의 다양한 방법, 수단, 목적 중에서 행위자가 선택하는 데 있어 영향을 미치는 것으로, 개인 혹은 집단이 가지고 있는 명시적인 혹은 암시적인 이념이라고 정의하였다(박광준, 2002). 사회복지의 궁극적인 가치로는 흔히 인간의 존엄성과 배분적 사회정의가 거론된다. 이 두 가치는 사회복지의 출발점이면서도 궁극적인 목표와 방향성을 제시하기 때문에 사회복지의 정체성을 확립시키는 핵심적인 가치라고 할 수 있다. 사회복지사가 인간의 존엄성과 배분적 사회정의를 추구하는 것은 비슷한 역할을 행하는 다른 봉사와 관련된 사람들과 사회복지사들을 차별화시키는 기준이 되기 때문이다.

인간의 존엄이라는 가치는 세계인권선언문 제1조의 내용처럼 "모든 사람은 태어날 때부터 자유롭고, 존엄하며, 평등하다."라는 인식에서 시작된다. 「대한민국헌법」 또한 이러한 내용을 담고 있다. 「대한민국헌법」 제10조에는 "모든 국민은 인간으로서의 존엄과 가치를 가지며, 행복을 추구할 권리를 가진다." 그리고 제11조에는 "누구든지 성별·종교 또는 사회적 신분에 의하여 정치적·경제적·사회적·문화적 생활의 모든 영역에 있어서 차별을 받지 아니한다."라고 명문화되어 있다. 이처럼 인간은 신분이나 직업, 경제 상태나 신체적 조건, 사상, 출신 지역이나 민족, 피부색, 성별, 연령 등을 이유로 차별하거나 차별받거나 인간성이 부정되어서는 안 된다는 가치를 지니고 있다. 사회복지의 측면에서 볼 때 인간의 존엄이라는 가치의 실현은 우선 인간다운 생활을 할 수 있을 정도의 생활 수준을 유지하는 것에서 출발한다.

사회복지의 또 다른 궁극적 가치인 배분적 사회정의는 사회적 책임성과 참여를 중요시하는 가치이다. 복지권이나 복지국가론에 의해서 나타나게 된 이 가치는 개인의 욕구 결핍이나 문제의 원인을 사회자원의 불평등한 배분으로 보고 있기 때문에 사회는 개인의 발전과 복지를 위해서 자원을 최소한으로 공평하게 배분해 주어야 한다는 점을 강조한다. 다시 말해, 배분적 사회정의는 개인의 능력이나 노력에 따라 빈부의 차이가 있음을 인정하면서도 모든 인간이 인간다운 삶을 영위하기 위해서는 모든 사회구성원이 기본적인 사회자원을 공평하게 배분하여야 한다고 보는 관점이다. 이러한 사회복지의 가치는 역사와 시대에 따라서 다양하게 변화되어 왔지만 사회복지가 사회복지로서의 정체성을 유지할 수 있었던 것은 모든 시대에 고유되었던 이러한 기본적인 가치가 있었기 때문이다(김융일 외, 2003).

사회복지의 가치를 최소화하여 요약하자면 사회복지의 가치는 궁극적 가치인 인간의 존엄성과 배분적 정의를 필두로 클라이언트의 자기결정의 존중, 서비스의 사회적 책임성 지향을 기본적 가치로 제시할 수 있다. 이상과 같은 사회복지의 가치는 청소년복지 가치에 그대로 투영된다(홍봉선, 2009).

첫째, 청소년복지가 청소년을 독립적이고 통합된 인격체로서 존중해야 한다는 원칙은 사회복지의 인간존엄성의 가치와 그 맥을 같이한다. 비록 가부장적 폐습으로 인한 연령 차이 관행이 엄존하고 있지만 청소년은 성인과 동등한 자주적이고 독립적인 인격체인 동시에 어떠한 상황에서도 존중되어야 할 사회적 존재이다. 또한 청소년은 빈곤, 장애, 비행 등 어떠한 조건하에서도 차별 없이 인간으로서의 존엄성이 유지될 수 있어야 하며 그들의 개별적이고 다양한 요구를 인정하여야 한다. 마찬가지로 청소년은 어떤 단면이나 부분만으로 이해되어서는 안 되며 다면적 · 전체적인 존재로서 인식해야 한다.

둘째, 배분적 사회정의는 청소년복지에서 문제가 있는 청소년에서부터 일반 청소년까지 모든 청소년을 대상으로 치료나 재활뿐만 아니라 예방적 차원에서의 다양한 서비스가 이루어져야 하는 점과 관련이 있다. 특히, 사회적 필요와 욕구가 크며 상대적으로 더 열악한 상황에 처해 있는 청소년에 대한 개입과 지원이 우선되어야 함을 의미한다. 지원 수준에 있어서도 최저의 생활보장 수준이 아니라 건강하고

문화적인 삶이 영위될 수 있는 최적의 수준이 되어야 한다. 또한 출생의 불평등, 천부된 자질의 불평등은 정당하지 않으므로 이런 불평등은 어떤 식으로든 보상을 하여야 한다. 따라서 모든 사람을 평등하게 대하고 진정한 기회 균등을 실현하기 위해서는 천부적 재능이나 사회적 지위에서 불리하게 태어난 사람들을 위해 사회가 더 많은 배려를 하여야 한다는 원칙이 성립하게 된다. 현실의 민주주의를 지향하는 모든 사회에서는 애초의 분배나 시장 활동의 결과에 따른 불평등에 대응하는 재분배 정책이 존재한다. 특히 그 재분배가 어느 누구도 해치지 않으면서 사회의 일부나 전체를 보다 더 행복하게 만든다면 이는 형평성의 기준에서뿐만 아니라 효율성의 기준에서도 매우 타당하게 된다.

셋째, 자기결정권의 원칙은 청소년을 청소년복지의 대상인 동시에 주체라는 점을 인정하는 것에서부터 시작된다. 청소년은 한 사람의 인간으로서 모든 권리와 의무를 갖지만 시기적인 특성으로 인하여 가정과 사회로부터 특별한 보호를 필요로 하는 존재이기도 하다. 그러나 지금까지 청소년정책은 청소년을 미성숙한 보호대상으로 규정하여 비행이나 범죄를 예방하는 선도·보호 정책으로 일관하거나 청소년들을 현 사회의 구성원으로서 인정하지 않고 기본적인 인권이나 사회적 권리를 유보한 채 전반적인 청소년의 삶의 질을 향상시키려는 노력은 소홀히 해 왔다. 이는 청소년을 미래의 주역으로만 간주하여 현재의 생활과 활동은 미래를 위해 준비하는 것으로 이해·유보함으로써 오늘을 살아가는 사회구성원으로서 독립된 인격체임을 간과하게 되고, 이로 인해 청소년을 정책의 대상으로만 간주함으로써 청소년의 자발적인 참여와 스스로의 활동을 제약하는 결과를 낳게 되었다.

청소년은 성인과 동등한 인간으로서의 권리를 가진 사회적 존재이며 나름대로의 자의식과 창의성, 호기심과 도전의식, 무한한 잠재 능력, 순수한 비판의식 등 성인에게는 찾아볼 수 없는 우수한 역량을 가진 개체이다. 일반적으로 청소년 관련 영역에서는 권리 및 참여로 청소년의 자기결정이 표현되는 경우가 많다. 또한 청소년은 가족으로부터 독립하고 동성과 이성의 친구를 선택하고 진로 결정 등을 스스로 수행할 수 있는 주체임을 인정해야 한다. 즉, 아동기나 성인기와 차별되는 독특한 특성을 가진 시기임을 고려하여 이들에 대한 과학적이고 체계적인 이해와 더불어 전문적인 지식과 기술에 근거한 지원이 필요하다. 하지만 이러한 전문적 지식과 기술에 대한 청소년의 자기결정권에 대한 존중은 스스로에게 필요한 서비스를 스스로 선택한다는 의미를 넘어 청소년을 성인과 더불어 현 사회를 주도하는 중요한 파트너임(홍봉선 · 남미애, 2009)을 인정하는 것이라 할 수 있다.

넷째, 사회적 책임성은 청소년의 보호 및 복지에 대한 사회적 연대 및 적극적 개입의 가치를 의미하는 것이다. 청소년복지에는 정부와 민간의 협력은 물론 전문가에서부터 지역 주민 등 다양한 사람의 협조가 필요하다. 청소년에 대한 사회적 책임이 분명한 이상 국가는 청소년복지에 일차적인 책임이 있음을 명확히 하고 이들에 대한 지원과 보호에 최우선을 두어야 한다. 하지만 민간이 참여해야 더욱더 효과적인 부분에 있어서는 민간의 협력을 적극 유도하여야 하며, 민간의 참여가 소기의 목적을 달성할 수 있도록 최대한 지원을 아끼지 말아야 한다. 또한 청소년복지는 청소년기의 특성과 청소년 개개인의 특성, 청소년의 문제, 청소년의 욕구 등을 고려한 개별적인 서비스 전략이 수립되고 개입이 행해져야 하기 때문에 전문성과 함께 지역사회의 협력이 요구된다. 따라서 청소년복지의 이행에 있어 사회복지사뿐만 아니라 정신과의사, 교사, 경찰, 청소년지도사 및 청소년상담사, 변호사, 학교사회복지사 등 전문가의 참여와 팀워크가 절대적이며, 필요한 경우 자원봉사자 등 지역 주민의 참여도 이루어지는 상호 협력적 체계 구축이 절실히 요청된다.

4) 청소년복지의 개념

청소년복지는 청소년과 복지의 합성어이다. 지금까지 청소년복지를 아동복지의 연장선 속에 포함시켜 온 것이 사실이다. 하지만 청소년복지는 아동복지와 차별되는 독립된 사회복지 영역 중의 한 부분이다. 청소년복지는 청소년의 인격 형성에 중요한 영향을 미치는 교육, 환경, 보건, 직업, 인간성 회복 문제, 여가 선용 문제 등을 복지적 차원에서 반드시 고려해야 한다. 왜냐하면 청소년복지가 청소년의 인격 형성에 영향을 미치는 주요한 요인으로 볼 수 있기 때문이다. 송건섭과 김명수(2006)는 청소년복지를 청소년의 올바른 성장과 발달을 목표로 청소년에게 일정한 사회적 역할과 책임을 부여하는 동시에 청소년과 성인의 참여와 공동 노력을 통해 청소년의 능력을 향상시키고 다양한 삶의 기회를 마련해 주는 제반의 복지활동이라고

정의하였다.

청소년복지에 대한 정의에 있어서 노혁(2002)은 소극적인 측면과 적극적인 측면으로 구분하여 정의하였다. 첫째, 소극적인 측면의 청소년복지는 사회적으로 소외되거나 적응에 실패한 청소년에게 사회복지정책과 개별서비스의 전달을 통해 사회 구성원으로서 정당하게 생활하고 나아가 신체적 · 심리적 · 사회적 자립 능력을 갖도록 돕는 것으로 보았다. 둘째, 적극적인 측면에서의 청소년복지는 성과 능력, 신체 및 정신과 사회적 조건에 관계없이 모든 청소년이 인간답게 생활하는 데 필요한 권리와 책임을 갖게 하여 청소년으로서의 삶을 풍요롭게 누릴 수 있게 하며, 더불어 청소년의 잠재적 능력을 개발하도록 돕는 복지라고 정의하였다. 마이어(Meyer, 1985)는 청소년복지가 하나의 사회제도이며 전문직이어야 한다고 하였으며, 송정부(1992)는 청소년복지가 사회복지의 하위범주로서 청소년이 사회생활의 기본적 욕구와 관련하여 경제적 안정, 직업적 안정, 가족적 안정, 보건 및 의료의 보장, 교육의 보장, 사회참여 내지 사회적 협동의 기회, 문화오락의 기회를 충족시키는 과정이라고 정의하였다.

이처럼 청소년복지는 일반 청소년뿐만 아니라 다양한 문제를 가진 청소년을 포함한 모든 청소년이 가족과 사회의 일원으로서 행복하게 살면서 건전하게 성장 및 발달하도록 지원하는 공적 · 사적 차원에서의 조직적 활동을 의미한다. 또한 청소년복지란 청소년들이 인권 보장과 가족 및 사회의 일원으로서 바람직한 삶을 누릴 수 있도록 하기 위한 복지정책과 서비스지원을 의미한다. 이는 청소년들이 가족과 사회의 일원으로서 행복하고 즐겁게 살아가면서 신체적 · 지적 · 정서적으로 건전하게 성장 및 발달할 수 있도록 지역사회나 사회복지서비스 분야에 있는 시설, 단체, 기관이 협력하여 청소년에 관한 사업을 계획하고 실행에 옮기는 조직적인 활동이라고 할 수 있다. 「청소년 기본법」 제3조에서 정의하고 있는 청소년복지는 청소년이 정상적인 삶을 영위할 수 있는 기본적인 여건을 조성하고 조화롭게 성장 및 발달할 수 있도록 제공되는 사회적 · 경제적 지원을 말한다(국가기록원, 2018).

따라서 이러한 내용을 토대로 이 장에서는 청소년복지를 다음과 같이 정의하였다.

청소년복지는 '일반 청소년뿐만 아니라 다양한 위기 상황에 노출된 청소년을 포함한 모든 청소년이 가족과 사회의 일원으로서 행복하게 성장 및 발달할 수 있도록 사회적 · 경제적으로 지원하는 제반의 복지활동'을 말한다.

04 청소년복지의 발달

청소년에 대한 사회적 관심은 시대적 상황과 환경에 따라 다르게 나타난다. 우리나라의 경우, 청소년문제에 대한 관심은 1960년대 초부터 시작되었다고 보는 것이 일반적 시각이다. 1964년에 청소년보호대책위원회를 설치하여 정부차원에서의 청소년대책을 협의 · 조정하였다. 하지만 청소년에 대한 본격적인 관심은 1998년부터 2002년까지 5년간 시행할 청소년육성 5개년 계획을 확정하면서부터 시작되었다. 그러나 청소년복지정책에 대한 관심은 다른 사회정책이나 대인서비스집단을 대상으로 하는 노인복지정책, 장애인복지정책, 아동복지정책 등과 비교할 때 상대적으로 낮은 편이다.

청소년복지의 전개과정을 살펴보면 청소년복지는 가정의 역할로 인식되었던 청소년문제를 점차 국가와 지역사회가 개입하면서 발달한 영역이라 할 수 있다. 가족이 청소년보호를 적절히 수행하지 못할 때에만 복지가 필요하다고 생각하는 소극적인 견해에서 청소년 관련 문제는 더 이상 가족 내의 문제가 아닌 전체 사회의 문제로 다루어져야 하며, 이에 국가의 관심과 대책을 요하는 방향으로 바뀌고 있다(Frost & Stein, 1989). 하지만 우리나라의 청소년복지는 광복 이후 상당 기간 동안 아동복지의 연장선상에서 주로 다루어져 왔으며 청소년을 독립된 대상으로 구분하여 복지적 서비스가 필요하다고 인식하기 시작한 시기는 최근의 일이다. 또한 청소년에 대한 책임을 개인 및 가족이 아닌 사회적 책임으로 인식하기 시작한 것도 비교적 최근에 나타난 변화라고 볼 수 있다(송건섭 · 김명수, 2006). 1991년에 「청소년 기본법」이 제정되면서 법령의 한 장으로서 취약계층 청소년의 복지지원과 관련한 법체계가 구성되었으며, 이후 2005년에 「청소년복지 지원법」이 「청소년 기본법」에 근거하여 청소년복지와 관련된 독립적 법체계로 제시되었다. 즉, 9~24세까지의 연령계층을 청소년으로 규정하고 이들에 대한 복지적 지원 근거를 공식적으로 마련한 것이었다. 그렇지만 법적 장치를 통해 청소년을 위한 복지정책의 근간을 마련했다는 것 외에 청소년복지 실천을 위한 통로는 미흡하였다. 가출청소년을 위한 청소년 쉼터 정도가 「청소년복지 지원법」에서 제시하는 실천적 전달체계로서의 역할을 한다고 볼 수 있다(김선애, 2010).

우리나라의 청소년복지의 발달과정은 복지정책의 발달과정을 통해 살펴볼 수 있다. 이 장에서는 김경준 등(2005)과 김혜래(2010)가 분류한 청소년복지정책의 발달과정을 중심으로 살펴보고자 한다. 2개의 발달과정을 살펴보는 이유는 아직까지 명확하게 청소년복지 발달과정을 분류한 자료가 없기 때문이다. 청소년복지 발달과정은 연구자의 관점과 분류 방법에 따라 내용에 차이가 있다. 이 장에서는 김경준 등(2005)과 김혜래(2010)가 정리한 발달과정을 중심으로 설명하였다.

1) 청소년복지의 발달과정: 김경준 등(2005)

김경준 등(2005)은 청소년복지정책의 발달과정을 청소년복지의 잠복기(해방 이후~1961년의 「아동복리법」 제정까지), 청소년복지의 태동기(1961~1987년에 「대한민국 헌법」 개정 및 「청소년육성법」 제정), 청소년복지의 확립기(1987~2004년)로 분류하여 정리하였다. 여기에 청소년복지의 확대기(2005~2019년 현재)를 추가하였다.

(1) 청소년복지의 잠복기(해방 이후~1961년의 「아동복리법」 제정까지)

이 시기는 아동복지와 청소년복지가 혼재된 상황이었다. 당시 청소년은 단지 '나이가 많은 아동'으로만 보았을 뿐 청소년의 발달심리적 특수성과 청소년이 갖는 주체에 대한 권리 등을 전혀 인식하지 못했다. 당시는 요보호아동을 위한 생존의 문제가 급선무였기 때문에 고아원 등의 시설을 중심으로 아동복지서비스가 제공되었다. 청소년복지는 문제 및 비행 청소년에 대한 대책이 주류를 이루었고, 청소년들을 사회의 전반적인 보호, 선도, 지도의 대상으로 보았다. 법제도의 발달을 살펴보면, '소년령'(1942)에 의해 나중에 가정법원과 통합된 소년법원이 설립되었으며, 이에 따라 차별화된 「소년법」의 절차를 적용받게 되었다. 미군정에 의해 '아동노동법규'(1946)가 제정되어 18세 미만의 아동노동을 보호하기 위한 시도를 하였다. 후에 「소년법」(1958)이 제정되어 반사회적 성향을 가진 20세 미만 소년의 생활

환경 조정과 성행교정을 위해 보호처분을 행하고 형사처분에 있어 특별조치를 하게 되었다.

(2) 청소년복지의 태동기(1961~1987년에 「대한민국헌법」 개정 및 「청소년육성법」 제정)

「아동복리법」(1961)의 제정에 따라 요보호아동에 대한 국가의 책임을 명기하게 되었다. 요보호아동의 연령을 13세에서 18세까지로 높임으로써 청소년도 수용시설에서 생활할 수 있도록 포함시켰다. 그리고 「미성년자보호법」(1961)이 제정되어 만 20세 미만인 자의 흡연, 음주, 기타 선량한 풍속을 행하는 행위를 금지하고 미성년자에게 필요한 사항을 규정하여 청소년의 건강 보호와 선도를 도모하고자 하였다. 이는 「청소년보호법」(1997)으로 연결된다. 정부가 명시적으로 '청소년'을 정책의 대상으로 설정한 것은 중앙청소년보호대책위원회(1964)의 설치를 통해서였다. 위원장은 내무부장관이었다. 이후에 청소년대책위원회(1977)로 개칭되었고 위원장의 위상이 내무부장관에서 국무총리로, 부위원장은 내무부장관과 교육부장관이 맡게 되었을 뿐만 아니라 읍면동까지 확대되었다. 이는 청소년을 문제, 비행으로부터 보호한다는 개념에서 출발한 것으로, 청소년 육성과 청소년 권리 차원과는 거리가 멀었다. 그리고 「특수교육진흥법」(1977)이 제정되어 장애청소년의 교육을 받을 권리가 확대되었고, 근로청소년을 위한 야간학교 부설(1977)은 근로청소년의 교육의 기회를 증진시켰다. 즉, 교육권이라는 권리가 신장되었다. 그러나 1980년대 초까지 청소년은 학생이라는 등식이 존재하였고, 학생이 아닌 그 외의 청소년은 비행청소년으로 인식되었다.

(3) 청소년복지의 확립기(1987~2004년)

제9차 개정 「대한민국헌법」의 제34조 제4항에 "국가는 노인과 청소년의 복지 향상을 위한 정책을 실시할 의무를 진다."라고 명시화하여 청소년의 복지 향상을 국가의 책임으로 간주하게 되었다. 이때 「청소년육성법」(1987)이 제정되었다. 「청소년육성법」은 청소년의 인격 형성, 보호육성의 효율화, 청소년이 건실하고 유능한 국민으로 성장토록 지원하는 것을 골자로 하고 있다. 이 법은 '학교는 교육, 사회는 육성'이라는 이념을 갖고 있었고, 학교의 보완적 영역을 사회가 보완하는 것을 필

요로 한다고 보고 있었다. 당시의 보건사회부는 요보호아동에 대한 복지영역만 담당을 해 왔다. 이 법에는 청소년 이용 및 전용 시설에 대한 제도화, 청소년상담사업의 확대 등이 포함되어 있었다. 이 법은 청소년과 관련된 최초의 종합법률이라고 할 수 있다. 한편 이 시기에 청소년국이 체육부에 설립되었다. 또한 청소년기본계획위원회(1990)가 10년 계획으로 청소년육성정책을 실시하기 시작하였는데, 이 시기의 기본개념은 자율과 참여임을 강조하였다. 여기에 인권에 대한 내용을 포함시켰고, 결국 이는 청소년종합지원센터를 만드는 촉진제가 되었다. 이후 「청소년 기본법」(1991)이 등장하게 되었으며, 이 법에 청소년복지에 대한 장이 추가되었다. 그 이후 「청소년보호법」(1997), 「청소년복지 지원법」(2003)이 제정되었다.

「청소년복지 지원법」에 담겨 있는 내용들은 과거의 문제 중심의 청소년 보호 · 육성 정책에서 탈피하여 청소년이 사회의 당당한 구성원으로 살아가는 데 필요한 기본적인 요소들을 강조함으로써 권리협약에 관한 세계적 기준에 근접한 정책 내용을 담았다고 할 수 있다. 따라서 이 법은 앞으로 우리나라에서 본격적인 청소년복지를 전개할 수 있는 발판을 마련해 주었다고 할 수 있다.

(4) 청소년복지의 확대기(2005~2019년 현재)

2005년에는 문화관광부 청소년국과 국무총리 소속 청소년보호위원회가 국무총리 소속 '국가청소년위원회'로 통합되어 청소년 복지 및 보호에 관한 사업 등의 업무를 담당하였다. 그동안 이원화된 청소년 중앙행정조직은 체계적 · 종합적 정책수행의 곤란과 함께 새로운 청소년정책 환경 변화에 능동적으로 대처하는 데 한계를 갖게 되었고, 나아가 각 부처에 산재한 청소년정책의 총괄 조정 역할에도 어려움을 갖게 되었다. 이를 극복하기 위해 2004년 12월 17일에 '정부혁신지방분권위원회'에서는 정부의 청소년기능(육성 및 보호) 통합을 위해 국무총리소속 '청소년위원회' 설치를 확정 · 발표하였다. 2004년 12월 20일에 '청소년위원회 설립 추진단'을 구성 · 운영하였고, 2005년 4월 27일에 국무총리 소속하의 '청소년위원회'를 공식적으로 발족하였으며, 「청소년 기본법」 개정에 따라 2006년 3월 30일에 '국가청소년위원회'로 명칭을 변경하였다. 이 시기에는 위기청소년통합지원체계 등 청소년복지 기반이 조성되었고, 청소년 참여와 인권 등이 지속적으로 확대되었다. 아울러 이 시기에 청소년정책 전담부처의 일원화 등 행정체계가 정비되었다. 이후 2008년에 청소년복지정책은 아동복지정책과 통합되어 보건복지가족부에서 추진되었다. 그러나 청소년복지정책과 아동복지정책의 통합이 결실을 맺기 전에 2010년 3월에 청소년복지정책은 다시 여성가족부로 이관되어 현재에 이르고 있다.

2) 청소년복지의 발달과정: 김혜래(2010)

김혜래(2010)는 청소년복지정책의 발달과정을 1961년 이전, 1961~1970년대, 1980년대, 1990년대, 2000년대 이후로 분류하여 정리하였다.

(1) 1961년 이전

해방 이후부터 1961년 이전까지는 조선구호령(1944) 등 일제하의 제도를 답습하거나 임시적인 행정지침으로 이루어진 긴급구호의 시기로, 이 시기를 청소년복지의 맹아기라고 하였다. 이 시기는 미군정, 한국전쟁으로 이어지는 빈곤과 혼란의 시기로, 당시 청소년복지는 재정난에 허덕이고 있어 국가로서는 큰 부담이었다. 대부분의 복지서비스 제공은 외원 아동보호수용시설에 의해 요보호아동을 대상으로 이루어졌으며, 18세 미만의 아동을 유해하고 위험한 직업과 과중한 노동으로부터 보호하기 위해 「미성년자노동보호법」(1947)을 제정하여 시행하였다. 이 시기의 청소년복지는 최소한의 보호와 양육에 그치는 응급구호적 단계였다.

(2) 1961~1970년대

1961년에 국가는 「아동복리법」을 제정하여 요보호아동의 복리를 증진하고자 하였다. 또한 흡연과 음주 등 풍속 저해 행위를 금지하는 「미성년자보호법」(1961)을 제정하여 미성년자의 건강 보호와 선도 육성을 도모하였다. 1964년에 국무총리 소속하에 '청소년보호대책위원회'를 설치하는 청소년 지도 · 육성 · 보호 및 교정에 관한 종합시책을 수립하여 시행함으로써 국가가 본격적인 청소년대책에 착수하기 시작하였다. 이 시기의 청소년정책은 일부 문제청소년에 대한 보호와 단속 위주의 정책을 전개했는데, 이는 1970년까지 전체적인 청소년정책의 기반을 이루었다. 1970년

대에 들어서면서 베이비붐 세대인 청소년의 인구가 증가하고 산업화, 현대화와 더불어 청소년문제가 확산됨에 따라 보다 엄격하고 광범위한 청소년 지도 · 육성 · 보호에 관한 종합대책에 대한 필요성이 제기되었다. 1977년에 국무총리실에 청소년대책위원회가 설치되고 청소년정책 사업이 확대되기 시작하였다. 이 시기의 청소년정책의 핵심과제는 일부 문제청소년의 단속, 보호, 선도였으며, 청소년복지는 요보호 아동의 복지 증진이었다. 이 시기를 청소년복지의 도입기라고 하였다. 이 시기부터 아동 앞에는 요보호, 청소년 앞에는 문제라는 수식어가 자리 잡게 되었으며 요보호 아동에게 제공되는 것은 복지, 문제청소년에게 제공되는 것은 단속, 보호, 선도가 통념화되었다.

(3) 1980년대

1980년대에 들어서서 청소년문제는 일반 청소년으로 확대되었다. 따라서 국가는 일반 청소년을 대상으로 청소년비행에 대한 사전 예방과 건전 육성 확대, 정서적 · 문화적 공간 제공, 일반 아동의 복리 증진 등에 대한 종합적인 대응의 필요성이 절실해졌다. 1980년대에 이르러 「아동복리법」이 「아동복지법」(1981)으로 전면 개정되면서 요보호아동 중심의 선별주의에서 보편주의적 아동복지를 추구하게 되었다. 「아동복리법」(1961)에서는 요보호아동의 복리 보장이 목적이었던 것이 「아동복지법」에서는 아동의 건전 육성과 복지 보장을 목적으로 하게 되었다. 1984년에 정부계획으로 '청소년문제 개선 종합대책'이 나오고 이어서 청소년문제에 대한 종합적이고 체계적인 대책으로 1985년 3월에 '청소년문제 개선 종합대책 세부추진계획'이 추진되기 시작하였으며 「청소년육성법」(1987)의 제정으로 청소년정책의 법적 토대가 마련되었다. 「청소년육성법」에 의해 청소년의 보호, 육성, 선도 및 지원에 관한 사업을 효율적으로 시행하는 것이 가능했으며, 다수 청소년의 여가 선용과 활동 참여, 환경 개선 등이 정책과제였다. 1980년대 중후반에는 지역사회복지관이 설립되기 시작하면서 시설보호 중심, 입양 중심, 요보호아동 중심의 사회복지 사업이 지역사회 내에 뿌리내리기 시작하면서 청소년들에게 사회복지서비스가 제공되었다. 이 시기의 청소년복지정책의 핵심은 청소년 육성이었고, 결과적으로 일반 청소년의 생활환경을 향상시켜 청소년복지에 기여하였다.

(4) 1990년대

우리나라에서 아동복지와 분리하여 정책적으로 청소년복지라는 단어가 사용되기 시작한 것은 「청소년 기본법」(1991)에서부터이다. 그 이전의 청소년정책에는 청소년복지라는 개념이 없었다. 복지는 「아동복지법」에 근거한 사업으로 생각하여 요보호아동 중심 사업으로 이해했을 것으로 보인다. 그러나 1991년의 「청소년 기본법」에도 청소년복지에 대한 개념을 규정한 조항은 없다. 단지 제6장 청소년복지 등에 국가는 청소년에 대한 정기적 조사를 통하여 복지 증진 정책의 기초자료로 활용하고, 수련활동 및 교육 등의 시책을 추진함에 있어서 특별한 보호와 지원이 필요한 청소년을 우선적으로 배려해야 한다는 항을 마련하였다. 그래도 보호와 육성 중심이던 청소년정책에 특별지원의 활동 형태로 복지가 포함되기 시작하였다.

(5) 2000년대 이후

2000년대 이후는 보편주의에 더하여 글로벌 기준 도입, 진화의 시기로 특징지을 수 있다. 아동학대와 방임에 대한 정책을 강화하도록 「아동복지법」을 전면 개정(2000)하였는데, 외면상 특징으로 보호대상의 보편화, 아동에 대한 국가 책임의 강화, 지역사회 보호를 들 수 있다. 또한 문화관광부의 청소년국과 국무총리 소속 청소년보호위원회로 분리되었던 청소년행정조직을 국무총리 소속의 청소년위원회로 일원화하였다. 이로써 2005년에 국가청소년위원회가 출범되면서 청소년육성과 청소년보호로 이원화된 정책과 행정조직이 통합된 것이다. 2005년에 「청소년복지 지원법」이 제정되었고 비로소 「청소년 기본법」이 일부 개정되어 청소년복지의 개념에 대해 분명하게 정의하고 있다. 2008년 정부는 동일 연령 대상에 대한 서비스 중복과 일관성 결여 등의 이유로 보건복지가족부로 중앙부처 행정을 일원화하고 일관성 있는 청소년복지정책 추진을 위해 통합을 위한 노력을 하였으나 청소년 관련 학계, 단체 등의 다양한 의견을 통합의 방향으로 수렴을 하지 못하고 청소년업무는 여성가족부로 이관되었다.

요약

1. 복지의 개념을 보면 복지(welfare)는 좋은 건강, 윤택한 생활, 안락한 환경이 어우러져 행복을 누릴 수 있는 상태를 말한다.

2. 사회복지(social welfare)의 개념은 학자들마다 매우 다양하다. 예를 들어, 김상균은 광의의 사회복지란 인간의 기본욕구 충족과 사회질서의 유지를 위해 필요하다고 인정되는 사회적 욕구의 해결을 목적으로 제공되는 법, 프로그램, 현물 및 현금 등의 일체의 서비스 체계라고 정의하여 직업복지와 자원복지까지 포함시켰으며, 협의의 사회복지는 개인의 복지 증진을 국가가 책임지는 활동으로, 사회보장, 의료보장, 주택보장, 교육정책, 실업대책, 혹은 포괄적인 사회정책을 포함시켰다.

3. 청소년복지는 아동복지와 구별되는 독립된 사회복지 분야 중의 하나로서 청소년의 기본적 욕구의 충족과 건강한 성장 및 발달의 촉진은 물론 청소년이 사회구성원의 한 사람으로서 주체적인 삶을 영위하도록 하고 더 나아가 청소년을 둘러싼 환경이 청소년의 성장을 돕기 위해 최적의 기능을 발휘할 수 있도록 청소년과 가정, 사회를 통해 직간접적으로 제공되는 모든 사회정책과 관련 제도 및 전문적 활동이다.

4. 사회복지의 가치는 궁극적 가치인 인간의 존엄성과 배분적 정의를 필두로 클라이언트의 자기결정의 존중, 서비스의 사회적 책임성 지향을 기본적 가치로 제시할 수 있다. 이상과 같은 사회복지의 가치는 청소년복지 가치에 그대로 투영된다. 첫째, 청소년복지가 청소년을 독립적이고 통합된 인격체로서 존중해야 한다는 원칙은 사회복지의 인간존엄성의 가치와 그 맥을 같이한다. 둘째, 배분적 사회정의는 청소년복지에서 문제가 있는 청소년에서부터 일반 청소년까지 모든 청소년을 대상으로 치료나 재활뿐만 아니라 예방적 차원에서의 다양한 서비스가 이루어져야 하는 점과 관련이 있다. 셋째, 자기결정권의 원칙은 청소년을 청소년복지의 대상인 동시에 주체라는 점을 인정하는 것에서부터 시작된다. 넷째, 사회적 책임성은 청소년의 보호 및 복지에 대한 사회적 연대 및 적극적 개입의 가치를 의미하는 것이다.

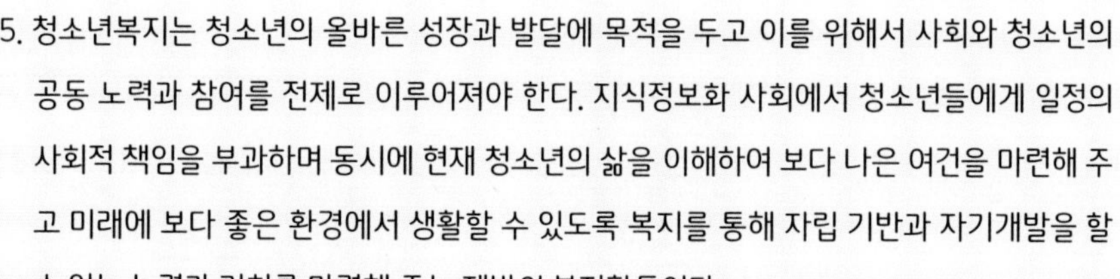

5. 청소년복지는 청소년의 올바른 성장과 발달에 목적을 두고 이를 위해서 사회와 청소년의 공동 노력과 참여를 전제로 이루어져야 한다. 지식정보화 사회에서 청소년들에게 일정의 사회적 책임을 부과하며 동시에 현재 청소년의 삶을 이해하여 보다 나은 여건을 마련해 주고 미래에 보다 좋은 환경에서 생활할 수 있도록 복지를 통해 자립 기반과 자기개발을 할 수 있는 능력과 기회를 마련해 주는 제반의 복지활동이다.

참고문헌

공계순 · 박현선 · 오승환 · 이상균 · 이현주(2013). **아동복지론**. 서울: 학지사.

김경준 · 최인재 · 조홍식 · 이용교 · 이상균 · 정익중(2005). **청소년복지정책 현황과 개선방안 연구**. 서울: 한국청소년개발원.

김상균(1987). **현대사회와 사회정책**. 서울: 서울대학교출판부.

김선애(2010). 청소년복지의 실천적 정립을 위한 고찰–아동복지실천과의 비교를 통한 청소년의 개발적 복지접근을 중심으로–. **청소년복지연구**, 12(4). 279–299.

김선애(2015). 청소년복지권의 성격과 증진 방안 연구. **청소년복지연구**, 17(4), 93–115.

김윤나(2012). 인권관점에 기반한 청소년기본법의 한계와 재조명. **법과 인권교육연구**, 5(1), 29–45.

김융일 · 김기환 · 김미혜 · 김형식 · 박능후 · 신준섭 · 오창순 · 이영분 · 정무성 · 황성철(2003). **사회복지학개론**. 서울: 동인.

김혜래(2010). 청소년복지정책의 발전방향. **2010 춘계공동학술대회 자료집**, 33–49.

노혁(2002). **청소년복지론**. 서울: 서울대학교출판부.

노혁(2007). 빈곤청소년의 복지권 조명과 사회복지실천 과제. **나사렛논총(나사렛대학교)**, 12, 209–231.

노혁(2010). **청소년복지론**. 경기: 교육과학사.

노혁(2011). 청소년복지이념의 재조명: 경제적 관점에서 지속가능한 복지사회기반으로의 이념적 전환을 중심으로. **청소년복지연구**, 13(2), 293–313.

문지영 역(2013). **아동의 탄생**. 서울: 새물결출판사.

박광준(2002). **사회복지의 사상과 역사**. 서울: 양서원.

박정선(2014). 사회복지법의 개념 정립을 위한 소고. **사회보장연구**, **30**(1), 81-103.

송건섭 · 김명수(2006). 청소년복지정책의 변천과정과 결정요인. **지방정부연구**, **10**(3), 105-122.

송정부(1992). **사회복지학연구**. 서울: 법지사.

오정수 · 정익중(2013). **아동복지론**. 서울: 학지사.

장인협(1986). **사회복지학개론**. 서울: 서울대학교출판부.

장인협 · 이혜경 · 오정수(2007). **사회복지학**. 서울: 서울대학교출판부.

정근식 · 주윤정(2013). 사회사업에서 사회복지로: '복지' 개념과 제도의 변화. **한국사회사학회**, **98**, 5-41.

홍봉선(2009). 사회복지학에서 바라본 청소년복지. **2009 한국청소년복지학회 추계 학술대회 자료집**, 23-60.

홍봉선 · 남미애(2009). **청소년복지론**. 경기: 공동체.

Cavalli, A., & Galland, O. (1995). *Youth in Europe*. London: Pinter.

Friedlander, W., & Apte, R. (1961). *Introduction to social welfare*. New Jersey: Prentice-Hall.

Frost, N., & Stein, M. (1989). *The politics welfare-inequality: Power and change*. New York: Harvester Wheatsheaf.

Gillis, J. R. (1981). *Youth and history*. New York: Academic Press.

Jones, C. (1985). *Patterns of social policy*. London: Tavistock Publications.

Meyer, C. H. (1985). The institutional context of child welfare. In J. Laird & A. Hartman (Eds.), *A handbook of child welfare*(pp. 100-177), New York: Free Press.

Wilensky, H., & Lebeaux, C. (1965). *Industrial society and social welfare*. New York: Free Press.

Williams, R. (1983). *Keywords: A vocabulary of culture and society (Revised edition)*. New York: Oxford University Press.

국가기록원(2018). http://www.archives.go.kr/next/search/listSubjectDescription.do?id=000300(2018. 12. 11. 검색).

제2장

청소년복지의 관점

학습개요

청소년복지는 청소년 대상에 대한 규정, 청소년의 특성에 대한 입장과 더불어 '무엇을 복지로 볼 것인가'에 따라 다르게 이해된다. 이 장에서는 사회복지로서의 청소년복지에 대한 이해를 도모하기 위해 사회복지의 '잔여적(residual) 접근'과 '제도적(institutional) 접근' '발전적(developmental) 접근'과 청소년학의 '문제중심적(problem-focused) 관점' '예방적(preventive) 관점' '청소년개발(youth development) 관점' 간의 관련성을 살펴보고자 한다. 이어 청소년복지의 이론적 관점을 크게 개인 중심 관점(임파워먼트 접근방법, 권익 옹호, 해결중심 관점)과 생태환경 중심 관점(체계이론, 생태학적 관점)으로 구분하여 각 관점에 대한 소개와 청소년복지에 대한 적용을 중심으로 검토하였다.

01 사회복지로서의 청소년복지 이해

청소년복지는 청소년 대상에 대한 규정, 청소년의 특성에 대한 입장과 더불어 '무엇을 복지로 볼 것인가'에 따라 다르게 이해된다. 국내의 청소년복지는 청소년의 생존과 생활에 대한 복지권의 기본이념에 입각하여 청소년의 행복과 성장을 도모시킴과 동시에 청소년의 독립성과 주체성을 인정해 주는 것을 목적으로 한다. 이에 청소년 및 청소년을 포함한 가족과 사회구성원 전체가 그 주체가 되고, 모든 청소년이 그 대상이며, 제도적 · 정책적 · 기술적 서비스 등 조직적 제반 활동을 수단으로 하는 사회복지의 한 분야로 정의되고 있다(김향초, 2015).

그렇다면 청소년복지는 청소년의 욕구와 사회 환경 간 상호작용에서 적응하지 못할 때 일어나는 문제에 대한 지원인가? 아니면 청소년 전반에 미치는 사회의 문제를 해결하기 위한 지원인가? 이에 답하기 위해서는 사회복지 차원에서 청소년복지를 살펴볼 필요가 있다. 사회복지는, 첫째, 잔여적 접근(residual approach), 둘째, 제도적 접근(institutional approach), 셋째, 발전적 접근(developmental approach)에 따라 다르게 개념화된다. 한편, 청소년학에서는 청소년을 어떻게 보느냐에 따라 크게 문제중심적(problem-focused) 관점, 예방적(preventive) 관점, 그리고 청소년개발(youth development) 관점으로 구분한다. 두 분야 각각의 세 가지 접근은 상호 중요한 관련성을 지닌다. 즉, 잔여적 접근-문제중심적 관점, 제도적 접근-예방적 관점, 발전적 접근-청소년개발 관점의 내용이 각각 밀접하게 관련된다(천정웅, 2012).

1) 잔여적 접근-문제중심적 관점

사회복지에 대한 잔여적 접근은 사회적 기능을 제대로 수행하지 못하는 계층에게 공적 부조나 사회적 서비스가 시혜적으로 제공되어야 한다고 보는 관점이다. 즉, 이 접근에서의 사회복지는 적절한 사회경제적 삶을 누리는 일반적 · 보편적 인간이

나 가족을 제외한 틈새에 놓인 개인들, 사회적 취약계층을 위해 보충적인 서비스 안전망을 제공하는 데 목표를 둔다. 따라서 잔여적 복지의 개념은 개인이나 가족이 필요로 하는 욕구를 스스로 채우기 위한 노력을 기울이는 것을 기본전제로 하고, 그 노력에서 요구되는 자원이 부족하거나 여의치 않을 경우 그 공백을 매우는 별도의 복지서비스가 실시되어야 한다고 보는 보충적 관점이라 할 수 있을 것이다.

이때 제공되는 복지서비스는 잠정적 · 일시적 · 대체적 구호의 성격을 가진다. 복지를 사회적 취약계층을 위한 지원으로 정의함으로 인해 국민 전반의 복지 향상을 위한 국가의 역할이 최소화된다. 더불어 선별주의 원칙을 적용함으로써 서비스를 필요로 하고 그 필요성이 입증되는 사람에 대해서만 제공하기 때문에 이러한 복지서비스를 지원받는 사회계층은 하층민의 낙인효과를 수반한다고 볼 수 있다.

잔여적 접근에서의 청소년복지서비스는 일반 정상적 가정의 청소년들에게는 필요하지 않다는 전제에서 출발한다. 이러한 전제에서의 청소년복지는 소년소녀가장, 시설보호청소년, 빈곤청소년 등 요보호 대상이 되는 청소년이 인간적 생활을 영위할 수 있도록 하는 지원을 의미한다.

초기 청소년학의 관심은 청소년문제에 대해 대응하기 위한 청소년선도, 청소년보호 등에 있었다. 당시 연구자들과 실천가들은 가족폭력, 빈곤, 가족해체 등의 환경적 위험, 약물남용, 청소년임신, 대인폭력 등을 명명하고, 산출하며, 그것을 감소시키는 것에 집중하였다. 이러한 학계와 현장의 움직임은 '청소년=위험'이라는 도식을 이끌어 내면서 청소년문제 감소와 예방에 대한 사회적 관심을 불러일으키기에 충분했다(이채식 · 김수완, 2009). 이때 청소년은 불안정하고 미성숙한 존재로 규정되었으며, 이에 청소년복지는 사회적으로 소외되거나 적응에 실패한 청소년들의 신체적 · 심리적 · 사회적 자립 능력을 돕는 소극적 지원의 측면이 강조되었다.

잔여적 접근으로서의 청소년복지는 "부적절한 양육 환경에서 자라는 청소년 혹은 가정 및 사회로부터 버려지거나 적응하지 못하는 청소년을 대상으로 이들의 정상적 발달을 지원하기 위한 전문적 활동"(김향초, 2015)이라고 할 수 있다. 이는 청소년을 하나의 사회적 지위로 보기보다는 질풍노도의 시기를 겪으며 주변인으로 존재하는 인간의 발달단계상 거쳐 가는 시기로서 가정과 사회로부터 보호 및 육성되어야 할 존재로 바라보는 관점, 즉 문제중심적 관점을 전제로 한다. 이와 같은 좁은 의미의 청소년복지는 아동복지와의 구별을 모호하게 한다는 문제를 가지게 되었다. 더불어 특정 문제를 가진 청소년집단에게 정책서비스들을 시혜적으로 제공함으로써 제한적이고 일관성 없는 결과를 야기하며, 이미 피해를 받고 있는 청소년들에게 개별단위로 지원함으로써 가족으로부터 해체되고 지역사회로부터 소외되는 과정으로 이어지게 하는 부정적인 결과를 초래하였다(천정웅, 2012).

2) 제도적 접근-예방적 관점

사회복지에 대해 제도적으로 접근했을 때, 사회복지란 사회 전반을 대상으로 사회보장을 제도화하도록 유지하며 모든 사회구성원의 복지를 위해 제공하는 영구적인 사회프로그램을 의미한다. 이 접근은 사회가 가진 문제들은 일반적으로 대부분의 사람에게 영향을 미치고, 복지란 그러한 문제에 대한 사회(국가)의 반응이라고 본다. 공교육과 노인을 위한 의료보호제도, 사회보험과 같은 사회 보편적 프로그램이 이러한 제도적 사회복지의 대표적 예라고 할 수 있다.

제도적 사회복지에서의 서비스는 사회구성원이 가진 문제의 등급에 따라 차별적으로 제공되는 것을 의미하지 않는다. 즉, 개인의 필요에 대한 사회복지서비스는 정부에 의해 일차적으로 충족되어야 하는 일종의 권리로 본다. 이때 사회복지란 가족제도, 정치 · 경제 제도, 교육 제도 등 민주사회에서 제도화된 모든 보편적인 제도와 함께 개인의 사회적 욕구충족을 위한 사회복지서비스를 일컫는다. 국가는 국민의 소득을 보장하고 의료와 주거를 보장하는 등 사회구성원의 삶의 질을 향상시키기 위해 사회복지서비스를 제공하는 적극적인 역할을 한다.

제도적 사회복지는 모든 사회구성원에게 제공되는 체계라는 점에서 일반적이고 보편적인 특성을 가진다. 즉, 제도화된 사회복지 프로그램은 누구나 접근 및 이용이 가능한, 인간의 욕구에 대한 일차원적 자원으로 보기 때문에 참여로 인한 낙인이 거의 없다(천정웅, 2012).

청소년에 대한 예방적 관점은 청소년에게 문제가 발생하고 난 후 이를 해결하려는 노력에 비해, 문제가 생기는 것을 예방하는 노력이 비용 측면에서 효과적이고, 또 효율적일 수 있다는 입장을 의미한다(김성이 · 조학래 · 노충래, 2004). 이 관점은

청소년기가 아동기에서 성인기로 이행해 가는 과정에 있다는 점에 주목하여 이들의 교육, 보건, 직업 등에 관한 욕구를 충족시키면서 청소년의 가치관 형성에 부정적인 영향을 미치는 사회문화적 · 물리적 환경을 개선하고, 나아가 바람직한 환경을 조성하기 위한 제도적 노력의 필요성을 강조한다 할 수 있겠다.

청소년문제를 예방하기 위한 제도적 접근으로의 청소년복지는 일부 청소년만을 보호하는 것이 아니라 모든 청소년을 보호하는 사회적 유용성이 높은 개념이다(천정웅, 2012). 그러나 '부정적 행동이 없는 상태'를 긍정적으로 보는 예방적 관점은 여전히 청소년에 대한 전형적 결핍모델에 근간하고 있다. 즉, 청소년이 위험 또는 부정적 행동에 참여하지 않도록 예방하기 위해 문제적 요소들을 관리하고 환경을 개선해야 한다는 필요성을 전제로 한다. 이에 제도적 청소년복지는 모든 일반 청소년을 대상으로 하는 포괄적 성격의 서비스를 의미하기에는 아직 그 한계가 있다. 즉, 예방적 관점으로의 제도적 청소년복지는 청소년 특성에 따라 처한 상황을 고려하여 그 사회화 과정을 면밀히 파악하고, 예측되는 문제점을 시정할 수 있도록 제공하는 구체적 서비스라고 할 수 있다. 이때 제공되는 서비스는 청소년에게 발생할 수 있는 문제를 미연에 방지하기 위한 예방적 성격이 강하다. 학교 밖 청소년지원제도, 근로청소년 보호정책 등과 같이 청소년집단의 특성에 따라 제공되는 복지서비스를 그 예로 들 수 있다.

3) 발전적 접근–청소년개발 관점

사회복지에 대한 발전적 접근에서는 사회복지를 경제 발전의 긍정적 동력으로 본다. 즉, 지역사회가 보다 나은 삶을 만들어 가는 데 있어 사회복지제도의 기능을 강조한다. 예를 들어, 교육 관련 사회복지서비스에 대한 투자는 사회구성원을 숙련되게 함으로써 경제적 생산력을 증대시키고, 도로나 상수도 등 물리적 시설에 대해 투자하면 경제사회적 인프라로서 노동에 필요한 수단과 공간으로 기능하게 된다. 또한 욕구가 있는 사람들을 교육받을 수 있도록 지원함으로써 그들이 직업을 가질 수 있게 하고, 나아가 자신의 문제를 스스로 해결할 수 있는 역량을 형성하게 한다. 즉, 이 접근에서의 사회복지제도는 사회가 반드시 문제를 해결하기 위해서뿐만 아니라 인간의 삶을 더욱 향상시키기 위해서 만들어질 수 있다고 본다.

발전적 사회복지는 제도적 개념을 넘어 인간발달 또는 사회 발전에 초점을 맞춘다. 앞서 살펴본 제도적 접근 또한 사회문제를 전제로 하고 그러한 문제를 예방하거나 교정하기 위해 사회복지제도를 마련해야 한다고 본다. 이에 비해 발전적 접근은 문제에 대해 초점을 맞추는 것이 아닌 인간의 잠재력 발달과 삶의 질 향상을 목적으로 접근한다는 점에서 근본적으로 차이가 있다(김성이 외, 2004). 발전적 접근으로서의 사회복지는 개인에 초점을 둘 수도 있고 가족의 강점 구축과 같이 집단에 초점을 맞출 수도 있으며, 주거나 일자리 마련을 위해 일하는 것과 같이 지역사회 수준의 접근을 가질 수도 있다(Homan, 2007; 천정웅, 2012 재인용).

과거의 청소년학이 청소년의 문제행동을 강조하고 그 부정적 측면에 집중했던 것에 비해, 최근에는 청소년을 잠재력을 가진 존재로 보는 청소년개발 관점이 등장하였다. 청소년개발 관점은 청소년을 기성세대로부터 도움을 받기만 하는 존재가 아닌 권리 주장이 가능하고 스스로 결정할 수 있는 존재로 인식함으로써 청소년에 대한 예방적 관점에서 나아가 문제가 발생하거나 위기상황이 생기지 않도록 예방하는 것뿐만 아니라 더 발전하여 긍정적 발달과 청소년의 건강과 안녕(well-being)에 기여하는 조건들을 적극적으로 주장하는 입장이다.

청소년개발 관점은 청소년을 성인과 동등한 자주적이고 독립적인 인격체인 동시에 어떠한 상황에서도 존중되어야 할 사회적 존재로 인식한다. 이 관점에서 청소년복지는 '위기청소년이라는 특정 집단에 국한되는 것이 아니라 일반 청소년 및 청소년의 생활에 직접적인 영향을 주는 가족까지 포함하는 대상에게 행복과 사회 적응을 위해 심리적 · 사회적 · 생물학적 잠재력을 계발해 주기 위한 각종 활동(조홍식 외, 2010)'을 의미한다.

02 청소년복지의 개인 중심 관점

1) 임파워먼트 접근방법

(1) 관점 소개

임파워먼트 접근방법은 환경 속의 인간이라는 사회복지의 이중적 초점을 강조한 사회복지실천의 관점 중 하나이다. 임파워먼트(empowerment)란 클라이언트가 사회적·조직적 환경에 대해 통제력(control)을 가지도록 하고, 그것을 증대시키고자 하는 임상실제의 과정, 개입, 기술을 의미한다(Browne, 1995). 임파워먼트 접근방법은 문제해결을 위한 과정에서 복지전문가와 클라이언트가 함께 협상하고, 계획과 행동 전략을 수립하는 문제해결과정에 대한 논리적·실제적 개입의 준거 틀을 제시하기 때문에 실천현장에서 많은 복지전문가에 의해 활용되어 왔다(홍봉선, 2009).

클라이언트로 하여금 자신의 권한과 능력을 향상 및 신장시키는 것은 복지 현장에서의 핵심적인 목적 중 하나이다. 이에 임파워먼트 접근방법은 일반 사회복지에서 오래전부터 취해 왔던 강점 중심 개입의 하나라고 할 수 있다. 즉, 클라이언트를 문제 중심으로 보는 것이 아니라 강점 중심으로 봄으로써 클라이언트의 잠재 역량(potential competence) 및 자원을 인정하고, 클라이언트 내외에 회복력(resiliency)이 있음을 전제하며, 클라이언트가 삶을 결정할 수 있도록 권한 혹은 힘을 부여하고자 하는 목적을 가진다(홍봉선, 2009).

임파워먼트 접근방법을 통한 문제해결과정은, 첫째, 클라이언트의 경험에 참여하기 위한 준비단계, 둘째, 사회복지사를 포함한 청소년지도자와 클라이언트가 참여하여 협력하는 단계, 셋째, 공동사정(mutual assessment), 문제규정 및 계약단계, 넷째, 문제해결단계, 마지막으로 종결과 평가단계로 구성된다(Lee, 2001). 이 과정에서 클라이언트에게 가해지고 있는 억압과 차별을 파악하고, 클라이언트가 느끼는 무기력감과 적절치 못한 권한(inadequate power)이 무엇인지를 확인한다. 이때 클라이언트의 강점에 초점을 맞추는 것이 핵심이다. 이에 임파워먼트 접근방법은 클라이언트의 참여를 강조하는 클라이언트 중심적 접근방법이라 할 수 있다.

표 2-1 임파워먼트 접근방법의 기법

권위적 개입		촉진적 개입	
클라이언트를 위해 복지전문가가 책임지는 행동을 하면서 위계적임		클라이언트 스스로가 자신의 행동에 책임을 지면서 보다 자율적으로 될 수 있도록 도움	
처방적 개입	클라이언트의 행동을 지시함으로써 스스로 행동하고 반응하도록 권한을 위임함	정화적 개입	클라이언트가 느끼는 고통스러운 감정을 표출하도록 함으로써 개인의 경험을 나눔
정보 제공적 개입	클라이언트에게 지식, 정보, 의미를 전함으로써 자신이 선택한 서비스에 직접 접근할 수 있도록 도움	촉매적 개입	스스로 자기발견을 할 수 있도록 돕거나, 책임 있는 삶을 살며 문제해결의 방법을 터득할 수 있도록 도움
직면적 개입	클라이언트가 인식하고 있지 못하는 문제행동이나 태도를 지적함으로써 인식을 향상시킴	지지적 개입	클라이언트 자신의 소질과 태도, 행동에 대한 가치관을 확인시켜 줌

*출처: 김성이 · 조학래 · 노충래 · 신효진(2010) 재구성.

임파워먼트 접근방법을 활용하여 클라이언트에게 개입하는 방법은 크게 두 가지로, 권위적 개입(authoritative intervention)과 촉진적 개입(facilitative intervention)이 있다. 먼저 권위적 개입은 클라이언트를 위해 사회복지사를 포함한 청소년지도자가 책임지는 행동을 하면서 위계를 형성하는 것으로, 처방적(prescriptive) · 정보제공적(informative) · 직면적(confronting) 개입이 있다. 반면 촉진적 개입은 클라이언트 스스로가 자신의 행동에 책임을 지면서 보다 자율적으로 될 수 있도록 돕는 방법으로, 정화적(cathartic) · 촉매적(catalytic) · 지지적(supportive) 개입이 있다(김성이 외, 2004).

(2) 청소년복지 적용

청소년복지 현장에서 활동하는 청소년지도자의 가장 중요한 역할은 청소년을 임파워먼트 시키는 것이다. 임파워먼트 접근방법은 청소년 개인이 보다 자기지시적(self-directive)이면서 자기주장적일 수 있도록 돕고, 타인과 함께 집단행동에 참여함으로써 본인의 문제에 대한 긍정적 해결이 가능하다는 희망을 가지게 하며(Barber, 1991), 청소년이 현실에 안주하거나 자신들의 욕구와 희망사항에 대해 지나

치게 침묵하는 것에 대안을 제시하는 것을 목표로 한다(Adams, 2003; 김성이 외, 2004 재인용). 이처럼 임파워먼트 과정을 통한 청소년의 변화는 어느 한 순간에 이루어지는 것이 아니며, 청소년 스스로 자신에 대한 인식을 향상시킴으로써 변화하는 과정을 통해 달성된다.

이를 위해 청소년복지 현장에서 활동하는 청소년지도자는 먼저 청소년을 파트너로 그리고 자신의 문제에 대한 전문가로 인식하고 문제해결을 위해 함께 협력하는 것이 필요하다. 즉, 청소년을 서비스 대상자로서 의존적 존재가 아닌 서비스의 내용이나 질 등을 주체적으로 결정할 수 있는 주도적 존재로 봄으로써 기성 세대의 입장에서 일방적으로 결정하는 지원이 아닌 상호 협력의 결과를 토대로 한 지원이 가능해진다. 또한 청소년의 자아탄력성과 사회적 지지를 증진시키는 노력을 강구하여야 한다. 청소년은 스스로 선택권이나 결정권을 행사해 본 경험이 적기 때문에 타성적일 수 있다. 따라서 임파워먼트 과정에서 스스로 선택하고 결정할 수 있는 일들을 찾도록 해야 한다. 이처럼 청소년 대상 사회복지사는 청소년이 자신의 삶을 스스로 충분히 통제할 수 있도록 역량을 강화시키는 데 있어 청소년의 장점과 잠재력을 파악함으로써 문제점보다는 강점에 초점을 두고 가능한 모든 자원을 활용할 수 있어야 한다. 이때 청소년의 입장에서 문제에 대한 나름대로의 의미, 해결수단, 방법 등을 이해하도록 노력해야 하는데, 성인인 청소년복지 전문가의 시각에서는 문제로 판단되는 것이 청소년에게는 문제로 여겨지지 않을 수 있기 때문이다(김성이 외, 2004).

2) 권익 옹호 관점

(1) 관점 소개

권익 옹호 관점은 임파워먼트 접근방법과 함께 사회복지 실천에 있어 중요한 맥을 이루고 있는 관점 중 하나이다. '권익 옹호 활동'이란 인권 침해, 평등을 저해하는 행위, 사회정의를 해치는 일 등에 대해 복지전문가가 클라이언트의 입장에서 이들의 권익을 대변하고, 이를 향상시킬 수 있는 정책과정이나 입법 활동 등에 대해 참여함을 의미한다.

권익 옹호 관점은 옹호자로서의 복지전문가, 즉 클라이언트를 대변하는 복지전문가의 역할을 강조한다. 사회 구조 내에 존재하는 권력의 차이에 대한 인정을 바탕으로, 특히 억압받고 있는 집단이나 자원에 접근할 수 없는 집단이 기회와 자원을 부여받을 수 있도록 사회의 한 구성원으로서 참여할 권리를 강화하는 것이다. 이는 클라이언트 개인의 문제해결을 위한 개입에 그치는 것이 아닌 클라이언트의 목소리와 관심사를 사회 체계로 확장시켜 정책 및 서비스 전달에 변화를 일으키는 것을 그 목적으로 하고 있다. 이를 위해서는 클라이언트가 '자신의 삶을 어떻게 살 것이며 이를 위해서 무엇을 필요로 하는지'를 파악하는 것이 필요하다. 슈나이더와 레스터(Schneider & Lester, 2001)는 사회복지사를 포함한 복지전문가의 권익 옹호 영역을 다음과 같이 구분하였다(김성이 외, 2004 재인용).

① 대변하거나 항변을 함
② 타인을 대표함
③ 행동을 취함
④ 변화를 촉진함
⑤ 권리를 행사하고 혜택을 받도록 함
⑥ 당파의 일원으로 활동함
⑦ 영향력과 정치적 기술을 행사함
⑧ 사회정의를 확고히 함
⑨ 클라이언트에게 권한을 위임 시킴
⑩ 클라이언트와 동일시함
⑪ 법률적 근거를 활용함

(2) 청소년복지 적용

거대하고 경직된 구조인 사회체계는 청소년의 욕구에 덜 민감하고, 현 사회의 청소년은 정치적 영향력이 부족하다. 이에 청소년복지 실천현장에서 청소년지도자는 사회적 지원이 필요한 청소년 관련 문제에 대해 청소년이 목소리를 내도록 돕는 옹호자의 역할을 한다. 즉, 대체로 청소년들의 욕구에 민감하지 않은 공공기관, 예를

들어 정부기관, 사법기관, 정당, 지역사회 등이 청소년 관련 문제에 관심을 가지고 관련 정책결정과정에 적극 개입할 수 있도록 노력해야 한다. 이러한 옹호 노력은 청소년에 대한 사회의 존중과 지지를 이끌어 낸다.

법률 지위상 미성년자에 해당하는 청소년은 자신의 권익을 보호하거나 향상시키는 일에 직접 참여하기보다 주로 부모와 같은 보호자의 개입으로 관련 문제를 해결한다. 이렇게 청소년 스스로 자신의 의견을 표현하고 그것을 수용하는 사회체계가 제대로 정립되지 않은 상태에서 청소년의 권익 증진을 위한 조력자의 역할은 매우 중요하다. 특히 고위험군 청소년, 문제청소년 등과 같은 집단의 인권침해 상황을 알리고 이에 대한 사회적 관심을 불러일으키는 데 있어 청소년복지 실천현장에서 활동하는 청소년지도자가 옹호자로서의 역할을 수행할 것이 더욱 요구된다.

권익 옹호는 청소년 개인을 위한 개입부터 국가 차원의 활동까지 다양하다. 먼저, 개인 차원에서 청소년 클라이언트의 정보를 학교 교사에게 알림으로써 청소년의 생활을 더 이해하도록 도울 수 있다. 다음으로, 국가 차원에서 학교 밖 청소년 지원에 대한 지방자치단체의 협조 의무를 강화하기 위해 관련 법의 조항에 대해 의회 의원들과 면담할 수 있다. 김성이 등(2004)은 청소년복지 실천현장에서 활동하는 청소년복지전문가가 할 수 있는 권익 옹호 활동의 예를 다음과 같이 제시하였다.

① 가출청소년의 노동착취, 임금착취 문제에 대한 대응을 위해 고용주, 사법기관, 관련 정부기관에 청소년을 대신하여 의견 표명

② 성매매 피해청소년의 성 착취로 인한 인권침해 고발, 이들을 보호하는 서비스나 자원배당 증가 청원

③ 아동학대 피해청소년이 의사표현을 할 수 있도록 도움. 즉, 부모의 친권행사 및 양육비 결정과정에서 피해청소년에게 적합한 최적의 서비스 계획이 무엇인지를 가정법원에 출두하여 증언함

④ 학교 부적응 학생의 전입학 및 처벌 관련 의사결정과정에 참여하여 이들의 의견이 반영될 수 있도록 함

⑤ 청소년 관련 정부기관과 정당, 국회 등에 청소년 관련 정책, 서비스, 재정 관련 문제 등에 대해 의견을 제시하고 영향력을 행사

3) 해결중심 관점

(1) 관점 소개

이 관점은 전문가 또는 치료자가 중심이 되어 문제의 원인을 분석하고 해결하기보다는 클라이언트가 스스로 해결방법을 찾아가도록 돕는 클라이언트중심 접근방법으로, 인간의 현실은 객관적 진실이 아닌 주관적으로 형성됨을 강조하는 사회구성주의의 관점을 기초로 한다(송성자 · 정문자, 2002) 해결중심 관점의 가장 큰 장점은 문제해결방법을 모색함에 있어 클라이언트의 성공적 경험에 근거한다는 점, 그리고 클라이언트가 가지고 있는 변화의 욕구를 인정하는 점이다. 이 관점은 모든 인간에게는 강점과 장점 그리고 성장 및 발전 가능한 잠재 능력과 자원이 있으며, 성공적인 경험을 계속하여 떠올릴수록 문제로부터 벗어날 수 있다고 전제한다. 이에 클라이언트가 자신의 강점과 장점 그리고 과거 성공적이었던 경험을 지속적으로 탐색하는 것을 기본전략으로 한다. 이는 클라이언트에 대한 문제중심적 관점이나 병리적 시각에서 벗어나 클라이언트 스스로가 자신의 문제에 관해 전문가라는 점을 인정하는 새로운 접근방법이라 할 수 있다(김성이 외, 2004).

전문가 또는 치료자는 클라이언트의 문제 정의 및 문제해결방법 모색 과정에 대해 지속적으로 인정하고 칭찬하면서 클라이언트로 하여금 새로운 의미부여를 통해 변화하고자 하는 동기를 가지게 하고, 작은 변화를 의도하면서 지속적으로 확대 및 강화한다(허남순 · 노혜련, 1995; 송성자 · 정문자, 2002 재인용). 이는 클라이언트의 사고체계 변화와 함께 정서조절력과 문제해결력을 증진시키며 강점과 자원을 발견함으로써 자아존중감을 향상시키기 위함이다. 이러한 과정을 통해 클라이언트는 행동과 정서적 문제를 해결하게 된다(김윤경 · 이다미, 2011; 정문자 외, 2005).

해결중심적 접근방법의 기본원리는 다음과 같다(정문자 외, 2008).

첫째, 잘못된 것에 관심을 두는 대신에 성공한 것과 성공하게 된 구체적인 방법을 발견하는 데 관심을 둔다. 즉, 병리적인 것 대신에 건강한 것에 초점을 둔다.

둘째, 클라이언트가 원하는 결과를 성취하기 위해 내담자가 이미 가지고 있는 강점, 자원, 기술, 지식, 사회관계망, 건강한 특성을 발견하여 개입에 활용한다.

셋째, 인간의 행동에 대해 특정 이론의 틀로 평가하지 않는다. 즉, 탈이론적이고

비규범적이며, 내담자의 견해를 존중한다.

넷째, 간단하고 단순한 방법, 가장 솔직한 의미를 추구하기 위한 방법을 일차적으로 사용한다. 즉, 해결중심적 모델은 개입 목적을 달성하기 위한 방법의 경제성을 추구한다.

다섯째, 클라이언트가 주로 관심을 두는 문제 외에 다른 예외적인 상황을 탐색하고 다룬다. 이는 삶에서 항상 일어날 수 있는 변화에 대해 인지하고 대응의 폭을 넓히기 위함이다.

여섯째, 과거의 문제보다는 현재 그리고 미래의 해결방안 구축에 관심을 집중한다.

일곱째, 해결방안을 발견하고 구축하는 과정에 있어 클라이언트의 협력을 중요시한다.

해결중심 관점은 구체적이고 행동적인 것을 목표로 하며, 현재에서 경험하는 것들을 중요시한다. 해결중심 관점의 개입 목표를 자세히 살펴보면 다음과 같다(송성자, 1998).

첫째, 클라이언트에게 중요한 것을 찾아 목표로 설정하도록 한다. 목표란 구체적이고 행동적 측면이어서 목표가 성취되는 것을 직접 관찰할 수 있고, 누구나 인정 가능한 것이어야 한다.

둘째, 작고 구체적인 것을 목표로 한다. 클라이언트에게 중요한 것을 큰 범주에서 목표로 설정하면서 그것과 관련된 아주 작은 것을 달성하는 것을 구체적 목표로 한다. 처음부터 전체적이고 큰 것을 목표로 설정하기보다 즉각적 성취가 가능한 일들을 성공해 낼 때 새로운 희망을 가지게 되고, 변화하고자 하는 동기가 생겨나게 된다. 따라서 클라이언트의 생활에서 현실적이고 성취 가능한 것을 목표로 설정한다.

셋째, 구체적인 행동적 측면에서의 성취를 목표로 한다. '진로를 찾는 것'과 같은 목표는 클라이언트가 즉각적으로 행동하기에 막연하고, 그 결과를 관찰하거나 측정하기가 어렵다. 반면, '3개월 내에 자격증 취득하기'처럼 실제 생활 속에서 관찰 가능하고, 구체적이고 명확한 행동이 가능한 목표로 설정하도록 한다. 이는 성취하지 못했을 때 실패감이나 좌절감을 느끼기보다는 성취하지 못한 이유를 쉽게 파악하고 다른 방안으로 대체하기에 용이하게 한다. 이때 지금 여기에서 달성 가능한 것들을 목표로 삼고 시작한다. 궁극적인 목표를 성취하기 위하여 지금부터 시작할 수 있는 아주 작고 긍정적인 행동을 시작하는 것이다.

넷째, 없는 것보다는 있는 것에 초점을 둔다. 문제 자체를 없애는 것보다는 있다는 자체에 관심을 두도록 한다. 문제행동을 대신할 수 있는 바람직한 일이 무엇인지 생각하고, 그러한 바람직한 행동을 의도적으로 함으로써 자기통제력을 발달시킬 수 있다. '늦게 일어났다고 학교에 결석하기보다 지각하더라도 일단 가기' 등이 그 예가 된다.

다섯째, 목표수행을 힘든 것으로 인식하도록 하는 지침을 가진다. 목표가 작고, 구체적이고, 현실적으로 성취 가능한 일이라 하더라도 그 변화를 시작하는 것은 클라이언트 입장에서는 용기가 필요하고 힘든 것이라는 것을 이해할 필요가 있다. 클라이언트가 목표에 도달했을 때에는 그것이 의도적 노력의 결과임을 칭찬하고, 그렇지 않았을 때에는 더 노력할 것이 남아 있으므로 가능성을 제시하는 것과 같이 적절하게 반응해야 한다.

(2) 청소년복지 적용

아동기와는 달리 자신의 삶을 스스로 영위할 수 있는 성인기로의 이행이 성공적으로 이루어져야 하는 시기인 청소년기에 빈곤, 가정해체, 폭력에의 노출, 건강하지 못한 심리상태 등의 이유로 그 진입이 어려워지는 경우가 있다. 이러한 청소년의 위기요인들은 물질적 측면의 지원뿐만 아니라 심리적 안정, 자존감과 같은 내적 자원을 필요로 한다. 해결중심이론은 문제에 대해 적절히 도전하고 그에 따른 문제해결을 경험한 사람들의 적응력과 회복력(resiliency)이 더 높다는 전제를 바탕으로, 청소년 스스로 해결하고자 하는 문제를 설정하고 그에 대한 해결방법을 찾아 내적자원을 강화하도록 하는 청소년중심 개입기법으로 활용할 수 있다.

해결중심이론에서는 청소년을 삶의 전환기에서 어려움을 겪는 존재로 간주하고, 문제를 겪는 당사자이면서 그 문제를 해결하는 데 있어 전문가임을 강조한다. 이에 청소년을 병리적 문제를 가진 존재로 보지 않고 긍정적 관점에서 바라본다. 즉, 청소년이 문제해결의 원동력이자 성장발달의 잠재력을 가진 자율적이고 독립적인 개인이라는 관점을 전제로 하고 있으며, 청소년지도자는 그 과정에서 자문역할을 제공하는 동시에 해결전략을 공동으로 모색하는 협력자의 역할을 한다.

이러한 청소년지도자와 청소년클라이언트 간의 관계는 청소년이 권위를 가진 사

람들에 대해 가지는 저항과 반감을 줄여 준다. 권위자에 대한 청소년의 거부감은 상담을 하려 하지 않거나 개입을 거부하는 상황을 초래한다. 그러나 청소년을 문제해결의 협력자 및 동반자로 인정하고 문제를 정의함에 있어 청소년 스스로 원하는 문제를 우선순위에 두고 정의할 수 있도록 하기 때문에 청소년들이 치료관계에서 겪을 수 있는 거부감을 줄여 줄 수 있다는 장점이 있다(김성이 외, 2004).

해결중심 관점은 청소년의 문제해결능력을 강조한다. 이에 자기중심적이고 비판적인 사고로 자신의 문제 상황에 대해 비관적으로 해석하는 청소년의 태도에 개입함으로써 부정적 의미를 재해석할 수 있도록 도울 수 있다. 이를 위해 청소년지도자는 청소년클라이언트의 이야기를 주의 깊게 듣고, 이를 다양한 비언어적 행동(예를 들어, 고개를 끄덕인다든지, 몸을 클라이언트 쪽으로 내민다든지)으로 표현하며, 청소년이 사용하는 핵심용어를 반복하면서 청소년을 있는 그대로 존중하고 있음을 보여주고, '네' '아니요'라는 답을 하게 하는 폐쇄형 질문보다는 개방형 질문을 주로 활용함으로써 청소년의 준거 틀을 파악하게 해야 한다. 주기적으로 클라이언트의 생각, 행동, 감정 등을 재정리해 주고, 쉽고 간략하게 설명하며, 침묵을 존중하고, 사실에 근거한 칭찬을 제공하도록 한다.

03 청소년복지의 생태환경 중심 관점

1) 체계이론

(1) 관점 소개

사회복지실천의 관점은 '환경 속의 인간(person in environment)'이다. 즉, 사회복지실천은 인간과 사회 환경 간의 상호작용에 관심을 둔다. 체계이론은 이러한 실천 관점을 형성하고 발전하는 데 기여한 중요한 이론 중 하나라고 할 수 있다.

체계이론은 루드위그 본 버탈란피(Ludwig von Bertalanffy)가 생물학적 유기체와 그들 환경 간의 역동적 관계를 설명하기 위한 원리를 인간, 즉 개인 또는 집단에 적용시킨 것이다(홍봉선, 2009). 체계이론에서 '체계'란 상호의존적이고 상호작용하는 각각의 부분으로 구성된 전체, 즉 부분 간에 관계를 맺고 있는 일련의 단위들을 가리킨다. 체계이론에 따르면 하나의 생활체는 여러 하위체계로 구성되어 있고 이러한 하위체계 간의 상호작용과 관련성에 의해 조직화된다. 즉, 체계는 하위체계들(sub-systems)로 구성된 전체이다. 이 구성요소들은 유기적으로 관련되어 상호 영향을 주고받으며 존재한다. 따라서 하나의 체계가 변하면 다른 체계들이 변하고, 이어 전체에 변화를 일으킨다.

체계 간의 상호작용은 한 체계로부터 다른 체계로 에너지가 투입(input)되는 과정, 그리고 투입된 에너지가 전환과정을 통해 외부로 표출되는 과정(output)으로 구성된다. 이와 같은 사회체계와 외부환경 간의 투입, 전환, 산출의 상호작용은 피드백(feedback)을 통해 점검되고, 그 결과 상호작용을 수정하거나 강화함으로써 그 사회체계에 유용한 능력과 내적 구성에 영향을 미친다.

이때 경계의 투과성에 따라 에너지나 자원 등이 체계 안팎으로 드나들 수 있는 정도가 달라진다. '경계'란 체계를 외부환경으로부터 구분하는 일종의 추상적인 테두리로, 경계의 투과성을 기준으로 체계는 개방체계와 폐쇄체계로 구분될 수 있다. 먼저 '개방체계'란 체계가 환경과 역동적으로 연결되어 있어서 반투과성의 경계를 지니고 있는 상태로, 에너지, 정보, 자원 등은 다른 체계들과 빈번하게 상호작용한다. 반면 '폐쇄체계'는 경계의 투과성이 낮은 상태로, 다른 체계들과 상호작용하지 않는 고립된 체계가 되므로 에너지의 투입과 산출이 거의 없다. 체계가 폐쇄적이면 시간이 지나면서 모든 요소가 서로 비슷해지기 시작하여 결과적으로 조직과 효과적인 기능의 상실이 초래된다. 즉, 체계가 성장하고 발달하려면 다른 체계들과의 에너지, 자원 등을 주고받는 상호작용에 있어 어느 정도 개방적이어야 한다.

사회체계에서 이루어지는 피드백은 체계 간 상호작용의 방향에 따라 정적 피드백(positive feedback)과 부적 피드백(negative feedback)으로 구분된다. '정적 피드백'이란 체계가 목표와 관련하여 적절하게 행동하고 있으며 그 같은 행동이 더욱 요청된다는 의미를 전달하는 것이며, '부적 피드백'은 체계의 이탈을 수정하거나 변화시키는 것을 말한다. 즉, 원래의 행동을 감소시키거나 혹은 지속하지 못하도록 상호작용의 형태를 바꾸거나 목표를 수정하는 것이다. 이러한 피드백 과정을 거쳐 체계는 안정성, 형평성을 유지하게 된다.

체계이론은 문제에 대한 관점을 제공하는 데 있어 보다 전체적인 시각을 제시하여 문제를 개인과 사회 및 환경이 상호작용하는 총체적인 과정으로 이해하게 한다. 체계이론에 기초한 사회복지실천에서는 인간행동의 문제 원인이 반드시 기본체계 내부에 있는 것이 아니라 외부의 다른 체계에 있을 수 있음을 알게 한다. 또한 클라이언트의 부적응에 있어 체계 간의 기능에서 나타나는 문제적 현상을 보다 잘 이해하도록 한다.

(2) 청소년복지 적용

체계이론은 클라이언트의 문제와 관련된 전반적인 요인들을 밝혀 내고 이들 요인들의 관계를 이해하는 데 필요한 준거 틀을 제공해 준다. 즉, 클라이언트와 관련 있는 여러 요소의 연관성을 동시에 이해할 수 있는 이론적 틀을 제공해 준다. 이러한 체계이론은 청소년복지 현장의 사회복지사로 하여금 청소년이 속한 가족, 친구, 학교 등이 지역사회를 포함한 광범위한 제도적 체계들 속에 놓여 역동을 주고받고 있음을 이해하게 한다. 이에 청소년클라이언트의 문제를 사정하고 개입할 때 단순 원인론을 벗어나 다차원적 원인론으로 전환할 수 있게 한다(김성이 외, 2004). 즉, 다층적 체계 간의 상호작용을 파악함으로써 청소년의 적응과 성취에 영향을 미칠 수 있는 다양한 위험요인과 보호요인에 대해 알 수 있다.

체계론적 관점을 토대로 하는 청소년복지에서 청소년지도자(사회복지사)는 미시적 차원에서는 청소년의 기능에 개입하고, 거시적 차원에서는 청소년이 속한 체계의 수행에 부정적으로 영향을 미치는 체계 내 문제, 또는 다른 체계와의 결합 지점에 개입한다(Bowen, 2004; 홍봉선, 2009 재인용). 이때 청소년을 하나의 독특한 행동방식을 가진 체계로 본다. 따라서 청소년지도자(사회복지사)는 청소년이 외부체계인 가족이나 학교, 사회와 지속적 상호작용을 통해 피드백을 받아들이는 개방적 체계임을 인정하고, 자기주도적으로 문제를 변화시키거나 새로운 환경을 창조해 낼 수 있다고 간주하면서 다른 체계와 긍정적 상호작용을 할 수 있도록 돕는다(김성이 외, 2004).

이를 위해 청소년지도자는 청소년이 가지고 있는 자기주도적인 면을 스스로 파악할 수 있도록 돕고, 이를 통해 자신이나 환경의 문제를 적극적으로 변화시킬 수 있는 능력을 갖출 수 있도록 돕는다. 이 과정에서 청소년이 자신이 속한 체계에 대해 부모가 참여하고 있고, 학교나 친구관계의 영향을 받고 있으며, 향후 연결될 지원 서비스가 자신의 생활 및 적응에 영향을 미칠 수 있다는 것을 인지하도록 한다. 이를 통해 청소년의 생활환경이라는 총체적 체계에 대해 청소년지도자(사회복지사)와 청소년 모두 보다 깊이 이해할 수 있고, 이를 근거로 청소년클라이언트의 요구에 보다 통합적이고 포괄적으로 대응할 수 있는 방법을 모색할 수 있다.

2) 생태학적 관점

(1) 관점 소개

생태학이란 생물학의 한 종류로, 살아 있는 유기체와 사회적 · 물리적 환경 요소 간의 관계를 연구하는 학문이다. 이 이론에서는 유기체를 환경과 상호작용하는 체계로 보기 때문에 개인과 환경에 대한 이분법적 사고에서 벗어나 양자 간의 상호작용에 초점을 둔다. 브론펜브레너(Bronfenbrenner, 1977)는 인간발달을 '인간이 자신의 환경을 지각하고 다루는 방식에서의 지속적인 변화'로 정의하면서 생태학을 인간발달에 적용하였다. 인간의 생태학적 환경이란 개인이 직접 참여하는 장면뿐만 아니라 그러한 장면 간의 상호연결, 그리고 개인이 직접 참여하지 않는 외부환경으로부터 오는 영향들을 포함한다. 사회복지실천으로서 생태학적 관점은 환경이 인간에게 영향을 미치는 방법과 인간이 환경에 영향을 미치는 방법을 바라보는 하나의 틀을 제공한다.

생태학적 이론에서는 인간의 발달을 개인과 환경 간의 상호작용의 결과물로 본다. 이러한 생태학적 이론을 적용한 청소년지도 현장에서는 인간의 발달을 촉진시키는 개인적 요인뿐만 아니라 또래, 학교 등 청소년 개인에게 영향을 미치는 사회적 환경 간의 힘의 관계망을 탐색하여 인간과 환경의 상호교류가 일어나는 접점에 개입한다. 이에 환경과 상호작용하는 개인을 개입의 기본단위로 설정하지만, 개인뿐만 아니라 가족, 지역사회, 또는 전체 사회에 개입할 필요성을 강조한다. 나아가 개인, 가족, 집단을 돕는 방법에서 보다 넓은 개입 영역으로 지역사회, 조직, 입법, 정치 등에 영향을 미치는 방법과 기술을 제공한다(Germain & Gitterman, 1996; 김성이 외, 2004 재인용). 이로 인해 권익 옹호, 임파워먼트 접근 등과 같이 인간 또는 환경 중 어느 한쪽에 초점을 맞춘 개입 방식에서 벗어나 인간과 인간을 둘러싼 다양한 체

계 수준 간의 상호교류 속에서 발생하는 부조화를 해결하기 위한 개입으로 그 초점을 확장할 수 있게 되었다.

생태학적 관점으로의 개입에 있어 복지현장의 청소년지도자는 개인과 환경을 분리할 수 없는 존재로 보는 기본적 관점을 취한다. 개입과정에서 클라이언트의 자존감과 유능성을 증진시키고, 나아가 적응능력을 키우는 데 있어 동반자 역할을 수행해야 한다. 또한 사회적 관계망 분석, 가계도 등 다양한 개입 기법을 활용하여 클라이언트의 적응 양상에 영향을 미치는 체계들에 대해 최대한 다양한 수준으로 사정함으로써 개인과 환경 간의 상호교류 양상을 파악하면서 클라이언트의 부적응을 유발하는 생활상황을 파악한다. 이에 대해 개입할 때 개인이나 환경 어느 한쪽에 초점을 두면 효과적 원조가 이루어지기 어렵다는 사실을 수용하고, 개인과 환경 간의 적합성을 증진시킬 수 있는 개입 방안을 모색하여야 한다.

(2) 청소년복지 적용

개인과 환경 간의 상호작용에 초점을 두는 생태학적 관점은 사회복지실천의 문제에 있어 개인이나 사회의 병리적 원인에 초점을 맞추기보다는 체계들 간의 상호작용 속에서 일어나는 스트레스와 대처 능력의 불균형으로 인해 적응적 상태를 이루지 못하는 생활상의 문제로 파악한다. 예를 들면, 정서적 문제, 학교에 다니지 않는 등의 특성을 가진 청소년들의 정적 행동이 아닌 환경과의 상호역동적 교류에 관심을 갖는다. 따라서 생태학적 관점은 청소년복지 현장의 청소년지도자로 하여금 청소년의 상황 또는 어려움에 기여하는 모든 체계를 구체화하고 고려하도록 한다(홍봉선, 2009). 즉, 개입의 초점은 문제를 가진 개인이기보다는 부적절한 생활환경과 클라이언트의 부적응적 반응으로 인해 최적의 적합성을 이루지 못한 상황 전체가 된다(김태성 · 홍선미, 2006).

생태학적 관점으로 청소년클라이언트를 지원하기 위해서는 특정 체계에 국한한 치료적 접근모델이 아닌 클라이언트의 생활과정과 관련된 여러 체계 내의 변화를 함께 시도할 때 보다 효과적이고 영향력 있는 변화가 일어날 수 있다는 것을 전제한다. 즉, 개입에 있어 청소년의 강점, 복지안녕, 그리고 자기성장을 추구하려는 선천적 내적 동기, 잠재력을 활용함으로써 개인, 가족, 집단, 지역사회에서의 인간-환

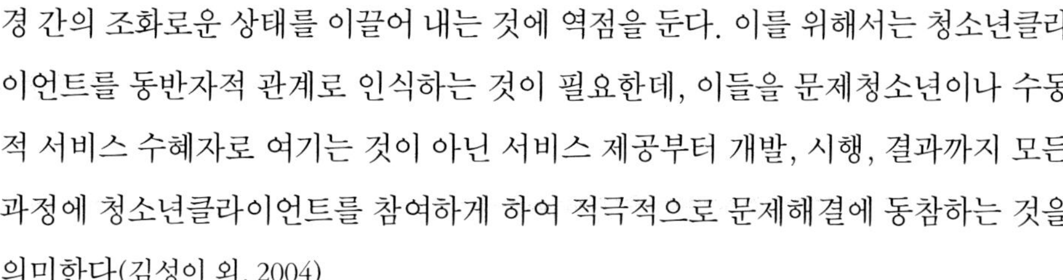

경 간의 조화로운 상태를 이끌어 내는 것에 역점을 둔다. 이를 위해서는 청소년클라이언트를 동반자적 관계로 인식하는 것이 필요한데, 이들을 문제청소년이나 수동적 서비스 수혜자로 여기는 것이 아닌 서비스 제공부터 개발, 시행, 결과까지 모든 과정에 청소년클라이언트를 참여하게 하여 적극적으로 문제해결에 동참하는 것을 의미한다(김성이 외, 2004).

청소년과 청소년 생활환경의 생태체계의 구성요소는 [그림 2-1]과 같다. 이처럼 청소년의 생태체계를 다층적으로 구분하고 이에 대해 면밀히 사정함으로써 청소년을 둘러싸고 있는 즉각적 환경인 가족, 학교, 또래집단뿐만 아니라 거시체계인 청소년 관련 정책 등 다양한 체계에 대한 동시적 개입이 가능하게 된다. 나아가 이러한 동시적 개입을 통해 개인이나 가족, 집단의 문제해결에 국한하지 않고 제도적·사회적 변화를 꾀할 수 있는 개입 전략을 적극적으로 모색할 수 있게 된다. 이때 비행친구집단과 같이 청소년에게 비공식적 자원으로 기능하는 체계 또한 발견하여 개입에 활용할 수 있다.

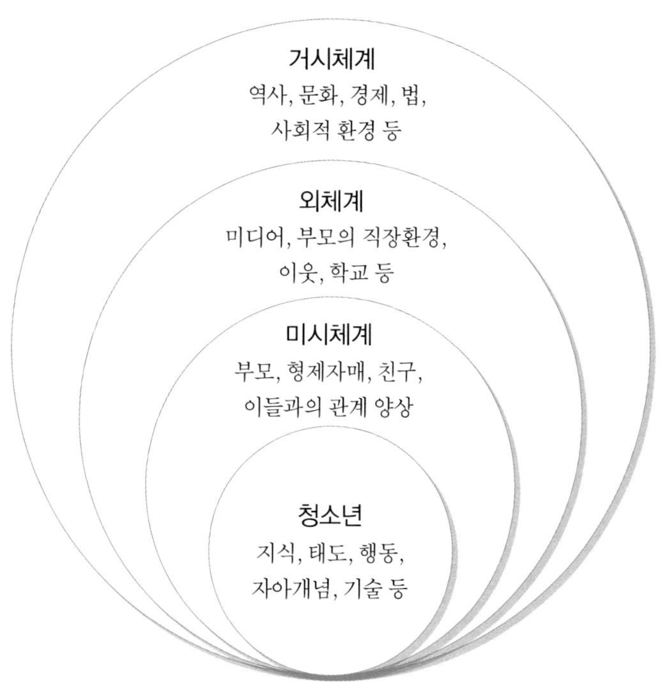

[그림 2-1] 청소년을 둘러싼 생태체계의 구성요소

요약

1. 청소년복지는 청소년 대상에 대한 규정, 청소년의 특성에 대한 입장과 더불어 '무엇을 복지로 볼 것인가'에 따라 다르게 이해된다. 국내의 청소년복지는 청소년의 생존과 생활에 대한 복지권의 기본이념에 입각하여 청소년의 행복과 성장을 도모시킴과 동시에 청소년의 독립성, 주체성을 인정해 주는 것을 목적으로 한다.

2. 청소년복지가 청소년의 욕구와 사회 환경 간 상호작용에서 적응하지 못할 때 일어나는 문제에 대한 지원인지, 아니면 청소년 전반에 미치는 사회의 문제를 해결하기 위한 지원인지를 규정하는 것은 청소년복지정책의 방향과 내용을 결정하는 중요한 기준이 된다.

3. 사회복지에 대한 접근방법과 청소년학에서의 청소년 존재에 대한 관점은 밀접하게 관련된다. 즉, 잔여적 접근-문제중심적 관점, 제도적 접근-예방적 관점, 발전적 접근-청소년 개발 관점 간에 공통점을 찾을 수 있다.

4. 청소년복지의 개인 중심 관점으로는 임파워먼트 접근방법, 권익 옹호, 해결중심 관점을 들 수 있다. 임파워먼트란 클라이언트가 사회적 · 조직적 환경에 대해 통제력을 가지도록 하고, 그것을 증대시키고자 하는 임상실제의 과정, 개입, 기술을 의미한다. 임파워먼트 접근방법은 청소년복지 실천현장에서 활동하는 청소년지도자의 가장 중요한 역할이라 할 수 있다.

5. 권익 옹호 활동이란 인권침해, 평등을 저해하는 행위, 사회정의를 해치는 일 등에 대해 사회복지사를 포함한 청소년지도자가 클라이언트의 입장에서 이들의 권익을 대변하고, 이를 향상시킬 수 있는 정책과정이나 입법 활동 등에 대해 참여함을 의미한다. 청소년에 대한 사회의 존중과 지지를 위해 청소년복지 실천현장에서 청소년지도자는 정부기관, 사법기관, 정당, 지역사회 등이 청소년 관련 문제에 관심을 가지고 관련 정책결정과정에 적극 개입할 수 있도록 노력해야 한다.

6. 해결중심 관점은 전문가 또는 치료자가 중심이 되어 문제의 원인을 분석하고 해결하기보다는 클라이언트가 스스로 해결방법을 찾아가도록 돕는 클라이언트중심 접근방법이다. 문제해결방법을 모색함에 있어 클라이언트의 성공적 경험에 근거하고 클라이언트가 가지고 있는 변화의 욕구를 인정하는 것이 장점이다.

7. 청소년복지의 생태환경 중심 관점으로는 체계이론과 생태학적 관점을 들 수 있다. 체계이론은 클라이언트의 문제와 관련된 전반적인 요인들을 밝혀 내고 이들 요인들의 관계를 이해하는 데 필요한 준거 틀을 제공해 준다. 이에 청소년클라이언트의 문제를 사정하고 개입할 때 단순원인론을 벗어나 다차원적 원인론으로 전환할 수 있게 한다.

8. 생태학적 이론에서는 인간의 발달을 개인과 환경 간의 상호작용의 결과물로 본다. 이에 사회복지실천의 문제에 있어 개인이나 사회의 병리적 원인에 초점을 맞추기보다는 체계들 간의 상호작용 속에서 일어나는 스트레스와 대처 능력의 불균형으로 인해 적응적 상태를 이루지 못하는 생활상의 문제로 파악한다.

참고문헌

김성이 · 조학래 · 노충래(2004). **청소년복지학**. 서울: 집문당.

김성이 · 조학래 · 노충래 · 신효진(2010). **청소년복지학**. 경기: 양서원.

김윤경 · 이다미(2011). 해결중심단기가족치료의 효과에 관한 사례연구: 이혼가정 청소년 자녀와 부모를 중심으로. **청소년학연구, 18**(3), 49-81.

김태성 · 홍선미(2006). **사회복지개론**. 서울: 청목출판사.

김향초(2015). **청소년복지론**. 서울: 학지사.

송성자(1998). 해결중심 가족치료의 전략과 기법. **가톨릭사회복지, 10**, 1-9.

송성자 · 정문자(2002). 보호처분을 받은 비행청소년에 대한 해결중심 집단프로그램의 효과성 연구. **한국사회복지학, 48**, 302-332.

이채식 · 김수완(2009). 청소년학에서 바라본 청소년복지학. **2009 한국청소년복지학회 추계학술대회 자료집**, 1-16.

조홍식 · 김혜래 · 신은주 · 우국희 · 오승환(2010). **인간행동과 사회환경**. 서울: 학지사.

정문자 · 김진이 · 이현주(2005). 이혼 가정의 아동과 어머니의 사회적응을 위한 통합적 집단치료의 효과성 연구. **대한가정학회지, 43**(6), 145-168.

정문자 · 송성자 · 이영분 · 김유순 · 김은영(2008). **해결중심단기치료**. 서울: 학지사.

천정웅(2012). **청소년복지론: 발전적 관점**. 경기: 양서원.

홍봉선(2009). 사회복지학에서 바라본 청소년복지. 2009 한국청소년복지학회 추계학술대회 자료집. 23-60.

홍봉선 · 남미애(2009). 청소년복지론. 경기: 도서출판 공동체.

Adams, R. (2003). *Social work and empowerment (3rd ed.)*. New York: Palgrave McMillan.

Barber, J. G. (1991). *Beyond casework*. London: Palgrave McMillan.

Bowen, G. L. (2004). Social organization and schools: A general systems theory perspective. In P. Allen-Meares (Ed.), *Social work services in schools (4th ed., PP. 53-70)*. Boston: Pearson.

Bronfenbrenner, U. (1977). Toward an experimental ecology of human development. *American Psychologist, 32,* 513-531.

Browne, J. (1995). *The british welfare state: A critical history*. Oxford: Basil Blackwell.

de Jong, P., & Berg, I. K. (1997). 해결을 위한 면접(허남순 · 노혜련 역). 서울: 학문사.

Germain, C., & Gitterman, A. (1996). *The life model of social work practice advances in theory and practice (2nd ed.)*. New York: Columbia University Press.

Homan, M. S. (2007). *Promoting community change: Making it happen in the real world. Pacific Grove,* CA: Thomson Brooks/Cole.

Lee, J. A. (2001). *The empowerment approach to social work practice: Building beloved communities* (2nd ed.). New York: Columbia University Press.

Schneider, R., & Lester, L. (2001). *Social work advocacy*. New York: Brooks Cole Pub.

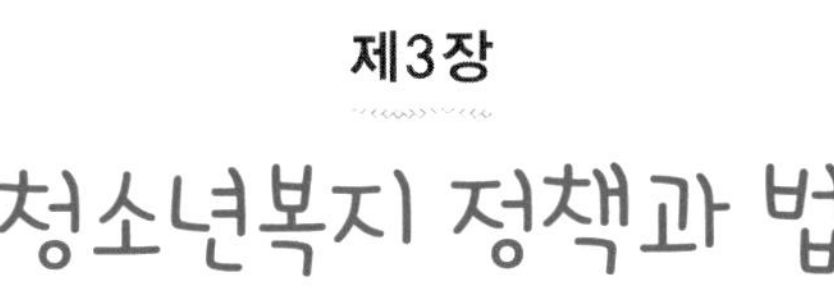

제3장

청소년복지 정책과 법

학습개요

청소년복지와 관련된 정책은 여성가족부를 비롯한 중앙부처와 지방자치단체에서 운영되고 있다. 유사한 나이에 속한 집단을 특성, 환경 등 여러 요인에 의해 아동, 청소년, 청년 등으로 명칭을 구분하여 소관부서에서 복지정책을 펼치고 있다.

이처럼 각 부처 및 지방자치단체마다 유사한 집단을 대상으로 다른 관점에서 접근하다 보니 운영목적, 목표, 추진방향 등이 복지대상, 운영기관, 지역적 특성에 맞게 운영되기도 하지만 유사 사업 중복 운영 등 불합리하게 운영되는 측면이 있다. 따라서 청소년복지정책과 유사한 집단을 대상으로 한 복지정책 간의 비교 및 여성가족부와 타 부처 정책과의 비교 등을 통해 현재 실시되고 있는 청소년복지정책 확인 및 문제점 등을 파악할 필요가 있다. 더불어 복지정책을 펼치기 위해서는 이를 뒷받침할 수 있는 법률 체계가 갖추어져야 한다. 현재 청소년복지정책과 관련된 어떠한 법이 제정되어 있고, 법의 내용이 어떻게 되어 있는지 확인할 필요가 있다.

이 장에서는 청소년복지와 관련된 법, 복지 관련 정책의 비교, 청소년복지 전달체계 등에 대해 살펴보고자 한다.

01 청소년복지 관련 법[1)]

청소년복지와 관련된 법률을 크게 두 가지로 구분하였는데, 첫째, 청소년 및 청소년복지, 보호, 육성과 직간접적으로 관계가 있는 법률, 둘째, 청소년복지와 연관성이 있는 법률로 구분하여 살펴보았다. 그 내용은 다음과 같다.

1) 청소년 및 청소년복지, 보호, 육성과 직간접적으로 관계가 있는 법률

(1) 「청소년복지 지원법」

「청소년복지 지원법」은 「청소년 기본법」 제49조 제4항에 따라 청소년복지 향상에 관한 사항을 규정함을 목적으로 한다(제1조). 주요 내용은 다음과 같다.

첫째, 국가 또는 지방자치단체는 그가 운영하는 수송시설 · 문화시설 · 여가시설 등을 청소년이 이용하는 경우 그 이용료를 면제하거나 할인할 수 있으며(제3조), 특별자치도지사 또는 시장 · 군수 · 구청장은 9세 이상 18세 이하의 청소년에게 청소년증을 발급할 수 있다(제4조).

둘째, 국가 및 지방자치단체는 대통령령으로 정하는 바에 따라 위기청소년에게 필요한 사회적 · 경제적 지원을 할 수 있으며, 특별지원은 생활지원, 학업지원, 의료지원, 직업훈련지원, 청소년활동지원 등 대통령령으로 정하는 내용에 따라 물품 또는 서비스의 형태로 제공한다. 다만, 위기청소년의 지원에 반드시 필요하다고 인정되는 경우에는 금전의 형태로 제공할 수 있다(제14조).

셋째, 여성가족부장관 또는 지방자치단체의 장은 청소년의 가출을 예방하고 가출한 청소년의 가정 · 사회 복귀를 돕기 위하여 상담 및 청소년쉼터의 설치 및 운영, 청소년쉼터 퇴소 청소년에 대한 사후지원 등 필요한 지원을 하여야 하며, 보호자는

1) 국가법령정보센터 http://www.law.go.kr (2018. 11. 17. 검색)

청소년의 가출을 예방하기 위하여 노력하여야 하며, 가출한 청소년의 가정 · 사회 복귀를 위한 국가 및 지방자치단체 등의 노력에 적극 협조하여야 한다(제16조).

넷째, 청소년복지시설의 종류는 ① 청소년쉼터: 가출청소년에 대하여 가정 · 학교 · 사회로 복귀하여 생활할 수 있도록 일정 기간 보호하면서 상담 · 주거 · 학업 · 자립 등을 지원하는 시설, ② 청소년자립지원관: 일정 기간 청소년쉼터 또는 청소년회복지원시설의 지원을 받았는데도 가정 · 학교 · 사회로 복귀하여 생활할 수 없는 청소년에게 자립하여 생활할 수 있는 능력과 여건을 갖추도록 지원하는 시설, ③ 청소년치료재활센터: 학습 · 정서 · 행동상의 장애를 가진 청소년을 대상으로 정상적인 성장과 생활을 할 수 있도록 해당 청소년에게 적합한 치료 · 교육 및 재활을 종합적으로 지원하는 거주형 시설, ④ 청소년회복지원시설: 「소년법」 제32조 제1항 제1호에 따른 감호 위탁 처분을 받은 청소년에 대하여 보호자를 대신하여 그 청소년을 보호할 수 있는 자가 상담 · 주거 · 학업 · 자립 등 서비스를 제공하는 시설로 구분된다(제31조).

다섯째, 청소년쉼터(가출청소년을 7일의 범위에서 일시적으로 보호하는 청소년쉼터는 제외한다)를 설치 · 운영하는 자는 해당 청소년쉼터에 입소한 가출청소년이 가정폭력, 친족에 의한 성폭력, 그 밖에 가정으로 복귀하여 생활하기 어려운 사유로서 대통령령으로 정하는 사유가 원인이 되어 가출한 경우에는 그 가출청소년 본인의 의사에 반하여 퇴소시켜서는 아니 된다. 다만, 해당 가출청소년이 다음 각 호의 어느 하나에 해당하는 경우에는 그러하지 아니하다. ① 거짓 또는 부정한 방법으로 청소년쉼터에 입소한 경우, ② 청소년쉼터 안에서 현저한 질서문란 행위를 한 경우가 해당된다(제32조의 2).

(2) 「청소년 보호법」

「청소년 보호법」은 청소년에게 유해한 매체물과 약물 등이 청소년에게 유통되는 것과 청소년이 유해한 업소에 출입하는 것 등을 규제하고 청소년을 유해한 환경으로부터 보호 · 구제함으로써 청소년이 건전한 인격체로 성장할 수 있도록 함을 목적으로 한다(제1조). 주요 내용은 다음과 같다.

첫째, "청소년"이란 만 19세 미만인 사람을 말한다. 다만, 만 19세가 되는 해의 1월

1일을 맞이한 사람은 제외한다(제2조).

둘째, 「게임산업진흥에 관한 법률」에 따른 게임물 중 「정보통신망 이용촉진 및 정보보호 등에 관한 법률」 제2조 제1항 제1호에 따른 정보통신망을 통하여 실시간으로 제공되는 게임물(인터넷 게임)의 제공자는 회원으로 가입하려는 사람이 16세 미만의 청소년일 경우에는 친권자 등의 동의를 받아야 한다(제24조).

셋째, 인터넷게임의 제공자는 16세 미만의 청소년에게 오전 0시부터 오전 6시까지 인터넷게임을 제공하여서는 아니 된다(제26조).

넷째, 여성가족부장관은 관계 중앙행정기관의 장과 협의하여 인터넷게임 중독(인터넷게임의 지나친 이용으로 인하여 인터넷게임 이용자가 일상생활에서 쉽게 회복할 수 없는 신체적 · 정신적 · 사회적 기능 손상을 입은 것을 말한다) 등 매체물의 오용 · 남용으로 신체적 · 정신적 · 사회적 피해를 입은 청소년에 대하여 예방 · 상담 및 치료와 재활 등의 서비스를 지원할 수 있다(제27조).

(3) 「아동 · 청소년의 성보호에 관한 법률」

「아동 · 청소년의 성보호에 관한 법률」은 아동 · 청소년 대상 성범죄의 처벌과 절차에 관한 특례를 규정하고 피해 아동 · 청소년을 위한 구제 및 지원 절차를 마련하며 아동 · 청소년 대상 성범죄자를 체계적으로 관리함으로써 아동 · 청소년을 성범죄로부터 보호하고 아동 · 청소년이 건강한 사회구성원으로 성장할 수 있도록 함을 목적으로 한다(제1조). 주요 내용은 다음과 같다.

첫째, "아동 · 청소년"이란 19세 미만의 자를 말한다. 다만, 19세에 도달하는 연도의 1월 1일을 맞이한 자는 제외한다(제2조).

둘째, 이 법을 해석 · 적용할 때에는 아동 · 청소년의 권익을 우선적으로 고려하여야 하며, 이해관계인과 그 가족의 권리가 부당하게 침해되지 아니하도록 주의하여야 한다(제3조).

셋째, 제34조 제2항[2] 각 호의 기관 · 시설 또는 단체의 장과 그 종사자가 자기의

2) 「아동 · 청소년의 성보호에 관한 법률」 제34조 제2항 ② 다음 각 호의 어느 하나에 해당하는 기관 · 시설 또는 단체의 장과 그 종사자는 직무상 아동 · 청소년대상 성범죄의 발생 사실을 알게 된 때에는 즉시 수사기관

보호 · 감독 또는 진료를 받는 아동 · 청소년을 대상으로 성범죄를 범한 경우에는 그 죄에 정한 형의 2분의 1까지 가중처벌한다(제18조).

(4) 「청소년 기본법」

「청소년 기본법」은 청소년의 권리 및 책임과 가정 · 사회 · 국가 · 지방자치단체의 청소년에 대한 책임을 정하고 청소년정책에 관한 기본적인 사항을 규정함을 목적으로 한다(제1조). 주요 내용은 다음과 같다.

첫째, 이 법은 청소년이 사회구성원으로서 정당한 대우와 권익을 보장 받음과 아울러 스스로 생각하고 자유롭게 활동할 수 있도록 하며 보다 나은 삶을 누리고 유해한 환경으로부터 보호될 수 있도록 함으로써 국가와 사회가 필요로 하는 건전한 민주시민으로 자랄 수 있도록 하는 것을 기본이념으로 한다. 기본이념을 구현하기 위한 장기적 · 종합적 청소년정책을 추진할 때에는 ① 청소년의 참여 보장, ② 창의성과 자율성을 바탕으로 한 청소년의 능동적 삶의 실현, ③ 청소년의 성장 여건과 사회 환경의 개선, ④ 민주 · 복지 · 통일조국에 대비하는 청소년의 자질 향상의 사항을 추진 방향으로 한다(제2조).

둘째, "청소년"이란 9세 이상 24세 이하인 사람을 말한다. 다만, 다른 법률에서 청소년에 대한 적용을 다르게 할 필요가 있는 경우에는 따로 정할 수 있다. "청소년복지"란 청소년이 정상적인 삶을 누릴 수 있는 기본적인 여건을 조성하고 조화롭게 성

에 신고하여야 한다. 1. 「유아교육법」 제2조 제2호의 유치원, 2. 「초 · 중등교육법」 제2조의 학교 및 「고등교육법」 제2조의 학교, 3. 「의료법」 제3조의 의료기관, 4. 「아동복지법」 제3조 제10호의 아동복지시설, 5. 「장애인복지법」 제58조의 장애인복지시설, 6. 「영유아보육법」 제2조 제3호의 어린이집, 7. 「학원의 설립 · 운영 및 과외교습에 관한 법률」 제2조 제1호의 학원 및 같은 조 제2호의 교습소, 8. 「성매매방지 및 피해자보호 등에 관한 법률」 제5조의 성매매피해자 등을 위한 지원시설 및 같은 법 제10조의 성매매피해상담소, 9. 「한부모가족지원법」 제19조에 따른 한부모가족복지시설, 10. 「가정폭력방지 및 피해자보호 등에 관한 법률」 제5조의 가정폭력 관련 상담소 및 같은 법 제7조의 가정폭력피해자 보호시설, 11. 「성폭력방지 및 피해자보호 등에 관한 법률」 제10조의 성폭력피해상담소 및 같은 법 제12조의 성폭력피해자보호시설, 12. 「청소년활동 진흥법」 제2조 제2호의 청소년활동시설, 13. 「청소년복지 지원법」 제29조 제1항에 따른 청소년상담복지센터 및 같은 법 제31조 제1호에 따른 청소년쉼터, 14. 「청소년 보호법」 제35조의 청소년 보호 · 재활센터
③ 다른 법률에 규정이 있는 경우를 제외하고는 누구든지 신고자 등의 인적사항이나 사진 등 그 신원을 알 수 있는 정보나 자료를 출판물에 게재하거나 방송 또는 정보통신망을 통하여 공개하여서는 아니 된다.

장 · 발달할 수 있도록 제공되는 사회적 · 경제적 지원을 말한다(제3조).

셋째, ① 청소년의 기본적 인권은 청소년활동 · 청소년복지 · 청소년보호 등 청소년육성의 모든 영역에서 존중되어야 한다. ② 청소년은 인종 · 종교 · 성별 · 나이 · 학력 · 신체조건 등에 따른 어떠한 종류의 차별도 받지 아니한다. ③ 청소년은 외부적 영향에 구애받지 아니하면서 자기 의사를 자유롭게 밝히고 스스로 결정할 권리를 가진다. ④ 청소년은 안전하고 쾌적한 환경에서 자기발전을 추구하고 정신적 · 신체적 건강을 해치거나 해칠 우려가 있는 모든 형태의 환경으로부터 보호받을 권리를 가진다. ⑤ 청소년은 자신의 능력을 개발하고 건전한 가치관을 확립하며 가정 · 사회 및 국가의 구성원으로서의 책임을 다하도록 노력하여야 한다(제5조).

넷째, ① 국가는 청소년들의 의식 · 태도 · 생활 등에 관한 사항을 정기적으로 조사하고, 이를 개선하기 위하여 청소년의 복지향상 정책을 수립 · 시행하여야 한다. ② 국가 및 지방자치단체는 기초생활 보장, 직업재활훈련, 청소년활동 지원 등의 시책을 추진할 때에는 정신적 · 신체적 · 경제적 · 사회적으로 특별한 지원이 필요한 청소년을 우선적으로 배려하여야 한다. ③ 국가 및 지방자치단체는 청소년의 삶의 질을 향상하기 위하여 구체적인 시책을 마련하여야 한다. ④ 제1항부터 제3항까지의 규정에 관하여는 따로 법률로 정한다(제49조).

(5) 「청소년활동 진흥법」

「청소년활동 진흥법」은 「청소년 기본법」 제47조 제2항에 따라 다양한 청소년활동을 적극적으로 진흥하기 위하여 필요한 사항을 정함을 목적으로 한다(제1조). 주요 내용은 다음과 같다.

첫째, 청소년수련시설을 설치 · 운영하는 개인 · 법인 · 단체 및 위탁운영단체는 청소년활동을 활성화하고 청소년의 참여를 보장하기 위하여 청소년으로 구성되는 청소년운영위원회를 운영하여야 한다(제4조).

둘째, 청소년은 다양한 청소년활동에 주체적이고 자발적으로 참여하여 자신의 꿈과 희망을 실현할 충분한 기회와 지원을 받아야 하며, 국가 및 지방자치단체는 청소년활동을 활성화하는 데 필요한 청소년활동시설, 청소년활동 프로그램, 청소년 지도자 등을 위한 시책을 수립 · 시행하여야 한다(제5조).

셋째, 국가 및 지방자치단체는 청소년수련활동에 필요한 청소년수련거리를 그 이용 대상 · 나이 · 이용 장소 등을 종합적으로 고려하여 유형별로 균형 있게 개발 · 보급하여야 하며, 국가 및 지방자치단체는 청소년의 발달원리와 선호도에 근거하여 청소년수련거리를 전문적으로 개발하여야 한다(제34조).

넷째, 국가 및 지방자치단체는 교포청소년의 모국방문 · 문화체험 및 국내 청소년과의 청소년교류활동을 지원하고 장려하여야 하며(제56조), 국가는 남 · 북 청소년 교류에 관한 기본계획을 수립하고, 남 · 북 청소년이 교류할 수 있는 제도적 여건을 조성하여야 한다. 또한 국가는 남 · 북 청소년 교류를 위한 기반을 조성하기 위하여 필요한 체계적인 통일교육을 실시할 수 있다(제59조).

다섯째, 국가 및 지방자치단체는 청소년문화활동 프로그램 개발, 문화시설 확충 등 청소년문화활동에 대한 청소년의 참여 기반을 조성하는 시책을 개발 · 시행하여야 하며, 국가 및 지방자치단체는 제1항에 따른 시책을 수립 · 시행할 때에는 문화예술 관련 단체, 청소년동아리단체, 봉사활동단체 등이 청소년문화활동 진흥에 적극적이고 자발적으로 참여할 수 있도록 하여야 한다(제60조).

여섯째, 국가 및 지방자치단체는 청소년이 자율적으로 참여하여 조직하고 운영하는 다양한 형태의 동아리활동을 적극 지원하여야 하며(제64조), 국가 및 지방자치단체는 청소년의 자원봉사활동을 활성화할 수 있는 기반을 조성하여야 한다(제65조).

2) 청소년복지와 연관성이 있는 법률

(1) 「아동복지법」

「아동복지법」은 아동이 건강하게 출생하여 행복하고 안전하게 자랄 수 있도록 아동의 복지를 보장하는 것을 목적으로 한다(제1조). 주요 내용은 다음과 같다.

첫째, ① 아동은 자신 또는 부모의 성별, 연령, 종교, 사회적 신분, 재산, 장애유무, 출생지역, 인종 등에 따른 어떠한 종류의 차별도 받지 아니하고 자라나야 한다. ② 아동은 완전하고 조화로운 인격발달을 위하여 안정된 가정환경에서 행복하게 자라나야 한다. ③ 아동에 관한 모든 활동에 있어서 아동의 이익이 최우선적으로 고려되어야 한다. ④ 아동은 아동의 권리보장과 복지증진을 위하여 이 법에 따른 보호와 지원을 받을 권리를 가진다(제2조).

둘째, "아동"이란 18세 미만인 사람을 말한다. "아동복지"란 아동이 행복한 삶을 누릴 수 있는 기본적인 여건을 조성하고 조화롭게 성장·발달할 수 있도록 하기 위한 경제적·사회적·정서적 지원을 말한다(제3조).

셋째, 누구든지 다음 각 호의 어느 하나에 해당하는 행위를 하여서는 아니 된다. ① 아동을 매매하는 행위, ② 아동에게 음란한 행위를 시키거나 이를 매개하는 행위 또는 아동에게 성적 수치심을 주는 성희롱 등의 성적 학대행위, ③ 아동의 신체에 손상을 주거나 신체의 건강 및 발달을 해치는 신체적 학대행위, ④ 삭제, ⑤ 아동의 정신건강 및 발달에 해를 끼치는 정서적 학대행위, ⑥ 자신의 보호·감독을 받는 아동을 유기하거나 의식주를 포함한 기본적 보호·양육·치료 및 교육을 소홀히 하는 방임행위, ⑦ 장애를 가진 아동을 공중에 관람시키는 행위, ⑧ 아동에게 구걸을 시키거나 아동을 이용하여 구걸하는 행위, ⑨ 공중의 오락 또는 흥행을 목적으로 아동의 건강 또는 안전에 유해한 곡예를 시키는 행위 또는 이를 위하여 아동을 제3자에게 인도하는 행위, ⑩ 정당한 권한을 가진 알선기관 외의 자가 아동의 양육을 알선하고 금품을 취득하거나 금품을 요구 또는 약속하는 행위, ⑪ 아동을 위하여 증여 또는 급여된 금품을 그 목적 외의 용도로 사용하는 행위가 해당된다(제17조).

넷째, 아동보호전문기관의 장은 아동의 안전 확보와 재학대 방지, 건전한 가정 기능의 유지 등을 위하여 피해아동 및 보호자를 포함한 피해아동의 가족에게 상담, 교육 및 의료적·심리적 치료 등의 필요한 지원을 제공하여야 한다(제29조).

(2) 「장애아동 복지지원법」

「장애아동 복지지원법」은 국가와 지방자치단체가 장애아동의 특별한 복지적 욕구에 적합한 지원을 통합적으로 제공함으로써 장애아동이 안정된 가정생활 속에서 건강하게 성장하고 사회에 활발하게 참여할 수 있도록 하며, 장애아동 가족의 부담을 줄이는 데 이바지함을 목적으로 한다(제1조). 주요 내용은 다음과 같다.

첫째, "장애아동"이란 18세 미만의 사람 중 「장애인복지법」 제32조에 따라 등록한 장애인을 말한다. 다만, 6세 미만의 아동으로서 장애가 있다고 보건복지부장관이 별도로 인정하는 사람을 포함한다. "장애아동 복지지원"(이하 "복지지원"이라 한

다)이란 국가와 지방자치단체가 장애아동의 특별한 복지적 욕구에 따라 의료비지원, 보육지원, 가족지원 및 장애아동의 발달에 필요한 지원 등 다양한 인적 · 물적 자원을 제공하는 것을 말한다(제2조).

둘째, ① 장애아동은 모든 형태의 학대 및 유기 · 착취 · 감금 · 폭력 등으로부터 보호받아야 한다. ② 장애아동은 부모에 의하여 양육되고 안정된 가정환경에서 자라나야 한다. ③ 장애아동은 인성 및 정신적 · 신체적 능력을 최대한 계발하기 위하여 적절한 교육을 제공받아야 한다. ④ 장애아동은 가능한 최상의 건강상태를 유지하고 행복한 일상생활을 영위하기 위한 의료적 · 복지적 지원을 받아야 한다. ⑤ 장애아동은 휴식과 여가를 즐기고 놀이와 문화예술활동에 참여할 수 있는 기회를 제공받아야 한다. ⑥ 장애아동은 의사소통 능력, 자기결정 능력 및 자기권리 옹호 능력을 향상시키기 위한 교육 및 훈련 기회를 제공받아야 한다(제4조).

(3) 「아동의 빈곤 예방 및 지원 등에 관한 법률」

「아동의 빈곤 예방 및 지원 등에 관한 법률」은 빈곤아동이 복지 · 교육 · 문화 등의 분야에서 소외와 차별을 받지 아니하고 한 사회의 구성원으로 건강하게 자랄 수 있도록 제도적 기반을 마련하는 것을 목적으로 한다(제1조). 주요 내용은 다음과 같다.

첫째, 이 법은 빈곤아동이 부모의 사회적 · 경제적 지위와 상관없이 태어나서 자립할 때까지 충분한 역량을 갖출 수 있도록 균형 있고 조화로운 성장과 건강하고 행복한 삶을 누릴 수 있도록 하는 것을 기본이념으로 한다(제2조).

둘째, ① "아동"이란 「아동복지법」 제3조 제1호에 따른 아동을 말한다. ② "아동빈곤"이란 아동이 일상적인 생활여건과 자원이 결핍하여 사회적 · 경제적 · 문화적 불이익을 받는 빈곤한 상태를 말한다. ③ "빈곤아동"이란 생활여건과 자원의 결핍으로 인한 복지 · 교육 · 문화 등의 격차를 해소하기 위하여 지원이 필요한 아동을 말하며, 그 구체적인 기준은 보건복지부령으로 정한다(제3조).

(4) 「문화예술교육 지원법」

「문화예술교육 지원법」은 문화예술교육의 지원에 필요한 사항을 정함으로써 문화예술교육을 활성화하고, 나아가 국민의 문화적 삶의 질 향상과 국가의 문화 역량 강화에 이바지함을 목적으로 한다(제1조). 주요 내용은 다음과 같다.

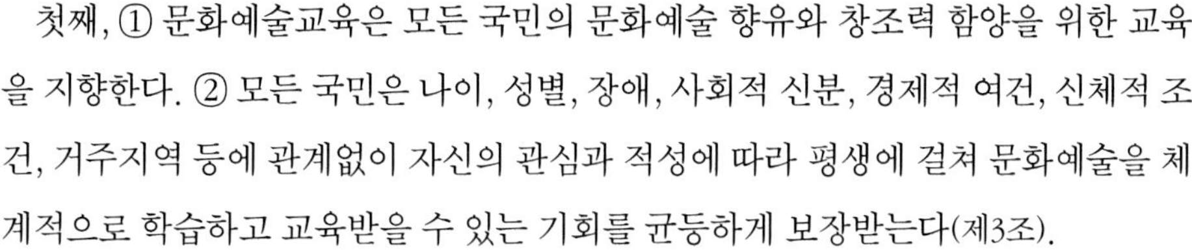

첫째, ① 문화예술교육은 모든 국민의 문화예술 향유와 창조력 함양을 위한 교육을 지향한다. ② 모든 국민은 나이, 성별, 장애, 사회적 신분, 경제적 여건, 신체적 조건, 거주지역 등에 관계없이 자신의 관심과 적성에 따라 평생에 걸쳐 문화예술을 체계적으로 학습하고 교육받을 수 있는 기회를 균등하게 보장받는다(제3조).

둘째, 부모 등 보호자는 그 자녀 또는 피보호자가 관심과 적성에 따라 문화예술교육을 받을 수 있도록 할 권리와 책임을 가진다(제4조).

셋째, ① 국가 및 지방자치단체는 질 높은 학교문화예술교육을 위하여 문화예술 관련 교육과정 및 교육내용의 개발 · 연구 및 각종 문화예술 교육활동과 이를 위한 시설 · 장비를 지원할 수 있다. ② 국 · 공립 교육시설의 경영자는 학교문화예술교육을 위하여 대통령령이 정하는 바에 따라 시설 · 장비, 문화예술교육사 및 교육프로그램 등을 갖추어야 한다. ③ 민간 교육시설의 경영자 및 교육단체는 학교문화예술교육의 지원을 위하여 시설 · 장비, 문화예술교육사 · 프로그램 및 자료 등을 지원할 수 있다(제15조).

넷째, ① 국가 및 지방자치단체는 질 높은 사회문화예술교육을 위하여 문화예술 관련 교육과정 및 교육내용의 개발 · 연구 및 각종 문화예술 교육활동과 이를 위한 시설 · 장비를 지원할 수 있다. ② 국 · 공립 교육시설의 경영자는 사회문화예술교육을 위하여 대통령령이 정하는 바에 따라 시설 · 장비, 문화예술교육사 및 교육프로그램 등을 갖추어야 한다. ③ 민간 교육시설의 경영자 및 교육단체는 사회문화예술교육의 지원을 위하여 시설 · 장비, 문화예술교육사 · 프로그램 및 자료 등을 지원할 수 있다(제21조).

02 청소년과 연관된 복지정책

1) 청소년복지정책

청소년복지정책은 크게 학교 밖 청소년 지원사업, 가출청소년 지원, 청소년특별지원, 이주배경청소년 지원, 청소년방과후아카데미 운영으로 구분하였다. 이 장에서는 『2017 청소년백서』의 내용을 중심으로 설명하였다.

(1) 학교 밖 청소년 지원사업

① 추진배경 및 연혁

매년 약 4~6만 명의 청소년들이 학업을 중단하고 있으며, 학교 밖 청소년도 39만여 명으로 추산되고 있다. 학교 밖 청소년들은 스스로 진로를 찾고 직업을 구하는 과정에서 많은 시행착오와 좌절을 경험하고 있으며, 여러 사회적 기회가 박탈되고 있다. 이는 사회, 경제적으로 볼 때 청년실업 및 근로빈곤층(working poor)의 증가를 초래하고 있어 국가의 적극적인 지원이 요구된다. 따라서 학력이 단절된 청소년에게는 학업을 지속할 수 있는 여건을 마련하고, 자립에 어려움을 겪는 청소년에게는 체계적인 자립 준비가 이루어질 수 있도록 지원해야 한다.

② 학교 밖 청소년 지원사업 개요

학교 밖 청소년 지원 사업의 목표는 학교 밖 청소년에게 상담, 교육, 취업, 자립지원 등의 서비스를 제공함으로써 학교 밖 청소년이 건강한 사회구성원으로 성장할 수 있도록 돕는 것이다. 서비스 대상은 9세 이상 24세 이하의 청소년으로, 초등학교 · 중학교 또는 이와 동일한 과정을 교육하는 학교에 입학한 후 3개월 이상 결석하거나 취학의무를 유예한 청소년, 고등학교 또는 이와 동일한 과정을 교육하는 학교에서 제적 · 퇴학 처분을 받거나 자퇴한 청소년 또는 상급학교에 진학하지 않은 청소년이 주 대상이며, 학교 밖 청소년 발생 예방을 위해 필요한 경우 잠재적 학

교 박 청소년도 포함된다(「학교 밖 청소년 지원에 관한 법률」 제2조).

가) 꿈드림(학교밖청소년지원센터) 설치 현황

2017년 꿈드림은 전국에 202개소(시 · 도센터 16개소, 시 · 군 · 구 센터 186개소)가 운영되고 있으며, 전담인력은 시 · 도 센터 5명씩, 시 · 군 · 구 센터 2~4명씩 배치되어 활동하고 있다.

표 3-1 학교밖청소년지원센터 운영 현황 (단위: 개소)

구분	소계	서울	부산	대구	인천	광주	대전	울산	세종	경기	강원	충북	충남	전북	전남	경북	경남	제주
총계	202	24	15	9	9	6	3	5	1	31	9	13	15	10	16	15	18	3
시도	16	1	1	1	1	1	1	1	-	1	1	1	1	1	1	1	1	1
시군구	186	23	14	8	8	5	2	4	1	30	8	12	14	9	15	14	17	2

*출처: 여성가족부(2017).

나) 학교 밖 청소년 지원 서비스

학교밖청소년지원센터로 연계된 청소년은 각자의 요구에 따라 맞춤형 서비스를 제공받는다. 서비스에는 상담지원, 교육지원, 직업체험 및 취업지원, 자립지원, 건강지원 등이 있다.

첫째, 학업형 청소년을 대상으로는 '학습동아리' '멘토링' '검정고시' '대학입시설명회' 등 학력 취득 및 상급학교 진학 지원 등의 서비스를 제공한다. 둘째, 직업형 청소년에게는 '직업체험' '진로교육활동' '직장체험' 등의 활동을 통해 진로를 설정할 수 있도록 지원하고 이후 여성가족부 전문직업훈련기관인 '내일이룸학교'에 연계하거나 고용노동부 직업훈련 프로그램에 연계하여 취업을 지원한다. 셋째, 자립이 필요한 대상에게는 '자유공간 마련' '문화활동지원' '봉사 기회 제공' 등 자립 준비에 필요한 서비스를 제공하며, '건강검진사업'을 신규로 도입하여 DB 구축과 함께 학교 밖 청소년의 건강관리 체계도 마련하였다.

(2) 가출청소년 지원

최근 사회적 문제인 가족 간의 갈등과 가족 해체의 가속화 등으로 인하여 청소년 가출이 지속적으로 증가하고 있다. 이들은 거리생활을 하면서 건강악화는 물론이고 절도, 폭행, 성매매 등의 범죄 및 비행 문제에 연루되는 사례가 발생하고 있다. 또한 청소년들의 가출연령은 점점 낮아지고 6개월 이상의 장기 가출과 반복 가출이 늘어나는 경향이 나타나고 있다. 따라서 가출청소년을 대상으로 보호, 상담, 교육문화 활동을 지원하여 비행과 일탈을 예방하고 가정으로의 복귀 및 사회 적응을 지원함으로써 청소년의 건전한 성장을 도모하기 위하여 청소년쉼터를 설치 · 운영하고 있다.

① 청소년쉼터의 사업 내용 및 규모

청소년쉼터는 가출청소년의 생활보호뿐만 아니라 상담, 자립 역량 강화, 고충처리, 문화활동프로그램 기회 제공 등을 통해 가출청소년들의 가정 및 사회로의 복귀

표 3-2 청소년쉼터의 종류 및 기능

구분	일시쉼터(30개소)	단기쉼터(53개소)	중장기쉼터(40개소)
기간	24시간 이내 일시보호 (최장 7일까지 연장 가능)	3개월 이내 단기보호 (최장 9개월까지 연장 가능)	3년 이내 중장기보호 (필요시 1년 단위 연장 가능)
이용 대상	일반 청소년, 거리생활청소년	가출청소년	자립 의지가 있는 가출청소년
기능	• 위기개입상담, 진로지도, 적성검사 등 상담서비스 제공 • 가출청소년 구조 · 발견, 청소년쉼터와 연결 • 먹거리, 음료수 등 기본적인 서비스 제공 등	• 가출청소년문제해결을 위한 상담 · 치료 서비스 및 예방 활동 전개 • 의식주 및 의료 등 보호서비스 제공 • 가정 및 사회 복귀를 위한 가출청소년 분류, 연계 · 의뢰 서비스 제공 등	• 가정으로의 복귀가 어렵거나 특별히 보호가 필요한 위기청소년을 대상으로 전환형, 가족형, 자립형, 치료형 등 특화된 서비스 제공
위치	이동형(차량), 고정형(청소년 유동지역)	주요 도심별	주택가
지향점	가출 예방, 조기 발견, 초기 개입	보호, 가정 및 사회 복귀	자립 지원

*출처: 여성가족부(2017).

표 3-3 연도별 청소년쉼터 운영 현황 (단위: 개소)

구분	2009년	2010년	2011년	2012년	2013년	2014년	2015년	2016년	2017년
일시	10	10	10	13	21	22	26	28	30
고정형	8	8	8	8	15	16	18	18	20
이동형	2	2	2	5	6	6	8	10	10
단기	47	49	48	49	50	50	52	51	53
남	21	24	24	25	26	26	26	26	27
여	26	25	24	24	24	24	26	25	26
중장기	24	24	25	30	32	37	41	40	40
남	9	10	10	11	11	16	17	18	18
여	15	14	15	19	21	21	24	22	22
계	81	83	83	92	103	109	119	119	123

*출처: 여성가족부(2017).

를 지원하고 있으며, 청소년 보호시설의 전문화 및 차별화된 지원 서비스를 제공하기 위하여 일시, 단기, 중장기 청소년쉼터로 특성화하여 설치 · 운영하고 있다.

청소년쉼터 운영을 내실화하기 위하여 일시, 단기, 중장기로 특성화하고, 쉼터 유형별로 운영모형 및 운영목표 등 기준을 마련하여 운영하고 있으며, 보다 전문적이고 체계적인 서비스 제공을 위해 2015년부터는 '청소년쉼터 서비스 표준 매뉴얼'을 제작하여 활용하고 있다.

(3) 청소년특별지원

청소년특별지원은 위기청소년에 대한 건전한 성장과 정상적 생활을 영위하기 위해 필요한 기초적 여건이 갖추어지지 아니하여 사회, 경제적 지원이 필요한 청소년 중 다른 제도 및 법에 의한 지원을 받지 못하는 청소년에게 현금 급여 또는 관련 서비스를 직접 지원하는 사업이다. 시 · 군 · 구를 통한 전달체계를 활용하며 청소년 본인 또는 그 보호자, 교원, 사회복지사, 청소년지도사 등이 주민센터에 신청하면 소득재산 조사, 운영위원회 심의 등을 통해 지원 여부를 결정하게 된다. 2008년부터 시작하여 2017년 기준 전국 17개 시도에서 운영 중이다.

① 특별지원사업 지원 대상 및 사업 내용

지원 대상은 9세 이상 18세 이하의 위기청소년 중 가구소득인정액이 중위소득 72% 이하인 자가 해당된다.

표 3-4 특별지원사업 지원 대상 및 사업 내용

구분	내용
지원 대상	9세 이상~18세 이하의 위기청소년 중 가구소득인정액이 중위소득 72% 이하인 자 (단, 생활지원 및 건강지원은 중위소득 60% 이하인 자)
사업 내용	생활, 건강, 학업, 자립, 상담, 법률, 활동지원 등(월 10만 원~연 350만 원 지원)

*출처: 여성가족부(2017).

② 특별지원 종류 및 지원 내용

특별지원의 종류에는 생활지원, 건강지원, 학업지원, 자립지원, 법률지원, 상담지원, 활동지원, 그 밖의 지원 등으로 구분된다. 지원 내용과 지원 금액은 〈표 3-5〉와 같다.

표 3-5 특별지원의 내용 및 지원 금액

지원 종류	지원 내용	지원 금액
생활지원	의식주 등 기초생계비와 숙식 제공 등의 비용 지원	월 50만 원 이내
건강지원	신체적, 정신적으로 건강하게 성장하기 위하여 요구되는 건강검진 및 치료 등을 위한 비용 지원	연 200만 원 내외
학업지원	학업을 지속하기 위하여 필요한 교육 비용 지원	월 15만 원 이내(수업료, 학교운영비) 월 30만 원 이내(검정고시)
자립지원	취업을 위한 지식, 기술, 기능 등 능력을 향상시키기 위하여 필요한 훈련비 지원	월 36만 원 이내
법률지원	폭력이나 학대 등으로 위기 상황에 있는 청소년에게 필요한 법률상담 및 소송비용 지원	연 350만 원 이내
상담지원	청소년의 건강한 발달을 도모하기 위한 심리·사회적 측면의 상담에 필요한 비용 및 서비스 지원	월 20만 원 이내 (심리검사비 연 25만 원 별도)

활동 지원	운영위원회가 필요하다고 인정하는 활동 비용	월 10만 원 이내
그 밖의 지원	운영위원회가 예산의 범위 안에서 필요하다고 인정한 지원	앞의 제시 내용과 근접한 유형의 지원 상한액을 참조하여 지원 규모 결정

*출처: 여성가족부(2017).

(4) 이주배경청소년 지원

이주배경청소년이란 「청소년복지 지원법」 제18조에 따라 다문화가족의 청소년과 그 밖에 국내로 이주하여 사회 적응 및 학업 수행에 어려움을 겪는 청소년을 의미한다. 남북분단이라는 정치 · 사회적 특수성과 다문화가정의 지속적인 증가로 인해 우리 사회에서 이주배경청소년(북한이탈, 중도입국, 다문화청소년)에 대한 관심은 꾸준히 증가하고 있다.

표 3-6 이주배경청소년 현황 (만 20세 이하, 단위: 명)

북한이탈	중도입국	다문화	
		외국인 부모	외국인 · 한국인 부모
4,734	8,031	6,001	183,181
2016. 12월 기준, 통일부	2016. 12월 기준, 법무부	2016. 11월 기준, 행정안전부	

*주: 중도입국 청소년은 결혼이민자의 전혼관계에서 출생 후 입국한 자녀로 외국인 등록 및 귀화한 미성년자를 가리킴.

*출처: 여성가족부(2017).

① 북한이탈청소년

북한이탈청소년은 입국과정에서의 심리적 · 정서적 상흔과 건강상의 문제 등으

표 3-7 북한이탈청소년 연도별 입국 현황 (단위: 명)

구분	2008년	2009년	2010년	2011년	2012년	2013년	2014년	2015년	2016년
입국 인원	594	706	569	654	395	407	347	321	314

*출처: 여성가족부(2017).

로 '하나원' 교육생 중 상당수가 입국 초기 적응에 어려움을 겪고 있다. 뿐만 아니라 문화적 차이, 학습 공백 기간, 동급생보다 많은 나이, 교육시스템 부적응 등으로 학교생활 및 적응이 어려워 중도탈락률이 일반 청소년보다 높은 것으로 나타났다.

외국인 부모의 국가에서 생활하다가 청소년기에 입국하는 중도입국청소년과 같은 다양한 형태의 다문화청소년이 증가하고 있다. 다문화청소년의 증가에 따라 필요한 지원의 종류도 다양해지고 있고, 이와 더불어 문화적 이질성 등으로 인한 사회 부적응 현상도 다양하게 발생하고 있다. 전반적으로 외모, 언어 능력 등에 있어 사회적 편견과 차별의식으로 학업 및 생활에 어려움을 동시에 겪게 되며, 외국인근로자가정 청소년은 신분상의 불안정(미등록, 단기비자)으로 정규학교 입학에 어려움을 겪거나 학교생활이 불안정한 실정이다. 또한 다문화가정의 청소년들은 가정의 불화나 해체 등 이주배경에서 파생된 새로운 어려움에 당면하고 있다. 이에 따라 여성가족부에서는 이주배경청소년지원재단(무지개청소년센터)과 함께 중도입국청소년 등 다문화청소년의 입국 초기 적응을 위한 특화된 교육 프로그램을 제공하고 2011년과 2013년에 '중도입국청소년 실태조사'를 함으로써 중도입국청소년에 대한 정책과제 발굴 등을 위한 지속적인 노력을 기울이고 있다.

(5) 청소년방과후아카데미 운영

① 청소년방과후아카데미 사업 개요 및 특징

청소년방과후아카데미 사업의 목적은 방과 후 홀로 시간을 보내는 저소득, 맞벌이, 한부모 등 취약계층 가정 청소년에게 학습 능력 배양, 체험활동, 급식, 건강관리, 상담 등 종합적인 학습 · 복지 · 보호 서비스를 제공하여 청소년이 건강하게 성장할 수 있도록 지원함에 있다. 청소년방과후아카데미는 여성가족부와 지방자치단체가 공동 운영하고 있으며 청소년수련관, 청소년문화의집, 청소년단체시설 등에서 전용공간을 마련하여 운영하고 있다. 최근에는 중학생을 중심으로 방과후아카데미를 확대하고 있으며 운영 방식에 있어서는 2005년에 시범 실시 이후 2006년에 지방자치단체 보조사업으로 전환(국비 50%)되어 지방자치단체 매칭펀드방식으로 운영하고 있다. 지역별 운영 현황을 살펴보면 17개 시도가 모두 사업에 참여하고 있는 사업으로, 2017년에 전국적으로 250개소가 운영되고 있다.

2) 청소년과 연관된 복지정책

청소년과 연관된 복지정책은 크게 지역아동센터 운영, 드림스타트 사업(취약계층 아동 통합서비스 지원, 디딤씨앗통장(CDA) 사업으로 구분하였다). 이 장에서는 2017 청소년백서의 내용을 중심으로 설명하였다.

(1) 지역아동센터 운영

① 지역아동센터의 개념

정부에서 방임될 우려가 있는 아이들을 위해서 2004년에 「아동복지법」을 개정하여 지역아동센터(구, 공부방)를 아동복지시설로 규정하고 전면 지원하기 시작하였다. 지역아동센터는 「아동복지법」 제52조 제1항 제8호에 따른 아동복지이용시설로서 18세 미만의 방과 후 돌봄이 필요한 지역사회 아동에게 보호, 교육, 건전한 놀이와 오락의 제공, 보호자와 지역사회의 연계 등 종합적인 복지서비스를 제공함으로써 건전한 성장을 지원하고 있다.

② 지역아동센터의 설치 및 이용 현황

지역아동센터는 2004년에 895개소에서 2016년에는 4,107개소로 증가하였다. 시도별로는 경기도(763개소)가 가장 많고, 서울(414개소), 전남(384개소) 순으로 나타났다.

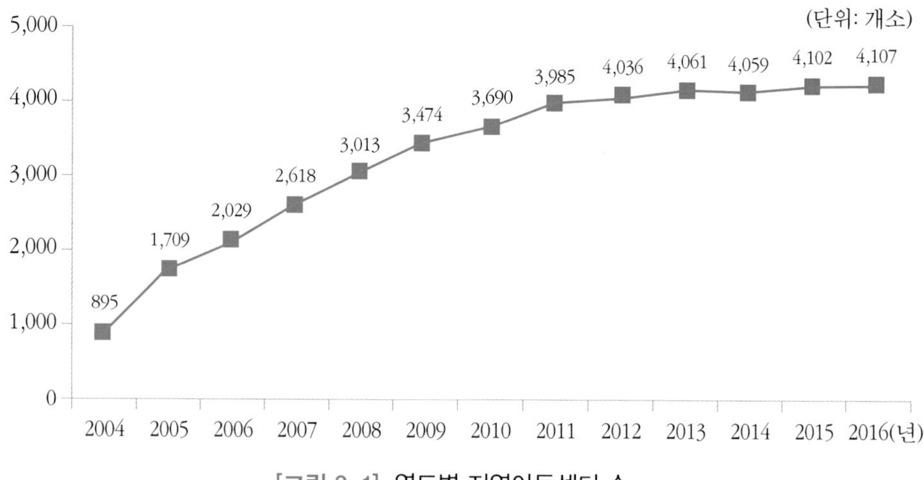

[그림 3-1] 연도별 지역아동센터 수

*출처: 보건복지부 · 지역아동센터중앙지원단(2016).

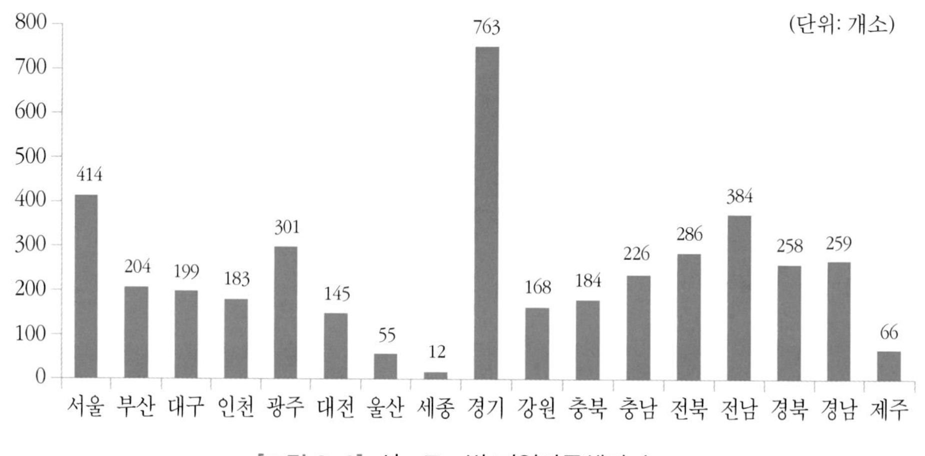

[그림 3-2] 시 · 도 · 별 지역아동센터 수

*출처: 보건복지부 · 지역아동센터중앙지원단(2016).

지역아동센터의 증가와 더불어 이용 아동 수도 매년 지속적으로 증가하였다. 지역아동센터를 이용하는 아동 수는 2004년에 23,347명에서 2016년에는 106,668명으로 증가하였다.

(단위: 개소)

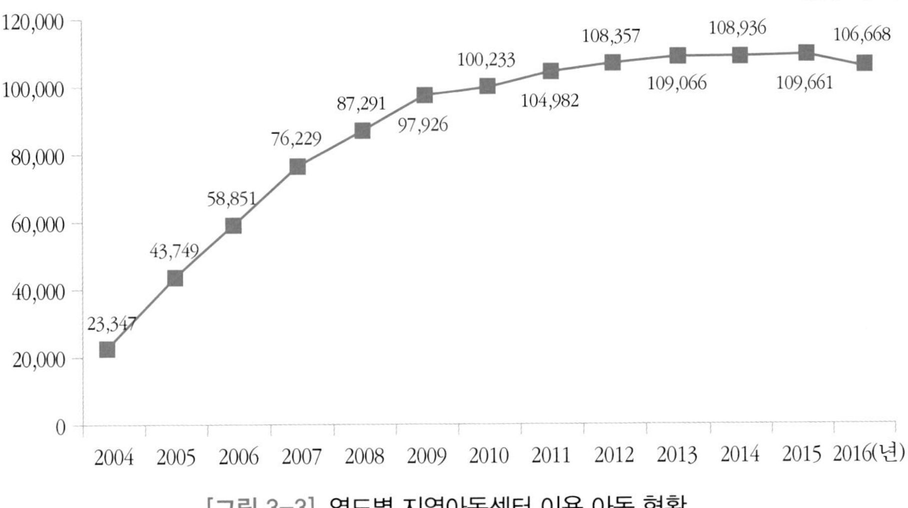

[그림 3-3] 연도별 지역아동센터 이용 아동 현황

*출처: 보건복지부 · 지역아동센터중앙지원단(2016).

③ 지역아동센터의 프로그램

지역아동센터는 아동의 심리적 · 정서적 안정과 신체 · 인지 · 사회성 발달을 목적으로 보호, 교육, 문화, 정서지원, 지역사회 연계 서비스 영역에 대한 프로그램을 운영하고 있다. 보호프로그램을 통해 아동이 안전한 곳에서 건강한 생활을 할 수 있도록 급식, 일상생활지원, 정서지원, 안전지도 프로그램을 제공하며, 교육프로그램은 아동에게 기초학습지도, 학교생활관리, 다양한 교육활동을 지원하고 있다. 문화프로그램에는 공연 관람, 견학, 캠프 등이 포함된다. 정서지원 프로그램은 아동과 부모상담 등을 통해 아동의 정서를 지원하고 있으며, 지역사회 연계프로그램은 지역 네트워크를 통해 아동을 지역 전문기관과 연계하고 있으며 지역사회 내의 아동문제에 대한 사전 예방적 기능 및 사후 연계 기능을 수행한다.

(2) 드림스타트 사업(취약계층 아동 통합서비스 지원)

드림스타트(Dream Start)는 취약계층 아동의 건강한 성장과 발달을 지원함으로써 공평한 출발 기회를 보장하고 궁극적으로 빈곤의 대물림을 차단하는 것을 목적으로 한다. 이를 위해 건강, 복지, 보육 등 맞춤형 통합 서비스를 제공하여 아동의 전

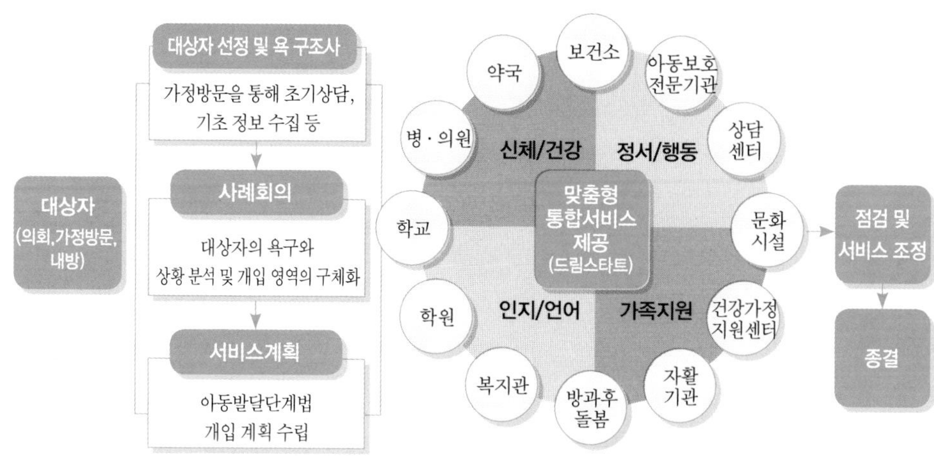

[그림 3-4] 드림스타트 사례관리 절차 및 지역자원 연계도

*출처: 보건복지부(2016).

인적 발달을 도모하고, 부모에게는 자녀 양육지도, 직업훈련, 고용촉진 서비스를 제공해 가족 기능의 회복, 양육 여건 개선 등을 지원하고 있다. 지원 대상은 0세(임산부)부터 만 12세(초등학교 6학년 이하)의 취약계층 아동 및 가족으로, 복지욕구조사와 양육환경 및 아동발달 사정을 통해서 대상 아동을 선정한다. 단, 만 12세 이상의 아동이라도 초등학교 재학생인 경우에는 사업 대상에 포함하고 있다.

드림스타트 사업에 의해 서비스가 제공되는 단계는 [그림 3-4]와 같이 체계화되어 있다.

(3) 디딤씨앗통장(CDA) 사업

최근 양극화 심화에 따른 빈곤층 증가, 가족 해체 등으로 인한 취약계층 아동들의 증가가 심각한 사회문제로 대두되고 있다. 이러한 사회적 문제로 인해 미래 성장의 동력인 아동들에게 '빈곤의 대물림'이 이어지는 것을 예방하고, 저소득 아동의 자립 의지 함양을 위하여 2007년 4월부터 '아동발달지원계좌(Child Development Account: CDA)' 사업을 시행하고 있다. 아동발달지원계좌는 국민들이 쉽게 이해할 수 있고 친근감을 갖도록 2009년 1월부터 '디딤씨앗통장'이라는 대국민 브랜드 명칭을 사용하고 있다.

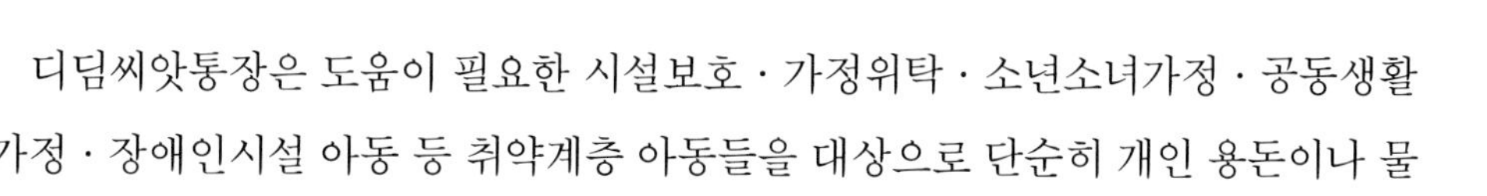

디딤씨앗통장은 도움이 필요한 시설보호 · 가정위탁 · 소년소녀가정 · 공동생활가정 · 장애인시설 아동 등 취약계층 아동들을 대상으로 단순히 개인 용돈이나 물품으로 주는 것이 아닌 만 18세 이후에 시설을 떠나 혼자서 살아가야 할 아이들을 위해 적게나마 경제적으로 자립할 수 있게 최소한의 도움을 주기 위해서 마련된 제도이다. 0~18세까지 가입할 수 있고, 아동이 저축한 만큼 국가가 한도 내에서 추가로 적립하여 저축액이 두 배로 되게 한다. 정부지원액은 2016년까지 월 최대 3만 원 한도였으나 2017년에는 4만 원까지 확대되었다. 또한 2011년부터 저소득 가구 아동의 자립 지원을 위해 기초생활수급자 가정 아동이 지원 대상으로 포함되었다. 해당 아동은 만 12세 또는 만 13세가 되는 해에 신규 가입이 가능하고 만 18세 미만까지 지원을 받을 수 있다. 또한 디딤씨앗통장으로 모아진 저축액은 학자금, 취업 자금, 주거 비용 등을 위한 목적으로만 사용하게 된다.

03 청소년복지정책과 아동복지정책과의 비교

청소년복지정책과 아동복지정책을 비교함에 있어서 복지대상에 대한 구분과 주요 복지정책의 방향의 차이를 살펴보아야 한다. 청소년복지정책의 개념을 살펴보면 '국가가 만 9세에서 24세의 청소년층을 대상으로 그들의 기본적인 욕구를 충족시켜주기 위하여 청소년 자신은 물론 그들의 가족까지 원조하고 사회적 환경을 조성함으로써 삶의 질을 개선시키도록 하는 사회적 서비스와 프로그램'이라 할 수 있다(도미향, 2004). 반면에 아동복지정책의 개념을 살펴보면 「아동복지법」에서는 아동이란 "18세 미만인 사람을 말한다."라고 규정하고 있고, 아동복지란 "아동이 행복한 삶을 누릴 수 있는 기본적인 여건을 조성하고 조화롭게 성장 · 발달할 수 있도록 하기 위한 경제적 · 사회적 · 정서적 지원을 말한다."라고 규정하고 있다. 이 내용을 토대로 정리하면 아동복지정책은 '만 18세 미만의 아동층을 대상으로 아동이 행복한 삶을 누릴 수 있는 기본적인 여건을 조성하고, 조화롭게 성장 · 발달할 수 있도록 하기 위한 경제적 · 사회적 · 정서적 지원'이라고 할 수 있다.

아동복지정책의 복지대상은 영유아, 아동, 청소년을 모두 포함하고 있지만 아동

복지에서 바라보는 청소년은 만 18세 미만의 아동이다(송민경, 2009). 하지만 청소년복지정책의 복지대상은 「청소년 기본법」을 근간으로 9~24세로 규정하고 있어 기존의 청소년복지와 아동복지에서 바라보는 청소년복지 대상이 일부 중복되기는 하지만 대상에 차이가 있다.

복지정책의 방향을 살펴보면 아동복지정책은 가족 전체를 대상으로 하는 보편주의 원칙을 제시하고 있지만 아직까지는 학대피해 아동, 미혼모 아동, 한부모가정 아동 등 양육과 관련된 요보호아동의 문제를 중심으로 사회적 보호가 필요한 아동을 대상으로 정책을 실시하고 있다. 반면에, 청소년복지정책에서 바라보는 청소년은 보편적이고, 발달적 측면에서 청소년 '육성', 비행이나 문제청소년으로부터의 '보호'에 초점이 맞추어져 있다. 즉, 기존의 청소년복지는 육성, 발달, 보호차원에서의 청소년 개인의 문제나 정책적 지원을 강조하고 있고, 기존의 아동복지는 아동 개인을 중심으로 가족이나 지역사회와의 상호관계를 강조하고 있다(송민경, 2009). 이처럼 복지정책의 방향에 차이가 있는 것을 확인할 수 있다.

결과적으로 청소년복지정책과 아동복지정책은 유사한 면도 있지만, 차이점이 있을 수밖에 없다. 사회의 변화에 따라 유아와 아동 그리고 청소년에 대한 사회적 역할이 구분되는 시점에서 아동과 청소년을 대상으로 한 복지정책 또한 다를 수밖에 없다. 특히 청소년은 아동기의 연장에서 가정을 바탕으로 한 보호와 함께 자아정체성을 확립하는 데 필요한 사회적 참여의 기회로 확장되어야 하고, 아울러 청소년 후기에 직면하게 될 생애과정에서의 경제사회적 자립에 중점을 둔 정책 또한 고려되어야 한다(김선애, 2010).

04 청소년복지 전달체계

전달체계란 조직과 인력을 중심으로 제도의 집행을 가능하게 하는 인프라를 의미한다. 부여되는 과업이 무엇이며 그 목적이 무엇인가에 따라 담당인력의 역할과 조직의 구조를 비롯한 환경은 달라진다(김영한 · 강혜규 · 김보미 · 김태연, 2008). 청소년복지 전달체계는 청소년복지서비스를 공급하는 조직들 간의 연계 및 공급자와

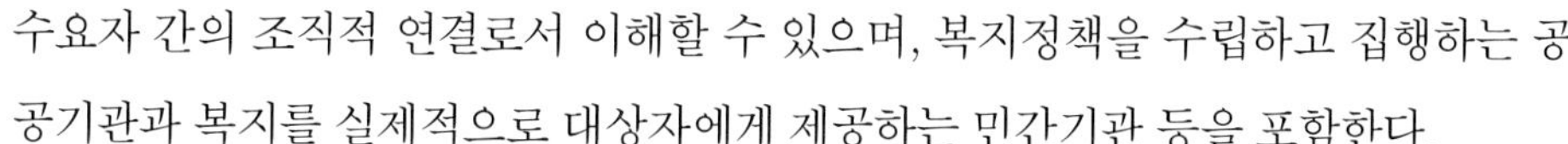

수요자 간의 조직적 연결로서 이해할 수 있으며, 복지정책을 수립하고 집행하는 공공기관과 복지를 실제적으로 대상자에게 제공하는 민간기관 등을 포함한다.

공공기관에는 중앙정부와 지방자치단체가 있고, 민간기관에는 여성가족부 산하기관으로 '한국청소년활동진흥원' '한국청소년상담복지개발원' 등을 들 수 있고, 지방에는 '청소년활동진흥센터' '청소년상담복지센터' 등이 있으며, 청소년이용시설과 생활시설로는 이용시설인 청소년수련시설(청소년수련관, 청소년문화의집, 청소년수련원 등)과 수련시설 내에서 운영하는 '청소년방과후아카데미' '청소년성문화센터' 등을 들 수 있다. 생활시설로는 '청소년쉼터' 등을 들 수 있다. 이 장에서는 여성가족부의 청소년복지 전달체계를 중심으로 기술하였다.

1) 청소년복지 전달 체계

(1) 여성가족부의 청소년복지 전달체계

여성가족부는 청소년 육성, 복지 및 보호 정책을 총괄하는 중앙부처이다. 청소년정책을 담당하는 부서로는 청소년가족정책실 청소년정책관 산하에 청소년정책과, 청소년활동진흥과, 청소년활동안전과, 청소년자립지원과, 학교밖청소년지원과, 청소년보호환경과가 있으며, 권익증진국 산하에 아동청소년성보호과가 있다. 여성가족부의 조직도는 [그림 3-5]와 같다.

[그림 3-5] 여성가족부 조직도 현황

각 부서별 주요 기능을 살펴보면 〈표 3-8〉과 같다.

표 3-8 여성가족부 부서별 주요 기능

부서	주요 기능
청소년 정책과	청소년정책에 관한 중장기 기본계획의 수립 및 조정 중앙부처 및 지방자치단체 청소년정책의 협의 · 조정 총괄 청소년정책 관련 법령의 관리 · 운영 청소년정책 관계 기관협의회의 운영 청소년정책 전담 기구 · 공무원 등 전달체계에 관한 사항 관계 기관 청소년정책의 평가 및 지원에 관한 사항 청소년의 달 등 청소년 관련 행사 및 포상에 관한 사항 청소년 정책 관련 조사 · 연구 및 제도 개선 청소년 관련 통계의 유지 및 백서 등의 발간 청소년 관련 산하기관 및 법인 관리 총괄 한국청소년활동진흥원의 지도 · 감독 청소년 관련 기관 · 단체 종사자의 교육 · 훈련 청소년지도자 자질 향상에 관한 사항 청소년 인권 보호 등 청소년 권리 증진에 관한 사항 청소년 특별회의 및 참여위원회 등 청소년 정책참여기구 구성 · 운영 지원 청소년 정책참여 활성화 프로그램의 개발 · 보급 청소년 우대정책의 수립 및 교육 · 홍보 청소년증의 발급 및 운영에 관한 사항 그 밖에 실 내 다른 과의 주관에 속하지 아니하는 사항
청소년 활동진흥과	청소년 활동 진흥, 역량 개발 및 국제 교류에 관한 계획의 수립 · 시행 지방청소년활동진흥센터의 설치 · 운영 지원 청소년 프로그램 · 사업의 개발 · 보급 및 평가 청소년의 수련 활동 및 문화 · 예술 체험 활성화에 관한 사항 청소년 축제, 동아리, 자원봉사 활성화에 관한 사항 청소년 활동 정보 제공 · 지원 청소년지도사의 자격 검정 · 연수 및 활동 지원 청소년 방과 후 아카데미 등 방과 후 활동프로그램의 개발 · 지원 청소년의 국제 교류를 위한 프로그램 개발 및 운영 지원 청소년 관련 국제 행사 개최 및 국제 교류에 관한 사항

청소년 활동안전과	청소년수련활동 안전에 관한 정책의 총괄 및 계획의 수립 · 시행 숙박형 청소년수련활동 및 비숙박형 청소년수련활동 계획의 신고 업무 관리, 온라인 종합 정보 제공 시스템 구축 · 운영 청소년수련활동 인증 제도의 운영 · 관리에 관한 사항 청소년수련활동 이행 실태 점검 및 안전관리에 관한 사항 청소년수련시설 운영 관리, 지도 · 감독 및 제도 개선에 관한 사항 청소년수련시설 종합 안전점검 및 종합평가 실시 · 공개에 관한 사항 국 · 공립 청소년수련시설 확충 계획 수립 및 건립에 관한 사항 한국청소년수련시설협회 지도 · 관리 및 감독에 관한 사항 국립청소년수련원의 지도 · 감독 및 국유재산 관리에 관한 사항
청소년 자립지원과	청소년복지에 관한 정책의 총괄 및 계획의 수립 · 시행 청소년복지 관련 법령의 관리 · 운영 청소년복지서비스의 조사 · 연구 및 통계에 관한 사항 청소년복지시설의 운영 · 지원 및 청소년복지 · 지원 업무 종사자의 교육 · 훈련 한국청소년상담복지개발원의 지도 · 감독 청소년상담사의 자격 검정 · 연수 등에 관한 사항 취약계층 청소년의 보호 · 상담 · 자립 등에 대한 계획의 수립 · 조정 및 시행 가출 등 청소년에 대한 보호 및 자립 지원에 관한 사항 청소년 비행 · 폭력 등의 예방 및 선도에 관한 사항 폭력, 학대 등에 노출된 청소년의 상담, 치료 및 법률 서비스 지원 위기청소년을 위한 사회안전망 구축을 위한 종합대책의 수립 · 조정 청소년상담복지센터 등 청소년상담 · 구조 관련 기관 · 단체에 대한 지도 · 지원 청소년 전화 · 청소년 모바일 상담 및 청소년동반자 프로그램의 운영 청소년의 사회 진출 및 취업 · 창업 지원에 관한 사항

학교 밖 청소년지원과	학교 밖 청소년에 관한 정책의 총괄 및 계획의 수립 · 시행 학교 밖 청소년 관련 법령의 관리 · 운영 및 제도 개선에 관한 사항 학교 밖 청소년에 대한 사회적 편견과 차별 예방 및 사회적 인식 개선에 관한 사항 학교 밖 청소년 지원 프로그램의 개발 및 지원에 관한 사항 학교 밖 청소년 지원을 위한 관련 기관 간 협력체계 및 지역사회 중심의 지원체계 구축 · 운영에 관한 사항 학교 밖 청소년 지원을 위한 실태조사 및 결과 공표에 관한 사항 학교 밖 청소년 지원 위원회 운영에 관한 사항 학교 밖 청소년 지원을 위한 상담 및 교육지원에 관한 사항 학교 밖 청소년의 취업 및 자립 지원에 관한 사항 학교 밖 청소년 지원센터의 설치 · 운영에 관한 사항 「청소년복지 지원법」 제18조에 따른 이주배경청소년의 사회 적응 및 학습 능력 향상을 위한 지원에 관한 사항 특별지원 대상 청소년에 대한 지원 계획의 수립 및 시행
청소년 보호환경과	청소년보호에 관한 계획의 수립 · 시행 청소년보호위원회 운영에 관한 사항 매체물 · 업소 · 약물 · 물건 등의 청소년 유해성 심의 · 결정 등에 관한 사항 청소년 유해환경에 대한 점검, 단속, 규제 및 개선 활동 지원에 관한 사항 인터넷 중독 등 매체의 역기능 피해의 예방 · 치료 및 재활 지원 청소년의 건전한 매체 활용 능력 증진 및 건전한 매체 문화 조성 등에 관한 사항 청소년 대상 인터넷 게임 제공시간 제한 제도 등의 운영 및 평가에 관한 사항 청소년치료재활센터의 운영에 관한 사항 신 · 변종 유해업소 등 청소년 유해환경 점검 · 단속활동 지방행정기관 청소년 유해환경 개선 유도 및 평가 청소년보호종합대책 추진 상황 종합 점검 · 관리 청소년유해환경감시단 운영
아동청소년성 보호과	아동청소년의 성보호를 위한 시책의 수립 · 시행 아동청소년 성보호 관련 법령의 관리 · 운영 아동청소년 성보호 관련 실태에 관한 조사 · 연구 아동청소년 대상 성범죄자 신상정보의 열람 및 취업제한제도의 운영에 관한 사항 아동청소년 대상 성범죄자에 대한 재범방지대책의 수립 · 시행 성범죄 가해 아동청소년의 치료 · 재활 및 지원에 관한 사항 성보호의식 확산을 위한 대국민 교육 · 홍보에 관한 사항 아동청소년 대상 성매수 등 신고포상금 제도 운영 청소년성문화센터의 설치 · 운영에 관한 사항

요약

1. 청소년 및 청소년복지 , 보호 , 육성과 직간접적으로 관계가 있는 법률로는 「청소년복지 지원법」 「청소년 기본법」 「아동·청소년의 성보호에 관한 법률」 「청소년 보호법」 「청소년활동 진흥법」 등이 있다.

2. 청소년복지와 연관성이 있는 법률로는 「아동복지법」 「장애아동 복지지원법」 「아동의 빈곤 예방 및 지원 등에 관한 법률」 「문화예술교육 지원법」 등을 들 수 있다.

3. 청소년복지와 관련된 대표적인 정책으로는 학교 밖 청소년 지원사업, 가출청소년 지원, 청소년 특별지원, 이주배경청소년 지원, 청소년방과후아카데미 운영 등이 있다.

4. 청소년과 연관된 대표적인 복지정책으로는 지역아동센터 운영, 드림스타트 사업(취약계층 아동 통합서비스 지원), 디딤씨앗통장(CDA) 사업 등을 들 수 있다.

5. 아동복지정책의 복지대상은 영유아, 아동, 청소년을 모두 포함하고 있지만 아동복지에서 바라보는 청소년은 만 18세 미만의 아동이다. 청소년복지정책의 복지 대상은 9~24세로 규정하고 있어 기존의 청소년복지와 아동복지에서 바라보는 청소년복지 대상이 일부 중복되기는 하지만 대상에 차이가 있다.

6. 아동복지정책은 가족 전체를 대상으로 하는 보편주의 원칙을 제시하고 있지만 아직까지는 학대피해 아동, 미혼모 아동, 한부모가정 아동 등 양육과 관련된 요보호아동의 문제를 중심으로 사회적 보호가 필요한 아동을 대상으로 정책을 실시하고 있다. 청소년복지정책에서 바라보는 청소년은 보편적이고, 발달적 측면에서 청소년 '육성', 비행이나 문제청소년으로부터의 '보호'에 초점이 맞추어져 있다.

7. 전달체계는 조직과 인력을 중심으로 제도의 집행을 가능하게 하는 인프라를 의미한다. 청소년복지 전달체계는 청소년복지서비스를 공급하는 조직들 간의 연계 및 공급자와 수요자 간의 조직적 연결로서 이해할 수 있으며, 복지정책을 수립하고 집행하는 공공기관과 복지를 실제적으로 대상자에게 제공하는 민간기관 등을 포함한다.

참고문헌

김선애(2010). 청소년복지의 실천적 정립을 위한 고찰-아동복지실천과의 비교를 통한 청소년의 개발적 복지접근을 중심으로-. **청소년복지연구**, 12(4), 279-299.

김영한 · 강혜규 · 김보미 · 김태연(2008). **소외계층 청소년복지서비스 전달체계 개선방안 연구**. 서울: 한국청소년정책연구원.

도미향(2004). 한국의 청소년복지정책과 관련 법에 관한 연구. **아동복지연구**, 2(1), 35-53.

보건복지부(2016). **2016 보건복지백서**. 서울: 보건복지부.

보건복지부 · 지역아동센터중앙지원단(2016). **2016년 12월말 기준 전국 지역아동센터 통계조사 보고서**. 서울: 보건복지부

송민경(2009). 아동복지학에서 바라본 청소년복지학. **2009 한국청소년복지학회 추계 학술대회 자료집**, 67-75.

여성가족부(2017). **2017 청소년백서**. 서울: 여성가족부.

제4장

청소년복지의 실제 I: 가출

학습개요

청소년가출은 그 행위 자체만으로 청소년의 발달과 적응에 부정적인 결과를 초래하는 것은 아니다. 가출은 때로 청소년들에게 가족과의 갈등으로부터 해방, 새로운 경험에 대한 모험심과 소속감을 주기도 한다. 그러나 문제는 청소년들은 가출 이후 성인 가출이나 노숙인보다 위험에 처할 가능성이 높으며 신체적 · 정신적으로 매우 힘든 길거리 생활에 노출되기도 한다. 또한 가출과 함께 교육의 단절, 약물남용, 절도, 성매매 등과 같은 범죄에 연루되어 각종 범죄의 가해자 또는 피해자가 되기도 하면서 다양한 종류의 정신적 · 심리적인 불안정을 동반한 사회 부적응의 문제를 야기하기도 한다.

이에 청소년기의 가출에 대한 대책 마련이 필요하다. 먼저 청소년가출의 개념과 실태에 대해 알아보고, 가출청소년과 가정 밖 청소년, 가출청소년 관련 현안문제와 가출 예방 및 가출청소년 지원 대책에 대해 알아보며, 청소년가출 관련 실태는 가출 고민 경험, 가출 경험, 가출 원인, 가출 기간, 가출청소년 지원 기관 인지 및 이용 여부, 가출청소년 지원 기관에서 제공받은 서비스로 구분하여 확인해 보고자 한다. 마지막으로 가출 예방 및 가출청소년 지원 대책을 모색해 보려고 한다.

이 장에서는 청소년가출의 개념과 실태, 가출청소년과 가정 밖 청소년, 가출청소년 관련 현안문제, 가출 예방 및 가출청소년 지원 대책에 대해 살펴보고자 한다.

01 청소년가출의 개념 및 실태

최근 가족 간의 갈등과 가족 해체의 가속화 등으로 인하여 청소년가출이 지속적으로 증가하고 있다. 청소년(9~24세)의 가출 원인을 살펴보면 '부모님 등 가족과의 갈등(불화, 간섭, 무관심, 폭행, 의견 차이 등)'이 72.5%로 가장 많이 영향을 미치는 것으로 나타났다(전민경, 2016). 청소년가출은 그 행위 자체만으로 청소년의 발달과 적응에 부정적인 결과를 초래하는 것은 아니다. 때로는 청소년들에게 가족과의 갈등으로부터 해방, 새로운 경험에 대한 모험심과 소속감을 주기도 한다(Higgitt & Ristock, 2005; 육혜련, 2013 재인용). 하지만 가출청소년들은 거리생활을 하면서 건강 악화는 물론이고, 절도, 폭행, 성매매 등의 범죄 및 비행 문제를 일으키거나 범죄 대상이 되는 사례가 빈번히 발생하여 사회적 부작용이 심각한 실정에 이르고 있다. 또한 청소년들의 가출연령은 점점 낮아지고 6개월 이상의 장기 가출과 반복적인 가출이 늘어나는 경향이 나타나고 있다(여성가족부, 2017).

1) 가출청소년의 개념

가출청소년에 대한 개념을 정의하는 것은 쉽지 않다. 가출청소년에 관한 정의는 연구자들마다 매우 다양하다. 웰시(Welsh, 1995)는 가출청소년에 대해 "부모 허락 없이 집을 떠난 지 48시간 이상이 되어 가족에 의해 신고된 18세 미만의 청소년"이라고 정의 내리고 있다. 또한 베이커(Baker, 2003)는 사회사업사전에 "자신들의 요구나 희망과는 반대로 부모나 법적 보호자의 가정을 떠났거나 혹은 그들의 통제에서 벗어나 독립적인 생활을 유지하고자 하는 미성년자"로 규정하고 있다고 하였다. 가장 일반적인 정의는 로버트(Robert, 1987)가 제시한 "가출청소년이란 부모나 보호자의 허락을 받지 않고 24시간 이상 집에 들어가지 않는 18세 미만의 청소년"을 말한다(나동석 · 이용교 역, 1991). 이런 일반적 정의에 따르면, 가출청소년은 부모나 법

적 보호자의 허락을 받지 않고 일정 기간 이상 안정된 거주지를 떠나 생활하는 청소년으로 지칭할 수 있다.

가출청소년의 개념과 연령은 학자마다 국가마다 차이를 보이는데, 가출행위에 초점을 두고 정의할 경우 이들이 놓인 상황을 간과하기 쉽다(한국청소년정책연구원, 2014). 즉, 현행 기준을 적용하면 폭력, 방임을 포함하여 부모나 보호자가 청소년기 자녀의 가출을 묵시적으로 동의한 경우 돌아갈 가정이 없는 홈리스청소년 등 노숙청소년 지원에 한계가 발생할 수밖에 없다. 미국에서는 「가출 및 홈리스청소년법」에서 가출, 홈리스를 모두 명시하고 있으며 쉼터와 같은 시설생활을 하는 청소년도 주거취약계층이라는 점에서 홈리스의 범주에 포함하여 지원하고 있다. 즉, 가출청소년의 행위보다는 이들의 취약성에 초점을 두고 있다고 할 수 있다. 가출청소년 지원과 관련한 세계적 경향 역시 가출뿐 아니라 거리아동(street children, 이하 거리청소년)을 대상으로 이들의 다양한 욕구 충족을 지원 목표로 설정하고 있다. 거리청소년의 규모는 세계적으로 약 1억 명에 달할 것으로 추정되는데, 이들의 규모는 줄어들지 않는 것으로 보고되고 있다. 이들은 ① 생계를 목적으로 하는 근로청소년, ② 주거지원 부족으로 홈리스가 된 경우, ③ 부모의 학대와 방임, 지도감독의 부재로 인한 가출, ④ 학업 중단, ⑤ 사회문제로 인해 부모로부터 이탈된 경우를 모두 포함한다. 거리청소년은 물질적인 궁핍보다 가족 간의 의사소통 결여, 정서적인 문제가 고립과 탈선의 주요 요인으로 작용한다.

거리청소년 가운데 상당수는 돌아갈 가정이 없거나 주거하기에 적절하지 않은 곳에서 숙식하거나 생활을 하는 경우, 쉼터와 같은 보호시설에서 생활하는 홈리스에 해당한다. 우리나라는 2012년 「청소년복지 지원법」 개정으로 청소년가출 예방 및 보호, 지원에 관한 조항이 포함되면서 가출청소년의 정책지원 근거가 마련되었다. 다만 「청소년복지 지원법」에서는 쉼터 이용 대상을 만 24세 이하의 가출청소년으로 제시하고 있으나, 쉼터 운영지침에서는 「청소년 보호법」을 적용하여 입소 대상자 선정 시 만 19세 미만의 청소년을 1순위, 만 20세 이상 24세 이하의 청소년을 2순위로 명시하고 있다. 이러한 내용을 토대로 이 장에서는 가출청소년을 '부모나 보호자의 허락 없이 하루 이상 무단으로 귀가하지 않거나, 상당한 기간 동안 일정한 주거가 없거나, 주거로서의 적절성이 낮은 곳에서 생활하는 24세 이하의 청소

년'으로 정의하였다.

2) 가출청소년과 가정 밖 청소년

가출청소년을 어떻게 정의하고 규정할 것인가는 매우 중요한 문제이다. '가출청소년은 누구를 말하는 것인가'에 관한 정의에 따라 개입 방법, 정책의 방향이 달라지기 때문이다. 즉, 청소년가출을 발달상의 한 현상으로 이해할 것인지 아니면 청소년 개인의 병리적인 문제, 가족의 책임으로 볼 것인지에 따라 실천적 접근의 방향이 달라지기 때문이다(경북여성정책개발원, 2012).

최근 국가인권위원회에서는 '가출청소년'을 '가정 밖 청소년'으로 바꾸어 부르고 이들의 인권 개선에 노력해야 한다고 하였다. 현행의 「청소년복지 지원법」 용어인 "가출"을 "가정 밖"으로 대체하고 가정 밖 청소년 지원과 보호 대책을 마련하라고 여성가족부 장관에게 권고하였다. 가출청소년을 우범청소년으로 규정하여 "가출"을 잠재적 범죄로 낙인 찍는 「소년법」에 해당하는 조항도 삭제하라고 법무부장관에게 권고했다. 그리고 국가인권위원회에서는 "가출이라는 행위 자체에 관심을 갖기보다는 원인을 예방하는 접근이 필요하다."라며 "가정 밖이라는 상황에 초점을 두고 실질적 보호와 지원 대책을 마련하기 위해서는 용어 전환이 필요하다."라고 하였다(연합뉴스. 2017. 1. 24일자). 이를 반영하듯 '제6차 청소년정책기본계획(2018~2022년)'에는 '가정 밖 청소년'이라는 용어를 추가하여 정책이 계획되었다. 하지만 아직까지 가정 밖 청소년이 가출청소년을 대체하는 용어라고 하는 부분에 있어 의견이 통일되지 않아 이 장에서는 기존에 사용되고 있는 '가출청소년'으로 통일하여 사용하였다.

02 가출청소년의 유형

가출청소년의 유형을 정리하면 〈표 4-1〉과 같다.

표 4-1 가출청소년의 유형 구분

자료	구분
이용교 · 홍봉선 · 윤현영(2005)	• 노숙형: 장기 가출로 거리에서 생활하는 것이 익숙하며 보호시설에 대한 지식이나 이용 동기가 떨어지는 유형 • 거부형: 구속을 거부하고 자유를 추구하여 가출한 경우(보호시설의 규칙에 대해 거부감을 가지고 있음) • 탐색형: 자립과 재활에 대한 의지가 있고 규칙적인 생활에 대한 이해도는 있지만 귀가에 대한 확신이 없어 쉼터 등 보호시설에서 자신의 태도를 정립할 기회가 필요한 유형 • 전환형: 가출과 귀가를 반복하는 청소년으로, 언제든 집에 들어갈 수 있는 여건이 되기 때문에 보호시설의 필요성이 낮음 • 안정형: 비교적 안정된 가정에서 생활하다 갑작스런 위기상황으로 인해 집을 떠나게 된 경우로 안정적인 거주지와 보호가 제공된다면 큰 문제가 없는 유형 • 치료형: 정신적인 문제나 약물남용이나 인터넷 중독, 성격장애, 행동장애, 우울증 등 특수치료가 필요한 심각한 문제를 안고 있는 유형
홍봉선 · 남미애(2007)	• 시위성 가출: 가출 자체보다 가출로 인한 효과로 가족이나 주위 환경을 변화시키기 위해 또는 관심을 끌기 위해 가출한 경우 • 유희성 가출: 며칠 동안 부모의 간섭 없이 또래들과 어울려 놀다가 되돌아올 것을 생각하고 떠난 경우 • 방랑형 가출: 집 밖에서 생활하는 것이 좋아서 밖에서 살기 위해 떠난 경우 • 추방형 가출: 가족이나 주위 환경으로부터 가출을 하게끔 떠밀려 나온 경우 • 생존형 가출: 가족으로부터 신체적 · 심리적 · 정신적 학대를 받고 생존을 위해 도망쳐 나온 경우
한국청소년상담원(2002)	〈미국의 5가지 가출청소년 유형〉 • 가출청소년(runaways): 18세 이하의 아동이나 청소년으로서 집을 나와 최소한 하룻밤을 지낸 청소년 • 노숙청소년(homeless youth): 부모나 대리 양육자 혹은 제도적 보호에서 제외되어 있는 청소년 • 버려진 청소년(throwaways): 부모나 양육 책임자에게서 어떠한 이유로든 내쫓겨 집으로 돌아갈 수 없는 처지로 스스로 살아가는 청소년

	• 길거리청소년(street youth): 장기간 가출하거나, 돌아갈 집이 없거나, 집에서 버려져서 이젠 길거리에서 스스로 먹을 것을 해결하며 살아가는 데 익숙해져 있는 청소년. 즉, 가족과의 유대가 불가능하고 귀가에 대한 생각도 거의 없이 길거리에서 나름대로 생활양식을 습득하여 그곳을 자신의 삶의 터전으로 여기고 있는 청소년 • 보호체계 청소년(system youth): 아동학대, 방임, 기타 여러 형태의 심각한 가정문제가 인정되어 아동기나 청소년기에 일정 기간 동안 주정부의 보호관리하에 있었던 청소년
Homer (1973)	• 추구형 가출(runaway to): 쾌락과 모험을 즐기기 위해 가출한 경우 • 탈출형 가출(runaway from): 가정의 문제로 인해 더 이상 참기 어려운 상황 때문에 가출한 경우

03 청소년가출 관련 실태

청소년가출 관련 실태를 이 장에서는 '2016년 청소년매체 이용 및 유해환경 실태조사 보고서'의 내용을 중심으로 살펴보았다(여성가족부, 2016a).

1) 가출 고민 경험

최근 1년 동안 심각하게 가출을 고민해 본 적이 있는지 조사한 결과, 전체 응답자의 13.5%가 가출을 고민한 적이 있다고 답하였다. 성별의 경우를 보면 남자청소년이 13.1%, 여자청소년이 13.9%로 성별의 차이는 거의 나타나지 않았다. 반면에 학교급별로는 초등학생이 9.5%로 가장 낮은 응답 비율을 나타냈고, 고등학생은 13.7%, 중학생은 16.7% 순으로 파악되었다.

2014년 조사 결과와 비교해 보면 최근 1년 사이에 가출을 심각하게 경험한 적이 있다는 응답 비율이 2014년에 16.2%에서 2016년에는 13.5%로 줄어들었다. 2014년 조사 대상이 중1~고3이었던 점을 고려하여 2016년 조사 대상 중 중·고등학생만 따로 선별하여 비교해 보아도 2014년에 16.2%에서 2016년에는 15.1%로 감소한

표 4-2 가출 고민 경험 (단위: 명, %)

구분		사례 수	있다	없다
2014년		19,266	16.2	83.6
2016년		15,624	13.5	86.5
성별	남자	8,147	13.1	86.9
	여자	7,477	13.9	86.1
학교급	초등학교	4,454	9.5	90.5
	중고등학교	11,170	15.1	84.9
	중학교	5,249	16.7	83.3
	고등학교	5,921	13.7	86.3

*출처: 여성가족부(2016a).

*주: 1) 2014년 조사 대상은 중1~고3이며, 2016년 조사 대상은 초4~고3임.

2) 무응답을 제외하고 분석한 결과임.(단, 2014년은 무응답을 포함하여 분석한 값임)

것으로 나타났다.

2) 가출 경험

최근 1년 동안 가출한 경험을 조사한 결과, 전체 초·중·고등학생의 2.7%가 가출한 적이 있다고 답하였다. 학교급별로는 중학생이 3.6%로 가장 높았고, 고등학생이 2.8%, 초등학생이 1.6% 순으로 나타났다.

2014년 조사 결과와 비교해 보면 최근 1년간 가출 경험률은 2014년에 4.0%에서 2016년에는 2.7%로 줄어들었다. 2014년 조사 대상이 중1~고3이었던 점을 고려하여 2016년 조사 대상 중 중고등학생만 따로 선별하여 비교해 보아도 2014년에 4.0%에서 2016년에는 3.2%로 감소한 것으로 나타났다. 중1~고3 전체 응답자 가운데 최근 1년 동안 2회 이상 반복적으로 가출을 했다는 응답 비율도 2014년에 1.7%에서 2016년에는 1.3%로 감소한 것으로 확인되었다.

표 4-3 가출 경험률 및 가출 횟수

(단위: 명, %)

구분		사례 수	가출 경험률	가출 횟수			
				1회	2회	3회	4회
2014년		19,266	4.0	2.3	1.0	0.4	0.3
2016년		14,973	2.7	1.6	0.6	0.3	0.3
성별	남자	7,823	3.3	1.9	0.7	0.4	0.3
	여자	7,145	2.1	1.2	0.4	0.3	0.2
학교급	초등학교	4,303	1.6	1.0	0.4	0.2	0.0
	중고등학교	10,670	3.2	1.8	0.6	0.4	0.3
	중학교	5,017	3.6	2.0	0.6	0.6	0.4
	고등학교	5,653	2.8	1.7	0.6	0.2	0.3

*출처: 여성가족부(2016a).

*주: 1) 2014년 조사 대상은 중1~고3이며, 2016년 조사 대상은 초4~고3임.

2) 무응답을 제외하고 분석한 결과임.

3) 가출 원인

최근 1년간 가출 경험이 있는 청소년을 대상으로 가출을 하는 주된 이유를 조사한 결과, '가족과의 갈등'이 74.8%로 가장 높게 나타났고, 그 밖에는 '자유롭게 살고 싶어서(8.0%)' '공부에 대한 부담감(6.1%)' '학교에 다니기 싫어서(4.7%)' 등의 순으로 나타났다. 학교급별로 비교해 보면 '가족과의 갈등' 때문에 가출했다는 응답 비율이 고등학생(78.3%), 중학생(73.8%), 초등학생(69.5%) 순으로 나타났다. 고등학교 유형별 차이에 있어서 가출 사유로 '가족과의 갈등'을 택한 응답자 비율이 일반계고(81.4%)에서 특성화고(68.0%)보다 높게 나타났다. 특성화고 학생은 '가출에 대한 호기심으로' '자유롭게 살고 싶어서' 등의 응답 비율이 일반계고보다 높게 파악되었다. 초등학생은 중학생(1.3%) 및 고등학생(1.6%)보다 '가출에 대한 호기심'으로 가출했다는 비율이 3.4%로 높게 나타났다.

표 4-4 가출 원인 (단위: 명, %)

구분		사례수	가출에 대한 호기심	가족과의 갈등	어려운 가정 형편	학교에 다니기 싫어서	공부에 대한 부담감	친구나 선후배의 권유로	자유롭게 살고 싶어서	사회 경험을 쌓고 싶어서	기타
전체		403	1.8	74.8	1.2	4.7	6.1	1.2	8.0	0.3	1.9
성별	남자	258	1.8	73.0	1.8	4.8	6.1	1.9	7.1	0.5	3.0
	여자	145	1.7	78.0	0.0	4.4	6.2	0.0	9.7	0.0	0.0
학교급	초	68	3.4	69.5	1.7	3.2	9.6	2.7	6.5	0.3	3.1
	중	179	1.3	73.8	2.0	5.3	5.8	0.7	8.4	0.0	2.6
	고	155	1.6	78.3	0.0	4.5	5.0	1.1	8.3	0.7	0.5
	일반계고	119	0.9	81.4	0.0	3.1	5.5	1.5	7.6	0.0	0.0
	특성화고	36	4.2	68.0	0.0	9.1	3.2	0.0	10.3	2.8	2.3

*출처: 여성가족부(2016a).

*주: 1) 최근 1년 동안 가출을 해 본 적이 있다고 답한 응답자에 한함.

2) 무응답을 제외하고 분석한 결과임.

4) 가출 기간

최근 1년 동안 가출해 본 적이 있다고 응답한 청소년을 대상으로 가장 최근에 했던 가출의 기간을 조사한 결과, '하루'라는 응답이 60.2%로 가장 많았고, '2~5일'이 26.9%로 나타났다. 이러한 결과는 가출을 경험한 청소년의 87.1%는 가출 기간이 5일 이하임을 의미한다. 가출 기간이 '한 달 이상이었다'라고 응답한 비율은 가출 유경험자의 6.8%를 차지하였으며, 성별의 경우에는 남자청소년이 7.5%, 여자청소년이 5.5%로 확인되었다. 학교급의 경우에는 초등학생 5.7%, 중학생 5.8%, 고등학생 8.4%로 나타나 초등학생과 중학생에 비해 고등학생에게서 더 높게 나타났다.

5) 가출청소년 지원 기관 인지 및 이용 여부

가출청소년을 지원하는 다양한 지원 기관에 대한 인지 여부 및 이용 여부를 조사한 결과, '청소년쉼터'를 알고 있다고 응답한 비율은 38.8%로 파악되었다. 특히 가출 경험이 있는 청소년 중에서 '청소년쉼터'를 알고 있다는 응답은 47.7%였고, 가출 경험이 있는 청소년 중에서 '청소년쉼터'를 이용했다는 응답은 9.7%에 불과했다. '청소년상담복지센터'를 알고 있다는 응답은 45.5%로 나타났고, 가출 유경험자 중에서 '청소년상담복지센터'를 안다는 응답은 46.0%로 확인되었다. '청소년전화 1388'을 알고 있다는 응답은 56.5%로 파악되었고, 가출 유경험자 중에서 '청소년전화 1388'을 안다는 응답은 52.2%로 나타났다. 이러한 결과를 놓고 볼 때, 가출청소년 지원 기관에 대해 전반적인 인지율이 높지 않으며 특히 가출을 경험한 청소년 집단에서도 인지율 및 이용률이 낮은 것으로 파악되고 있다.

학교급별로 살펴보면, '청소년쉼터' 인지율은 초등학생 21.0%, 중학생 41.2%, 고등학생 50.1%로 나타났다.

6) 가출청소년 지원 기관에서 제공받은 서비스

가출청소년 지원 기관을 이용해 본 청소년들이 주로 제공받은 서비스는 '상담 및 정보 제공'으로 전체 이용자의 67.9%가 서비스를 받은 것으로 나타났다. 그 다음으로 '잠시 쉴 공간과 간식 제공'이 38.3%, '필요한 물품(생필품, 의약품 등) 제공'이 6.4%, '하루 이상의 의식주 제공'이 6.2% 순으로 파악되었다. 성별의 경우를 보면, '상담 및 정보 제공'을 받았다는 응답 비율이 여자청소년은 73.6%, 남자청소년은 61.6%로 나타났다. 학교급별로 비교해 보면, 초등학생은 '잠시 쉴 공간과 간식 제공' '필요한 물품(생필품, 의약품 등)'을 제공받았다는 응답 비율이 중학생과 고등학생보다 높게 나타났다. 반면에 중학생과 고등학생은 초등학생에 비해 '상담 및 정보 제공'을 받았다는 응답이 높게 나타났다.

04 가출청소년 관련 현안문제

가출청소년과 관련된 현안은 매우 많다. 실제로 가출청소년과 관련된 많은 문제점이 언급되고 있다. 하지만 본 교재에서는 지면의 사정상 저자가 가장 심각하다고 판단되는 두 가지 문제에 대해서만 살펴보고자 한다.

첫째, 가출청소년의 상당수가 길거리에 방치되고 있다는 것이다. 매년 집을 나와 거리를 떠도는 청소년들은 전국적으로 20만 명을 넘을 것으로 추산된다. 청소년 전문가들에 따르면 이 중 30%는 청소년 관련 기관의 보호를 받지만 나머지 70%는 거리에 방치된다. 방치된 가출청소년들은 생활비와 유흥비 마련을 위해 절도를 시도하거나 조건만남 등 성매매에 빠지기도 한다. 여성가족부(2016b)가 발간한 '2016 성매매 실태조사'에 따르면 가출청소년(146명 대상) 중 67.8%가 '조건만남 경험이 있다'고 응답했다.

가출청소년들이 범죄에 빠져들지 않도록 이들을 보호하는 시설인 청소년쉼터는 전국에 123곳이 있다. 이곳에서는 가출청소년들에게 무료로 숙식을 제공하고 가정, 학교, 사회로 복귀해 정상적으로 생활할 수 있도록 돕는다. 하지만 청소년쉼터의 수가 절대적으로 부족하다는 의견이 지배적이다. 2013년에 1만 5,242명이 찾았던 청소년쉼터에는 2016년에 두 배 가까운 3만 329명이 찾았다. 2017년 9월말까지 2만 1,168명이 이용했다(세계일보, 2018. 3. 22일자). 이처럼 청소년쉼터를 찾는 가출청소년이 꾸준히 느는 가운데 그중 절반가량은 스스로 청소년쉼터에서 나와 다시 방치된다는 지적이 있다.

'청소년쉼터 유형별 · 퇴소사유별 인원 현황' 자료에 따르면 2016년 청소년쉼터 퇴소 청소년(2만 9,256명) 중 절반이 넘는 55.9%(1만 6,352명)가 제 발로 청소년쉼터를 나갔다. 가정과 학교 복귀(31.4%), 관련 시설 의뢰(8.1%) 등 진로를 파악할 수 있는 경우는 41.4%(1만 2,022건)에 그쳤다. 각 청소년쉼터마다 정해져 있는 보호기간이 만료되어 어쩔 수 없이 나가야 하는 경우는 254명(0.9%)에 그쳤다(조선일보, 2017. 11. 18일자). 이처럼 2016년에 청소년쉼터를 이용한 청소년이 3만 명을 넘었지만 20만 명으로 추산되는 가출청소년을 놓고 본다면 여전히 거리에서 방치되어 사각지대에 놓인 가출청소년이 많다는 것을 알 수 있다.

둘째, 가출청소년이 가출을 하는 주된 이유는 부모님 등 가족과의 갈등처럼 가정의 문제에 있다는 것이다. 즉, 예전이나 지금이나 청소년가출의 주된 원인에는 크게 변화가 없다는 것이다.

'가출청소년 및 청소년쉼터 실태조사'(국가청소년위원회 · 한국청소년쉼터협의회, 2007)에 따르면 2006년과 2007년 모두 청소년가출 원인 중 가족 요인이 가장 높았으며, '청소년 유해환경접촉종합실태조사'(보건복지가족부, 2008)에서도 '부모님의 신체적 학대' '계부나 계모가 싫어서' '가정형편이 어려워서' '부모님과의 갈등' '부모 간의 갈등' 등 가족이 가출 요인이라고 응답한 경우가 일반 청소년 36.7%, 위기청소년 25.3%를 차지하였다. 여성가족부가 같은 조사를 2012년에 실시한 결과, 청소년들이 가출을 하게 되는 원인으로 부모님 등 가족과의 갈등이 61.3%로 다수를 차지하였고, 2014년에도 같은 요인이 67.8%로 나타나 동일한 경향을 나타냈다. '청소년 매체 이용 및 유해환경 실태조사'(여성가족부, 2016a)에서도 가출을 한 주된 이유로 부모님 등 가족과의 갈등이 74.8%로 가장 높게 나타났다.

이러한 결과를 놓고 볼 때, 청소년이 가출을 하는 주된 원인이 과거부터 현재까지 크게 달라지지 않았다는 것을 확인할 수 있다. 이처럼 청소년의 가출문제가 청소년이 안전하게 보호받아야 할 가정에서의 문제로 인해 지속적으로 발생한다는 것을 볼 때, 청소년가출에 있어서 가정 요인이 큰 영향력을 미치고 있음을 알 수 있다.

05 가출 예방 및 가출청소년 지원 대책

가출 예방 및 가출청소년 지원 대책은 여성가족부를 중심으로 지방자치단체와 연계하여 시행하고 있다. 하지만 현재 시행되고 있는 정책은 가출청소년 문제를 해결하는 데 부족함이 있다. 따라서 가출 예방 및 가출청소년 지원 대책을 다음과 같이 제안하고자 한다.

첫째, 청소년쉼터의 확충이 필요하다. 주거는 거리청소년문제를 해결하는 가장 중요한 요소이다. 안정적인 잠자리를 확보하지 못한 상황에서 정기적인 일자리를

갖기란 불가능하다. 건강한 삶 또한 확보할 수 없다. 하루 종일 거리를 떠돌면서 질병이 없길 바라는 것은 기적에 가깝다. 주거는 거리청소년이 사회의 위험으로부터 자신을 보호할 수 있는 최소한의 요건이자 사회로 복귀할 수 있는 디딤돌이다.

한국에서 거리청소년이 갈 수 있는 집으로는 정부가 운영하는 청소년쉼터가 유일하다. 우리나라 가출청소년 지원 정책도 청소년쉼터 운영에 집중되어 있다. 이름은 '쉼터'이지만 그 역할은 '쉬는 것' 그 이상이다. 쉼터는 거리로 나온 청소년에게 의식주를 제공하고 학업과 직업훈련을 하도록 해 사회로 복귀하는 길을 열어 준다(시사저널, 2015. 5. 7일자). 여성가족부 추산 결과 연간 약 20만 명이 가출한다. 하지만 가출청소년이 갈 수 있는 쉼터는 123곳에 불과하다. 가출청소년 규모에 비해 턱없이 부족하다. 가출청소년 인원, 청소년의 가출 경험률과 청소년쉼터 이용률을 감안하여 청소년쉼터를 추가로 확충할 필요가 있다.

둘째, 가족 지원 및 중재 서비스 정책이 필요하다. 가출청소년의 대다수가 가정 내 문제로 인해 가출하고 있으나 가족에 대한 지원이나 중재 서비스가 매우 미약한 실정이다. 가족 관련 문제는 청소년가출의 가장 주된 원인으로 지목되고 있다. 예를 들어, 학대와 방임, 가족 구성원 간의 갈등, 가족 구조의 결손과 경제상황 등을 가출의 원인으로 들 수 있다. 가출 관련 실태조사에서도 '부모님 등 가족과의 갈등'은 예전이나 지금이나 청소년가출의 주된 원인으로 가장 높은 비율을 차지하고 있다.

가출의 원인이 되는 가족 관련 이슈는 매우 광범위하다. 가족 관련 요인 가운데 가족 구조, 거주 지역 등 물리적 환경도 주요한 요인이지만 학대 여부를 포함하여 가족관계와 기능적 특성이 청소년가출의 주요한 예측 요인이다. 상당수의 청소년이 가족 요인을 가출의 주된 요인으로 지목하지만 그들 모두 가족과 관계가 나쁘거나 가정생활이 불만, 불만족으로 가득 차 있는 것도 아니다. 이러한 측면에서 가정생활만족도를 근거로 집단을 구분하는 것은 선행연구에서 가출청소년을 탈출형, 추구형으로 유형화했던 전통적인 분류와 유사한 면이 있다.

가정생활만족도가 높은 가출청소년은 여러 면에서 추구형에 가깝다. 추구형 가출청소년은 가정 및 학교환경에 견디기 어려울 정도의 역기능이 있어 가출하기보다 모험, 흥미, 자유를 찾아 가출을 감행하기 때문에 가출 이후에 가용 자원이 상대적으로 풍부하고 가족의 지지도 기대할 수 있다. 반면 가정생활만족도가 낮은 가출

청소년은 탈출형과 공통점이 많다. 탈출형 가출은 견디기 어려운 여러 문제와 어려움으로부터 벗어나기 위한 가출을 의미한다. 예로 알코올문제를 가진 부모, 신체적 및 성적 학대를 포함한 방임, 부부폭력을 포함한 아동학대와 같이 파괴적인 상황으로부터 벗어나기 위한 가출 그리고 부모의 지나친 통제와 간섭, 비효과적인 훈육 방법, 역기능적 의사소통 등 부모와의 심각한 갈등상황으로부터 벗어나기 위한 가출 등을 들 수 있다.

이와 같이 가정생활에 대한 만족도가 낮은 경우 가정환경이 안정되었다고 보기 어렵고 비행 등에 연루될 위험성이 높으며 상습 및 만성적인 가출 가능성이 높다. 그래서 무조건적 가정복귀 조치는 반복가출을 유발할 수밖에 없기 때문에 예방적 개입에 초점을 두어 청소년기 가출행동의 근절이 아니라 가출을 유발하는 원인에 대해 개입해야 한다. 따라서 이러한 문제를 해결하기 위해서는 가족에 대한 지원 및 중재 서비스가 절실히 필요하다(한국청소년정책연구원, 2014).

요약

1. 가출청소년의 개념을 정의하면 '부모나 보호자의 허락 없이 하루 이상 무단으로 귀가하지 않거나, 상당한 기간 동안 일정한 주거가 없거나, 주거로서의 적절성이 낮은 곳에서 생활하는 24세 이하의 청소년'이라고 정의할 수 있다.

2. 국가인권위원회에서는 '가출청소년'을 '가정 밖 청소년'으로 바꾸어 부르고 이들의 인권 개선에 노력해야 한다고 권고했다. 그리고 가출이라는 행위 자체에 관심을 갖기보다는 원인을 예방하는 접근이 필요하다고 하였다.

3. 전체 초 · 중 · 고등학생의 2.7%가 가출한 적이 있으며, 가출청소년이 가출을 하는 주된 이유로는 '부모님 등 가족과의 갈등'이 74.8%로 가장 높게 나타났다.

4. 가출청소년 관련 현안문제로 첫째, 가출청소년의 상당수가 길거리에 방치되고 있다는 것이다. 둘째, 가출청소년이 가출을 하는 주된 이유는 부모님 등 가족과의 갈등처럼 가정의 문제에 있다는 것이다.

5. 가출 예방 및 가출청소년 지원 대책으로는 첫째, 청소년쉼터의 확충이 필요하다. 둘째, 가족 지원 및 중재 서비스 정책이 필요하다.

참고문헌

경북여성정책개발원(2012). 경상북도 위기청소년 보호프로그램 개발-청소년가출에 대한 통합지원 체계 평가를 중심으로-. 경북: 경북여성정책개발원.

국가청소년위원회 · 한국청소년쉼터협의회(2007). 가출청소년 및 청소년쉼터 실태조사. 서울: 국가청소년위원회.

나동석 · 이용교 역(1991). 가출청소년연구(A. R. Roberts 저). 서울: 한국청소년연구원.

보건복지가족부(2008). 청소년 유해환경접촉 종합실태조사. 서울: 보건복지가족부.

세계일보(2018. 3. 22.). 가출보다 더 치명적… 범죄 무방비 '거리의 아이들'.

시사저널(2015. 5. 7.). 집 나오는 순간 갈 곳이 없다.

여성가족부(2016a). 2016년 청소년 매체 이용 및 유해환경 실태조사 보고서. 서울: 여성가족부.

여성가족부(2016b). 2016년 청소년 성매매 실태조사. 서울: 여성가족부.

여성가족부(2017). 2017 청소년백서. 서울: 여성가족부.

연합뉴스(2017. 1. 24.). 가출청소년 → 가정 밖 청소년… 인권위 용어 개정 권고.

육혜련(2013). 청소년쉼터 입소 가출청소년의 사회적 배제와 우울 · 불안과의 관계 연구. 보건사회연구, 33(4), 245-274.

이용교 · 홍봉선 · 윤현영(2005). 청소년보호시설 설치 및 운영기준 마련을 위한 연구. 서울: 국가청소년위원회.

전민경(2016). 경기도 가출청소년의 지지체계 실태 및 지원방안. 경기: 경기도가족여성연구원.

조선일보(2017. 11. 18.). 맘에 맞는 쉼터 찾아 전국 떠도는… 쉼돌이, 쉼순이 아시나요?.

한국청소년상담원(2002). 가출청소년 상담정책 연구-한국청소년상담원과 전국청소년상담실의 역할을 중심으로. 서울: 한국청소년상담원.

한국청소년정책연구원(2014). 가출청소년 보호지원 실태 및 정책과제연구. 세종: 한국청소년정책연구원.

홍봉선 · 남미애(2007). **청소년복지론**. 경기: 공동체.

Baker, R. L. (2003). *The social work dictionary (4th ed.)*. New York: NASW Press.

Homer, L. E. (1973). Community-base resource for runaway girls. *Social Casework*, *54*, 473-479.

Welsh, L. A. (1995). *Running for their lives.* New York: Gerland Publishing.

제5장

청소년복지의 실제 II : 학교 밖 청소년

학습개요

학교를 떠난 청소년들은 학교라는 교육제도 밖에 위치함으로써 학습권을 보장받지 못할 위기에 처할 가능성이 높고, 이어 사회 진출의 어려움을 겪게 된다. 학교 밖 청소년이 겪는 어려움은 청소년 개인은 물론 사회적 차원의 문제로까지 이어질 수 있다. 최근 학교를 그만두는 청소년들이 꾸준히 발생하면서 학업 중단 예방 및 이들에 대한 사회적 보호의 필요성에 대한 문제가 대두되어 왔다. 이에 이들 삶의 양상과 그에 수반되는 문제를 파악하고, 그러한 문제를 해결하기 위한 국가적 지원이 필요한 상황이다.

'학교 밖 청소년'이라는 용어는 다양한 이유로 학교를 떠난 청소년을 비롯하여 근로청소년, 비진학 청소년, 무직청소년 등 제도권 교육 밖에 있는 청소년들을 포괄하면서 이들에게 또 다른 배움터를 제공하여 이들의 삶에 대한 국가의 역할과 책임의 의미를 포함하는 법적 용어이다. 2014년에 제정된 「학교 밖 청소년 지원에 관한 법률」은 이들에 대한 지원의 법적 근거로 작용하고 있다.

이 장에서는 학교 밖 청소년의 개념 및 현황, 청소년들이 학교를 그만둔 이유와 이후의 삶에 대해 알아보고, 이들에 대한 법과 제도의 취지 및 내용을 살펴보고자 한다.

01 학교 밖 청소년의 개념 및 현황

1) '학교 밖 청소년'의 개념

학교 밖 청소년은 다양한 이유로 현재 학교에 적(籍)을 두지 않은 청소년을 의미한다. 학교를 떠난 청소년들은 학교라는 교육제도 밖에 위치함으로써 학습권을 보장받지 못할 위기에 처할 가능성이 높고, 이어 사회 진출의 어려움을 겪게 된다. 학업을 중단하는 청소년들이 꾸준히 발생하면서 학업 중단 예방 및 이들에 대한 사회적 보호의 필요성에 대한 문제가 대두되었다. 즉, 학교를 떠난 청소년들은 스스로 진로를 찾고 직업을 구하는 과정에서 많은 시행착오와 좌절을 경험하게 되는데 이러한 상태가 여러 사회적 기회의 박탈, 나아가 사회적으로 배제되는 삶으로 이어지지 않도록 국가가 적극적으로 지원할 필요가 있다. 이는 사회·경제적으로 볼 때 청년 실업 및 근로빈곤층(working poor)의 증가라는 국가적 문제와도 연결되기 때문이다(여성가족부, 2017).

교육부는 2002년부터 공식적으로 '학업 중단'이라는 표현으로 이들의 상황을 명시해 오고 있다. 그러나 청소년이 학교를 떠난 이후의 삶에 대한 관심은 청소년들이 제도권 내의 공교육을 벗어나더라도 사회에 또 다른 배움터가 있어 학습이 지속될 수 있도록 해야 한다는 논의를 시작하게 하였고, 이에 청소년 현장과 여성가족부를 중심으로 '학교 밖 청소년'이라는 포괄적인 용어를 사용하기 시작하였다. 이에 개념적으로는 다양한 이유로 학교를 떠난 청소년을 비롯하여 근로청소년, 비진학 청소년, 무직청소년 등 제도권 교육 밖에 있는 청소년들을 포괄하면서, 기능적으로는 학교를 떠난 이들에게 또 다른 배움터를 제공하여 이들의 삶에 대한 국가의 역할과 책임의 의미를 포함할 수 있도록 하였다. 2014년에 제정된 「학교 밖 청소년 지원에 관한 법률」은 이들에 대해 다음과 같이 정의(제2조)하면서 이들에 대한 지원의 법적 근거로 작용하고 있다.

① 「초 · 중등교육법」 제2조의 초등학교 · 중학교 또는 이와 동일한 과정을 교육하는 학교에 입학한 후 3개월 이상 결석하거나 동법 제14조 제1항에 따라 취학의무를 유예한 청소년

② 동법 제2조의 고등학교 또는 이와 동일한 과정을 교육하는 학교에서 동법 제18조에 따른 제적 · 퇴학처분을 받거나 자퇴한 청소년

③ 동법 제2조의 고등학교 또는 이와 동일한 과정을 교육하는 학교에 진학하지 아니한 청소년

2) 학교 밖 청소년의 현황

2017년에 학업을 중단한 청소년은 초등학생 14,998명, 중학생 8,924명, 고등학생 23,741명으로 총 47,663명으로 확인되었다. 이는 전체 재적생 5,725,260명의

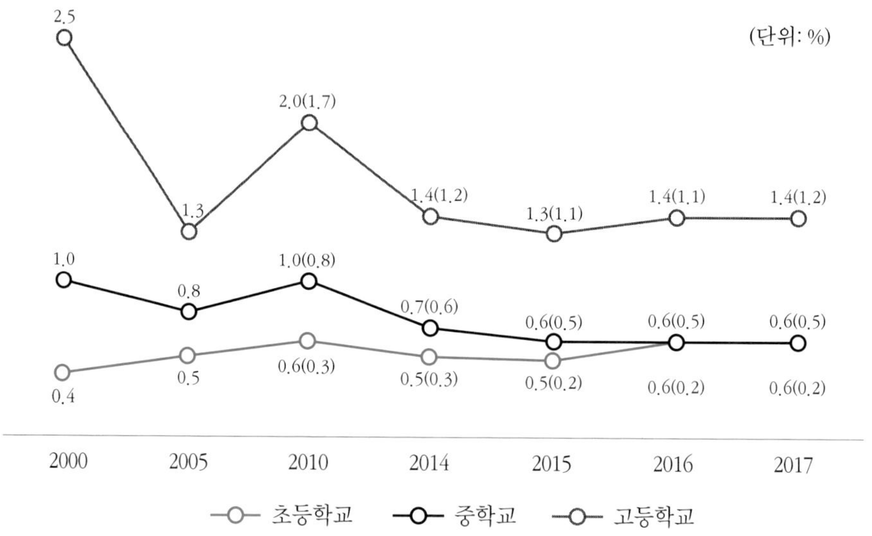

[그림 5-1] 연도별 학업 중단율[1)]

*출처: 교육부(2017).

1) – 학업 중단율 = (학업 중단자 수 / 전년도 재적 학생 수) × 100
–초등학교 및 중학교의 학업 중단자는 유예 및 면제자를 의미함(초 · 중 · 고등학교 학업 중단자는 사망자 미포함)

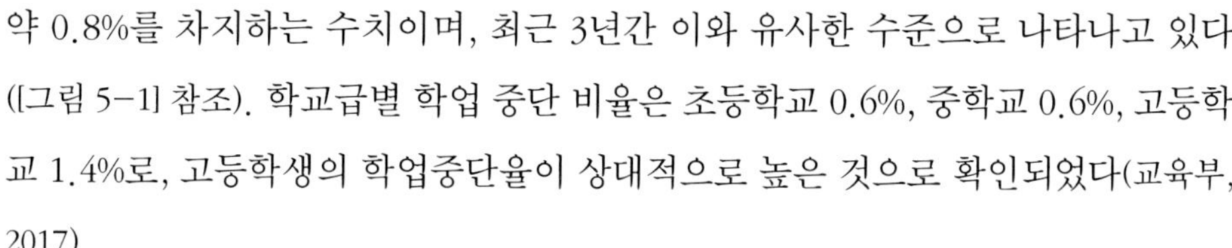

약 0.8%를 차지하는 수치이며, 최근 3년간 이와 유사한 수준으로 나타나고 있다([그림 5-1] 참조). 학교급별 학업 중단 비율은 초등학교 0.6%, 중학교 0.6%, 고등학교 1.4%로, 고등학생의 학업중단율이 상대적으로 높은 것으로 확인되었다(교육부, 2017).

02 학교를 그만둔 이유 및 이후의 삶

1) 학교를 그만둔 이유

학교 밖 청소년들은 여러 가지 이유나 목적으로 학교를 떠나고 이후 다양한 삶의 양상을 보인다. 학교 밖 청소년 4,691명을 대상으로 한 여성가족부의 2015년 학교 밖 청소년 실태조사 결과에 따르면, 학교를 그만둔 이유로 '아침에 일어나기 힘들어서(27.5%)' '공부하기 싫어서(27.2%)' '원하는 것을 배우려고(22.3%)' '검정고시 준비(15.3%)' 등의 순으로 나타났다. 이 중에서도 일반집단 청소년(학교밖청소년지원센터, 취업사관학교, 단기쉼터, 이동쉼터, 미인가 대안학교 등을 이용하는 청소년)은 '원하는 것을 배우기 위해서(32.6%)'나 '자기 특기를 살리기 위해서(17.3%)'가 높은 반면, 비행집단 청소년(소년원, 보호관찰소 입소 청소년)은 '공부하기 싫어서(36.5%)' '학교와 분위기가 맞지 않아서(13.2%)'의 응답 비율이 높았다.

학교 밖 청소년 2명 중 1명이 고등학교 때 학교를 그만두는데, 특히 고등학교 1학년(32.6%)때 가장 많이 그만둔 것으로 확인되었다. 조사 대상의 14.5%가 학교를 그만둘 때 아무하고도 의논하지 않았으며, 그중에서도 소년원(26.4%), 보호관찰소 청소년(17.5%)은 더 높은 비율을 보였다.

-고등학교의 학업 중단 사유는 자퇴(질병, 가사, 부적응, 해외출국, 기타) 및 퇴학(품행), 제적, 유예, 면제

-2010학년도부터 유학자가 학업 중단자에 포함. 2010~2017학년도의 (   )는 면제(해외출국)자를 제외한 2010학년도 이전 기준

2) 학교를 그만둔 이후의 삶

학교 밖 청소년들 중 절반 이상이 학교를 그만둔 것을 후회하는 것으로 나타났다. 앞의 조사결과에 따르면, 특히 비행집단 청소년은 70.2%가 후회한다고 응답하여 높은 비율을 보였다. 학교를 그만둔 것을 후회하는 이유(복수응답)는 '다양한 경험 부재(52.3%)' '졸업장을 받지 못해서(52.3%)' '교복을 입지 못해서(51.9%)' '친구 사귈 기회가 감소해서(44.6%)' '학생의 권리가 상실되어서(33.3%)' 순으로 나타났다.

청소년들은 학교를 그만둔 이후에도 65.7%는 검정고시를, 37.4%는 대안학교를 다니는 등 학업을 지속하는 것으로 나타났다. 또한 2명 중 1명은 근로 경험이 있는데, 주요 업종으로는 음식점 서빙, 편의점 점원, 배달, 전단지 돌리기 등 단순근로가 대부분을 차지하였다. 많은 학교 밖 청소년은 근로계약서 작성(34.8%), 부모동의서 제출(45.7%) 등 계약 관련 서류를 작성·제출하지 않고, 13~15세 청소년의 계약 관련 서류 제출 비율은 더 낮게 나타났다. 이로 인해 학교 밖 청소년들은 최저임금 이하의 낮은 임금을 받거나 부당한 대우를 당하기도 한다(이상준·이수경, 2013).

조사 대상자의 21.0%는 취업과 관련된 진로를 준비하고 있었다. 학교 밖 청소년 중 학업을 중심으로 진로를 모색하는 경우 정규학교 복학(19.9%), 검정고시 준비(18.8%)의 방법을 택하고 있었다.

학교 밖 청소년 중 53.5%는 학교를 그만둔 후 집 이외에서 생활한 경험이 있으며, 주로 거주하는 장소로는 친구 집(34%), pc방(25.8%), 모텔(13.9%) 등 주거상태가 불안정한 것으로 확인되었다. 이와 같은 주거상태의 불안정은 청소년으로 하여금 의식주 생활, 음주, 흡연, 성 행동 등에 취약하게 한다. 또한 이들은 '사회적 편견(43.0%)', '진로미설정(28.8%)', '부모와의 갈등(26.3%)' 등의 어려움을 경험하고 있으므로 사회적 거부감과 고립, 상대적 박탈감 등의 심리적 스트레스 요인에 상대적으로 민감하다고 할 수 있다(박병금·노필순, 2016). 즉, 학교 밖 청소년은 사회적 지지 환경이 매우 열악한 조건에서 소외감과 무기력감에 빠지기 쉽다(오은경, 2014; 오혜영·박현진·공윤정·김범구, 2013).

이처럼 청소년은 학교를 그만두고 난 후 다양한 문제를 경험한다. 일부는 은둔하며 생활하고, 일을 하지 않고 있기도 하다(윤철경·유성렬·김신영·임지연, 2013). 학

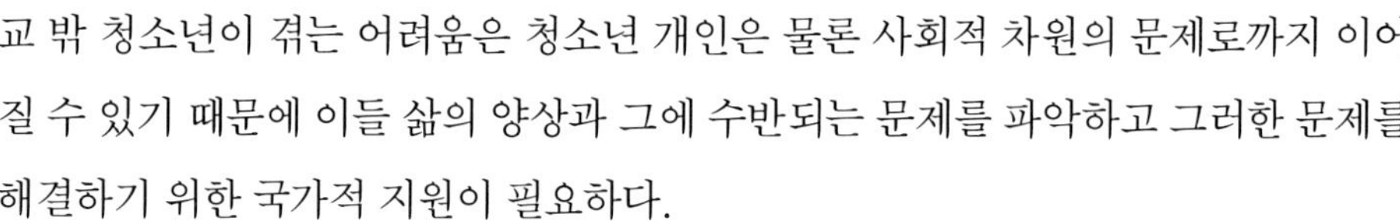

교 밖 청소년이 겪는 어려움은 청소년 개인은 물론 사회적 차원의 문제로까지 이어질 수 있기 때문에 이들 삶의 양상과 그에 수반되는 문제를 파악하고 그러한 문제를 해결하기 위한 국가적 지원이 필요하다.

03 학교 밖 청소년 유형

학교 밖 청소년에 관한 연구들에서는 이들의 유형을 다양하게 구분하고 있다. 여러 연구들을 종합해 보면 첫째, 현재 삶의 양상, 둘째, 앞으로의 삶에 대한 계획 수립 여부, 셋째, 진로의 방향을 기준으로 적용하고 있음을 알 수 있다(〈표 5-1〉 참조). 학교 밖 청소년의 유형 구분 기준은 이들을 바라보는 관점을 반영한 결과로, 어떠한 기준에 무게를 두느냐에 따라 이들에 대한 개입 방향이 달라질 수 있다(정혜원 · 노자은, 2017). 최근에는 학교 밖 청소년의 유형 구분의 기준으로 진로 계획 수립 여부 및 방향을 주로 제시하고 있는데, 이는 학교를 떠난 청소년들에게 진로 영역에 대한 지원을 가장 중요하게 보는 시각이 반영된 결과로 볼 수 있다(백혜정 · 송미경, 2015).

표 5-1 학교 밖 청소년 유형 구분

구분	유형
최동선 · 이상준 (2009)	• 생활영역에 따른 구분 –정착형: 진학 및 진학준비형, 취업형, 직업훈련 및 취업준비형 –비정착형: 시설 수용형, 방치 비행형, 방치 은둔형 • 도움 요구 수준에 따른 구분 –요구 수준이 낮은 집단: 관련 정보 제공 필요 –요구 수준이 중간인 집단: 약 3~6개월 정도의 통합적 지원 이후 교육, 직업, 진로를 위한 위탁 연계 서비스 필요 –요구 수준이 높은 집단: 6개월~1년 이상 장기간 동안 심리적 안정 및 치유 이후에 자립, 자활을 위한 교육 · 직업 · 진로 프로그램으로의 연계 필요

윤철경 외 (2010)	• 현재 하고 있는 일에 따른 구분 –학습형: 검정고시 준비, 학원수강, 기술훈련, 대안교육시설 재학 등 현재 무엇인가 배우고 있는 유형 –취업 및 알바형: 어떤 형태로든 근로에 종사하고 있는 유형 –니트형: 학습도 근로도 하지 않고 있는 유형(은둔형, 배회형, 소일형) • 비행 경험 및 장애 유무에 따른 구분 –비행형: 보호관찰이나 소년원 수감 등 사법적 경험이 있는 유형 –장애형: 지적 · 정서적 장애를 가진 유형
김범구 · 조아미 (2013)	• 학업 중단 이후의 계획 여부에 따른 구분 –미결정중심형: 현재 특별한 계획이 없거나 앞으로 무엇을 해야 할지에 대해 결정하지 않은 유형 –미래준비형: 학력 취득과 함께 취업 및 직업훈련 준비에 대한 특정한 계획을 세우고 이를 위해 노력하는 유형 –진학준비형: 학업 지속에 대한 욕구가 강해 복학을 준비하는 유형
오병돈 · 김기헌 (2013)	• 연령집단별 행복도, 사회성, 청소년활동 경험, 가정생활만족도, 근로 경험, 가구소득 등에 따른 구분 –전 · 중기 청소년집단(9~18세): 행복추구형, 취약계층형, 사회활동형, 부적응형, 은둔형 –후기청소년집단(19~24세): 불화형, 취업활동형, 사회활동형, 은둔형, 취업실패형
윤철경 외 (2013)	• 학업 중단 이후의 경험에 따른 구분 –학업형: 정규학교에 복학하거나 대안학교 진학, 검정고시 준비 등을 하는 유형 –직업형: 직업기술을 배우거나 근로현장에서 8시간 이상 일을 하는 유형 –니트형: 교육, 훈련, 근로 등에 종사하지 않고 혼자 또는 또래들과의 놀이에 대부분의 시간을 보내는 유형 –비행형: 가출하여 거주지가 일정하지 않거나 보호시설에 거주하는 유형. 보호관찰청소년, 소년분류심사원에 거주하는 유형
백혜정 · 송미경 (2015)	• 진로결정과 생활특성에 따른 구분 –진로결정형 중 학업형: 학력 취득을 주목적으로 대안학교, 학원 등과 같은 교육시설에 다니거나 검정고시 준비 등을 하는 청소년 –진로결정형 중 근로형: 근로 및 취업을 주목적으로 직업훈련을 받거나 근로(경제활동)를 하는 청소년 –진로미결정형 중 유예형: 아직 진로를 결정하지 않은 상태에서 미래에 대한 계획이나 준비 없이 일상을 보내는 청소년 –진로미결정형 중 비행형: 아직 진로를 결정하지 않은 상태에서 비행 등과 같은 문제행동을 일으키는 청소년

*출처: 정혜원 · 노자은(2017).

학교 밖 청소년 관련 법 및 정책

1)「학교 밖 청소년 지원에 관한 법률」

학교 밖 청소년의 권리 보장 및 지원에 대하여「대한민국헌법」「청소년 기본법」「청소년복지 지원법」「초 · 중등교육법」「학교 밖 청소년 지원에 관한 법률」에서 관련 법적 근거를 찾을 수 있다.

「대한민국헌법」에서는 청소년의 복지 향상을 위한 책무를 규정하고 있으며, 이를 바탕으로「청소년 기본법」에서는 청소년복지의 향상을 위한 국가 및 지방자치단체의 역할을 규정하고 있다. 더 구체적으로「청소년복지 지원법」에서는 위기청소년 특별지원을,「초 · 중등교육법」에서는 대안학교 관련 조항으로 학교 밖 청소년 관련 지원의 법적 근거를 명시하고 있다. 2014년에 제정된「학교 밖 청소년 지원에 관한 법률」에서는 학교 밖 청소년에 대한 정의를 포함하여 청소년의 학교 중단 예방과 이후에 학력취득 및 진로지도 등 이들에 대한 지원의 법적 근거들을 명시하고 있다.

표 5-2 학교 밖 청소년 지원의 법적 근거

법률명	관련 내용
「대한민국헌법」	노인과 청소년의 복지 향상
「청소년 기본법」	청소년복지의 향상
「청소년복지 지원법」	위기청소년 특별지원
「초 · 중등교육법」	대안학교 설립 운영
「학교 밖 청소년 지원에 관한 법률」	학교 밖 청소년 지원 전반

(1) 학교 밖 청소년의 정의

「학교 밖 청소년 지원에 관한 법률」 제2조에서 정의하고 있는 '학교 밖 청소년'은 ① 「초·중등교육법」 제2조의 초등학교·중학교 또는 이와 동일한 과정을 교육하는 학교에 입학한 후 3개월 이상 결석하거나 동법 제14조 제1항에 따라 취학의무를 유예한 청소년, ② 동법 제2조의 고등학교 또는 이와 동일한 과정을 교육하는 학교에서 동법 제18조에 따른 제적·퇴학처분을 받거나 자퇴한 청소년, ③ 동법 제2조의 고등학교 또는 이와 동일한 과정을 교육하는 학교에 진학하지 아니한 청소년이다.

(2) 주요 내용

「학교 밖 청소년 지원에 관한 법률」은 「청소년 기본법」 제49조 제4항에 따라 학교 밖 청소년 지원에 관한 사항을 규정함으로써 학교 밖 청소년이 건강한 사회구성원으로 성장할 수 있도록 함을 목적으로 제정되었다(제1조). 주요 내용을 살펴 보면, 먼저 국가 및 지방자치단체는 매년 학교 밖 청소년 지원 계획을 수립하고, 국가는 매 3년마다 학교 밖 청소년 실태조사를 실시하여 정책 수립에 활용하도록 한다(제5조~제6조). 다음으로 학교 밖 청소년들에 대한 상담지원, 교육지원, 직업체험 및 취업지원, 자립지원에 대한 국가 및 지방자치단체의 역할을 명시하고 있으며(제8조~제11조), 학교 밖 청소년 지원센터(꿈드림)를 설치하거나 지정(제12조)하고, CYS-Net과의 연계를 통해 학교 밖 청소년들이 지원센터로 연결될 수 있도록 각 급 학교의 장 및 CYS-Net 유관 기관 또는 단체장의 의무를 명시하고 있다(제15조).

이처럼 「학교 밖 청소년 지원에 관한 법률」은 학교 밖 청소년 지원을 위한 국가와 지방자치단체의 책무를 강화하여 이들에 대한 서비스 제공의 법적 근거로 기능하고 있다.

표 5-3 「학교 밖 청소년 지원에 관한 법률」의 주요 내용

내용	세부 내용
목적	이 법은「청소년 기본법」제49조 제4항에 따라 학교 밖 청소년 지원에 관한 사항을 규정함으로써 학교 밖 청소년이 건강한 사회구성원으로 성장할 수 있도록 함을 목적으로 함(제1조).
학교 밖 청소년 지원 계획	국가와 지방자치단체는「청소년 기본법」제14조에 따라 연도별 시행 계획을 수립 시 학교 밖 청소년 지원 프로그램의 개발 및 지원에 관한 사항 등을 포함하도록 함(제5조).
실태조사	여성가족부장관은 학교 밖 청소년의 현황 및 실태 파악과 학교 밖 청소년 지원 정책수립을 위한 기초자료로 활용하기 위하여 3년마다 학교 밖 청소년에 대한 실태조사를 실시하여 그 결과를 공표하도록 함(제6조).
상담지원	국가와 지방자치단체는 학교 밖 청소년에 대하여 효율적이고 적합한 지원을 할 수 있도록 심리상담, 진로상담, 가족상담 등 상담을 제공할 수 있음(제8조).
교육지원	국가와 지방자치단체는 학교 밖 청소년이 학업에 복귀하고 자립할 수 있도록 초등학교·중학교로의 재취학 또는 고등학교로의 재입학, 대안학교로의 진학, 검정고시의 준비 등을 지원할 수 있음(제9조).
직업체험 및 취업지원	국가와 지방자치단체는 학교 밖 청소년이 자신의 적성과 능력에 맞는 직업의 체험과 훈련을 할 수 있도록 직업적성 검사 및 진로상담프로그램, 직업체험 및 훈련프로그램, 직업소개 및 관리 등에 필요한 사항을 지원할 수 있음. 또한 이들을 대상으로 취업 및 직무수행에 필요한 지식·기술 및 태도를 습득·향상시키기 위하여 직업교육 훈련을 실시할 수 있음(제10조).
자립지원	국가와 지방자치단체는 대통령령으로 정하는 바에 따라 학교 밖 청소년의 자립에 필요한 생활지원, 문화공간지원, 의료지원, 정서지원 등을 제공할 수 있음. 또한 경제교육, 법률교육, 문화교육 등 학교 밖 청소년의 자립에 필요한 교육을 지원할 수 있음. 지원에 있어「청소년복지 지원법」제14조에 따른 위기청소년 특별지원을 우선적으로 제공할 수 있음(제11조).
학교 밖 청소년 지원센터	국가와 지방자치단체는 학교 밖 청소년 지원을 위하여 필요한 경우 "학교 밖 청소년 지원센터"를 설치하거나 지정할 수 있도록 함(제12조).
지원센터에의 연계	각급 학교의 장과 지역사회 청소년통합지원체계에 포함된 기관 또는 단체의 장은 학교 밖 청소년이 되는 학생에게 학교 밖 청소년 지원 프로그램을 안내하고 지원센터에 연계하도록 함(제15조).

2) 학교 밖 청소년 지원 사업 '꿈드림'

(1) 사업 연혁 및 현황

학교 밖 청소년 지원 정책의 주무부처는 여성가족부로, 해마다 6~7만 명씩 발생하는 학교 밖 청소년들의 사회 적응을 유도하고 이로 인한 사회문제를 예방할 수 있도록 학교 밖 청소년 지원 정책을 수립하여 관련 사업을 실시해 오고 있다.

학교 밖 청소년 지원 사업은 2007년에 취약청소년을 대상으로 자립 동기 강화, 기초적인 자립 기술 습득 등을 목적으로 하는 자립지원프로그램(두드림)으로 시작되었다. 2009년부터는 검정고시 지원 및 학습클리닉 프로그램 등을 통해 학업으로의 복귀를 지원하는 프로그램(해밀)을 운영해 왔다. 2014년부터는 「학교 밖 청소년 지원에 관한 법률」에 근거하여 학교 밖 청소년을 대상으로 실태조사를 실시하여 이들에 대한 종합적 · 체계적 지원 대책을 세우는 등 종합적이고 체계적인 학교 밖 청소년 지원 사업을 실시하고 있다. 대표적으로 학교 밖 청소년 지원 센터(꿈드림 센터)가 전국 202개 지역에 설립되어 학교 밖 청소년에게 상담, 교육, 직업체험 및 취업지원, 자립지원 등의 서비스를 제공하고 있다(여성가족부, 2017).

표 5-4 학교 밖 청소년 지원 사업 연혁

연도	추진 내용
2007년	• 학업 중단 청소년 지원프로그램 운영
2012년	• 청소년상담복지센터에 학업 중단숙려제 연계, 숙려제 상담 및 자퇴 후 학업복귀 서비스 지원
2013년	• '학업 중단 예방 및 학교 밖 청소년 지원방안' 마련(교육부 공동, 2013. 11.)
2014년	• 「학교 밖 청소년 지원에 관한 법률」 제정(2014. 5. 28.)
2015년	• 「학교 밖 청소년 지원에 관한 법률」 시행(2015. 5. 29.) • '학교 밖 청소년 종합대책' 마련(2015. 5. 12.) • 전국 199개 '학교 밖 청소년 지원센터' 지정 · 설치
2016년	• 전국 202개 '학교 밖 청소년 지원센터' 지정 · 설치 • '학교 밖 청소년 발굴 · 지원 강화 대책' 마련(2016. 6. 14.)
2017년	• 학교 밖 청소년 전문 직업훈련 기관 '내일이룸학교' 운영(구, 취업사관학교)

*출처: 여성가족부(2017).

표 5-5 학교 밖 청소년 지원센터 설치 현황 (단위: 개소)

구분	소계	서울	부산	대구	인천	광주	대전	울산	세종	경기	강원	충북	충남	전북	전남	경북	경남	제주
총계	202	24	15	9	9	6	3	5	1	31	9	13	15	10	16	15	18	3
시도	16	1	1	1	1	1	1	1	–	1	1	1	1	1	1	1	1	1
시군구	186	23	14	8	8	5	2	4	1	30	8	12	14	9	15	14	17	2

*출처: 여성가족부(2017).

학교 밖 청소년 지원 사업인 '꿈드림'이 운영되고 있는 학교 밖 청소년 지원센터는 2017년 기준 총 202개소로, 16개 시도 센터와 186개 시군구 센터가 있다. 전국 꿈드림 센터 현황은 〈표 5-5〉와 같다.

(2) 사업 목표 및 대상

학교 밖 청소년 지원 사업의 목표는 학교 밖 청소년에게 상담, 교육, 취업, 자립지원 등의 서비스를 제공함으로써 학교 밖 청소년이 건강한 사회구성원으로 성장할 수 있도록 돕는 것이다.

서비스 대상은 9세 이상 24세 이하의 청소년으로, 「학교 밖 청소년 지원에 관한 법률」 제2조를 기본으로 규정한다. 자세히 살펴보면 초·중학교 및 이와 동일한 과정을 교육하는 학교에 입학한 후 3개월 이상 결석하거나 취학의무를 유예한 청소년, 고등학교 및 이와 동일한 과정을 교육하는 학교에서 제적·퇴학처분을 받거나 자퇴한 청소년, 또는 상급학교에 진학하지 않은 청소년이 주 대상이며, 학교 밖 청소년 발생 예방을 위해 필요한 경우 잠재적 학교 밖 청소년도 포함된다. 이들을 발굴하기 위해 [그림 5-2]와 같이 교육청, 학교, 경찰서 등 공공기관을 포함한 CYS-Net과의 연계 등 다양한 경로를 확보하고 있으며, 2017년에 발굴한 학교 밖 청소년 인원은 55,909명으로 확인되었다(여성가족부, 2017).

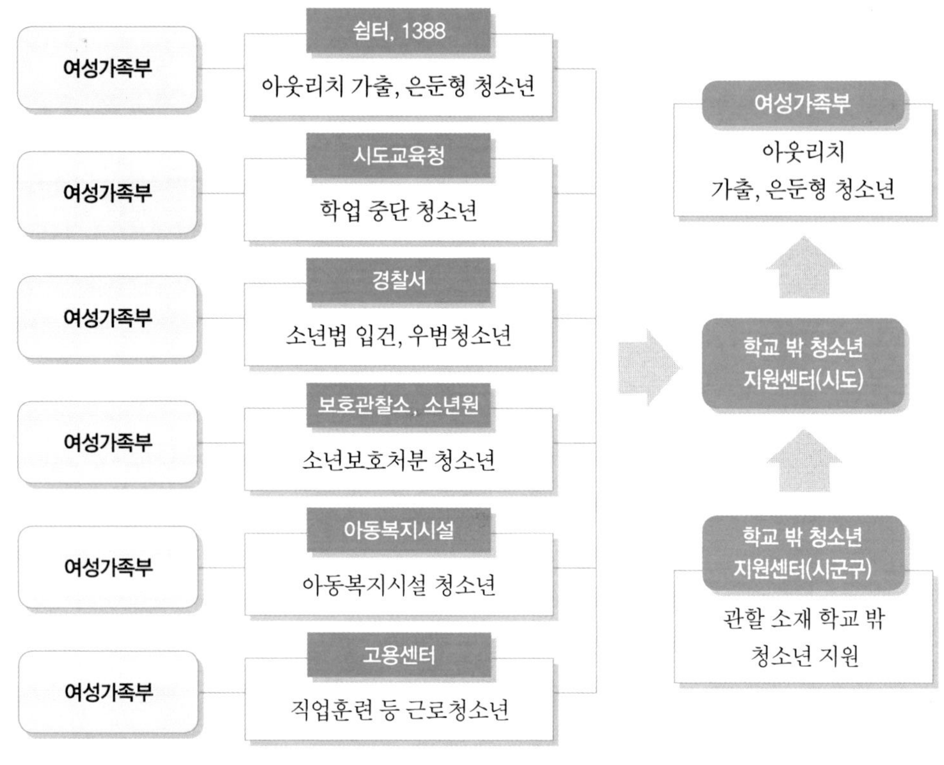

[그림 5-2] 학교 밖 청소년 발굴 체계

*출처: 여성가족부(2017).

(3) 사업 내용

학교 밖 청소년 지원 사업인 '꿈드림'은 상담지원, 교육지원, 직업체험 및 직업교육훈련 지원, 자립지원, 건강검진 등의 영역으로 구분하여 개별적이면서 종합적인 서비스를 제공하고 있다(〈표 5-6〉 참조).

학교 밖 청소년 지원센터로 연계된 청소년은 각자의 요구에 따라 맞춤형 서비스를 제공받는다. 유형별 지원 서비스에 대한 자세한 내용은 다음과 같다.

먼저 심리적·정서적 어려움을 겪는 청소년에게는 대면상담, 전화상담, 온라인상담, 찾아가는 상담 서비스를 제공한다. 다음으로 학업을 원하는 청소년을 대상으로 한 프로그램으로는 학습 동기 강화, 맞춤형 학습클리닉을 통한 학습 능력 향상, 검정고시대비반, 대학입시지원, 복교지원 등이 있다. 일을 하고 싶어 하는 직업형

표 5-6 꿈드림 서비스 내용

구분	내용
상담지원	-청소년 심리, 진로, 가족관계, 친구관계 등
교육지원	-학업 동기 강화 및 학업 능력 증진 프로그램 진행 -검정고시를 통한 학력 취득 지원 -대학 입시 지원 -학업 중단 숙려상담, 취학관리 전담기구 사례관리 -복교지원
직업체험 및 직업교육훈련 지원	-직업 탐색 · 체험 프로그램 제공 -직업 역량 강화 프로그램 제공 -취업훈련 연계지원(내일이룸학교, 취업성공패키지, 비즈쿨 등)
자립지원	-자기계발 프로그램 지원 -청소년 근로권익 보호 -경제적으로 어려운 학교 밖 청소년 지원 -기초 소양교육 제공
건강검진	-10대 특성에 맞춘 건강검진 서비스 제공(본인부담 없음) -건강생활 관리 지원 -체력관리 지원
기타 서비스	-지역특성화 프로그램 등

*출처: 꿈드림 홈페이지(2018).[2)]

청소년에게는 직업적성검사, 자립준비 프로그램(두드림), 직업체험, 직업 역량 강화 프로그램을 제공하고, 이후 여성가족부의 전문직업훈련기관인 '내일이룸학교'에 연계하거나 고용노동부의 직업훈련프로그램에 연계하여 취업을 지원한다. 자립이 필요한 대상에게는 문화 · 예술 · 스포츠 프로그램을 통한 자기계발, 근로권 교육 및 보호, 기초생활지원 서비스를 제공하고 있다. 여기에 신규로 건강검진 사업이 도입되어 학교 밖 청소년의 건강관리 체계를 마련하고 있다. '꿈드림' 참여 청소년에게는 개별적으로 자신의 목표를 성취할 때까지 사례관리 서비스가 제공된다. 학교 밖 청소년 지원센터에서 제공하는 지원 서비스의 흐름은 [그림 5-3]과 같다.

2) http://www.kdream.or.kr (2018. 11. 11. 검색)

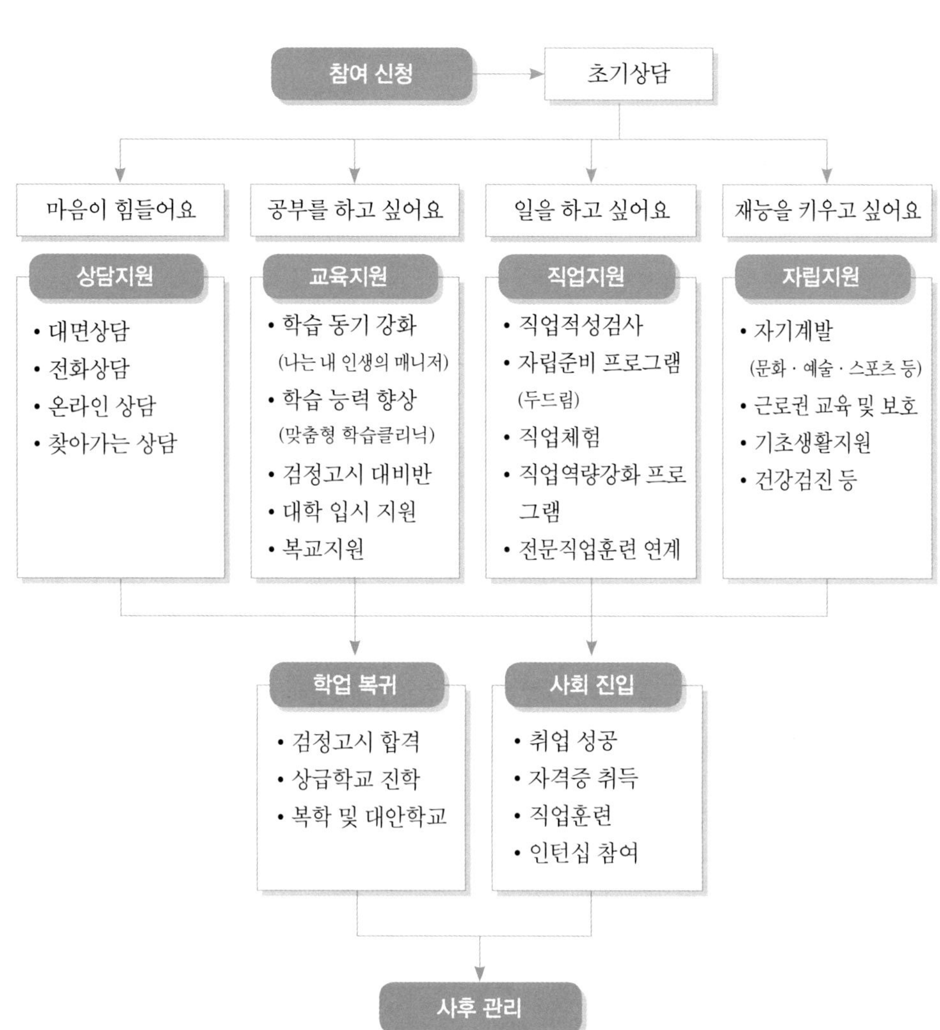

[그림 5-3] '꿈드림' 지원 서비스 흐름

*출처: 꿈드림 홈페이지(2018).

05 학교 밖 청소년의 삶의 질 향상을 위한 사회적 과제

1) 학교 밖 청소년에 대한 관점 정립 및 사회적 인식 개선

학교 밖 청소년에 대한 국가의 관점은 정책의 방향을 좌우한다. 예를 들어, 학교를 그만두는 원인에 집중한다고 하자. 그렇다면 학교 밖 청소년에 대한 직접 지원보다는 잠재적 학교 밖 청소년의 위기상황을 사전에 예방하기 위해 보호적 관점을 전제로 한 교육적 측면에서의 지원이 주를 이루게 된다. 반면 좀 더 포괄적인 관점을 취하여 청소년 누구나 학교를 그만둘 수 있다는 가정을 기본전제로 한다면 어떠한가? 학교 밖 청소년 관련 정책은 교육적 측면의 대응뿐만이 아닌 청소년의 정신적 · 경제적 · 사회적 자립에 그 목표를 두게 될 것이다. 즉, 학교에 돌아가는 것을 최종목표로 두는 것이 아니라 사회적 자립 차원의 문제로 연결시키게 되는 것이다. 이처럼 학교를 그만둔 청소년에 대한 국가의 관점은 정책 및 사업 방향을 결정하고, 개입의 목표를 좌우하며, 성과 평가 기준에도 영향을 미친다.

현재 우리나라의 학교 밖 청소년 지원 사업의 주된 내용은 '복지지원'과 '학업 및 자립 지원'으로 구분되며, 이에 대한 성과 기준으로 '학업 복귀'와 '사회 진입'을 설정하고 있다. 이러한 정책 방향이 정책대상인 '학교를 그만둔 청소년'의 실질적 욕구를 잘 담아내고 있는지를 면밀히 확인하고 이들의 삶에 대한 총체적 접근을 통하여 진정한 자립이 가능하도록 정책 내용을 구성해야 할 것이다(정혜원 · 노자은, 2017).

더불어 학교 밖 청소년에 대한 사회적 인식 개선이 필요하다. 학교 밖 청소년들이 겪는 어려움 중 하나로 이들에 대한 주변인들의 편견 어린 시선이 꼽히고 있었다. 이제는 이들을 이질적 존재로 인식하는 것이 아닌 지역사회 내의 구성원으로서 자연스럽게 공존할 수 있도록 하는 제도적 노력이 필요하다.

2) 학교 밖 청소년의 욕구 맞춤형 지원 제공

학교 밖 청소년들은 학교에 다니지 않아 인간관계가 다양하지 않고 이로 인해 소외감을 경험한다. 이에 학교 밖 청소년 지원 사업은 그 내용에 있어 무엇보다도 이들의 욕구를 반영하는 것이 가장 중요하다. 정혜원과 노자은(2017)에 따르면 관련 현장의 실무자들이 사업 내용으로 중요하게 꼽은 것은 직접 체험으로, 특히 신체적 활동, 그리고 대인관계를 강화시킬 수 있는 직접 경험의 기회를 제공하는 것이 중요함을 알 수 있다. 이는 앞서 학교 밖 청소년들이 학교를 그만둔 것을 후회하는 이유로 '다양한 경험 부재' '친구를 사귈 수 있는 기회 감소' 등을 꼽은 결과에서도 확인된 바 있다.

더불어 최근 학교 밖 청소년 지원 현장에서 강조하는 자립 지원 사업이 더욱 실질적이면서도 사회적 자본을 형성할 수 있는 내용으로 강화될 필요가 있다. 지역사회는 청소년들이 실제로 살아가는 삶의 장으로써 청소년의 성장과 발달에 건강한 지지체계로 작용할 수 있도록 기능할 필요가 있다. 학교 밖 청소년을 지원하는 서비스는 청소년 개인의 내적 역량을 강화시키는 것에 그치는 것이 아닌 지역사회 연계 활성화를 통한 외적 지지체계 구축과 같이 이들의 사회적 자본을 향상시킬 수 있는 지원 또한 포함해야 한다. 즉, 이러한 사업은 실제 청소년의 사회생활 및 취업으로 연결되는 프로그램으로 구성되어야 하며, 이때 지역사회 내의 다양한 인적·물적 인프라와 적극 연계하여 활용하는 것이 중요하다. 이와 같은 지역사회 연계 활성화를 통해 학교 밖 청소년들은 사회적 역량을 함양할 수 있게 되고 나아가 건강한 사회구성원으로 자리매김하게 될 것이다.

마지막으로 자존감이 낮고 무기력한 상태를 경험하고 있는 학교 밖 청소년에 대해서는 이들이 작은 성취감을 지속적으로 경험할 수 있는 기회를 제공하는 것이 중요하다. 때문에 주변인으로부터 지속적이고 장기적으로 격려와 지지를 받을 수 있는 환경이 조성되어야 한다.

3) 학교 밖 청소년에 대한 다양한 조사사업 실시

학교 밖 청소년의 지원정책은 학교 밖 청소년들이 처한 환경과 이들의 욕구를 적절히 반영하여 형성되고 시행되어야 한다. 예를 들어, 학교 밖 청소년 중 이주배경 청소년의 비율이 높은 지역과 청소년 인구 자체가 적은 지역은 사업의 내용에 차이를 둘 필요가 있다.

지역별 상황의 차이와 같이 학교 밖 청소년에 대한 실질적 지원을 제공하기 위해서는 이들의 환경, 욕구에 대한 면밀한 파악이 필요하다. 「학교 밖 청소년 지원에 관한 법률」 제6조는 담당 부처가 학교 밖 청소년의 현황 및 실태를 파악하고 학교 밖 청소년 지원을 위한 정책 수립에 활용하기 위하여 3년마다 학교 밖 청소년에 대한 실태조사를 실시하여 그 결과를 공표하도록 하고 있다. 이러한 실태조사가 제대로 이루어지기 위해서는 학교 현장과의 긴밀한 연계가 중요하다. 즉, 학교 현장과의 연계를 통해 학교 밖 청소년지원센터 등 서비스 제공 기관에서 학교를 그만둔 청소년들을 바로 발굴할 수 있도록 하는 체계를 갖추어야 한다. 이를 통해 학교 밖 청소년의 현황, 경로 추적 등 이들에 대한 데이터를 구축하여 그 실태를 꾸준히 파악하는 것이 가능하다. 더불어 잠재적 학교이탈 청소년에 대한 맞춤형 지원이 가능하도록 청소년 개인 상황에 대한 양적 측정 및 교사, 보호자 등의 의견을 반영한 사전 진단 도구를 개발하여 조사를 실시할 필요가 있다(정혜원 · 노자은, 2017).

요약

1. 학교 밖 청소년은 다양한 이유로 현재 학교에 적(籍)을 두지 않은 청소년을 의미하며, 매해 학교를 그만두는 청소년들은 약 5~6만 명 정도의 규모로 나타나고 있다.

2. '학교 밖 청소년'은 청소년이 학교를 떠난 이후의 삶에 대한 국가적 · 사회적 관심을 반영한 법률 용어로, 청소년들이 제도권 내의 공교육을 벗어나더라도 사회에 또 다른 배움터가 있어 학습이 지속될 수 있도록 하는 국가의 역할이 필요함을 의미한다.

3. 학교 밖 청소년들은 '아침에 일어나기 힘들어서' '공부하기 싫어서' '원하는 것을 배우려고' '검정고시 준비' 등 여러 가지 이유나 목적으로 학교를 떠나고 이후 검정고시 준비, 대안학교 취학, 근로 등 다양한 삶의 양상을 보이는 가운데, 절반 이상은 학교를 그만둔 것을 후회하는 것으로 나타났다.

4. 학교 밖 청소년에 관한 연구들에서는 이들의 유형 구분 시, 첫째, 현재 삶의 양상, 둘째, 앞으로의 삶에 대한 계획 수립 여부, 셋째, 진로의 방향을 기준으로 적용하고 있다. 최근에는 학교 밖 청소년의 유형 구분의 기준으로 진로 계획 수립 여부 및 방향을 주로 제시하고 있다.

5. 주무부처인 여성가족부의 학교 밖 청소년 관련 제도로는 「학교 밖 청소년 지원에 관한 법률」, 학교 밖 청소년 지원 사업인 '꿈드림'이 있다.

6. 학교 밖 청소년의 삶의 질 향상을 위한 사회적 과제로는, 첫째, 학교 밖 청소년에 대한 관점 정립 및 사회적 인식의 개선이 필요하고, 둘째, 학교 밖 청소년의 욕구에 맞춘 지원을 제공하는 것이 중요하며, 셋째, 학교 밖 청소년 및 잠재적 대상에 대한 다양한 조사사업이 필요하다.

참고문헌

교육부(2017). **2017 교육통계연보**. 세종: 교육부.

김범구 · 조아미(2013). 잠재계층분석(LCA)을 이용한 학업 중단 청소년의 유형과 특성. **한국청소년연구, 24**(3), 5-31.

박병금 · 노필순(2016). 학교 밖 청소년의 학교중단과정과 학교 밖 생활경험. **청소년학연구, 23**(8), 47-78.

백혜정 · 송미경(2015). **학교 밖 청소년 지원 정책 체계화 방안 연구**. 세종: 한국청소년정책연구원.

오병돈 · 김기헌(2013). 청소년복지정책 대상규모 추정: 학교 밖 청소년을 중심으로. **청소년복지연구, 15**(4), 29-52.

오은경(2014). 학교 밖 청소년 유형별 사회적지지, 진로준비행동, 사회적 배제 및 우울 간의 차이. **청소년시설환경, 12**(2), 65-80.

오혜영 · 박현진 · 공윤정 · 김범구(2013). 현장상담자들이 인식한 학업 중단청소년의 특성과 개입방향. **청소년학연구, 20**(12), 153-179.

여성가족부(2017). **2017 청소년백서**. 서울: 여성가족부.

윤철경 · 류방란 · 김선아(2010). **학업 중단현황 심층분석 및 맞춤형 대책 연구**. 서울: 한국청소년정책연구원.

윤철경 · 유성렬 · 김신영 · 임지연(2013). **학업 중단 청소년 패널조사 및 지원방안 연구 I**. 세종: 한국청소년정책연구원.

이상준 · 이수경(2013). **2013년 비진학청소년 근로환경 실태조사**. 세종: 한국직업능력개발원.

정혜원 · 노자은(2017). **경기도형 학교 밖 청소년 정책 모델 개발**. 수원: (재)경기도가족여성연구원.

최동선 · 이상준(2009). **학교중단 청소년을 위한 진로개발 지원 방안**. 서울: 한국직업능력개발원.

꿈드림 홈페이지 www.kdream.or.kr

여성가족부(2016). **'2015년 학교 밖 청소년 실태조사' 결과**. 여성가족부플러그 http:// blog.daum.net/moge-family/9607

제6장

청소년복지의 실제 III: 성

학습개요

청소년기의 성 관련 발달과업은 새로운 성역할 습득, 신체 변화의 긍정적 수용, 부모로부터의 정서적 독립, 성 행동과 생활에 대한 책임을 준비하는 것이다. 성은 생명과 가족을 형성하게 하는 근원적인 기능을 가지며, 사랑과 성숙, 인격을 바탕으로 하는 인간관계에 친밀감과 애정표현의 방법으로 상대방과의 강한 결속력을 유지해 주는 건강한 의미를 갖고 있다. 청소년의 성적 갈등과 성 문제가 과거에 비해 급증하는 것은 청소년의 성적 조숙화와 청소년의 성을 과도하게 자극하는 주변 환경을 지적할 수 있다.

이 장에서는 이러한 청소년의 성과 관련된 다양한 문제점을 살펴보고, 개인과 가족 나아가 사회문제로 확대되고 있는 청소년의 성과 관련된 이슈들을 소개하고, 이에 대한 예방, 대책, 제안을 제시하는 데 도움을 주고자 한다. 이를 위해 청소년과 성에 대한 인식과 중요성, 성소수자, 성역할 정체감, 위험한 성행동, 성폭력, 성 상품화 등을 중심으로 알아보고, 성과 관련하여 위험 수준에 노출된 청소년을 위한 다양한 청소년복지 제도와 정책을 살펴보고자 한다.

01 청소년과 성

성의 어원은 라틴어 sexus에서 유래된 것으로, seco(자른다, 나눈다; cut)란 동사의 파생어로서 모성으로부터 탯줄을 자름으로써 완전한 성이 된다는 뜻으로, 완전하게 탄생된 인간을 의미한다. 특히 동양에서의 성(性)이란 한자는 마음 심(心)자와 낳을 생(生)자의 합성어로, 마음과 몸을 합쳐 인간 전체를 이룬다는 의미로서 전인적인 인간을 말한다(이화영 외, 1999). 성에 대한 개념적 정의를 구체적으로 살펴보면, 첫째, 생물학적 성(sex)은 우리가 흔히 말하는 남성과 여성이라는 두 개의 성으로, 성기(性器)의 모습이 서로 다른 생물학적 특성을 지니고 있으며 염색체에 준거하여 성이 결정되며 일반적으로 남성과 여성의 성기를 비롯해서 성 관계와 생식에 관한 모든 것을 포괄하는 개념이다. 둘째, 행동과학적인 성(gender)은 성장 과정에서 그가 태어난 사회적 · 문화적 · 심리적 환경에 따라 자신의 역할을 학습하게 되며, 이와 같이 후천적으로 그 특성이 결정되는 성을 의미한다. 셋째, 인격적 성(sexuality)은 생물학적 성(sex)과 후천적 성(gender)을 포괄하는 개념으로서 인간의 태도, 가치관, 감성, 문화, 성 형태 등을 포함하는 전성적(全性的)이고 전인적(全人的)인 인격적(人格的) 성을 말한다. 즉, 이것은 남성과 여성이라는 인격체의 모든 행동을 지칭한다. 따라서 인격적 성은 선천적, 생물학적으로 결정된 남녀의 특성과 후천적으로 학습된 행동과학적 성 역할(gender role)과 성 정체성(gender identity)을 인격체라는 틀 속에 통합시킨 넓은 개념의 용어이다(김상원, 2000; Gokengin et al., 2003). 다시 말하면 성은 기본적으로 생물학적 개념으로서 남성과 여성을 나누는 'sex'와 사회문화적 관점에서 남성성과 여성성이 어떻게 구체화되어 확립되는가를 말하는 'gender' 그리고 남성과 여성이라는 구별을 토대로 다양한 방식으로 나타나는 '성적인 것(sexuality)' 전반을 의미한다. 이 장에서의 성에 대한 개념은 성적 상상, 성적 대상, 성적 행위 또는 성적 이미지 등 인간의 성적 욕망과 관련한 모든 것을 포괄하는 의미이며, 'sexuality'로서의 성이라는 범주 안에 포함시켜 정의한다.

한편, 성에 대한 개념을 정의하기 위해 대부분의 학자는 성의 생리적 측면 외에 사회적인 배경, 학습, 종교적인 신념 등을 포괄하여 설명하고 있다. 역사적으로 볼 때 성의 개념은 그 시대의 사회와 문화제도에 따라 변화하여 왔고, 그런 변화는 3가지로 분류하여 설명할 수 있다. 첫째, 성의 개념을 종족보존의 차원에서 보는 견해이다. 원시시대부터 인간이 농경사회를 형성하여 사는 동안에 인간의 성행위는 자손을 번식시키는 본능적 욕구가 그 주목적이 되었다는 점이다. 둘째 성의 개념을 사랑의 표시 행위로 보는 개념이다. 즉, 성행위는 사랑하는 사람끼리만 행해질 수 있다는 생각으로 사랑하지 않는 사람과의 성행위는 비도덕적이고 비윤리적이라고 생각을 하는 것이다. 셋째 성의 개념을 성행위를 통한 성적 쾌감에 두고 있다. 이 개념은 사랑의 조건 없이 성적 쾌락을 위해 이루어지므로 어떠한 의무나 책임이 없는 특징을 가지고 있다.

청소년들에게 성을 중요하게 다루어야 할 이유는 첫째, 청소년기에 성적 만족감을 얻고 호기심을 충족시키고 정복하기 위해 그리고 애정의 표현으로써 혹은 무력감에서 벗어나기 위해 성적관계를 경험하는 시기가 청소년기라는 점에 있다. 둘째, 단체에 귀속되고 집단의 신뢰를 얻기 위한 충동과 누군가에게 속하고 싶다는 갈망이 남자친구나 여자친구와의 친밀한 신체 접촉으로 나타나게 됨으로써 성적 접촉은 이전보다 더 자극적으로 이루어지고, 결국 성교는 사회적 참여를 보장하는 방법의 행동 양식으로 혹은 그 자체가 목적으로 정착화되기 쉽다는 점에서 청소년기의 성은 매우 긴밀하고 중요하다(김미예 · 김선희 · 장군자, 2004).

청소년의 특징으로 여러 가지 과도기적 현상인 모순과 혼란, 반항성, 비판성, 내면적 생활의 발견, 정신적 독립 등은 새로운 것을 만드는 출발점으로써 성인 체제로의 재체계화, 재조직화되는 과정이라고 할 수 있다. 이러한 행동을 원만히 수행함으로써 원만한 한 인간으로서의 성인이 될 수 있는 출발점이기 때문에 성은 청소년에게 중요한 영향력을 미칠 수 있다(김미예 · 김선희 · 장군자, 2004; 양순옥 · 김신정, 2004). 그러나 청소년들의 성행동을 건강행동이나 정상적인 발달로 이해하기보다 미혼부모, 성폭력, 성비행, 성중독 등 비정상적인 문제행동으로 보거나, 자아존중감, 우울, 자극 추구 성향, 애착과 같은 개인의 부정적 특성에 중점을 둔 연구들이 대부분이다(김은혜, 2017). 즉, 청소년에게 신체적 · 심리적 · 사회적으로 부정적 영향을 주는 위험 요소 중 위험 성행동은 다양한 문제를 야기할 수 있다. 국내 청소년들의 성관계 시작 연령은 점점 더 낮아지고 있고(교육부 · 보건복지부 · 질병관리본부, 2015), 이 시기의 성경험은 장기적으로 건강에도 부정적인 영향을 미칠 뿐만 아니라 원치 않는 임신으로 이어질 수 있어 이로 인해 의료 및 복지 비용 등의 사회적 비용을 증가시킬 수 있다(Lohman & Billings, 2008). 이러한 문제들은 학업 중단에까지 영향을 미쳐(배영태, 2003; Tripp & Viner, 2005) 발달과정상 습득해야 할 기술이나 교육 기회의 상실 등 다양한 위기를 경험하게 한다. 특히, 청소년기는 신체적 · 심리적 · 사회적으로 다양한 변화 과정을 경험하며, 자아 개념과 정체성을 형성해 나가는 시기이기 때문에 더욱 영향이 크다고 하겠다. 그렇기 때문에 청소년의 위험 성행동은 개인의 문제뿐만 아니라 사회문제로까지 확대될 가능성이 높다(Breitenbecher, 2001).

성은 생명과 가족을 형성하게 하는 근원적인 기능을 가지며, 사랑과 성숙, 인격을 바탕으로 하는 인간관계에 친밀감과 애정표현의 방법으로 상대방과의 강한 결속력을 유지해 주는 건강한 의미를 갖고 있다. 특히 청소년 시기는 발달적 특성으로 볼 때 성에 대한 호기심과 어느 정도의 성행동은 바람직한 성장의 과정이라 할 수 있지만 성관계로 인한 임신은 여성의 몸에서 일어나는 것으로 여성 자신의 책임문제라고 치부하며 임신에 대해 무책임하게 되는 성에 대한 이중적 생각을 갖기 쉽다(양순옥 · 김신정, 2004). 따라서 청소년들에게 성은 긍정적인 성장과정인 동시에 책임과 의무에 대한 명확한 기준을 마련하여 지도할 필요가 있다.

청소년기의 남녀에게 중요한 발달 과제인 성역할 발달은, 과거에는 자신이 속한 사회가 가지고 있는 성역할 고정관념을 수용하거나 적어도 이에 적응하여야 했다. 그러나 성차별적인 성규제와 성규범을 토대로 하는 가부장적 성문화의 이중구조는 남녀 간의 성관계의 부조화와 불화의 요인을 내포하여 성을 매개로 남성이 여성을 지배, 통제, 가해할 수 있는 잠재적인 여건을 제공함으로써 여성문제의 근원이 되었다. 따라서 남성과 여성의 인식의 차이는 매우 크다고 할 수 있으므로 의사소통을 위한 훈련이 반드시 필요하다(오장미경, 1997). 건강하고 바람직한 이성교제는 물론 행복하고 건강한 가정을 이루는 데에도 가장 필요한 것은 서로 의사소통할 수 있는 능력이라고 할 수 있다. 성차이에 대한 설명은 크게 생물학적 이론과 사회학습이론에

의해 설명할 수 있다. 첫째, 생물학적 이론에 의하면 인간은 이차성징의 발현으로 성호르몬의 분비에 의해 신체의 변화와 특징이 분명하게 나타나게 되는데 이러한 변화들이 성을 결정한다. 즉, 신체적인 남성과 여성을 결정하는 것을 의미한다. 남자의 경우에는 골격 구조와 근육이 단단해지고 음부, 겨드랑이, 팔, 다리, 윗입술, 가슴에 털이 나고 여드름의 발생과 아포크린샘의 발달에 의한 발한과 남성적 체취가 나타난다. 또한 여자의 경우에는 초경, 유방의 융기, 음모의 발생, 골반의 확대, 피부의 광택, 곡선적 체형과 여성적 체취 등을 볼 수 있다(장인권, 1994). 둘째, 사회학습이론에 의하면 남녀의 성에 대한 차이는 사회환경과 성장 배경에 의해 성적 고정 관념을 계속 강화한 것으로, 학교, 교과과정과 교사들의 교육 태도, 매스컴의 광고 등 어느 곳에서든 성차에 대한 메시지를 통해서 고정관념화되는 학습의 경험에 의한 것으로 설명할 수 있다. 따라서 본래는 차이가 없었는데 성장과 발달 과정에서 사회화된 결과로 나타난 차이로 간주할 수 있다. 또한 남성들은 사회의 고정관념으로 인해 가족을 부양해야 한다는 스트레스와 남성다운 성격을 추구함으로 인한 정서발달의 장애로 무뚝뚝하고 지배적인 성격을 갖게 된다. 그리고 남성의 개인적 특성과 자질은 허용되지 않으며 고정관념에서 벗어나면 열등한 이탈자, 특수한 사람으로 간주되어 남자들은 '슈퍼맨 콤플렉스'에 시달리게 된다(오장미경, 1997). 이처럼 남성에게 나타나는 콤플렉스가 여성에게는 '슈퍼우먼 콤플렉스'로 나타날 수 있다.

02 청소년의 성문제

1) 성소수자 청소년

인간의 성을 생물학적 성을 기초로 하여, 즉 성염색체에 따라 성별을 구분한 판례들의 주요 내용을 살펴보면 다음과 같다. 첫 번째, 남성이 여성으로 성전환 수술을 하여 외형상이나 성격상 여성화되었다 하더라도, 인간의 성별은 성염색체의 여하로 결정되어야 하기 때문에 성염색체의 변화가 없는 이상 성별 정정은 인정되지 않는다. 두 번째, 성은 출생과 동시에 부여받은 것으로서 인위적으로 변경을 허용해서는 안 되며 남녀의 성은 변경이 불가능한 성염색체에 따라 구별해야 한다. 따라서 성전환수술로 외형상 여성이 된 점은 인정할 수 있지만, 성염색체가 남성이고 난소가 없어 임신이 불가능하기 때문에 여성으로 인정할 수 없다는 것이다. 세 번째, 「대한민국헌법」에는 국가가 개인의 존엄과 양성의 평등을 기초로 한 혼인과 가족생활을 보호하도록 되어 있으나 여기서 양성이란 성염색체로 구분된 남성과 여성을 의미하므로 성전환수술을 한 사람을 국가가 보호해 줄 필요가 없다는 것이다. 최근의 판례에서는 사람의 성별이 수정 시 성염색체에 의하여 결정되면 그 후 변경될 수 없다는 사실은 생물학적으로 명백하다. 이러한 이치는 여성으로 출생한 사람의 신체외관이 이른바 성전환수술이란 인위적인 방법으로 남성으로의 성징을 구비하는 것처럼 보이도록 전환되었다고 하여 달리 볼 수 없으며, 우리 법체계는 「병역법」「민법」「형법」 등 여러 법률에서 국민의 성별을 기준으로 하여 그 규율을 달리하고 있으므로 성전환을 허용하는 특별법이 아직 없어 일상의 사회생활에서뿐만 아니라 국가에 대한 관계에서도 남성임을 공인받고 싶다 하여 이를 허용할 수는 없다고 판시하고 있다. 이러한 판례의 공통점은 성별의 구별은 성염색체만을 근거로 하고 있다는 것이다. 성의 이분화를 지양하고 성평등을 추구하는 사회적 요구인 '젠더'의 개념은 남성과 여성을 사회적으로 구조화한 것이다. 이렇게 젠더는 생물학적 성(sex)에 대한 사회적 디자인이며, 사회 속에서 그리고 공사적 생활 속에서 남성과 여성에게 맡겨진 과제, 기능, 역할의 개념에 따라 결정된다. 젠더는 문화마다 다른 특수한 여성성 및 남성성으로, 시간과 공간에 따라 다양하게 변화한다. 개인들은 그들의 활동을 통해 성역할과 성규범을 형성하고, 사회적 기대에 부응함으로써 재생산한다는 것이다. 성별의 구별을 생물학적 성에 국한해 왔던 입장에서 사회적 성, 즉 젠더를 인정한 판례로서 향후 법에서의 성별의 구분에 기준점을 제시하였다는 고무적인 판결로 평가될 수 있을 것이다. 반면 이러한 성별 정정에 따른 우려가 없는 것도 아니다. 트렌스젠더의 병역 의무, 범죄로 악용될 여지가 있는 호적세탁, 그리고 성별 정정 후 결혼 허용 여부 등이 문제이다. 물론 대다수가 성별을 정정하는 것은 아니나 이에 대한 입법의 마련과 법적인 조치가 필요한 것은 당연하다.

성소수자와 관련된 다양한 용어와 정의를 살펴보면 다음과 같다. 이때 UN에서 사용하는 정의를 정리하면 다음과 같다(유네스코한국위원회, 2013).

- 비전형적 성별 정체성(atypical gender identity): 신체에 대한 감각 등 자신의 성별에 대하여 내면적이고 개인적으로 느끼는 경험(다음의 '성별 정체성' 참조)이 출생 시 부여된 성별과 일치하지 않는 경우, 비전형적 성별 정체성을 가졌다고 말할 수 있다.
- 양성애자(bisexual): 남성과 여성 모두에게 끌리는 사람을 말한다. 이 용어를 자신의 정체성을 표현하는데 사용하는 사람들도 있다.
- 게이(gay): '게이'라는 용어는 동성에 대한 성적 끌림, 동성과의 성적 행위, 동성애자의 문화정체성을 가리키는 일반적인 의미로 사용될 수 있다. 하지만 많은 경우에 본성적으로 남성에게 성적 끌림을 경험하고 깊은 관계를 맺는 남성을 지칭한다.
- 젠더와 성(gender and sex): '성(sex)'이라는 용어는 생물학적으로 결정된 구분을 지칭하는 반면, '젠더(gender)'는 사회적으로 형성된 것으로서 그 사회에서 남성적 혹은 여성적이라고 여기는 역할, 행동, 활동, 속성을 가리킨다.
- 성별 정체성(gender identity): 자신의 성별에 대해 느끼는 내면적이고 개인적인 경험을 말한다. 성별 정체성은 자기 신체(원하는 경우 자유로운 선택에 의하여 내과적 · 외과적 방법 등으로 신체의 외형이나 기능을 변형하기도 함)에 대한 감각이나 복장, 화법, 습관과 같은 성별의 표현 방식 등을 말하는데, 성별 정체성이 출생 시 부여된 성과 일치할 수도 있고 그렇지 않을 수도 있다.
- 동성애 혐오(homophobia): 동성애자나 동성애에 대한 공포, 거부, 혐오로, 낙인을 찍는 태도나 차별하는 행동의 모습으로 나타나는 경우가 많다.
- 동성애자/동성애(homosexual/homosexuality): 동성애자는 동성에게 성적으로 끌리는 사람을 말한다.
- 간성(intersex): 남성과 여성의 일차성징과 이차성징을 모두 가지고 태어난 사람을 말한다.
- 레즈비언(lesbian): 본성적으로 여성에게 성적 끌림을 경험하고 깊은 관계를 맺는 여성을 말한다.
- 성적 지향(sexual orientation): 이성이나 동성인 상대나 여러 성에 대하여 정서적, 성적으로 강하게 끌리고 친밀하고 성적인 관계를 맺는 개인의 특성을 말한다. 예를 들어, 게이 남성은 본성적으로 남성에게 성적 끌림을 경험하고 깊은 관계를 맺는다. 레즈비언 여성은 본성적으로 여성에게 성적 끌림을 경험하고 깊은 관계를 맺는다. 양성애자는 남성과 여성 모두에게 매력을 느낀다고 한다.
- 트랜스젠더(transgender): 성별 정체성이 출생 시 성과 다른 사람을 말한다. 남성에서 여성으로(여성의 외모) 바뀐 트랜스젠더와 여성에서 남성으로(남성의 외모) 바뀐 트랜스젠더가 있다. 트랜스젠더는 이성애자일 수도, 동성애자일 수도, 양성애자일 수도 있다.

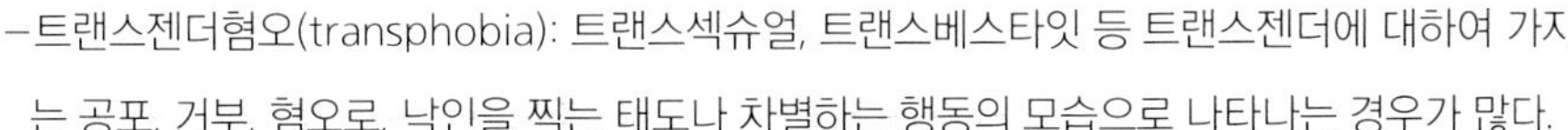

–트랜스젠더혐오(transphobia): 트랜스섹슈얼, 트랜스베스타잇 등 트랜스젠더에 대하여 가지는 공포, 거부, 혐오로, 낙인을 찍는 태도나 차별하는 행동의 모습으로 나타나는 경우가 많다.

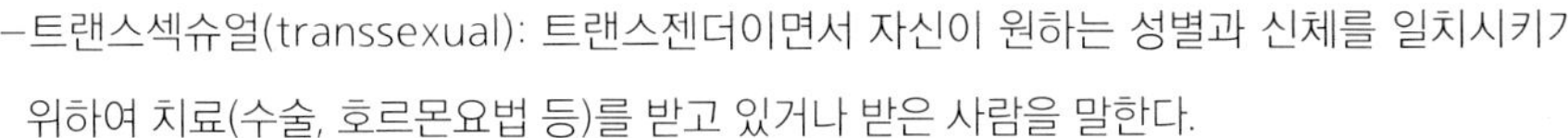

–트랜스섹슈얼(transsexual): 트랜스젠더이면서 자신이 원하는 성별과 신체를 일치시키기 위하여 치료(수술, 호르몬요법 등)를 받고 있거나 받은 사람을 말한다.

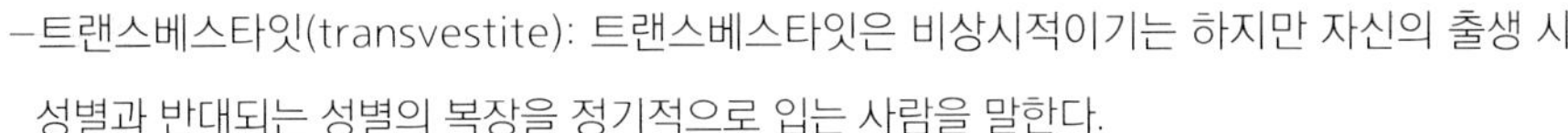

–트랜스베스타잇(transvestite): 트랜스베스타잇은 비상시적이기는 하지만 자신의 출생 시 성별과 반대되는 성별의 복장을 정기적으로 입는 사람을 말한다.

성소수자와 관련해서 청소년들에게 발생하는 문제 중 가장 심각한 것이 동성애에 대한 혐오이다. 동성애혐오성 괴롭힘의 가해자는 대부분 청소년들이지만, 학교 내에서는 교사나 다른 교직원이 가해자인 경우도 있다. 학교는 성소수자들에게 여전히 암울하고 폭력적인 공간이다. 헬렘(Helem)이라는 단체가 레바논의 5개 대학에서 수행한 연구결과, 동료 학생과 교직원들이 가해자가 되어 괴롭힘, 협박, 학습권 박탈 등 동성애혐오성 괴롭힘이 일어나는 것을 발견했다. 한 학생은 대학교수로부터 "너를 내 수업에 들어오게 할 수 없다."라는 말을 들었으며 동료 학생들로부터 외면당하였다. 괴롭힘의 가해자는 개인이거나 소규모 혹은 대규모의 집단일 때도 있으며, 여자아이보다는 남자아이가 가해자가 되는 확률이 더 높다. 동성애혐오성 괴롭힘에 가담하고 영향을 받는 건 가해자와 피해자뿐만 아니라 괴롭힘을 목격하거나 방관한 학생 등 다른 학생들도 마찬가지이다. 예를 들어, 이스라엘의 한 연구에서는 동성애혐오성 괴롭힘을 경험한 응답자 중 절반이 괴롭힘을 당하고 있을 때 다른 학생들이 말리지 않거나 무시했다고 응답하였으며, 일부 응답자는 다른 학생들이 주동자에 합세하였다고 응답했다. 동성애혐오와 동성애혐오성 괴롭힘은 교육과 학습의 기회를 박탈당하기도 한다.

방글라데시, 인도, 네팔, 라틴아메리카에서 레즈비언 · 게이 · 양성애자 · 트랜스젠더 청소년들이 학교를 다니지 못하게 된 사례들이 보고된 바 있다. 트랜스젠더 청소년들이 학교에 다니는 데 어려움이 있는 이유는 친구와 교사, 교직원들에 의한 괴롭힘도 있지만 학교환경의 영향이 매우 컸다. 즉, 학교교복, 화장실과 같이 남녀가 명확하게 구분되는 제도와 트랜스젠더 학생들의 편의를 고려하지 않은 시설 환경 때문으로 보고되었다(유네스코한국위원회, 2013).

우리나라의 사례에서 보면 학교 울타리 안에서 성소수자 문제가 철저히 외면당하기만 하는 것은 아니다. 비록 공식적 교육과정에 포함되지는 못했지만, 2001년 당시 교육인적자원부가 발간한 학교 급별 성교육 교사용 지도 지침서에는 동성애 개념이 등장한다. 중학교용 지도 지침서의 경우에는 동성애를 일탈 행동이 아닌 '하나의 인간적인 삶인 동시에 애정의 형식'이라는 발전적인 정의를 수용하였다(교육인적자원부, 2001a). 그러나 같은 해에 출간된 고등학교용 성교육 교사용 지도 지침서에서는 정신병리학적 관점에 입각하여 동성애를 기술하였고, 동성애가 에이즈의 주범이라는 해묵은 오해와 편견을 내비쳤다. 이것은 결국 교육 당국이 성소수자 개념에 대한 일관된 입장을 보이지 못하고 있는 사례이기도 하다(교육인적자원부, 2001b).

앞으로 더 많은 청소년이 성 정체성으로 혼란을 겪게 되고 고민할 것이다. 무엇보다도 학교 안에서 관찰되는 성소수자에 대한 괴롭힘 현상이 단순히 단위 학교나 개인적 차원의 문제가 아닌 지역사회와 국가, 더 나아가 인류적 차원의 문제라는 인식을 견지해야 할 것이다. 성소수자 혐오와 차별 시스템을 해체하는 작업은 학교 내부의 변화만으로 가능하지 않으며, 학교와 연계된 가정, 지역사회, 국가에 따라 각 수준별 변화 및 협력 관계가 필요하다.

2) 성 상품화

성 상품화란 말 그대로 정의하면 '인간의 성을 직접 혹은 간접적으로 이용하여 이윤 추구를 도모하는 것'(박충선 · 정영숙, 2004)이다. 다시 말해 경제적 이윤 추구를 위해 인간의 성을 제품으로 만들어 시장에 제공함으로써 수요를 창출하는 행위이다. 그런데 성 상품화의 이러한 일차적 개념 정립은 조금 더 구체화될 필요가 있다. 이를 위해서는 먼저 성의 구체적인 의미를 파악할 필요가 있다. 성 상품화의 개념으로 차용되는 '성' 역시 'sexuality'를 뜻한다. 이러한 개념을 기초하여 성 상품화를 새롭게 정의하면 '재화 획득을 목적으로 성적 욕망, 상상, 행위, 이미지 등 성적 기호를 상품화하여 시장에 제공하고 수요를 창출하는 행위'로 정의할 수 있다.

성 상품화는 일반 시장에 제공하는 상품과는 여러 특징이 있다. 성 상품은 몸의 직접적 접촉을 통해 상품화되거나 몸의 직접적 접촉은 없는 상태에서 성적 이미지

를 통해 간접적으로 상품화될 수 있다는 것이다. 이때 직접 상품은 일차적 성 상품화, 간접 상품은 이차적 성 상품화로 나눌 수 있다. 또한 성은 적극적으로 상품화되거나 소극적으로 상품화된다. 여기서 적극적과 소극적의 구분은 성적 욕망을 자극하는 대상이나 이미지의 노출 정도에 따라 구분할 수 있는데, 전자는 신체 전부가 드러나는 경우, 후자는 신체의 일부를 드러내는 경우라 할 수 있다. 따라서 정리하면 성 상품화는 크게 세 가지 형태로 진행된다. 첫째, 적극적으로 신체를 노출하여 직접적인 육체적 접촉을 매개로 성을 상품화하는 성매매와 같은 경우, 둘째, 적극적으로 신체를 노출하지만 직접적인 육체적 접촉이 아니라 포르노그래피처럼 영상물이나 이미지를 통해 간접적으로 성을 상품화하는 경우, 그리고 셋째, 소극적으로 신체의 일부만을 노출하지만 그 정도가 선정적인 이유로 성적 욕망은 자극하되 역시 간접적으로만 성이 상품화되는 경우이다. 나아가 이 세 번째의 경우 역시 대회나 연극, 전위예술 등에서 보이는 경우처럼 동일한 공간 내에서 직접 시각적인 성을 전시하는 경우가 있고, 그 외에 대중매체나 인터넷 등을 통해 성적 이미지로만 제공되는 것으로 구분할 수 있다(신선미 · 정태연, 2005).

청소년의 성 상품화로 인한 영향은 청소년들에게 스마트폰 중독, 성행동 모방, 성매매, 청소년 인권 침해로 이어질 수 있기 때문에 청소년기의 건강한 성장을 저해할 수 있다는 것이 가장 문제이다. 특히 청소년의 병리적이고 강박적인 스마트폰 사용은 재정적 지출과 일상생활 지속에 문제를 가져올 뿐만 아니라 뇌의 인지 능력을 떨어뜨리고 현실에 무감각하게 만들고 주의력 결핍 현상을 불러오는 충동조절장애(impulse control disorder), 중독행동장애(addictive behavior disorders)를 초래할 수 있다(천예빈, 2013). 또한 성과 관련한 스마트폰 중독은 메신저를 사용해서 또래에 대한 비방 및 욕설과 그룹채팅 배제 등 스마트폰 따돌림 행동과 부적응, 일탈행동을 가져올 수도 있고, 음란물과 같은 선정적이고 유해한 콘텐츠가 무분별하게 유통되어 청소년들에게 부정적인 영향을 끼칠 수 있다. 즉, 감수성이 풍부한 청소년들은 대중문화나 환경에 대해서 모방과 동일시하려는 욕구가 높기 때문에 성에 대한 정보가 무차별적으로 노출되면서 성에 대한 인식도 노출된 정보와 동일시되거나 모방하려는 경향을 보인다. 또한 청소년의 성행동이 온라인에서 오프라인으로 연결되기 쉽다는 점이 문제를 더욱 심하게 만들 수 있다. 선행연구들에 의하면 인터넷

음란물에서 성을 사고파는 행위가 자연스럽고 즐거운 행동으로 묘사되는 경우 성매매에 대한 긍정적인 기대를 가질 가능성이 높다(남미애 · 홍봉선, 2012). 더욱이 음란물에 많이 노출된 경우일수록 이성과의 성관계 장면을 흉내 내거나(김은실 · 김귀정 · 김봉한, 2011; Braun-Courville & Rojas, 2009), 성과 관련된 사회적 윤리나 도덕적 기준을 중요한 요소로 인식하지 않았으며(이정윤 · 이명화, 2003), 성이나 여성을 쾌락을 위한 도구로 인식하는 경향이 높았다(Peter & Valkenburg, 2009). 이는 청소년의 성적 관심이 점차 고조되기 시작하면서 성적인 유혹에 빠져들기 쉬운 반면, 성 충동적인 욕구를 제어하기는 어렵기 때문에 건전한 방향으로의 해결보다는 문제행동으로 표출될 위험이 높아서인 것으로 해석할 수 있다(김혜자 · 심미정, 2011).

거래를 목적으로 만들어진 상품으로서의 성은 그 대상이 인간이라는 데 유의해야 한다. 인간의 존엄은 자유와 평등을 기반한 자기정체성의 실현과 그것에 대한 서로 간의 이해와 존중으로 유지된다. 사람이 진열장 위에 있는 인형과 구별되고 어항이나 울타리에 사는 물고기와 동물들과 구별되는 이유는 바로 그 점에 있다. 성은 사랑이 전제가 되어야 하고, 성적 자기결정권이 우선되어야 하지만 소비의 대상, 거래의 대상이 되는 '성'이 상품화되어 가고 매매됨에 따라 결국 인간으로서의 존엄성을 잃게 된다는 점에서 긍정적이라고 볼 수 없다. 결국 성매매는 이런 관점에서 비판의 대상이 되고 있다. 성매매 반대운동은 2004년에 「성매매 알선 등 행위의 처벌에 관한 법률」과 「성매매 방지 및 피해자 보호 등에 관한 법률」, 곧 「성매매 방지법」 제정으로 결실을 맺었다. 이로써 성매매와 성매매 피해자 개념을 공식화하고 금지정책의 전면적 시행을 이끌었다. 그러나 성판매 여성(성매매를 찬성하는 여성)들은 이에 저항하며 성매매 비범죄화 정책의 시행을 주장하고 있다. 특히 성판매 여성을 가리키는 용어는 아직 논쟁 중에 있다. 「성매매 방지법」에서 '성매매 피해자'라는 개념이 처음으로 도입되었지만 성판매 여성의 피해자화는 섹슈얼리티의 위계를 전제하고 성판매 여성의 행위성을 무시하며 그 목소리를 침묵시킨다는 점에서 비판을 받았다. 이에 대응하여 성판매 여성에 부착된 사회적 낙인을 탈각하려는 시도가 '성 노동자'라는 개념이지만, 다른 임금노동과 마찬가지로 성판매가 개인을 구성하는 다양한 정체성을 압도하는 결정적 요소라고 볼 수 없다는 점에서 역시 비판을 받고 있다. 성매매 여성이라는 용어는 여성은 거의 성을 사지 않고 팔기만 한다는 현실 사회의 성별권력관계를 은폐시킨다는 점에서 비판을 받았다. 비교적 중립적인 용어로 인식되고 있는 용어는 성판매 여성이지만 이 또한 성판매에 개입하고 있는 매개자를 은폐시킨다는 점에서 한계로 지적되고 있다(이나영, 2015).

3) 성역할 정체감

청소년기는 신체적 · 정서적 · 심리적 변화가 심한 시기로서 균형 있는 성장과 발달이 필요하고 성숙한 인간으로서 자아정체성을 확립해야 하는 시기이다. 청소년은 사춘기에 자아정체성의 문제에 몰입하게 되는데, 이차성징의 출현과 함께 시작되는 신체적 변화로 청소년은 일반적인 자아정체성보다 성 정체성의 문제에 우선적으로 관심을 갖게 되며 전환적 시기의 불안정성을 심화시킨다. 한 개인이 일반적인 자아정체성을 구성하고 발달시킬 때, 성역할 정체성은 가장 초기에 형성되는 요소이며, 성역할 정체성 습득은 남성과 여성 모두에게 정체성 형성 과정의 중심이 된다. 성인에게는 다양한 사회적 정체감이 중요한 역할을 하지만 청소년기 동안에는 성역할 정체성 형성이 자아정체성 형성의 중요하고도 결정적인 요소가 된다. 청소년기는 성(gender)과 관련된 신념과 사고가 수용되거나 강화되거나 혹은 초월할 수 있는 독특한 시간이다(Mudrak, 2000). 청소년기는 사회로부터 여자청소년에게는 여성성을, 남자청소년에게는 남성성을 확연히 요구하기 시작하는 시기로서 청소년이 인식하는 성역할은 현재 그 사회가 여성과 남성에 대하여 가지고 있는 성 고정관념의 반영이다.

성역할(gender role)이란 성별에 따라 문화 내에서 인정되고 기대되는 행동양식, 태도, 인성 특성을 포함하는 행동 기준을 의미하며, 문화에 따라 또한 문화권 내에서도 시대에 따라 변천하게 된다(장재정, 1988). 전통적으로 성역할 정체감은 '남성적' '여성적'의 두 개념으로 이분되어 있었다. 남성은 도구적 · 주장적 · 독립적 · 합리적 · 성취적 · 적극적 · 주도적 · 경쟁적 · 비감정적인 특성과 같이 전통적인 남성의 역할과 관련된 특성을 의미하며, 여성성은 따뜻하고, 정서표현적, 수동적, 관계지향적, 감정적, 협동적, 직관적, 양육적, 민감하고 의존적인 특성과 같이 전통적인 여성의 역할과 관련된 특성들을 의미한다(김혜숙, 1992).

한 개인에게서 성역할이 발달하는 시기와 어떻게 발달하는가는 이론에 따라 다르기는 하지만 청소년 후기까지 성역할의 존재와 영향력을 부인하지 못하는 것은 분명하다. 일반적으로 청소년은 기존 문화에 편입되지 못할까 봐 두려워 가장 적은 저항을 받는 길을 택함으로써 전형적 성역할을 고수하게 된다(Burn, 1996). 대부분의 청소년은 자신의 생물학적인 성(sex)에 대한 문화적 정의와 기대를 혼합하여 자신의 성역할 정체성 형성을 구체화시키는 한편, 어떤 청소년들은 그 정도가 약하여 다른 성의 성역할을 채택하든지, 양성성의 성역할을 자신의 정체성으로 굳히든지 하게 된다. 성 정체성의 유연성은 중학교 초기까지는 기회가 있으나 고등학교 시기를 지나면서 감소하기 시작한다(Mudrak, 2000).

성역할은 성별에 따라 문화 내에서 인정되고 기대되는 행동양식, 태도, 인성 특성을 포함하는 행동 기준이다. 성역할은 생물학적인 성(sex)보다는 사회・문화적 측면과 더 관련되어 있으며, 자신이 속한 사회나 문화적 풍토에 적합한 성역할을 발달시켜 가는 과정인 성역할 사회화 과정을 통해 이루어진다. 따라서 성역할 정체감은 성역할 사회화에 의해 특정한 성별에 대해 개인이 가지게 되는 가치관, 태도, 동기, 행동 특성 등을 내면화시킨 정도를 말한다.

제7차 교육과정이 시작된 1999년부터 양성 평등 교육과정을 기초로 조화로운 민주주의 사회의 실현을 교육목표로 하고 있다. 그러나 우리 사회는 여전히 전통적인 남녀의 역할이 강조되는 형태로 사회화가 이루어지고 있으며, 학교뿐만 아니라 여러 사회활동의 모든 영역에서 고정관념화된 성역할 특성이 지속되고 있는 실정이다.

과거에 비하여 뚜렷한 변화를 보이는 대표적인 양상 중의 하나가 성역할에 대한 인식이라고 할 수 있다. 성역할에 대한 정체감은 개인의 사고체계뿐만 아니라 진로 의사결정 방식에도 지대한 영향을 미친다. 과거 전통 사회에서는 직업 및 진로의 선택이 제한적이었기 때문에 오히려 지금보다는 진로에 대한 갈등이 적었다. 즉, 개인의 생물학적 성, 인식된 성역할에서 크게 벗어나지 않는 범주에서 진로를 선택하는 경향성을 보였고 그러한 것에 대한 사회적인 공감대가 형성되었다. 그러나 현대의 직업세계는 거의 모든 영역에서 성별 제한이 사라졌다고 보아도 무방할 정도로 변화하였고, 이것은 과거의 성역할에 대한 인식의 변화를 가져왔다. 현대 사회의 직업적 구조 변화는 개인에게 하나의 성적 특성보다는 남성성, 여성성의 특성을 동시에 요구하는 경우가 많아졌다. 두 가지 성적 특성의 장점을 고르게 사용할 때 직업세계에 더 효율적으로 적응할 수 있다는 측면에서 전통적 성역할에 맞서 양성성의 개념이 등장하게 되었다. 양성성의 개념을 최초로 제시한 연구자인 벰(Bem, 1974)은 그의 양성성 이론에서 양성성이란 높은 수준의 남성적 특성과 여성적 특성이 균형적으로 공존하는 심리상태를 의미한다고 하였다. 여성운동이 확산되어 의식이 고양되고 차츰 사회의 성역할에 변화가 나타나면서 심리적 성차가 생리적 성차와 일치한다는 전통적인 성역할 이론의 변화는 불가피하게 되었다. 그리하여 나타난 것이 성차와 개인차를 포괄할 수 있는 새로운 개념인 양성성 개념이다. 남성성과 여성성이 근본적으로 상호배타적이 아니라는 점, 남성이나 여성을 막론하고 한 개인이 성정형화된다는 것이 심리적 건강을 위해 별 도움이 되지 못한다는 것이다. 행위 주체적인 적응의 측면과 관련이 있는 남성성과 대인 관계적 적응과 관련이 있는 여성성, 즉 이 두 성역할을 함께 보유하고 있는 양성성은 성역할에 융통성이 있어 색다른 상황에서 행위를 변화시키는 능력을 지니고 있어서 바람직한 성역할로 지지받고 있다(김해래, 2006). 양성성은 도구적 역할과 표현적 역할을 모두 수행할 수 있기 때문에 보다 효율적인 성역할 특성을 가지게 되며, 따라서 상황에 따른 적응력이 뛰어나게 된다(서유경, 2016).

성역할 고정관념은 타고난 개성과 능력의 발휘를 억제시킴으로써 개인적으로는 자아실현의 기회를 제한당하고, 사회 · 국가적으로는 유능한 인적 자원이 사장되고 있다. 평등주의적이고, 개인주의적인 가치관이 받아들여짐에 따라 여성들은 남녀평등한 관계를 이상으로 삼고 모든 영역의 협상 시도를 가능한 것 또는 정당한 것으로 인식케 되었다. 이에 관한 연구들에서는 고정된 성역할로 인한 불평등한 남녀관계는 가족 내에서 자녀양육에 영향을 미칠 뿐만 아니라 직장생활과 사회에까지 부정적인 결과를 나타낼 수 있다. 반면에 양성적 성정체감을 갖는 사람들은 우울, 불안, 스트레스 수준이 낮으며 자존심이 높고 자신의 표현적 자기통제와 양보적 자기통제에 대해 모두 만족하며 문제해결 능력이 우수하고 높은 자아발달 수준 및 창의력을 보인다고 한다. 김신애와 정남운(2006)의 연구에서도 양성적인 사람이 자아존중감이 높고 대인관계 문제는 낮은 것으로 나타났다. 특히 양성성이 개인의 진로발달에 긍정적인 영향을 미친다는 것은 여러 연구에서 밝혀져 왔다(김경옥, 1988; 표미

정, 1992). 전통적인 성정체감을 가지고 있는 사람보다 양성적인 성정체감을 형성한 사람들의 직업 선택의 범위가 훨씬 다양할 수 있기 때문이다. 양성성 모형에서는 양성성을 갖는 사람들이 더 유연성을 나타내기 때문에 성취 지향적이면서 동시에 대인관계가 원만하여 적응을 더 잘한다고 주장하였다(Bem, 1974). 즉, 양성성을 가진 개인이 적응을 잘하는 것은 양성성 중의 남성성 요인이 심리적 적응에 더 효율적으로 작용하기 때문이라는 주장이다(이상희 · 이은진, 2009). 이러한 관점에서 보면 양성성을 가진 청소년들이 그들의 주된 활동상황인 학교생활에 더 유연하게 대처하고, 친밀하고 의미 있는 대인관계를 형성한다. 따라서 양성성 성향이 높은 청소년들은 학교생활 적응력도 높고, 성인기에서는 사회생활과 직장생활도 잘할 수 있음을 의미한다.

4) 위험한 성행동

중고교 재학생 100명 중 4명이 성관계 경험이 있고, 성관계 시작은 평균 14.2세로 나타났는데, 이것은 1990년대의 연구결과와 비교해 볼 때 통계적으로는 큰 차이가 없다. 그러나 청소년 성행동이 사회적으로 바람직하지 않은 방법으로 발산시켜 성 비행을 부추기는 결과를 초래할 수 있다는 점이 중요한 문제이다. 즉, 청소년기의 성행동은 원하지 않는 임신과 성병뿐만 아니라 성행동에 참여할 기회가 빈번해질 수 있다는 연구결과들이 이를 증명하였다(Brady & Halper-Felsher, 2008; Tanner, Calson, Raymond, & Hopkins, 2008).

일반적으로 일반 청소년보다는 위기에 처한 청소년(가출 청소년, 폭력 및 성매매 등의 비행 및 범죄 가해청소년)들이 허용적인 성태도로 인해 일관되지 않는 콘돔 사용을 한다고 보고하였다(DiClemente, 1991). 특히 가출청소년들의 경우 성행동을 단순히 즐거움을 주는 행동으로 보고 성에 대해 허용적으로 생각하고 있었다(신혜정, 2015). 이로 인해 미혼부모가 되거나 성매매의 피해자와 가해자가 될 가능성이 높아 청소년문제를 발생하고 있다.

기존 세대와는 다르게 급격히 개방화되어 가는 성문화 속에서 청소년들의 이성교제나 성경험을 무조건 문제로 보거나 부정적으로 치부하고 억압할 수 없는 것이 현실이다(강지영, 2007). 실제로 청소년 성행동의 큰 변화 중 하나는 과거와 비교해 청소년들의 성숙의 정도가 빨라지고 있고(남영주 · 유안진 · 옥선화, 2004), 성 경험을 하게 되는 연령도 점점 낮아지는 변화를 보이고 있다(교육부 · 보건복지부 · 질병관리본부, 2015). 청소년 시기의 첫 성관계 경험은 생물학적인 재생산뿐만 아니라 사회적으로 미치는 영향이 크다. 예를 들면, 첫 성관계 시기는 피임 실천율(Manning, Longmore, & Giordano, 2000), 성병(Kaestle, Halpern, Miller, & Ford, 2005), 임신(Manlove, Terry, Gitelson, Papillo, & Russell, 2000)과도 관련이 있다. 특히 예상하지 못하고 '그저 우연히' 일어난 성행위로 임신을 하게 됨으로써 미혼부모가 되기도 한다. 청소년 시기에 미혼부모가 되면 연령에 맞지 않는 발달과업으로 다양한 어려움을 겪는다. 즉, 출산으로 인한 육체적 건강, 사회화, 지적 능력, 정서 발달 부문이 이에 해당된다. 미혼모의 빈곤과 복지 상황을 연구한 결과에 의하면 첫아이를 출산한 10대가 수혜자의 2/3를 차지하고 있고, 경제적인 어려움이 가장 높은 것으로 나타나 청소년기의 출산과 빈곤은 상관관계가 있음을 짐작할 수 있다.

가출한 여자청소년의 성매매 피해문제가 화두가 되고 있는데, 그 이유는 남자청소년보다 여자청소년의 가출 비율이 더 높기 때문이다(경찰청, 2014). 가출한 여자청소년의 약 25%가 성매매 경험이 있는 것으로 조사되었고(정혜원, 2011), 대전 지역 92명의 여자 위기청소년을 대상으로 한 연구결과에서도 청소년의 약 38%가 성매매 피해 경험이 있는 것으로 조사되었다(여성인권티움, 2016). 가출 후 위험이 산재된 거리생활의 시작은 청소년들로 하여금 각종 성폭행과 성희롱 등의 두려움으로부터 자유로울 수 없게 되며, 해결되지 않는 빈곤의 축적은 결국 성매매 유입의 주된 원인이 되기도 한다(Roe-Sepowitz, 2012).

위험한 성행동 중에 또 다른 문제점은 성중독 또는 성행동에 과몰입하는 것이다. 성중독의 개념은 다음과 같다. 성중독이란 부정적인 결과를 초래할 것을 알면서도 과도한 성적 충동과 성 관련 행위를 통제하지 못하고 반복적으로 성행위를 지속하는 증상이다(Carnes, Green, & Merio, 2012). 인간에게 있어서 성행동이란 단순히 동물적 본능에 의해서 나타나는 것이 아니라 사회 구조 속에서 통제되므로 사회가 변함에 따라 그 사회의 가치와 규범이 함께 변화하고 결국 성행동의 양상도 변화한다(손애리 · 천성수, 2005). 영 등(Young et al., 2000)은 인터넷 사용자 중 20% 가량이 성

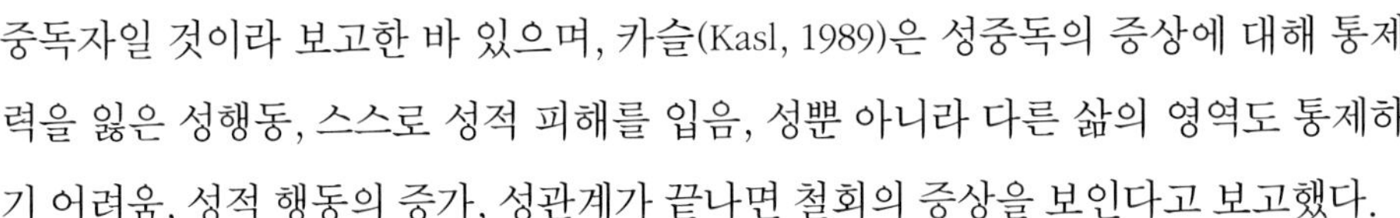

중독자일 것이라 보고한 바 있으며, 카슬(Kasl, 1989)은 성중독의 증상에 대해 통제력을 잃은 성행동, 스스로 성적 피해를 입음, 성뿐 아니라 다른 삶의 영역도 통제하기 어려움, 성적 행동의 증가, 성관계가 끝나면 철회의 증상을 보인다고 보고했다.

5) 성폭력

성폭력이란 성을 매개로 개인의 성적 자기결정권을 침해함으로써 개인 혹은 집단에 대해 신체적 · 심리적 · 사회적 고통을 야기하는 행위를 의미한다. 「성폭력범죄의 처벌 등에 관한 특례법」에 의하면 성폭력 범죄는 음행매개, 음란물의 유포 및 제조, 공연음란, 약취유인, 강도성폭력, 특수성폭력 및 통신매체 이용, 음란 등을 모두 고려한 개념으로 정의하고 있다. 다시 말해, 성폭력이란 매매와 착취 등을 목적으로 성폭력, 성추행, 성희롱, 성기 노출, 강도 강간, 음란 전화, 음란통신 등과 같이 성을 매개로 하여 가해지는 모든 언어적 · 신체적 · 정신적 폭력을 의미한다고 할 수 있다. 청소년 성폭력 가해자들의 특성은 행위가 반복적이고 지속적으로 이루어지고 있다는 것이다. 또한 대부분의 가해자가 비행청소년이라기보다는 초범자로서 평범한 청소년일 가능성이 높아 심각한 범죄로 여기지 않는 경우가 많다. 따라서 청소년 성폭력 가해자들은 비행청소년과 달리 가정 내적 문제나 개인적 문제가 거의 나타나지 않아 성범죄가 드러나기 전까지는 이들을 상습화될 수 있는 준범죄자로 예측하는 것이 쉽지 않으며, 재발에 대한 염려도 거의 하지 않는 평범한 청소년으로 인식하기 쉽다는 것이 가장 큰 문제이다(고정애 · 박경, 2013).

대검찰청 범죄분석에 의하면 성폭력 범죄의 93.1%는 단독으로 이루어지는 것으로 나타났으나 소년범죄자의 경우에는 단독범의 비율이 75.2%로 성인범죄자 95.3%보다 낮고, 공범 비율이 24.8%로 상대적으로 높았다. 성폭력 범죄자와 피해자의 관계를 보면 타인이 70.1%로 높은 비율을 차지하고 있고, 고용관계(2.0%), 친구 등(5.2%), 애인(3.2%), 친족(3.2%), 이웃 · 지인(11.4%)의 순으로 나타났다. 소년범죄자의 경우에는 타인의 비율이 58.3%로 성인범죄자에 비해 상대적으로 낮고, 친구 등의 비율이 19.0%로 상대적으로 높은 것으로 나타나 또래 간 성폭력 범죄의 비율이 높음을 알 수 있다(고은숙 · 이세정 · 이호준, 2018).

청소년 성과 복지

1) 성소수자 복지를 위한 방안

청소년들에게 성과 관련한 괴롭힘을 없애기 위해 노력하고 있지만, 성적 지향과 성별 정체성을 이유로 한 괴롭힘에 대처하고 있는 곳은 그리 많지 않다. 그 이유는 이제까지 동성애혐오성 괴롭힘이라는 문제의 심각성이 인식되지 않았고, 그 예방 및 대응 방안이 널리 알려져 있지 않았던 탓도 크지만 동성애와 비전형적 성별 정체성에 대한 사회 전반의 태도와 과민한 반응 때문에 조치를 취하지 못한 탓도 있다.

「대한민국헌법」 제10조는 "모든 국민은 인간으로서의 존엄과 가치를 가지며 행복을 추구할 권리를 가진다. 국가는 개인이 가지는 불가침의 기본적 인권을 확인하고 이를 보장할 의무를 진다."고 규정함으로써 인간의 존엄과 가치 보장 그리고 그 실현을 위한 행복추구권을 천명하고 있다. 인간으로서의 존엄과 가치는 주관적으로는 모든 인간은 인간으로서의 존엄과 가치를 소유한다는 것을 확인하고 강조한 것이고, 객관적으로는 모든 인간이 소유하는 인간으로서의 존엄과 가치를 국가공권력은 물론이고 개인도 존중해야 한다는 것을 확인하고 강조한 것이라 할 수 있다(권영성, 2011).

인간의 존엄과 가치 존중은 정신적 · 신체적 상황과는 무관하기 때문에 신체상 장애 유무, 연령에 따라 또는 범죄 집행에 관계없이 모든 인간에게 적용되어야 한다. 더욱이 성 정체성 장애를 극복하고 다른 사람들과 더불어 정상적인 사회생활을 보내는 것을 목표로 지향하고 있는 성전환증 보유자 역시 「대한민국헌법」이 상정하고 있는 인간상의 범주에 포함되며, 인간의 존엄과 가치를 향유할 수 있고 행복을 추구할 권리가 있다고 보아야 한다(이기원, 2005).

인권기반교육의 목표는 모든 인간의 존엄성과 최적의 발달에 대한 권리를 존중하는 양질의 교육을 보장하는 것이며 다음의 세 가지 차원으로 구성될 수 있다. 첫째, 교육의 접근성에 대한 권리로 기회의 평등에 근거하여 어떠한 이유로도 차별받지 않고 교육을 받을 권리를 의미한다. 둘째, 양질의 교육을 받을 권리로 포괄적이

고 실용적이며 포용적인 교과과정과 청소년친화적이고 안전하며 건강한 교육환경을 바탕으로 잠재력을 극대화하고 취업 기회를 현실화하며 생활기술을 계발하는 교육을 받을 권리이다. 셋째, 학습환경 내에서 존중받을 권리이다. 이처럼 대부분의 청소년은 동등하게 자신의 정체성과 존엄성과 참여할 권리를 존중받으며 모든 형태의 폭력으로부터 자유로울 권리가 있다. 인권기반교육을 시행하면 포용성, 다양성, 기회 균등, 차별 금지의 분위기가 조성되어 학습을 받을 권리가 존중됨으로써 학업을 중단하는 경우가 줄어들 수 있다.

젠더 차이와 사회적 성 불평등을 고려하지 않는 몰성적(gender-blind) 정책은 기존의 젠더 고정관념을 강화하고 특정 집단을 계속해서 차별하는 결과를 가져온다(부산광역시여성센터, 2005). 차별은 인간의 권리를 존중하지 않는 가장 기초적인 행동과 태도이기 때문에 차별을 감소하는 것이 필요하다. 인권을 존중한다는 것은 청소년의 잠재력을 극대화하기 위해 반드시 필요한 요소인 인간의 존엄성과 기본적 자유를 보장한다는 것으로, 이를 통해 청소년의 사회·정서적 성장을 돕게 되는 것이다. 나아가 인권을 존중하면 폭력예방에 꼭 필요한 '다름에 대한 존중'이 키워지는데, 이것은 인권기반교육을 통해 학습에 도움이 되는 안전한 환경이 조성되고, 교사와 학생은 교육과정을 함께 즐기고 그 혜택을 온전히 누리게 되는 결과를 가져오게 된다. 그러나 대부분이 학생인 청소년들에게 학교는 안전한 곳이어야 하는데, 동성애혐오성 괴롭힘은 안전한 학교의 원칙을 훼손할 수 있다. 결국, 괴롭힘 때문에 학교가 피해청소년에게 안전하지 못한 공간이 되고, 다른 청소년들도 타격을 입게 되어 학교환경도 전반적으로 낙후될 수 있다는 점은 문제가 될 수 있다. 물리적 환경이 청소년들에게 영향을 주는 것이 아니라 교직원에 대한 폭력적인 행동이 높아질 가능성이 크고, 또래 간 갈등이 깊어 감에 따라 학습이 어려워질 수 있다는 점이다. 특히 안전하지 못하다고 느끼는 청소년들의 가장 흔한 반응은 다른 이들로부터 마음의 문을 닫는 것이다. 학교에서 환영받지 못하는 경우에도 학생들은 같은 반응을 보이는데, 따뜻한 학교 분위기를 조성하는 것과 안전은 함께 진행되어야 한다. 이러한 학교에서의 성에 대한 인식을 개선할 뿐만 아니라 청소년 활동프로그램 영역에서도 여자청소년과 남자청소년은 서로 다른 이해와 요구를 갖게 되는데, 이러한 차이가 정책에 고려되는가는 정책의 수혜뿐 아니라 자원과 권력의 분배과정에 영향을 미친다. UN은 '2000년과 그 이후를 위한 UN 청소년 행동프로그램(World Programme of Action for Youth to the Year 2000 and Beyond)'을 채택한 바 있는데, 청소년 정책의 중요한 역할 중 하나는 여자청소년의 상황을 개선하는 것이다. 왜냐하면 여자청소년은 종종 열등한 존재로 여겨지고 자존감을 낮추도록 사회화되어 왔으며, 여성에 대한 부정적인 문화적 태도와 실천 그리고 젠더 고정관념이 반영된 교육과정은 성별 불평등을 계속해서 강화하기 때문이다(김희경, 2006).

2) 청소년 성보호를 위한 복지

우리나라 「형법」 제305조에 의해 13세 미만자에 대한 성범죄는 성적 자기결정의 능력이 없다고 간주하고 폭행 · 협박의 수단을 쓸 것을 요하지 않으며, 비록 이들의 촉탁 · 승낙이 있더라도 처벌한다. 법정형도 높아 「성폭력범죄의 처벌 등에 관한 특례법」 제7조에 간음 행위 자체에 대한 비난의 정도가 높으므로 가중처벌을 받으며 13세 미만자를 절대적으로 보호하는 체계라고 할 수 있다. 한편 「형법」 제302조는 미성년자 또는 심신 미약자에 대하여 위계 또는 위력으로써 간음 또는 추행한 자를 처벌하고 있으며 형량은 5년 이하의 징역으로 13세 미만자의 경우보다 낮다.

2000년 「청소년의 성보호에 관한 법률」 제정 이유에도 청소년의 성을 사는 행위, 성매매를 조장하는 온갖 형태의 중간 매개 행위 및 청소년에 대한 성폭력 행위를 하는 자들을 강력하게 처벌하기 위함이다. 당시 소위 '원조교제'라는 형태의 성인과 청소년 간의 금전을 매개로 한 성관계에 대처하기 위하여 특별히 청소년의 성을 보호하기 위한 새로운 입법이 필요하였기 때문이다. 아동 · 청소년의 성을 보호하는 중심 개념은 사실상 아동 · 청소년에 대한 성적 악용이나 남용이 되어야 하고, 성적 악용이나 남용 행위는 성을 사는 행위보다 아직 성숙한 성의식을 갖추지 못한 아동 · 청소년을 근본적으로 보호할 수 있을 것이다.

「청소년의 성보호에 관한 법률」이 제정되고 법명 변경 등 여러 차례 개정되었는데, 특히 제2조 제5호 "아동 · 청소년이용음란물" 정의 규정에서 "아동 · 청소년으로 명백하게 인식될 수 있는 사람이나 표현물"의 구성 요건은 점점 포괄적이고 개방적인 개념으로 넓혀졌다. 2000년 2월 제정 당시 "청소년이용음란물이라 함은 청소년

이 등장하여 제2호 각 목의 1에 해당하는 행위를 하거나, 청소년의 수치심을 야기시키는 신체의 전부 또는 일부 등을 노골적으로 노출하여 음란한 내용을 표현한 것"이라고 정의하였다. 그런데 2012년 12월 이 규정은 "아동 · 청소년이용음란물이란 아동 · 청소년 또는 아동 · 청소년으로 명백하게 인식될 수 있는 사람이나 표현물이 등장하여 제4호의 어느 하나에 해당하는 행위를 하거나 그 밖의 성적 행위를 하는 내용을 표현하는 것"으로 개정되어 현재 적용되고 있다. 음란물에 실제로 출연한 아동 · 청소년은 이미 신체적 · 정신적 침해를 당했거나 최소한 심리적 · 성적 발전이 저해될 구체적 위험이 있으므로 해당 음란물에 나타나는 구체적 행위들에 대해서는 「형법」「성폭력 범죄의 처벌 등에 관한 특례법」의 규정에 의해 성범죄로서 무겁게 처벌하고 있다.

「아동 · 청소년의 성보호에 관한 법률」 제11조 제5항은 "아동 · 청소년이용음란물임을 알면서 이를 소지한 자는 1년 이하의 징역 또는 2천만 원 이하의 벌금에 처한다."라고 하여 아동 · 청소년이용음란물을 단순히 소지하고 있다는 사실을 범죄로 규정하고 있다. 아동 · 청소년이용음란물은 단순소지죄로 규율하고 있는 총포나 마약의 경우와 달리 대상물 자체의 위험성은 없는 컴퓨터파일의 경우가 대부분이며 혹시 있을 모방범죄를 예방하기 위한 것이다.

청소년 성 상품화 예방 관련 정책 대응은 법률적 대처와 민간의 자율적 노력에 의한 것으로 살펴볼 수 있다. 청소년 성 상품화 대응 관련 법률적 대처로는 먼저 2008년 6월 13일에 제정된 「정보통신망 이용촉진 및 정보보호 등에 관한 법률」을 들 수 있다. 「정보통신망 이용촉진 및 정보보호 등에 관한 법률」은 '청소년에게 유익한 정보의 개발 및 보급 촉진' '정보통신망을 통하여 유통되는 음란 · 폭력정보 등의 유해한 정보로부터 청소년을 보호하기 위한 청소년의 자발적 참여활동의 촉진 및 지원' '청소년보호를 위한 학부모 · 교사 또는 민간단체 등의 자율적인 감시 · 상담 · 피해 구제 활동의 촉진 및 지원' '청소년보호활동을 위한 정보통신서비스 제공자 간의 협력체계 구축 지원[개정 2009. 1. 28.]'을 명시하였다. 동 법률이 청소년유해매체물에 청소년유해매체물을 제공하는 자는 그 매체물을 19세 미만의 자는 이용할 수 없다는 취지의 내용을 누구나 쉽게 확인할 수 있도록 음성, 문자 또는 영상으로 표시하고, 인터넷을 이용하여 정보를 제공하는 자의 경우 기호, 부호, 문자 또는 숫자를 사용하여 청소년유해매체물임을 나타낼 수 있는 전자적 표시도 함께하여야 한다(「정보통신망 이용촉진 및 정보보호 등에 관한 법률」, 2008). 주무부처인 방송통신위원회는 정보의 유형 등을 고려하여 표시의 구체적 방법을 정하여 관보에 고시하도록 명문화하여 인터넷, 방송 등 정보통신망을 통하여 유통되는 정보가 음란, 폭력 등 청소년에게 유해한 정보를 담고 있는 정도를 표시하도록 한다. 그리고 청소년에게 유해한 정보 등 심의가 필요한 정보는 시정을 요구할 수 있도록 함으로써(「방송통신위원회의 설치 및 운영에 관한 법률」, 2008) 청소년을 보호하려는 취지의 입법 노력을 시작한 것으로 볼 수 있다.

청소년의 성 상품화 현상에 대처하기 위한 공공의 노력과 함께 민간 분야에서도 일정 부분 역할을 담당하기 위하여 노력을 해 온 것으로 평가할 수 있다. 2011년 8월 31일, 방송통신심의위원회에서 50여 개 인터넷 신문의 광고를 조사하여 불법·유해 광고에 대한 시정을 요구하고, 여성가족부에서도 인터넷 신문에 대한 전수조사를 실시하여 34개 신문사를 고발하는 등 공공의 우려와 시정요구에 부응하여 인터넷신문협회와 온라인신문협회는 불법·유해 광고가 청소년의 가치관과 정서에 부적절하게 영향을 미치고 불필요한 자극을 줄 수 있다고 보고 '인터넷신문 광고 심의기구'를 발족하고 다음과 같은 가이드라인을 제시하였다(김민기, 2012). ① 청소년의 품성과 정서, 가치관을 해치는 표현을 하여서는 아니 된다, ② 청소년에게 유해한 선정적인 소재가 사용된 광고는 성인인증 또는 심의위원회가 정하는 방법에 따라 게시되어야 한다, ③ 청소년에게 유해한 선정적인 광고 소재는 "가슴, 둔부, 서혜부(鼠蹊部) 등 신체의 일부 또는 전부가 과도하게 노출되는 사진, 영상 또는 제작 이미지로서 청소년의 성적 호기심이나 충동을 자극하여 유해한 정도에 이르거나 광고 문구가 청소년의 성적 호기심이나 충동을 자극하여 유해한 정도에 이르는 것, 「청소년보호법」에 따른 청소년 유해 매체물에 관한 것, 청소년에게 불건전한 교제를 조장할 우려가 있거나 이를 매개하는 것"으로 구체적으로 명시하여 자율적인 자정 노력을 기울이고 있는 것으로 파악된다.

성폭력 피해자를 위해서는 국가와 지방자치단체는 피해자나 피해자의 가족 구성원(이하 '피해자 등'이라 한다)이 「초·중등교육법」 제2조에 따른 각급 학교의 학생인 경우 주소지 외의 지역에서 취학(입학, 재입학, 전학 및 편입학을 포함한다. 이하 이 조

에서 같다)할 필요가 있을 때에는 그 취학이 원활히 이루어지도록 지원하여야 한다. 이 경우 취학을 지원하는 관계자는 피해자 등의 사생활이 침해되지 아니하도록 유의하여야 한다. 특히 취학 지원을 할 수 있고, 피해자를 보호하는 자에 대한 직업훈련 및 취업을 알선할 수 있도록 법으로 규정하고 있다.

「성매매방지 및 피해자 보호 등에 관한 법률」에 의거하여 성매매 피해자를 위해서 국가와 지방자치단체는 성매매 피해자 등 또는 그 가족이 「초·중등교육법」 제2조에 따른 각급 학교의 학생인 경우 주소지 외의 지역에서 취학(입학, 재입학, 전학 및 편입학)을 포함한다. 또한 취학이 원활히 이루어지도록 지원하여야 하는데, 이 경우 취학을 지원하는 관계자 및 관계 기관은 성매매 피해자 등 및 그 가족의 사생활이 침해되지 아니하도록 유의하여야 한다. 성매매 피해청소년들을 위해 19세 미만의 성매매 피해자 등을 대상으로 19세가 될 때까지 숙식을 제공하고, 취학 또는 교육 등을 통하여 자립을 지원하고, 생계비, 교육비, 아동양육비 등을 시설장과 성매매 피해자에게 지원할 수 있다.

3) 한부모가족 청소년을 위한 지원

안정적인 가족의 기능을 유지하고 자립할 수 있도록 지원함으로써 한부모가족의 생활 안정과 복지 증진에 이바지함을 목적으로 하는 「한부모가족지원법」을 통해서 24세 이하의 모 또는 부의 청소년 한부모와 그 자녀를 위해 지원하고 있다. 특히 생계비, 아동교육지원비 그리고 아동양육비를 지급받을 수 있는데, 이때 미혼모나 미혼부가 5세 이하의 아동을 양육하거나 청소년 한부모가 아동을 양육하면 예산의 범위에서 추가적인 복지 급여를 실시하여야 한다.

청소년 한부모가 학업을 할 수 있도록 청소년 한부모에게 다음과 같은 교육지원을 할 수 있다. 첫째, 「초·중등교육법」 제2조에 따른 학교에서의 학적 유지를 위한 지원 및 교육비 지원 또는 검정고시 지원, 둘째, 「평생교육법」 제31조 제2항에 따른 학력인정 평생교육시설에 대한 교육비 지원, 셋째, 「초·중등교육법」 제28조에 따른 교육지원이 이에 해당된다.

청소년 한부모의 자립지원을 위해 국가나 지방자치단체는 청소년 한부모가 주거 마련 등 자립에 필요한 자산을 형성할 수 있도록 재정적인 지원을 할 수 있다. 특히 청소년 한부모에게 지원된 것으로 형성된 자산은 청소년 한부모가 이 법에 따른 지원 대상자에 해당하는지 여부를 조사 및 확인할 때 이를 포함하지 아니한다.

또한 건강한 생활을 유지하기 위하여 청소년 한부모를 대상으로 건강진단을 할 수 있는데, 이때 건강진단의 결과를 청소년 한부모 본인에게 알려 주어야 한다. 특히 건강진단의 전문성을 위해 건강진단의 실시와 그 결과 통보를 전문기관 또는 단체에 위탁할 수 있다. 국가와 지방자치단체는 청소년 한부모뿐만 아니라 한부모 가족의 구성원인 아동과 청소년이 아동 · 청소년 보육 · 교육에 참여할 때 차별하지 않도록 인식 개선과 지원을 한다. 단계별로 청소년 한부모 지원 제도에 관한 구체적인 내용은 〈표 6-1〉과 같다.

한부모를 위한 주요 사업으로는 종합적인 정보 제공 서비스, 자녀 출산 · 양육 및 응급상황 발생시 아이 병원비, 생필품 등 지원, 상담을 통한 한부모 부자의 정서지원, 문화체험 프로그램 운영, 교육 프로그램 운영, 자조모임 운영으로 네트워크 구축 및 정보 제공, 공공 및 지역사회 자원 연계 및 제공이다. 아이 병원비, 생필품 지원과 관련하여 1인당 70만 원 이하로 지원하며, 생필품의 경우 1회당 10만 원 미만

표 6-1 단계별 청소년 한부모 지원 제도

시기	사업명	지원 내용
임신~ 출산 후	초기위기지원	• 자녀 출산, 양육 및 응급상황 발생시 출산비, 아이병원비, 분유/기저귀 등 생필품 지원 • 상담을 통한 한부모/부자의 정서 지원 • 자조모임, 교육, 문화체험 프로그램
임신중 출산 전	임신출산 진료비 지원 (고운맘카드)	• 건강보험 가입자(또는 피부양자) 중 임신이 확인된 임산부에게 산전 진찰 등 의료비 지원(50만 원 이내)
	청소년 산모 임신출산 의료비 지원	• 만 18세 이하 청소년 산모 임신/출산 의료비 지원(120만 원 이내)
	미혼모자시설 입소	• 미혼의 임산부 및 출산 후(6월 미만) 일정 기간 양육 지원이 필요한 여성에게 숙식 및 분만혜택 지원

출산 후	입양숙려기간 모자지원 사업	• 출산 후 미혼 한부모와 아동에게 지원 –가정 내 보호: 산후지원인력 가정방문 서비스 지원(50만 원), 가족 또는 친구 등 지인의 도움을 받기 원하는 경우(35만 원) –한부모자가족복지시설 내 입소자 지원: 한부모자가족시설 입소 시 산후지원인력 인건비 지원(40만 원) –산후조리원 보호지원: 1주 산후조리원 이용료 지원(최대 70만 원)
	의료기관 외 출산 시 출산비 지급	• 병/의원, 조산원이 아닌 곳에서 출산한 경우 출산비 지원(25만 원)
	출산장려금	• 지방자치단체별 출산장려 축하금, 양육지원금 지원
	저소득 한부모 아동양육비 및 추가아동 양육비 지원	• 중위소득 52% 이하 한부모 가족 아동양육비(월 20만원) • 만 24세 이하 청소년 한부모(중위소득 60% 이하) 자녀양육비(월 35만원)
	생활보조금	• 미혼모가족복지시설 입소한 한부모가족은 한부모 복지금여 외에 추가로 지원(월 5만 원)
	미혼모자 공동생활가정	• 2세 미만 영유아를 양육하는 한부모에게 숙식 제공 및 자립지원
	드림스타트	• 0세(임신부)~만 12세 저소득 아동 및 가정, 기초수급 및 차상위층 가정을 우선으로 맞춤형 통합서비스 지원
	청소년 한부모 검정고시 학습비 지원	• 청소년 한부모 가구주(만 24세 이하 한부모) 검정고시학원등록비 등 지원(연 154만 원 이내)
	청소년한부모 고교생 교육비	• 청소년 한부모 가구주(만 24세 이하 한부모) 고등학교 교육비 지원(수업료 및 입학금 전액)
	자립지원 촉진수당	• 만 24개월 이하의 아동을 키우는 기초수급자인 청소년 한부모 가구주 자립지원(월 10만 원)
	모자보호시설	• 무주택 저소득 모자가정 및 자립 지원

* 출처: 보건복지부(2019).

으로 지원하고 있다. 출산비, 아이 입원비 등 병원비용의 경우 수행 기관에서 병원에 직접 지급토록 하고 있다. 분유, 기저귀 등 생필품 지원에 대해서는 수행 기관에서 직접 구입하여 지원하거나 구입 대상처에 입금하도록 하고 있다(신윤정 · 이소영 · 유재언, 2013).

요약

1. 성소수자 청소년들은 혐오하거나 괴롭힘으로 인해 학습권 박탈 뿐만 아니라 행복을 추구할 권리를 잃게 되기 쉽다. 제3의 성으로 인정해야 하는지에 대한 논의는 계속 진행 중이기 때문에, 그들을 수용하는 과정에서 일어날 수 있는 여러 가지 사회문제를 예방하고 대책을 마련해야 한다.

2. 거래를 목적으로 만들어진 상품으로서의 성을 가정하여 청소년이 만약 그 대상이 된다면 결국 인간으로서의 존엄, 자유, 평등을 기반한 자기정체성의 실현이 어려워지고 그것에 대한 서로 간의 이해와 존중을 유지할 수 없게 된다.

3. 성역할 고정관념은 타고난 개성과 능력의 발휘를 억제시킴으로써 개인적으로는 자아실현의 기회가 제한당하고, 사회·국가적으로는 유능한 인적 자원이 사장될 수 있으므로 사회가 요구하는 성역할 정체감을 형성할 수 있는 인식이 필요하다.

4. 청소년 시기의 성관계 경험은 긍정적인 효과보다는 부정적인 결과를 가져올 가능성이 높기 때문에 건강한 성관계를 위한 성교육이 필요하고 책임과 부담이 없는 위험한 성행동은 건강한 성인으로의 발달에 어려움을 줄 수 있다.

5. 성을 매개로 개인의 성적 자기결정권을 침해함으로써 개인 혹은 집단에 대해 신체적·심리적·사회적 고통을 야기하는 성폭력 행위자와 피해자를 위한 제도와 정책을 통해서 성폭력 범죄를 줄이고 행위자와 피해자 청소년이 다른 사람들과 더불어 정상적인 사회생활을 보낼 수 있는 제도와 정책을 마련해야 한다.

6. 청소년과 성을 위한 복지정책은 「청소년복지 지원법」 외에 「대한민국헌법」 「아동 · 청소년의 성보호에 관한 법률」 「정보통신망 이용촉진 및 정보보호 등에 관한 법률」 「성매매방지 및 피해자보호 등에 관한 법률」 「한부모가족지원법」 등을 통해서 지원하고 있다.

참고문헌

강지영(2007). 지각된 부모 양육태도, 자기통제력 및 비행행동이 남자 고등학생의 위험 성행동에 미치는 영향. 전남대학교 대학원 석사학위논문.

김경옥(1988). 대학생의 성역할 정체감과 통제신념의 관계에 관한 연구. 고려대학교 대학원 석사학위논문.

김상원(2000). **성교육/성상담의 이론과 실제**. 서울: 교육출판사.

경찰청(2014). **청소년 성매매사범 단속현황**. 2014년 국정감사 제출 자료.

고은숙 · 이세정 · 이호준(2018). 청소년의 성범죄 실태와 그 심리. **법학연구**, 18(1), 431-451.

고정애 · 박경(2013). 청소년 성폭력 가해자들의 피해자 공감향상을 위한 프로그램 개발 및 효과. **청소년학연구**, 20(5), 107-129.

교육부 · 보건복지부 · 질병관리본부(2015). 청소년 건강행태 온라인 조사결과. 오송: 질병관리본부.

교육인적자원부(2001a). **중학교 성교육 교사용 지도 지침서**. 서울: 교육인적자원부.

교육인적자원부(2001b). **고등학교 성교육 교사용 지도 지침서**. 서울: 교육인적자원부.

권영성(2011). **헌법학원론**. 경기: 법문사.

김미예 · 김선희 · 장군자(2004). 감각자극이 미숙아의 모-영아 상호작용에 미치는 효과. **아동간호학회지**, 10(2), 180-187.

김민기(2012). 광고 선정성 자율정화 인터넷신문 사회 책임 강화. **신문과 방송**, 499, 39-43.

김신애 · 정남운(2006). 남성의 성역할이 자아존중감과 대인관계에 미치는 영향. **한국심리학회 학술대회 자료집**, 500-501.

김은실 · 김귀정 · 김봉한(2011). 고등학생들의 사이버 음란물 접촉과 성범죄와의 관계성 분석. **한국콘텐츠학회논문지**, 11(6), 1-17.

김은혜(2017). 청소년 위험 성행동에 영향을 미치는 변인들 간의 구조적 관계 분석. 충남대학교 대학원 박사학위논문.

김해래(2006). 청소년의 성역할정체성 척도 개발에 관한 연구. **사회연구 통권**, 12, 135-152.

김혜숙(1992). 성별 고정관념, 성차이와 양성성, 현대 사회의 여성과 남성. 아주대학교 사회과학연구소 편.

김혜자 · 심미정(2011). 청소년의 인터넷음란물 접촉에 따른 성의식과 이성교제 태도. **Journal of Digital Convergence**, 12(5), 367-376.

김희경(2006). 청소년활동정책의 성 인지적 분석연구. 동아대학교 대학원 박사학위논문.

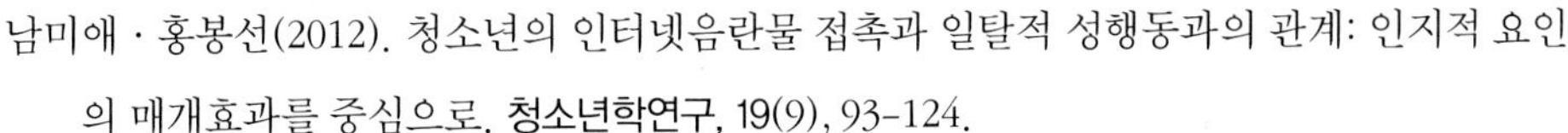

남미애 · 홍봉선(2012). 청소년의 인터넷음란물 접촉과 일탈적 성행동과의 관계: 인지적 요인의 매개효과를 중심으로. 청소년학연구, 19(9), 93-124.

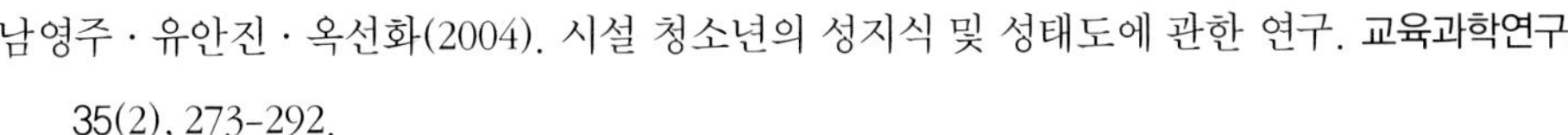

남영주 · 유안진 · 옥선화(2004). 시설 청소년의 성지식 및 성태도에 관한 연구. 교육과학연구, 35(2), 273-292.

박충선 · 정영숙(2004). 대학생의 광고에 반영된 성상품화에 대한 사회적 인식과 소비주의 성향과의 관계. 대한가정학회지, 42(3), 79-90.

보건복지부(2019). 2019년 아동분야 사업안내. 서울: 보건복지부.

부산광역시여성센터(2005). 부산광역시 청소년수련관 프로그램의 성별영향평가. 서울: 여성가족부.

배영태(2003). 학교중도탈락의 선행요인과 판별. 청소년상담연구, 11(2), 23-35.

서유경(2016). 대학생의 성역할정체감과 자아탄력성, 대인불안과의 관계. 교육발전연구, 23(1), 23-48.

손애리 · 천성수(2005). 전국대학생의 성의식, 첫 성경험 및 성행동에 대한 성차. 보건과 사회과학, 18, 73-100.

신선미 · 정태연(2005). 성 상품화에 대한 인식: 상품화의 유형, 대상자 및 평가자의 성별에 따른 차이. 한국심리학회지: 여성, 10(4), 603-617.

신윤정 · 이소영 · 유재언(2013). 청소년 한부모가족 종합대책 연구 II –국내 입양 제도 변화에 대응한 청소년 한부모 지원 방안. 서울: 한국청소년정책연구원.

신혜정(2015). 여자 가출청소년의 비행또래집단 경험. 이화여자대학교 대학원 박사학위논문.

양순옥 · 김신정(2004). 중학생의 성지식과 성태도. 아동간호학회, 10(3), 350-360.

여성인권티움(2016). 위기청소녀 가출과 성경험 실태조사 발표 및 대안모색을 위한 토론자료. 대전: 사단법인 여성인권티움.

오장미경(1997). 시민사회론과 페미니즘. 여성과 사회, 8, 255-275.

유네스코한국위원회(2013). 동성애혐오성 괴롭힘 없는 학교. 서울: 유네스코한국위원회.

이기원(2005). 성전환자에 대한 인식과 법적 문제에 관한 연구. 고려대학교 대학원 석사학위논문.

이나영(2015). 성판매자 비범죄화를 위한 시론: 성매매특별법을 둘러싼 쟁점과 여성주의 대안 모색. 페미니즘연구, 15(1), 211-247.

이상희 · 이은진(2009). 대학생의 성역할 정체감, 성역할 태도가 진로자기효능감, 진로태도성숙에 미치는 영향. 상담학연구, 10(4), 2137-2151.

이정윤 · 이명화(2003). 음란물을 자주 접촉하는 청소년의 성 및 심리사회적 특성. 청소년상담

연구, 11(1), 32-41.

이화영 · 김경아 · 배정희 · 김소영 · 김지윤 · 고근영(1999). 여대생의 성에 관한 연구. **이화간호연구지, 32**, 112-127.

장인권(1994). **성(性)의 세계: 성의 전략**(Chris Catton, James Gray 공저). 서울: 아카데미서적.

장재정(1988). 중년 여성의 성역할정체감과 심리적 건강에 관한 연구. 고려대학교 대학원 박사학위논문.

정혜원(2011). 가출 청소년 성매매 유입예방 및 지원방안(II): 가출 청소년 성매매에 영향을 미치는 위험요인 및 보호요인. 서울: 한국여성인권진흥원.

천예빈(2013). 청소년들의 스마트폰 중독과 예방에 관한 연구. **인터넷비지니스연구, 14**(1), 125-139.

표미정(1992). 고교생의 성역할 정체감과 내외통제 성과의 관계 연구. 동국대학교 대학원 석사학위논문.

Bem, S. L. (1974). The measurement of psychological androgyny. *Journal of Consulting and Clinical Psychology 42,* 155-162.

Brady, S. S., & Halper-Felsher, B. (2008). Social and emotional consequenecs of refraining from sexual activity amomg sexually experienced and inexperienced youths in california. *American Journal of Public Health, 98*(1), 161-168.

Braun-Courville, D. K., & Rojas, M. (2009). Exposure to sexually explicit web sites and adolescent sexual attitudes and behaviors. *Journal of Adolescent Health, 45*(2), 156-162.

Breitenbecher, K. H. (2001). Sexual revictimization among women: A review of the literature focusing on empirical investigations. *Aggression and Violent Behavior, 6*(4), 415-432.

Burn, S. M. (1996). *The Social Psychology of Gender.* New York: Mc Graw-Hill.

Carnes, P., Green, B., & Merio, L. (2012). PATHOS: A brief screening application for assessing sexual addiction. *Journal of Addict Med, 6,* 29-34.

DiClemente, R. J. (1991). Predictors of HIV-preventive sexual behavior in a high-risk adolescent population: The influence of perceived peer norms and sexual communication on incarcerated adolescents' consistent use of condoms. *Journal of Adolescent Health, 12,* 385-390.

Gokengin, D., Yamazhan, T., Aytus, S., Eetern, E., Serter, D., & Andra, B. (2003). Sexual knowledge, attitude and risk behavior of students in Turkey. *Journal Sch Health, 73*(7),

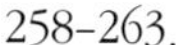
258-263.

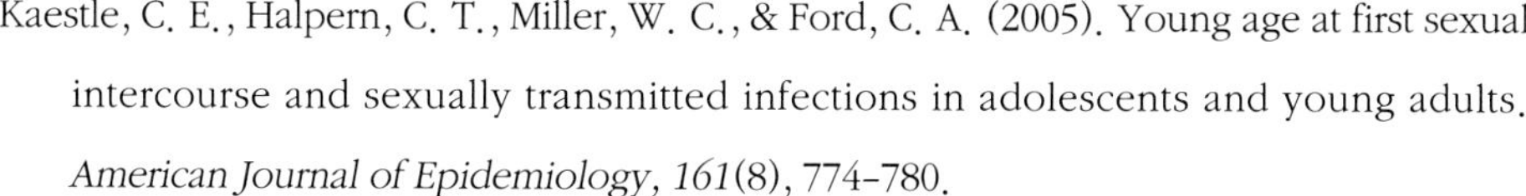
Kaestle, C. E., Halpern, C. T., Miller, W. C., & Ford, C. A. (2005). Young age at first sexual intercourse and sexually transmitted infections in adolescents and young adults. *American Journal of Epidemiology, 161*(8), 774-780.

Kasl, C. D. (1989). *Women, sex, and addiction: A search for love and power*. New York: Ticknor & Fields.

Lohman, B. J., & Billings, A. (2008). Protective and risk factors associated with adolescent boys' early sexual debut and risky sexual behaviors. *Journal of Youth and Adolescence, 37*(6), 723-735.

Manlove, J., Terry, E., Gitelson, L., Papillo, A. R., & Russell, S. (2000). Explaining demographic trends in teenage fertility, 1980-1995. *Family Planning Perspectives, 32*(4), 166-175.

Manning, W. D., Longmore, M. A., & Giordano, P. C. (2000). The relationship context of contraceptive use at first intercourse. *Family Planning Perspectives, 32*(3), 104-110.

Mudrak, P. M. (2000). *An investigation of the relationship between personality disorders and gender roles among adolescents*. Unpublished doctoral dissertation. The Kent State University.

Peter, J., & Valkenburg, P. M. (2009). Adolescents' exposure to sexually explicit internet material and sexual satisfaction: A longitudinal study. *Human Communication Research, 35*(2), 171-194.

Roe-Sepowitz, D. E. (2012). Juvenile entry into prostitution: The role of emotional abuse. *Violence against Women, 18(5), 562-579.*

Tanner, J. T., Calson, L. A., Raymond, M. A., & Hopkins, C. D. (2008). Reaching parents to prevent adolescent risky behavior: Examining the effects threat protrayal and parenting orientation on parental participation perceptions. *Journal of Public Policy & Marketing, 27*(2), 149-155.

Tripp, J., & Viner, R. (2005). Sexual health, contraception, and teenage pregnancy. *ABC of Adolescence*, 2-25.

Young, K. S., Cooper, A., Griffin-Shelley, E., O'Mara, J., & Buchanan, J. (2000). Cybersex and infidelity online: Implications for evaluation and treatment. *Sexual Addiction and compulsivity*, 7(10), 59-74.

제7장

청소년복지의 실제 Ⅳ: 폭력

학습개요

폭력은 도처에 난무하지만 눈에 보이는 심각한 사태가 아니면 일반적으로 사람들은 가정, 학교, 사회에서 일상적으로 일어나는 폭력 사태에 대해 무관심할 뿐만 아니라 무감각하기까지 하다.

사회적 약자인 청소년들의 경우에는 더욱 심각한 현실로 드러나는데, 이들은 사회적 보호를 제대로 받지 못한 상태에서 폭력에 그대로 노출되어 있다. 부모에 의한 학대, 학교에서의 집단 따돌림, 약자에 대한 이유 없는 괴롭힘, 금품 갈취와 협박, 채팅과 인터넷 상에서의 심각한 언어폭력 등 일상적으로 일어나는 많은 문제를 우리 사회가 그저 무관심이나 관용으로 덮어 두기에는 심각성이 매우 크다.

이 장에서는 청소년폭력에 대한 일반적인 개념과 함께 청소년폭력의 특징, 원인, 유형 등을 파악해 보고, 청소년폭력을 위한 예방적 차원과 대책 마련을 위한 제도와 정책을 설명하고자 한다. 청소년폭력은 청소년 시기에 일어나는 발달단계의 특징으로 끝나는 것이 아니라, 성인기로 성장과 동시에 겪게 되어 어려움과 함께 자살, 사망으로 이어지는 극단적인 결과까지 초래한다. 따라서 청소년폭력에 대한 예방의 중요성과 필요성을 강조하고자 한다.

01 청소년폭력의 개념

일반적으로 폭력(暴力)은 신체적인 손상을 가져오고, 정신적 · 심리적 압박을 가하는 물리적인 강제력을 말한다. 법에서는 다른 사람에게 상해를 입히거나 협박하거나 하는 등의 행위와 함께 다른 사람을 감금하는 행위, 주거에 침입하는 행위, 기물의 파손 등에 대해서도 폭력이라 표현한다. 청소년폭력은 가해자가 상대방에게 해를 끼치려는 의도를 가지고 행해지는 모든 물리적 · 언어적 · 심리적 힘을 의미하고, 특히 고의적인 집단괴롭힘이나 따돌림, 금품 갈취, 언어 놀림, 협박과 욕설, 성적인 괴롭힘 등이 포함된다. 가해자의 행위나 연령, 장소 등과 관계없이 폭력 피해자가 청소년일 때 청소년폭력이 성립되며, 피해청소년이 타인의 부당한 행위에 의해 신체 및 인격 손상과 인지 건강의 상실을 경험했거나 정신장애와 충격을 경험하게 되었다면 이것이 곧 청소년폭력인 것이다.

폭력 및 공격 행위에 대한 개념은 법학, 사회학, 심리학 등의 학문영역에 따라 서로 다른 관점에서 다양하게 정의되고 있다. 진태원(1996)은 "사회적으로 금지된 행동양식을 반복함으로써 사회규범을 파괴하는 것"으로 정의하였다. 그리고 이에 대해 교육행동 또는 범죄행동으로 부르고 있으며 임상에서는 행동장애로 명명하고 있다. 특히 심리학자들은 인간의 공격성에 대해 누적된 연구결과를 가지고 있는데, 이들에 의하면 타인에게 해를 가하려고 취해진 의도된 행동을 공격적 행위라고 한다(Sears, Peplau, & Taylor, 1991). 이 정의에서 공격적 행위의 특징은 행위의 의도성과 더불어 그 행위가 반사회적임을 내포하고 있다.

청소년폭력의 개념을 정의하기란 쉽지 않다. 개념을 정의한다는 것은 그 개념 정의 대상의 본질을 파악한다는 것이고, 본질을 파악한다는 것은 대상에 대한 완전한 이해를 전제로 하기 때문이다. 또한 정의하려는 대상의 본질은 변하지 않더라도 시간과 공간 속에서 대상의 현상은 끊임없이 변화하는 경우가 대부분이므로 시간과 공간 속에서 유한한 존재로서 대상을 이해하는 주체인 인간이 내리는 개념 정의는

극히 주관적이거나 상당히 제한적일 수밖에 없다. 인간 자체의 본질 규명에 있어서 아직도 성선설과 성악설이 고금을 두고 서로 대립하는 것도 이러한 어려움과 제한이 따르기 때문일 것이다. 그래서 모든 개념 정의에는 절대성을 부여하기가 어렵고 오히려 상대성을 부여하게 되는데, 상대성만을 인정하게 되면 자칫 개념 정의에서 방향조차 잡지 못하고 모든 종류의 개념 정의를 사용하는 결과가 되어 개념 정의 자체가 불가능하게 되는 지경에 이르게 되므로 여기서 개념 정의의 역사성을 고려하여야만 하는 것이다(이민희, 1998). 폭력을 포괄적으로 외부로부터 물리적, 심리적, 사회적으로 인간의 신체나 내면정신에 가해지는 상해나 사물의 손상 또는 이러한 상해나 손상을 인간이나 사물에 행사하는 행위라고 말할 수 있겠으나 이러한 폭력의 개념 정의는 여전히 미흡하다고 볼 수 있다.

폭력의 개념은 폭력이 겉으로 나타난 현상은 잘 설명해 주고 있으나 폭력이 왜 있게 되는지, 폭력은 어디에서부터 기인하는지에 대하여서는 말해 주지 못하고 있다. 이것은 마치 인간의 인지 구조의 형성에 관한 논란과도 같이 인간의 폭력이 인간의 자연현상인지, 환경의 영향인지 하는 논쟁이 아직 계속되고 있는 것과 같을 뿐만 아니라 인간의 폭력이 한 개인의 특성적 폭력인지, 파괴의 충동과 같은 인간 공통의 원초적 특성인지 하는 의견도 분분하기 때문이다(Freud, 1982; Whitmer, 1997).

폭력에 관한 이론들의 대부분은 인간의 공격 성향과 함께 논의된다. 이것은 우리가 폭력은 그것이 주역으로 행해지거나 말로 행해지거나 일종의 상대방에 대한 공격에서 기인한다는 것을 쉽게 이해할 수 있다는 사실에서도 인간의 공격성은 폭력과 매우 밀접한 관계를 유지하고 있는 것을 볼 수 있다.

폭력을 경험한 청소년들은 두려움과 함께 좌절감, 무력감, 강한 분노 등과 같은 감정을 가지게 되거나 폭력의 결과로 자신감이나 자아존중감이 매우 낮아지고, 학생의 집중력과 학습 능력에 부정적인 영향을 미치게 되며, 학교를 기피하는 현상을 보인다. 폭력을 경험한 청소년들은 학교에 가기 싫어하고 피해를 경험한 학생들은 친구들에게 복수심을 갖거나 친구와의 대화가 싫어지고 심각한 대인기피현상을 보이며 아예 등교 거부를 일으킬 수 있다고 한다(청소년폭력예방재단, 2002). 더군다나 반복되는 폭력은 우울감, 분노, 낮은 자아존중감 그리고 사회적 부적응을 포함하여 점차 심신이 허약해짐으로써 부정적인 영향이 발생하게 된다(Craig & Pepler, 1997;

Hodges, Malone, & Perry, 1997). 폭력피해자는 정상군에 비하여 우울 증상 발현 빈도가 높은데, 가정폭력을 경험한 기혼여성(Daniels, 2005), 성폭력(Park & Kim, 2006) 등에서 보고되었다.

폭력은 그 역할에 따라 가해자, 피해자, 강화자, 조력자, 방관자, 방어자로 분류할 수 있다(Salmivalli, 1996). 가해자는 적극적, 의도적으로 피해를 입히는 역할을 하는 자이고, 강화자는 폭력을 부추기거나 강화하는 역할, 조력자는 적극적으로 폭력에 가담하며 가해자를 따르는 자이다. 방어자는 피해자 곁에서 피해자를 지지하고 위로해 주고 가해자의 가해 행위를 멈추게 하는 역할을 하는 자이고, 방관자는 폭력상황에서 아무것도 하지 않는 자이다. 만약 폭력 사건이 발생했을 때 그 현장에 단 한 명이라도 피해자에게 도움을 줄 수 있는 또래가 있다면 피해자에게 도움이 되는 것은 물론 나아가 폭력 예방에도 중요한 역할을 할 수 있을 것이다. 그러나 대부분의 청소년은 폭력이 발생했을 때 막연하게 또는 구체적으로 그 사실에 대해 알고 있지만 침묵하며 방관하는 경우가 많다. 방관자들은 가해상황에 대해서 알고 있으면서도 묵인함으로써 가해자에게 가해행동을 암묵적으로 승인하는 것으로 오인하도록 만들며(Salmivalli, 1996), 가해자가 강하다는 말을 퍼뜨려 가해자의 사회적 지위를 높여 결국 가해자와 피해자 역할을 고정시키는 결과를 초래하며, 침묵함으로써 가해자에게 강력한 힘을 실어 주게 되어 폭력문화를 조성하고 지속시키는 데 간접적인 기여를 한다(오인수, 2014).

학교환경 내에 있는 청소년들 간의 괴롭힘은 스스로 극복할 수 없기 때문에 결국 피해자와 가해자를 만들게 됨으로써 학교환경과 정상적인 학습발달에 부정적인 영향을 준다(Austin & Joseph, 1996; 조아미 · 조승희, 2007 재인용). 학교폭력 유형에 따른 결과를 구체적으로 살펴보면 다음과 같다.

첫째, 학교폭력 피해자들은 불안과 수치감, 가해학생에 대한 분노의 감정을 나타내며, 학업 성적이 낮고, 무단결석이나 학교 중도탈락의 비율이 높고, 자존감 상실과 고립감을 경험하는데, 이는 성인이 된 이후에도 영향을 미치게 된다(Hazler, 1994). 또한 심신 증상의 측정에서도 자각적인 육체적 증상들(두통, 복통, 요통, 현기증)과 정신적인 증상들(성급함, 긴장, 짜증)에서 높은 증상을 나타냈다(Gerd, Natvig, & Ulla, 2001). 이러한 피해자들의 심신 증상들로 인해 학교폭력의 원인과 해결은 피

해자 중심으로 연구들이 이루어져 왔다.

둘째, 학교폭력은 피해자뿐만 아니라 가해자들에게도 부정적인 결과를 초래하는데, 실제로 가해자들은 소년법정에 서거나, 범죄를 저지르거나, 성인이 된 이후에도 공격성 있는 자녀를 가질 확률이 다른 청소년에 비해 5배 이상 높은 것으로 나타났다(Hazler, 1994). 청년기 이후에 범죄나 알코올 의존증과 같은 문제행동을 보일 확률이 통제집단에 비해 4배나 높은 것으로 보고되었다(Olweus, 1994). 일반적으로 가해자들은 보통 학생들보다 폭력에 대하여 더 긍정적인 태도를 갖고 있으며, 충동적이고 타인을 지배하려는 욕구를 지니고 있다. 피해자에 대하여 동정심이 거의 없으며 공감하려는 능력이 낮다(Salmivalli, Karhunen, & Lagerspetz, 1996). 폭력 가해자의 심리는 개인적 · 가정적 · 또래적 요인에 따라서 다양하게 나타난다. 우선, 개인적 요인에는 충동성, 우울함, 공감 능력, 스트레스 발산 방법 등이 있다. 가해자는 대부분 강한 충동성을 보인다. 충동성이 강한 청소년은 결과를 고려하지 않은 채로 빠르게 반응하며 자극을 추구하고 즉각적인 보상을 선호하는 경향이 있다. 또한 상대방에 대한 공감 능력이 떨어지고, 강한 지배욕을 가지려고 한다. 따라서 충동성이 강한 가해자들은 결과를 고려하지 않고 폭력을 행사하며, 지속적인 괴롭힘을 통한 지배욕을 채우려고 한다.

셋째, 폭력을 목격한 청소년은 폭력이 자신에게도 일어날 것이라는 사실에 위협을 느끼고 두려워하고, 학업에 집중할 수 없어 학업수행에 문제가 발생한다(Chandler, Nolin, & Davies, 1995; Dupper, 2003 재인용). 또한 사회적 전염(social contagion)으로 인해 가해자의 공격적 행동과 유사한 반응결과를 불러올 수 있어 허약한 상대를 쉽게 굴복시키는 모습은 동년배에게 공격적 행동의 성공적 결과에 대한 기대감을 갖게 한다(홍봉선 · 남미애, 2007).

마지막으로, 학교폭력의 가해자와 피해자로 분리된 역할이 아닌 가해와 피해의 경험을 순환으로 경험하는 중복경험 청소년들에 대한 설명이다. 가해와 피해는 동일 집단 내에서의 상호작용 결과로 나타나며, 폭력 피해 경험이 많을수록 가해 경험도 많은 것으로 보고되었다(김선애, 2007). 이제 청소년폭력에 있어서 피해자와 가해자는 서로 엄격히 구분되는 별개의 행위자라고 볼 수 없으며 가해자와 피해자를 이분법으로 분리해서는 청소년폭력문제를 이해하기 어렵다는 사실을 인지해야 한다

(임신일 · 이정미, 2013). 가해피해 중복경험이 순환되고 지속되는 이유는 다음과 같다. 공격 욕구나 분노, 공격성의 태도가 낮은 피해집단과 달리 중복경험집단 청소년들은 단순히 거부를 당하는 것에서 그치는 것이 아니라 거부에 대한 분노를 표출하고 공격 가해행동을 나타냄으로써 다른 거부를 유발하고 이에 대한 가해의 경험을 반복하게 된다(신희경, 2006). 가해와 피해가 중첩된 청소년은 가해행동만 하는 청소년에 비해 여러 해에 걸쳐 폭력 행위를 지속하는 경향이 더 높았으며, 이러한 사실은 가해와 피해의 중첩이 청소년폭력문제를 보다 장기적으로 지속하게 하는 요인이라는 사실을 나타낸다(박순진, 2009). 가해피해 중복경험 청소년들의 심리 · 행동 특성을 가해학생이나 피해청소년과 비교해서 살펴보면 다음과 같다. 먼저, 가해청소년과 피해청소년이 유사한 부분이 공존한다. 오스틴과 조세프(Austin & Joseph, 1996)에 의하면 가해피해 중복경험 청소년들은 운동 능력에서 가해자와 비슷하고, 학업 능력, 반 자아가치는 피해자와 비슷하다고 하였다(장윤지, 2005). 가해와 피해를 경험한 청소년들의 경우 가해청소년보다 더 높은 공격성과 비행 성향을 보이기 때문에(김혜원 · 이해경, 2000; 신혜섭, 2005) 일반적으로 가해집단으로 분류된다. 다른 한편으로 생각한다면 가해피해 중복경험 청소년은 신경증인 경향을 보이는 하나의 독립된 집단이라고 할 수 있다(손원경, 1998). 중복경험 집단의 경우 무엇보다 다시 피해자가 되지 않기 위해서 가해자가 되었거나(김종선, 2010), 혹은 보복을 하기 위해 가해자가 되었기 때문에 이들의 심리 특징은 일반 피해자와 가해자와는 다른 심리 특징을 보일 수 있다(김종선, 2010). 가해피해 중복집단은 폭력의 심각성 측면에서 가해만 경험한 집단보다 폭력의 가해 정도가 더 높을 뿐 아니라 피해만 경험한 집단과 비교했을 때에는 폭력의 피해 정도가 더 높은 것으로 나타나 가장 심각한 폭력 경험을 가진 집단임이 보고되었다(신혜섭, 2005).

살인과 같이 극단적인 폭력 행위를 범하는 청소년들에 대한 여러 연구(Myers, Scott, Burgess, & Burgess, 1995; Santtila & Haapasalo, 1997; Zagar, Arbit, Hughes, Busell, & Busch, 1989)에 따르면 이러한 청소년들은 대개 가정에서의 신체적 학대 경험, 발작 등 신경학적 문제, 정신병적 증후, 연령에 따른 공격성의 증가, 어린 연령부터의 약물남용, 패거리 집단에 가담함 등의 특징을 보인다고 주장하였다. 패링톤(Farrington, 1998)은 청소년들의 폭력적인 행위의 위험 요인으로 생물학적 요인, 심

리학적 혹은 성격적 요인, 가정 요인, 또래 비행, 낮은 사회 · 경제적 지위, 그리고 질 나쁜 이웃 등을 제시했다. 엘리엇(Elliott, 1994)은 청소년 범죄나 공격성의 가장 직접적인 근거리 요인으로 또래 비행을 들었고, 장기 요인으로는 가정환경, 초기 폭력 피해 경험, 부모의 제재, 그리고 가족 간 연대의 약화 등을 제기했다. 즉, 청소년 폭력의 원인에는 생물학적 · 환경적 · 개인적 요인이 복합적으로 작용하고 있음을 알 수 있으며, 어느 한 가지 요인을 강조해서 설명하기 어렵다는 것을 알 수 있다.

한편, 성폭력과 관련된 가해의 원인은 생물학적 · 사회학적 · 심리학적 원인으로 분류하여 설명할 수 있다. 이에 대해 자세히 살펴보면 다음과 같다.

첫째, 생물학적 원인에 대해서는 다양한 의견이 있다. 연령에 따라서, 성염색체에 따라, 남성호르몬인 안드로겐(androgen)의 이상은 강한 성적 경향이나 공격적인 행동과 직접적인 관계가 있다(배종대, 2000).

둘째, 사회학적 원인에 의하면 폭력의 하위문화이론에서 강간은 하위문화의 산물이라고 한다. 하류계층의 흑인이 가장 많이 강간을 저지르는데, 하류계층의 흑인은 공격적 행동이나 성적 착취를 통한 쾌감 추구를 중시하며, 강간 등을 행하는 것을 남성답다고 여기며, 사회적 · 성적 생활에 있어서 대인폭력과 용맹성을 이상화하며, 성의 조기 허용과 조기 성경험을 통해 동료집단에서의 지위를 얻고자 하기 때문에 성폭력을 저지른다는 것이다. 이에 반해 세력이론은 폭력의 하위문화이론과 전혀 반대되는 이론으로서 상류계층, 즉 세력이 높은 사람일수록 강간을 많이 저지르고 처벌도 받지 않는 경우가 많으며, 반대로 하류계층의 사람일수록 강간을 적게 저지르지만 일반 사람에게는 많이 저지르는 것으로 비춰진다는 것이다. 상류계층의 강간은 사회적 통제가 적기 때문에 면식범인 경우가 많아 숨겨지기 쉽고, 하류계층의 강간은 실제로는 상류계층보다 적지만 물리적 폭력을 이용하는 경우가 많아 잔인하게 보이고, 이에 따라 공중의 시선이 집중되기 때문이라고 한다(Alex, 1983). 또한 성윤리가 엄격한 사회에서는 성배출로가 부족하더라도 강간이 발생하지 않으며, 경제발전과 관련해서 남성의 역할이 늘어갈수록 남성다움의 압력과 억압은 심화되고 광범위하게 이루어지는데, 이런 과정에서 남성은 여성보다 심리적 · 지적 능력 등이 뛰어나야 한다는 부담이 발생한다. 그런데 이러한 부담과 남성다움의 이미지가 뒷받침되지 못할 때에는 갈등과 무력감으로부터 성폭력이 발생된

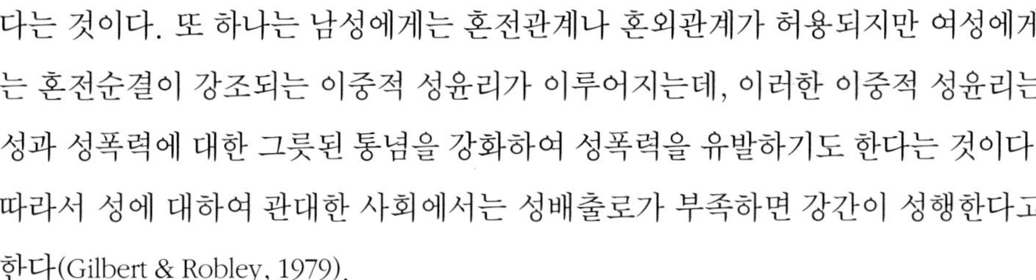

다는 것이다. 또 하나는 남성에게는 혼전관계나 혼외관계가 허용되지만 여성에게는 혼전순결이 강조되는 이중적 성윤리가 이루어지는데, 이러한 이중적 성윤리는 성과 성폭력에 대한 그릇된 통념을 강화하여 성폭력을 유발하기도 한다는 것이다. 따라서 성에 대하여 관대한 사회에서는 성배출로가 부족하면 강간이 성행한다고 한다(Gilbert & Robley, 1979).

셋째, 심리학적 원인에 의해 성폭력을 설명하는 경우에는 성적 부적절성, 상대적 좌절감, 정신적 결함 등이 성범죄와 관련 있다고 보았다. 먼저 성적 부적절성이론에 의하면 강간범들은 거세감정이나 성적 부적절성을 느끼고 있어서 과다한 공격적인 성행위를 통하여 자신의 이런 감정을 숨기려고 한다는 것이다. 성적 부적절성을 표출하는 가장 보편적인 방법이 성적 환상에 젖어서 여성을 강간하는 것인데, 그렇게 함으로써 자신의 환상을 행동으로 표현하는 것이다. 상대적 좌절감이론은 폐쇄된 사회에서는 여성에 의한 성적 거부를 남성 개인의 탓이 아니라 폐쇄적 사회 때문이라고 자위하여 자신의 자아를 지킬 수 있지만, 개방된 사회에서는 이러한 합리화가 불가능하기 때문에 자신에 대한 여성의 거부를 개인의 탓으로 돌릴 수밖에 없는 것이다. 따라서 성적 좌절감을 느끼게 되어 강간에 호소하며 그것으로서 해결하게 된다는 것이다. 성범죄는 정신적 결함과도 관련이 있는데, 성범죄와 관련된 정신적 결함으로는 강박신경증환자, 무정성 정신병질자, 억울성 정신병질자, 자기불확실성 정신병질자, 정신박약자 등이다. 강박신경증환자는 성도착자가 되기 쉬우며, 무정성 정신병질자도 이와 같다. 억울성 정신병질자는 강박 증상으로 성범죄를 자행하는 경우가 있으며, 자기불확실성 정신병질자는 범죄성과 관련이 적지만 경우에 따라 성범죄를 저지르는 경우가 있다. 또한 정신박약자는 성범죄와 방화범죄를 범하는 경우가 많고, 특히 소년범죄가 많이 나타난다(Schneider, 1976).

02 청소년폭력의 원인과 유형

청소년들의 물리적 폭력은 그 이면에 숨겨진 다른 폭력적 요소, 즉 사회적 요인에서 오는 상징적이며 구조적인 폭력에 기인한다. 청소년폭력을 보다 근본적으로 해

결하기 위해서는 무엇보다 청소년들이 자행하는 물리적 폭력 이면에 자리 잡고 있는 이와 같은 은폐된 폭력의 실상을 드러내고 근절하는 일이 우선되어야만 한다. 그렇지 않으면 폭력이 또 다른 폭력을 낳는 폭력의 악순환이 반복하게 된다. 폭력이 방치된 사회는 약자가 희생될 수밖에 없는 '약육강식'이 지배하는 사회이면서 강자만이 최고의 인간이라는 '폭력의 이데올로기'를 내면화하는 사회이다. 결국 남겨지는 것은 폭력의 희생자인 약자들의 패배의식과 폭력을 통해 인간 위에 인간이 군림하는 '폭력의 이념화 현상'의 가속화뿐이다. 특히 청소년들의 눈에 학교폭력을 해결하지 못하는 부조리함이 어른들의 나약함이나 무능함으로 비춰질 때, 청소년들은 보다 쉽게 폭력적이 될 수 있다. 결국 힘이 없으면 짓밟힌다는 생각에까지 미치게 되면 청소년들은 모든 것을 폭력으로 해결하려는 '폭력의 이념성'에 빠져들 수 있다. 오늘날 학교폭력은 대부분의 경우 타자를 고려하고 배려하지 않는 자기중심적인 개인주의가 폭력의 근본원인으로 제시되고 있다(홍경자, 2014).

폭력이 발생하는 원인은 무력보다는 침해와 연관되어 있다. 이때 폭력은 사람을 침해하는 것으로 규정하면서 그 유형을 크게 드러나는 것과 드러나지 않는 것, 그리고 개인인 것과 제도인 것으로 구분할 수 있다. 첫 번째는 개인에 의해 행해지는 밖으로 드러나 보이는 물리적인 공격으로서의 폭력이며, 두 번째는 개인에 의해 행해지는 숨겨진 폭력이 다른 사람으로 하여금 강제로 자기가 원하는 것을 하도록 하는 것과 같은 개인의, 개인에 의한 심리적인 공격이다. 세 번째는 투쟁과 같이 드러나 보이는 폭력이며, 네 번째는 노예제도처럼 인간의 자율성을 침해하는 방식의 폭력으로서 폭력성이 물리적인 형태로 겉으로 드러나 보이지는 않는 형태이다.

청소년의 공격 행위는 신체적 공격, 즉 다른 사람이나 또래에 대한 잔인한 행동이 주를 이루지만 언어적 학대나 성인에 대한 부정적이고 가학적인 태도를 보이기도 한다. 지속적인 거짓말, 빈번한 무단결석, 거부증 등도 주요 특징으로 꼽힌다. 공격성이 더욱 심각해질 때 파괴적이고 잔인한 신체적 폭력과 집단폭력, 성폭력, 절도, 방화 그리고 살인까지도 저지를 수 있다.

청소년폭력의 중요한 특징은 다음과 같다.

첫째, 청소년폭력은 청소년 위험행동 가운데 가장 많은 비중을 차지하고 있다. 청소년폭력은 인간 존엄과 생명의 소중함을 무시하는 행위라는 점에서 인권에 대한 도전이며 뿐만 아니라 이들의 폭력 행동이 성인 범죄로 이어지는 경우가 많다는 점에서 경각심을 갖지 않을 수 없다.

둘째, 청소년폭력은 친구나 선배, 비행청소년 등을 통해 이루어지는 악성폭력의 형태가 많으며, 그밖에도 부모나 교사의 체벌도 상당 부분을 차지하고 있다. 따라서 청소년 상호 간의 폭력에 대한 대응책과 더불어 부모나 교사에 의한 체벌을 감소시킬 수 있는 제도적인 장치가 요구된다. 성인들에 의한 체벌은 청소년의 잘못된 행동을 일시적으로 규제하는 역할을 할 수 있지만 체벌에 대한 반감과 체벌 상황의 부정적 감정에 대한 모방, 폭력 행동의 정당화 등의 심리를 확산시킬 수 있다는 점에서 부정적인 요소가 훨씬 많다.

셋째, 청소년폭력을 비롯한 범죄가 저연령화되고 있다. 특히 15세 이하의 청소년들에게서 범죄행동의 증가율이 높다는 것은 심각한 현상이 아닐 수 없다. 그러나 고등학교 시기와 대학 시기에는 범죄율이 감소되는 반면 대학 졸업 후 사회 진출과 함께 범죄 비율이 증가하고 있다. 이러한 현상은 사춘기와 더불어 청소년기 초기의 심리적 불안과 욕구불만이 사회적 행동으로 표출될 때 사회규범을 위반하는 경우가 많으며, 사회 진출과 함께 사회의 각종 유해환경이나 사회생활에 대한 부적응 그리고 사회의 구조적 모순과 병폐 등의 경험이 범죄 행동을 촉발시킨다고 추측해 볼 수 있다.

넷째, 청소년폭력이 더욱 잔인하고 비인간적인 방법으로 이루어지고 있다. 청소년들의 초기 공격적 행동은 물질적·권위적 목표를 획득하기 위한 수단이나 다른 사람을 모욕하고자 하는 의미를 가지지만 이런 공격적 행동이 계속되면서 스릴과 재미, 쾌락을 추구하게 되고 가학증적 성향으로 발전하게 된다. 따라서 뚜렷한 목적이 없이 타인을 괴롭히고 상해를 입히는 것 자체가 공격 행위의 목표가 되어 버리기도 하며 어떤 비인간적 행위에 대해서도 죄의식이나 양심의 가책을 느끼지 않게 된다.

다섯째, 청소년폭력의 가해자는 다양한 얼굴을 지니고 있다. 비단 가출이나 문제 청소년뿐만 아니라 학급대표가 가해자인 경우도 있고, 저연령 청소년이 고학년 청소년들의 폭력을 모방하여 똑같은 양태로 다른 아이를 괴롭히기도 하고, 친한 친구가 가해자이기도 하다.

여섯째, 피해학생의 경우 그 사실을 부모나 교사에게 알리지 않는 경우가 대부분이다. 폭력을 당하였다고 어른들에게 알리는 것은 마마보이가 될 수도 있고, 또래집단으로부터 소외당할 수도 있으며 보복이 두려워지기도 하고, 자기들만의 비밀을 노출시키는 것이 되기도 한다는 점에서 피해 사실을 알리지 않는 경향이 많다.

일곱째, 청소년의 학교내 폭력이 급격하게 증가되고 있다. 학교 내에서의 폭력과 등하굣길 또는 학교 주변에서 이루어지는 많은 폭력은 청소년 상호간에 이루어진다는 점에서 대부분 악성폭력이며, 그들의 교육환경을 위협하고 있다.

폭력을 일으키는 요인은 크게 가정적 요인과 또래적 요인이 있다.

첫째, 가정적 요인에는 가정폭력의 경험, 부모의 양육태도, 부모와 자녀의 부정적 의사소통 등이 있다. 가정폭력을 목격하거나 경험한 학생들은 정서적으로도 불안정해지고, 폭력에 대한 정신적 스트레스를 받게 된다. 그리고 이런 폭력의 현장에 익숙해지게 되면 2차 폭력으로 이어질 가능성이 높아지게 된다. 부모의 양육태도 또한 가정적 요인 중 하나인데, 아이는 부모와 비슷한 행동방식을 보이므로 이런 부모의 양육태도는 아이의 폭력에 영향을 미칠 것이 분명하다. 부모와 자녀 간의 부정적 의사소통 또한 이에 포함된다. 그러나 청소년폭력 원인을 부모의 양육태도로 보는 관점을 일반화하기에는 다소 어려움이 있다. 부모의 양육태도는 자녀의 성격 형성과 대인관계의 질을 결정하며 행동규범, 가치, 도덕성 등 사회화 과정을 획득하는 데 중심적인 역할을 한다(Hamner & Terner, 2001). 부모의 폭력 행동을 목격한 청소년들은 이에 대한 학습의 영향을 비행이나 폭력 행동을 할 가능성이 높다는 연구가 지배적이지만 부모의 폭력을 목격하였더라도 청소년 모두가 공격적으로 변하는 것은 아니라는 연구결과도 있다.

둘째, 또래적 요인이다. 청소년기로 접어들수록 또래와의 관계가 밀접해짐에 따라 또래에 대한 동조성도 극대화되는데, 또래집단의 수용과 인정을 얻기 위해서 친구들의 행동양식에 일치시키고 조화해 가려고 움직이게 되는 것이다. 하루의 절반 이상을 학교에서 보내는 청소년들은 대부분의 또래집단문화를 학교에서 경험하게 되고, 그 집단에 대한 강한 소속감을 원하기 때문에 또래와의 관계에서 갈등이나 문제 등을 경험할 때 겪는 심리적 고통은 다른 어떤 연령대보다도 크다고 볼 수 있다. 따라서 가해자들은 또래관계를 중요시 여기며, 이러한 특성을 바탕으로 또래 사이

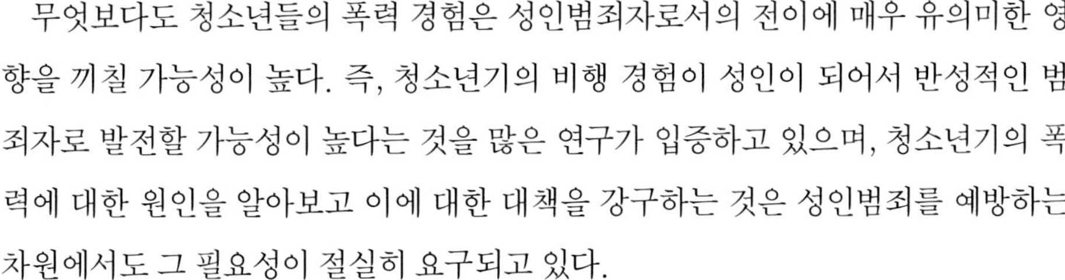

에서 인기와 인정을 얻기 위해 청소년폭력 행동을 한다고 볼 수 있다.

무엇보다도 청소년들의 폭력 경험은 성인범죄자로서의 전이에 매우 유의미한 영향을 끼칠 가능성이 높다. 즉, 청소년기의 비행 경험이 성인이 되어서 반성적인 범죄자로 발전할 가능성이 높다는 것을 많은 연구가 입증하고 있으며, 청소년기의 폭력에 대한 원인을 알아보고 이에 대한 대책을 강구하는 것은 성인범죄를 예방하는 차원에서도 그 필요성이 절실히 요구되고 있다.

1) 사이버폭력

인터넷이나 스마트폰이 보급되면서 일상에 편리함을 더해 준 것은 사실이나 다른 한편으로는 사이버폭력이라는 역기능이 등장하기 시작했다. 사이버폭력은 정확하게 합의되지 않은 상태에서 사이버일탈, 사이버불링, 사이버괴롭힘 등의 다양한 용어로 사용된다. 학자마다 다르게 정의되고 있는데, 정보통신윤리위원회에서 발표한 청소년 사이버권리침해 예방 가이드에 의하면 사이버폭력은 사이버명예훼손, 사이버모욕, 사이버성폭력, 사이버스토킹 등으로 나눌 수 있다. 사이버명예훼손은 '다른 사람을 비방할 목적으로 인터넷상에서 많은 사람이 볼 수 있게 그 사람에 대한 구체적인 사실 또는 거짓 정보를 올려 명예를 훼손시키는 행위'를 말한다. 사이버모욕은 '사이버공간에서 게시판, 대화방, 또는 이메일, 쪽지 등을 이용해서 어떤 사람에게 상스러운 욕설을 하거나 인격을 모욕하는 글을 보내는 등의 행위' 를 말한다. 또한 사이버성폭력은 '사이버공간에서 다른 사람에게 야한 내용의 문자나 동영상, 사진 등을 통해 성적 수치심이나 혐오감 또는 불쾌감을 느끼게 하는 행동'을 말한다. 그리고 사이버스토킹은 '전화, 휴대전화, 대화방, 게시판 또는 이메일 등을 이용하여 상대방을 불안하게 하고 공포심을 갖게 만드는 문자, 사진 등을 지속적으로 반복하여 보내는 행위'를 말한다(방송통신심의위원회, 2016).

사이버폭력의 요인은 크게 외부환경요인, 개인내적 요인, 개인행동요인으로 나눌 수 있다. 첫째, 외부환경요인은 외적 요인을 말하는 것으로 여기에는 사회적 환경이나 사이버환경 등이 포함된다. 사회적 환경은 가정요인과 학교요인으로 나눌 수 있다. 가정요인은 다시 부모와의 유대, 가정폭력, 욕설, 긍정적 관계 등이 포함되

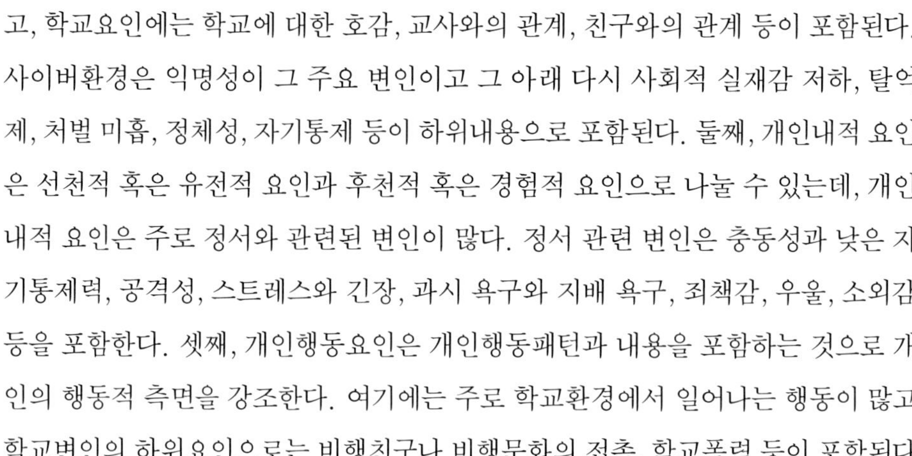

고, 학교요인에는 학교에 대한 호감, 교사와의 관계, 친구와의 관계 등이 포함된다. 사이버환경은 익명성이 그 주요 변인이고 그 아래 다시 사회적 실재감 저하, 탈억제, 처벌 미흡, 정체성, 자기통제 등이 하위내용으로 포함된다. 둘째, 개인내적 요인은 선천적 혹은 유전적 요인과 후천적 혹은 경험적 요인으로 나눌 수 있는데, 개인내적 요인은 주로 정서와 관련된 변인이 많다. 정서 관련 변인은 충동성과 낮은 자기통제력, 공격성, 스트레스와 긴장, 과시 욕구와 지배 욕구, 죄책감, 우울, 소외감 등을 포함한다. 셋째, 개인행동요인은 개인행동패턴과 내용을 포함하는 것으로 개인의 행동적 측면을 강조한다. 여기에는 주로 학교환경에서 일어나는 행동이 많고 학교변인의 하위요인으로는 비행친구나 비행문화의 접촉, 학교폭력 등이 포함된다(정여주 · 두경희, 2014)

2) 언어폭력

언어폭력에 대한 정의도 다양하게 내릴 수 있다. 사전에서는 "말로써 온갖 음담패설을 늘어놓거나 욕설, 협박 따위를 하는 일"이라고 언어폭력을 정의한다. 그러나 청소년과 관련된 법률에서는 언어폭력을 학교폭력의 한 종류로 보고 있다. 「학교폭력예방 및 대책에 관한 법률」에서는 학교폭력을 "학교 내외에서 학생을 대상으로 발생한 상해, 폭행, 감금, 협박, 약취 · 유인, 명예훼손 · 모욕, 공갈, 강요 · 강제적인 심부름 및 성폭력, 따돌림, 사이버 따돌림, 정보통신망을 이용한 음란 · 폭력 정보 등에 의하여 신체 · 정신 또는 재산상의 피해를 수반하는 행위"라고 정의하고 있다.

청소년의 비속어, 공격적인 언어표현, 은어, 유행어 등을 종합하여 살펴본 결과, 청소년의 언어폭력과 관련된 문제로는 다음과 같은 것들이 있다. 첫째, 폭력적이고 거친 언어들을 사용하는 것이 일상화 내지는 일반화되었고 거친 정도가 매우 심하다는 것이다. 청소년이 사용하는 비속어나 욕설 등의 부정적인 언어가 일상화되어 가고 있고 심지어는 모르는 사람에게조차도 심한 욕설이나 비속어를 사용하는 경우가 늘어 가고 있다. 둘째, 이렇게 폭력적인 언어 사용이 늘어남에 따라 비속어나 욕설뿐 아니라 은어나 유행어의 사용 등에 관한 허용적인 태도가 확산되고 있다. 이는 청소년들에게 비속어나 욕설의 사용으로 인한 폐해에 대한 인식이 부족하고 자신에게 해를 끼친 사람에게는 공격적이거나 폭력적인 언어로 대응하는 것이 당연하다는 인식 때문이다. 셋째, 청소년의 공격적인 언어는 거주 지역의 도시화 정도나 가정의 경제수준 등과도 상관이 있다. 부정적인 언어는 저소득층이나 대도시에서 자란 청소년이 더 많이 사용하는데, 이는 사회계층 간의 언어 표현의 이질화 현상을 잘 나타내고 있다(김정선, 2012).

3) 성폭력

성폭력의 개념은 자체가 애매모호하다는 의견이 많다. 현재 성희롱, 성추행, 성폭력, 성범죄 등 다양한 용어가 혼재되어 사용되고 있는데, 일반적으로 성폭력은 문자 그대로 성과 관련된 범죄를 말하며, 반드시 폭력성을 전제로 하지 않고 전통적인 강간, 강제추행 이외에도 간음 추행 목적의 약취, 유인, 매매, 성매매, 공연음란, 각종 음란물의 제조판매 등도 포함한다. 그러나 일반적 성범죄는 성폭력 범죄와 성풍속 범죄로 구분되며, 성폭력 범죄는 성적 자기결정권 내지는 성적 자유를 침해하는 것을 속성으로 한다. 성폭력은 성범죄를 저지르는 데 폭력이나 협박이 수반된 범죄를 말하며, 상대방의 의사를 무시한다는 점에서 매춘과 다르다. 성폭력은 신체적 · 강압적 힘에 의한 성관계나 육체적 접촉을 의미하며, 성적 희롱 또는 성희롱은 육체적 접촉은 없지만 야한 농담 등 언어 또는 행위 등으로 성적 수치심을 일으키는 경우로서 상대방의 의지와 상관없이 저질러지는 성적 장난이다. 성매매란 불특정인을 상대로 금품이나 그 밖의 재산상의 이익을 수수(收受)하거나 수수하기로 약속하고 성교행위, 구강, 항문 등 신체의 일부 또는 도구를 이용한 유사 성교 행위를 하거나 그 상대방이 되는 것을 말한다(「성매매알선 등 행위의 처벌에 관한 법률」 제2조 제1항).

대검찰청의 2013년도 범죄분석에 의하면 검거된 전체 성폭력 26,919건 중 소년범(18세 이하)의 비율은 7.6%(1,735명)에 달하며, 구체적으로 13세는 15명, 14세는 189명, 15세는 293명, 16세는 339명, 17세는 436명, 18세는 463명으로 나타났다. 청소년의 「아동 · 청소년의 성보호에 관한 법률」 위반의 점유율은 2004년에는 33명

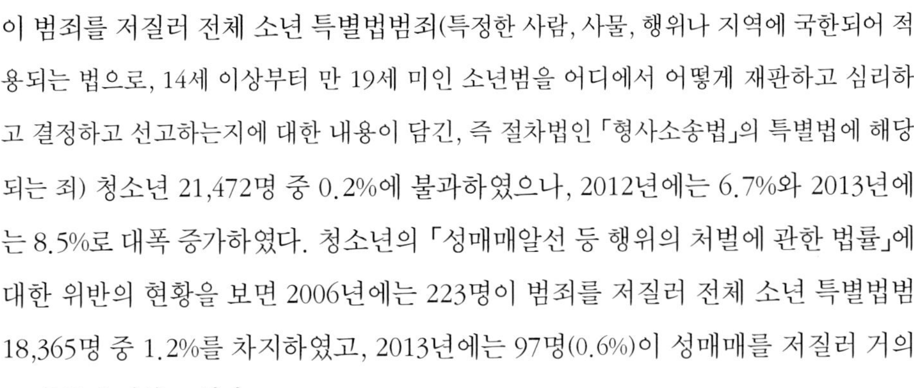

이 범죄를 저질러 전체 소년 특별법범죄(특정한 사람, 사물, 행위나 지역에 국한되어 적용되는 법으로, 14세 이상부터 만 19세 미인 소년범을 어디에서 어떻게 재판하고 심리하고 결정하고 선고하는지에 대한 내용이 담긴, 즉 절차법인 「형사소송법」의 특별법에 해당되는 죄) 청소년 21,472명 중 0.2%에 불과하였으나, 2012년에는 6.7%와 2013년에는 8.5%로 대폭 증가하였다. 청소년의 「성매매알선 등 행위의 처벌에 관한 법률」에 대한 위반의 현황을 보면 2006년에는 223명이 범죄를 저질러 전체 소년 특별법범 18,365명 중 1.2%를 차지하였고, 2013년에는 97명(0.6%)이 성매매를 저질러 거의 1%대를 유지하고 있다.

소년 특별법범죄에 대해 주요 유형별로 구분하여 연령층 분포를 보면 18세가 가장 높은 비율을 차지하고 있는 것은 성매매법위반이었다. 2013년도 전체 성매매법위반 97명 중에서 10~13세가 0명(0.0%), 14~15세가 18명(18.6%), 16~17세가 23명(23.7%), 18세가 56명(57.7%)으로서 18세가 상대적으로 높게 나타났다. 아동·청소년성보호법위반의 경우에는 전체 위반자 1,463명 중 10~13세는 10명(0.7%), 14~15세는 357명(24.4%), 16~17세는 707명(48.3%), 18세는 389명(26.6%)으로, 16~17세가 가장 많이 저지르는 것으로 나타났다(법무연수원, 2016). 이처럼 청소년과 관련된 성폭력범죄는 연령에 따라 다른 양상을 보이고 있다.

4) 학교폭력

학교폭력이라는 용어는 1995년 청소년폭력예방재단의 전신인 학교폭력예방 시민모임에서 처음으로 사용되었다. 그러나 당시 교육현장에서의 폭력을 인정하려 하지 않았던 교육부를 비롯한 학교 등 교육계 전반은 학교폭력이라는 용어를 받아들이지 않았다(안선욱, 1998). 우리나라의 「교육기본법」 제2조에는 "교육은 홍익인간의 이념 아래 모든 국민으로 하여금 인격을 도야하고 자주적 생활능력과 민주시민으로서 필요한 자질을 갖추게 함으로써 인간다운 삶을 영위하게 하고 민주국가의 발전과 인류공영의 이상을 실현하는 데에 이바지하게 함을 목적으로 한다."고 교육이념을 제시하고 있다. 제12조에는 "학생은 학습자로서의 윤리의식을 확립하고, 학교의 규칙을 준수하여야 하며, 교원의 교육·연구 활동을 방해하거나 학내의 질서를 문란하게 하여서는 아니 된다."고 함으로써 교육이 행해지는 장이라 할 수 있는 학교 내에서 학습자로서의 학생이 견지해야 할 자세와 지켜야 할 책임을 명시하고 있다. 이에 비추어 본다면 학교폭력의 개념에는 학습자로서 학생이 가져야 할 자세와 지켜야 할 책임으로부터 벗어나는 일체의 행동과 태도는 물론이고 건강한 학습자로서의 자세의 견지와 책임의 수행에 대하여 부정적인 영향을 미치는 학교 내외로부터의 일체의 요인들이 포함된다.

학교폭력에 대한 정의는 시기와 문화에 따라 매우 다양하다. 학교폭력이 사회문제의 하나로 대두되기 시작한 무렵인 1990년 후반에 우리 사회에는 학교폭력의 개념을 좁게 정의하는 경향이 있었음을 발견할 수 있다. 최근에 들어와서는 학교폭력을 학교 내에서 발생하는 사건으로 보았던 관점이 학교 밖에서 발생하는 사건까지 포함하는 방향으로 또 다른 차원의 개념 확대가 이루어지고 있다. 이와 더불어 신체적 · 물리적 폭력에 더하여 언어 · 정서적 폭력까지도 학교폭력의 범주에 포함되게 되었다. 또한 과거에는 대면적인 관계에서 발생하는 것으로 학교폭력을 이해하였다면, 오늘날에는 SNS나 사이버공간에서의 비대면적 관계에서 발생하는 폭력 또한 학교폭력의 범주에 포함시키고 있다(김재엽 · 이진석 · 이선우, 2010; 도기봉 · 오주, 2010; 손능수 · 권상조, 2010). 올베우스(Olweus, 1993)는 학교폭력을 '1인 이상의 학생에 의해 고의적으로 행해지는 타인을 괴롭히거나 피해를 입히기 위한 고의 행동에 학생이 반복 혹은 영구적으로 노출되는 것'으로 정의 내리고 있다. 즉, 학교폭력을 학생과 학생 간의 관계에서 발생하는 것으로 정의하였음을 알 수 있다. 학교폭력 행위의 주체와 객체 관계와는 별개로 학교폭력 행위가 발생하는 공간, 즉 학교는 대체로 학교 또는 학교 주변까지 포함하는 것으로 보는 것에는 이견이 없다. 학교는 장소 개념으로서 학교라는 물리적 공간에 한정되지 않고 학교 주변까지로 확대될 수 있는 개념이기 때문이다(윤계형 · 정상우 · 이덕난, 2012).

03 청소년폭력과 청소년복지

청소년기는 여전히 부모의 돌봄과 성인의 감독이 필요한 시기이다. 이 같은 발달적 특성으로 인해 또래와의 관계 외에도 부모나 의미 있는 성인과의 관계를 지속할 수밖에 없고, 보호와 돌봄을 받아야 함에도 불구하고 신체적 또는 물리적인 폭력 상황에 노출되는 경우가 있을 수 있다.

폭력 행위는 폭력 가해자에게 법률적인 처벌을 내림으로써 끝나는 단순한 사건이 아니라 피해자가 심각한 신체적 · 정신적 고통에 시달리고, 폭력의 부정적인 결과가 정상적인 상태로 회복되고 치유되기가 어려우며, 폭력범죄자를 재활하는 데 많은 사회적 비용이 투입된다는 점에서 개인과 사회 모두에게 심각한 사회문제이다. 특히 아동 · 청소년의 폭력은 이들의 정상적인 생애발달을 손상시키고 미래의 사회적 태도에 악영향을 미치며 극단적으로는 범죄인으로까지 변화할 수 있다는 점에서 예방이 가장 바람직한 대책이라고 할 수 있다.

청소년폭력을 예방하고자 하는 사회적 개입은 독일에서도 활발하다. 교육시설, 경찰서, 법률 관련 기관, 지역사회, 지방 및 중앙 정부 등이 청소년폭력을 예방하기 위하여 다양한 프로그램을 적극적으로 운영하고 있다. 특히 독일은 아동 · 청소년폭력만이 아니라 일반적인 폭력 행위를 예방하기 위한 연구 및 실제 활동을 20여년 이상 전개해 왔으며 이에 대한 지방 및 중앙 정부의 재정 지원 또한 지속적으로 이루어져 왔다.

1) 청소년폭력 예방 체계

Wee 프로젝트는 위기학생에 대해 사회 · 환경적인 개입을 하도록 하고 있으며, 지역사회협의체를 구축하여 필요한 다양한 기회의 서비스를 연계하여 제공하도록 하고 있다. 이러한 복합적인 욕구와 포괄적인 자원 간의 네트워킹은 사회 · 환경적 요인을 강조함으로써 욕구에 대한 기존의 접근이 갖는 한계를 극복하고자 하는 것이다. 또한 위기학생에 대하여 제공되는 서비스는 책임성을 담보로 한 것이어야 한

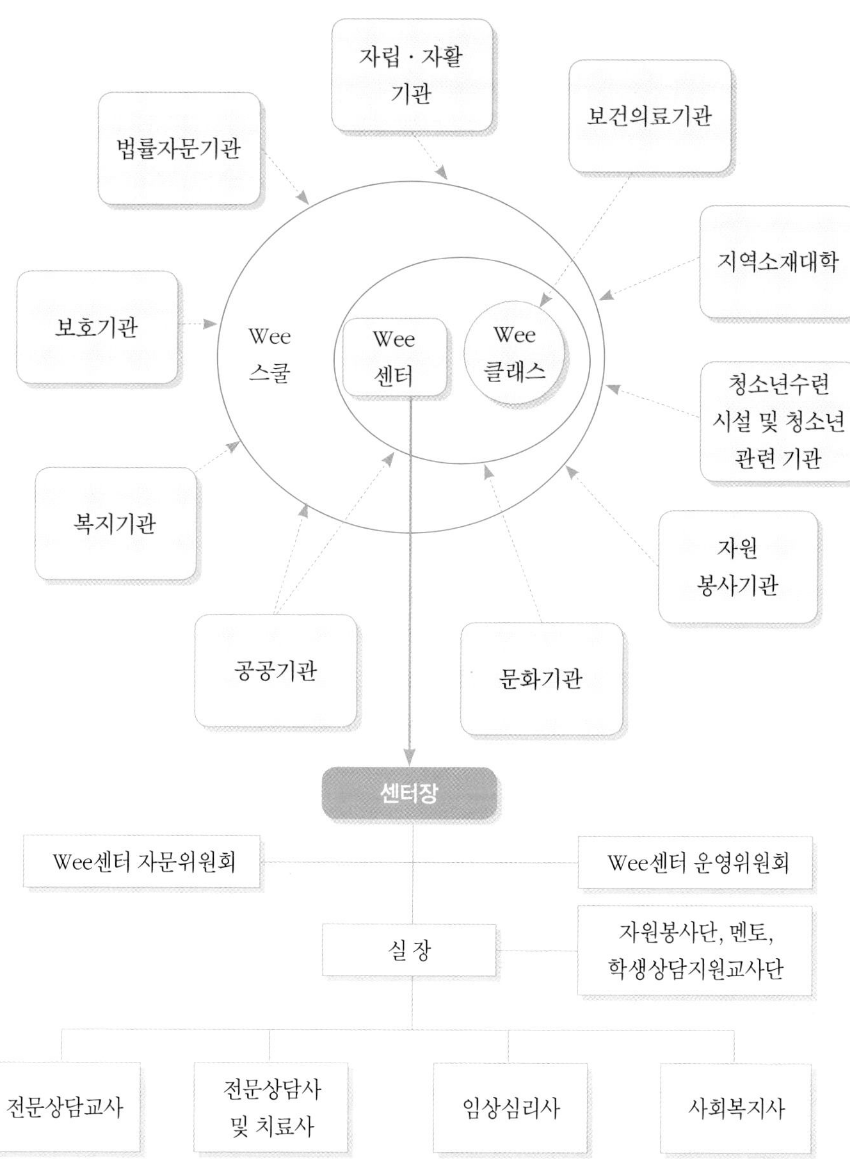

[그림 7-1] Wee 프로젝트의 운영 모형 및 Wee 센터 조직

*출처: 최상근 · 금명자 · 정진(2011).

다. 사례의 수에서 종결에 이르기까지, 치료에서 자활 · 자립에 이르기까지 책임성은 매우 중요한 요소이다. Wee 프로젝트는 위기학생의 학교 생활적응지원을 위한 단계 서비스 제공을 위한 틀이라 할 수 있으며, 이를 통해 단계별로 차별화된 서비

스를 통해 위기학생 개인에 대한 개별화된 서비스의 제공이 가능하다. 학생의 학교 부적응 현상은 학업성취 욕구를 비롯하여 또래관계, 성격, 가정, 이성 및 성, 경제적 지원 등 다양하고 복잡한 욕구를 갖고 있기 때문에 학생의 교육 및 복지 욕구를 충족시키기 위해서는 서비스의 연계와 네트워크의 구성이 매우 중요하다. [그림 7-1]은 Wee 프로젝트 운영 모형과 Wee 센터 조직을 제시한 것이다.

독일의 경우 '독일 폭력예방포럼재단(Die Stiftung Deutsches Forum fur Kriminalprvention: 이하 DFK)'에서는 폭력예방프로그램의 품질 보장과 질적 수준의 개선에 대한 사회적 논의와 요구를 적극적으로 인식하고 2001년부터 기존의 예방이론과 프로그램을 연구하였다. '실제를 위한 지침'은 발전지향적인 청소년폭력예방을 위한 프로그램을 개발하고 구현하는 일련의 과정을 구조화된 4단계로 구축하고 있다. 4단계는 개발 → 구현(실행) → 평가 → 전파 보급의 활동으로 구성되어 있다. 4단계가 구조화되어 있다는 것은 앞선 단계의 내용이 다음 단계의 내용과 관련되면서 구조적으로 연계되어 있다는 것을 의미한다(김수정, 2015).

1단계는 목표집단이 처한 폭력 행위의 차원과 특성에 따라 예방 개입의 차원과 내용이 달라질 수 있다. 또한 청소년이 처한 환경에서 폭력을 촉진하는 부정적인 위험 요소는 제거하고 반대로 긍정적인 요소들을 강화할 수 있는 예방프로그램을 구성할 수 있으며, 긍정적인 발전을 도모하는 보호 요소를 지원하는 예방 대책을 실시하는 것은 아동 및 청소년이 생애발달과정에서 긍정적 환경을 체험할 수 있도록 하는 사회적 지원이다.

2단계는 구체적인 방법의 적용을 통하여 실제로 구현된다. 프로그램을 운영하는 실무자들은 구체적이고 특정된 개입 방법들을 목표(대상)집단에게 직접 적용하기도 하고 또는 다른 전문가에게 의뢰하여 실시하기도 함으로써 목표(대상)집단이 직접적이고 구체적인 프로그램의 내용을 체험하게 하고 이들을 변화시키고자 하는 내용이 담겨져 있어야 한다.

3단계는 평가단계로 평가가 품질 보장된 청소년폭력예방프로그램을 구별하고 비용경제성과 효과성을 검증하는 활동이기 때문에 반드시 진행되어야 하는 과정이다. 평가활동을 위하여 구체적인 평가방법과 평가지표를 공개하고 있으며 실무자들이 이를 활용할 수 있도록 도움을 주고 있다. 평가를 통하여 예방프로그램이 목표와 성과를 어느 정도로 달성하였는가를 입증하는 것은 전문 실천가의 책임과 역량에 속한다.

4단계는 품질 보장된 폭력예방프로그램의 전파 보급단계로 프로그램을 전파하고 보급하는 활동가들이 정치, 학문, 행정관리, 실제 현장, 미디어 등의 다양한 영역에서 일하고 있는데, 전파 보급을 위하여 서로 의사소통하는 것이 중요하다고 하였다. 품질 보장된 청소년폭력예방프로그램을 선별하여 광범위하게 보급하는 활동은 몇 가지 장점을 가진다. 예를 들면, 어떠한 폭력예방프로그램을 이미 구현하고 있는 실제 현장에서 실시되고 있는 프로그램의 효과성을 점검하게 하는 계기가 될 수 있다. 또한 새로운 프로그램을 성공적으로 개발할 수 있는 예방 모델을 제공받을 수 있으며 이는 품질 보장된 프로그램을 구축하는 데 필요한 시간과 비용을 감소시킴으로써 더욱 신속하게 예방 대책을 마련하는 데 도움을 줄 수 있다. 가장 중요한 측면으로서 품질 보장된 효과적인 청소년폭력예방 대책을 더욱 광범위한 지역에 적용하는 것은 폭력문제에 대한 사회적 관심을 높이고 폭력의 감소와 제거를 통하여 청소년들이 긍정적으로 성장 및 발전을 경험할 수 있는 사회환경을 조성할 수 있다. 또한 실제 폭력이 발생했을 때 프로그램의 접근성을 높여서 적절한 시기에 신속하고 정확하게 폭력문제를 해결할 수 있도록 개입할 수 있다.

2) 청소년폭력의 제도적 지원

폭력으로부터 피해자를 보호하기 위해 법으로 규정하고 있는데, 특히 「헌법」을 근거로 인간으로서 그 존엄과 가치 및 행복추구권(제10조)이 당연히 인정되고 기본적인 권리가 보장되어야 한다. 즉 피해자를 포함한 모든 사람은 인간으로서의 존엄과 가치를 지니며 국민의 한 사람으로 기본적인 권리를 보장받는 것은 「헌법」의 정신상 당연한 것이다.

(1) 「학교폭력예방 및 대책에 관한 법률」

이 법은 학교폭력의 예방과 대책에 필요한 사항을 규정함으로써 피해학생의 보호, 가해학생의 선도·교육 및 피해학생과 가해학생 간의 분쟁조정을 통하여 학생

의 인권을 보호하고 학생을 건전한 사회구성원으로 육성함을 목적으로 한다. 「학교폭력예방 및 대책에 관한 법률」(약칭: 「학교폭력예방법」)은 피해자보호법적 성격도 지니고 있다. 2004년 제정 당시 「학교폭력예방법」은 가해 행위를 명확화하는 방식이 아니라, 성희롱을 규정하는 방식과 같이 피해자중심적인 정의 규정 방식을 채택하고 있었다. 가해자의 고의보다는 피해자의 성적 수치심이 우선적으로 판단의 기준이 되는 성희롱의 개념과 같이 '피해자의 의사에 반하는 행위를 하거나 하게 하는 행위'도 학교폭력의 개념에 해당하였다. 그리고 분쟁조정을 통해서 일부 학교폭력 행위에 대해서는 민형사상 이의를 제기할 수 없다는 측면에서 조정법적인 성격도 지닌다. 현재 「학교폭력예방법」은 가해학생에 대한 징계와 피해학생에 대한 보호 및 지원, 분쟁조정을 통해 '징계법' '피해자보호법' '조정법'의 성격을 모두 지니고 있는 것으로 해석할 수 있다. 피해학생이 전문단체나 전문가로부터 제1호부터 제3호까지의 규정에 따른 상담 등을 받는 데 사용되는 비용은 가해학생의 보호자가 부담하여야 한다. 다만, 피해학생의 신속한 치료를 위하여 학교의 장 또는 피해학생의 보호자가 원하는 경우에는 「학교안전사고 예방 및 보상에 관한 법률」 제15조에 따른 학교안전공제회 또는 시도 교육청이 부담하고 이에 대한 구상권을 행사할 수 있다. 학교의 장 또는 피해학생의 보호자는 필요한 경우 「학교안전사고 예방 및 보상에 관한 법률」 제34조의 공제급여를 학교안전공제회에 직접 청구할 수 있다.

피해학생에 대한 조치

1. 심리상담 및 조언
2. 일시보호
3. 치료 및 치료를 위한 요양
4. 학급 교체
5. 그 밖에 피해학생의 보호를 위하여 필요한 조치

「학교폭력예방법」 제17조에는 가해학생에 대한 징계조치를 규정하고 있다. 자치위원회는 피해학생의 보호와 가해학생의 선도·교육을 위하여 가해학생에게 징계조치할 것을 학교의 장에게 요청하여야 한다.

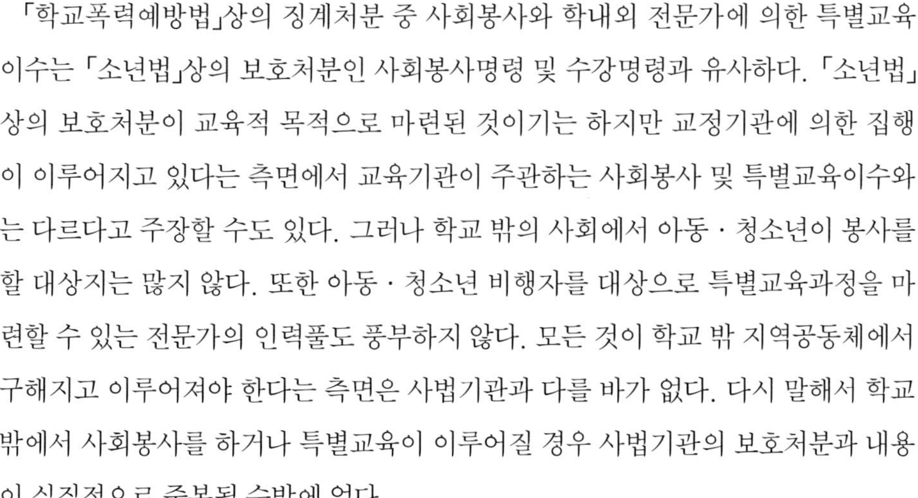

「학교폭력예방법」상의 징계처분 중 사회봉사와 학내외 전문가에 의한 특별교육이수는 「소년법」상의 보호처분인 사회봉사명령 및 수강명령과 유사하다. 「소년법」상의 보호처분이 교육적 목적으로 마련된 것이기는 하지만 교정기관에 의한 집행이 이루어지고 있다는 측면에서 교육기관이 주관하는 사회봉사 및 특별교육이수와는 다르다고 주장할 수도 있다. 그러나 학교 밖의 사회에서 아동 · 청소년이 봉사를 할 대상지는 많지 않다. 또한 아동 · 청소년 비행자를 대상으로 특별교육과정을 마련할 수 있는 전문가의 인력풀도 풍부하지 않다. 모든 것이 학교 밖 지역공동체에서 구해지고 이루어져야 한다는 측면은 사법기관과 다를 바가 없다. 다시 말해서 학교 밖에서 사회봉사를 하거나 특별교육이 이루어질 경우 사법기관의 보호처분과 내용이 실질적으로 중복될 수밖에 없다.

가해학생에 대한 징계처분에 대한 유형

1. 피해학생에 대한 서면사과
2. 피해학생 및 신고 · 고발 학생에 대한 접촉, 협박 및 보복 행위의 금지
3. 학교에서의 봉사
4. 사회봉사
5. 학내외 전문가에 의한 특별교육이수 또는 심리치료
6. 출석 정지
7. 학급 교체
8. 전학
9. 퇴학처분

(2) 「아동 · 청소년의 성보호에 관한 법률」

아동 · 청소년 대상 성범죄자를 체계적으로 관리함으로써 아동 · 청소년을 성범죄로부터 보호하고 아동 · 청소년이 건강한 사회구성원으로 성장할 수 있도록 하기 위해 제정한 법률이다.

제1장 총칙, 제2장 아동 · 청소년 대상 성범죄의 처벌과 절차에 관한 특례, 제3장 아동 · 청소년 대상 성범죄의 신고 · 응급조치와 지원 등 전문 67조와 부칙으로 이루어져 있다. 2000년 2월 3일에 「청소년의 성보호에 관한 법」으로 제정되었다가

2009년 6월 9일에 법률 제9765호로 내용을 전부 개정하며 법률명도 「아동 · 청소년의 성보호에 관한 법률」로 바꾼 이후 내용이 일부 또는 전부 개정되었다. 이 법에서 사용하는 '아동 · 청소년'은 19세 미만의 자를 말한다(제2조). 국가와 지방자치단체는 아동 · 청소년 대상 성범죄를 예방하고, 아동 · 청소년을 성적 착취와 학대 행위로부터 보호하기 위하여 필요한 조사 · 연구 · 교육 및 계도와 더불어 법적 · 제도적 장치를 마련하며 필요한 재원을 조달하여야 한다(제4조). 아동 · 청소년에 대한 강간 · 강제추행, 아동 · 청소년 이용음란물의 제작 · 배포, 아동 · 청소년 매매 행위, 장애인인 아동 · 청소년에 대한 간음 등의 행위를 할 경우 5년 이상의 유기징역 등에 처하며(제7조~제11조), 아동 · 청소년의 성을 사는 행위를 업으로 하는 자 등은 무기징역 또는 5년 이상의 징역에 처한다(제12조). 국가는 피해아동 · 청소년 등의 신체적 · 정신적 회복을 위하여 상담시설로 하여금 상담이나 치료프로그램을 제공하도록 요청할 수 있다(제25조).

(3) 「아동복지법」「아동학대범죄의 처벌 등에 관한 특례법」

「아동복지법」은 18세 미만의 아동이 건강하게 출생하여 행복하고 안전하게 자라나도록 그 복지를 보장함을 목적으로 하며(제1조), 아동에 대한 차별금지와 완전하고 조화로운 인격발달을 위한 안정된 가정환경에서 행복하게 살 권리, 아동의 이익이 모든 활동에 최우선적으로 고려될 것을 기본이념으로 한다(제3조). 이 법에서 정한 "아동학대"란 보호자를 포함한 성인에 의하여 아동의 건강 · 복지를 해치거나 정상적 발달을 저해할 수 있는 신체적 · 정신적 · 성적 폭력 또는 가혹행위 및 아동의 보호자에 의하여 이루어지는 유기와 방임을 말함으로써 아동에 대한 성적 폭력이 아동학대의 하나임을 분명히 하고 있다.

최근 우리나라의 경제난의 가속화로 인한 소득의 감소, 실직자의 증가가 또 하나의 원인으로 작용하면서 아동학대 등의 가정폭력 사례가 자주 언론에 보도되고 있다. 가정폭력의 현장에는 아이들이 있는 경우가 있는데, 아이들에게 폭력을 보여주는 것도 가정폭력 피해자와 목격자인 아이 양쪽에 대한 학대이다. 아이들이 있는 가정에서 폭력 행위가 발생하는 경우에 절반 이상이 가정에서 학대를 받는 어머니를 자녀들이 목격하고 있고, 폭력을 목격한 자녀들이 실제로 아버지로부터 폭력 행위를 당하고 있다는 보고가 있다(헤럴드경제, 2010. 11. 24일자).

피해아동에 대한 보호조치와 관련하여 지적되는 문제점으로는 아동학대의 경우 '가정사'로 취급되어 대응이 소홀했던 것이 그동안의 관행이었다. 그러나 친권자인 가해부모가 앞의 응급조치에 반대할 경우 이를 강제하거나 보호조치를 취할 때까지의 기간 동안에 친권행사 제한이나 접근금지 등 일정한 내용의 임시조치(24시간 이내 등 짧은 시간 이내에 조치할 수 있도록)를 긴급히 취할 수 있는 법적인 근거를 마련하였고, 친권에 의한 보호를 받지 못하는 미성년자 또는 장애, 질병, 노령 등으로 인해 사무 처리 능력에 도움이 필요한 성인에게 폭넓은 보호와 지원을 제공하기 위해 대리인을 선임하여 피후견자를 돌보는 제도인 후견인 제도를 도입하여 보호할 수 있다.

(4) 「성폭력범죄의 처벌 및 등에 관한 특례법」

이 법은 성폭력범죄를 예방하고 그 피해자를 보호하며, 성폭력범죄의 처벌 및 그 절차에 관한 특례를 규정함으로써 국민의 인권 신장과 건강한 사회질서의 확립에 이바지함을 목적으로 한다. 제7조에서는 13세 미만의 미성년자에 대한 강간, 강제추행 등에 관한 사항을 다루고 있다. 13세 미만의 여자에 대하여 「형법」 제297조(강간)의 죄를 범한 자는 10년 이상의 유기징역에 처하고, 13세 미만의 사람에 대하여 폭행이나 협박으로 구강, 항문 등 신체(성기는 제외한다)의 내부에 성기를 넣는 행위나 성기, 항문에 손가락 등 신체(성기는 제외한다)의 일부나 도구를 넣는 행위 등 어느 하나에 해당하는 행위를 한 자는 7년 이상의 유기징역에 처한다. 13세 미만의 사람에 대하여 「형법」 제298조(강제추행)의 죄를 범한 자는 5년 이상의 유기징역 또는 3천만 원 이상 5천만 원 이하의 벌금에 처한다.

또한 제30조 영상물의 촬영 · 보존 등에 관한 사항에서 피해자가 19세 미만이거나 신체장애 또는 정신상의 장애로 사물을 변별하거나 의사를 결정할 능력이 미약한 때에는 피해자의 진술내용과 조사과정을 비디오녹화기 등 영상물 녹화장치에 의하여 촬영 · 보존하여야 하지만 피해자 또는 법정대리인이 이를 원하지 않는 의사를 표시한 때에는 촬영을 하여서는 안 된다.

(5) 취업제한제도

성범죄전과자에 대한 취업제한은 2005년 12월 29일에 개정된 「아동 · 청소년 성보호에 관한 법률」의 전신인 「청소년의 성보호에 관한 법률」에서 처음 도입되었다. 취업제한제도는 청소년 대상 성범죄의 상당수가 교육기관 등 종사자에 의해 다수 발생함에 따라 성범죄의 재범 방지 차원에서 청소년을 직접적이고 지속적이고 보호하는 직종에 일정 기간 동안 성범죄자의 취업을 제한함으로써 잠정적 피해자와의 접촉가능성을 조기에 차단하고자 도입되었다. 이러한 필요성에 의하여 2006년 6월부터 청소년 대상의 성범죄자는 형이 확정된 후 5년간 유치원, 초중등학교, 청소년 대상 학원 및 교습소, 청소년보호센터 및 청소년재활센터, 청소년활동시설, 청소년쉼터, 보육시설, 아동복지시설 등에 취업이 제한되었다. 이후 2008년 2월에 동법 개정을 통하여 취업제한 대상 시설기관을 추가(청소년지원시설 및 성매매피해상담소, 공동주택의 관리사무소, 체육시설 등)하고 그 기간도 형 확정 후 10년간으로 연장하였다.

그리고 2010년 1월에 「청소년의 성보호에 관한 법률」은 법명 개정을 포함한 전부 개정하면서 취업제한 대상에 그 형 또는 치료감호의 전부 또는 일부의 집행을 종료한 자를 포함하였고, 동년 4월 개정에서 기존의 아동 · 청소년 대상 성범죄자뿐만 아니라 성인 대상 성범죄자도 취업제한 대상에 포함하였으며, 취업제한 기관과 시설에 개인과외교습자를 포함하였다. 이후 2012년 2월 개정에서 취업제한 대상의 가정을 직접 방문하여 아동 · 청소년에게 교육 서비스를 제공하는 업무 및 의료기관을 추가하였다. 또한 동년 12월 개정에서 인터넷컴퓨터 게임시설 제공업, 복합유통 게임 제공업, 경비업을 행하는 법인, 청소년활동기획업소, 대중문화예술기획업소, 아동 · 청소년과 해당 시설 등의 운영자 · 근로자 또는 사실상 노무 제공자 사이에 업무상 또는 사실상 위력 관계가 존재하거나 존재할 개연성이 있는 시설 및 아동 · 청소년이 선호하거나 자주 출입하는 시설 등으로서 해당 시설 등의 운영과정에서 운영자 · 근로자 또는 사실상 노무 제공자에 의한 아동 · 청소년 대상 성범죄의 발생이 우려되는 시설 등으로 취업제한 기관 및 업무를 추가하였다(이정훈, 2013). 특히 2018년 7월 이후부터는 법원이 성범죄로 형 또는 치료감호를 선고하면서 동시에 아동 · 청소년 관련 기관의 취업제한 명령을 최대 10년 범위에서 선고할 수 있게 되었다. 아울러 성범죄자 취업제한 대상기관으로 대학, 학생상담지원시설,

위탁교육시설, 아동복지통합서비스기관, 장애인특수교육지원센터 등 8개 유형의 아동 · 청소년 관련 기관이 새로 포함되었다. 대학은 아동 · 청소년 대상 성범죄 신고의무기관으로 추가되었다.

요약

1. 청소년폭력은 가해자가 상대방에게 해를 끼치려는 의도를 가지고 행해지는 모든 물리적 · 언어적 · 심리적인 힘을 의미하고, 특히 고의적인 집단괴롭힘이나 따돌림, 금품 갈취, 언어 놀림, 협박과 욕설, 성적인 괴롭힘 등이 포함된다.

2. 청소년폭력은 피해자뿐만 아니라 가해자들에게도 부정적인 결과를 초래하는데, 실제로 가해자들은 소년법정에 서거나, 범죄를 저지르거나, 성인이 된 이후에도 공격성 있는 자녀를 가질 확률이 높은 것이 문제이다.

3. 청소년폭력의 특징은 첫째, 청소년폭력은 청소년 위험행동 가운데 가장 많은 비중을 차지하고 있다. 둘째, 청소년폭력은 친구나 선배, 비행청소년 등을 통해 이루어지는 악성폭력의 형태가 많으며 그밖에도 부모나 교사의 체벌도 상당 부분을 차지하고 있다. 셋째, 청소년폭력을 비롯한 범죄가 저연령화되고 있다. 넷째, 청소년폭력이 더욱 잔인하고 비인간적인 방법으로 이루어지고 있다. 다섯째, 청소년폭력의 가해자는 다양한 얼굴을 지니고 있다. 여섯째, 피해학생의 경우 그 사실을 부모나 선생님에게 잘 알리지 않는다. 일곱째, 청소년의 학교내 폭력이 급격하게 증가되고 있다.

4. 청소년들에게 빈번하게 일어나는 폭력 유형은 언어폭력, 사이버폭력, 성폭력, 학교폭력이다.

5. 체계를 통해서 (위기학생들에 대한 지원과 사회환경 조성을 통해) 체계적으로 청소년폭력을 예방하고 지원한다. 청소년폭력의 제도적 지원으로는 「학교폭력예방 및 대책에 관한 법률」 「아동 · 청소년의 성보호에 관한 법률」 「아동복지법」 「성폭력범죄의 처벌 등에 관한 특례법」 취업제한제도를 들 수 있다.

참고문헌

김선애(2007). 가정, 학교, 친구관련변인과 학교폭력과의 관계. **청소년학연구, 14**(1), 101-126.

김수정(2015). 독일 DFK의 발전지향적인 청소년폭력예방프로그램 지침에 관한 고찰. **교정복지연구, 39**(2), 1-27.

김재엽 · 이근영(2010). 학교폭력 피해청소년의 자살생각에 대한 연구. **청소년학연구, 17**(5), 121-149.

김재엽 · 이진석 · 이선우(2010). 인터넷 게임의 폭력성이 청소년의 학교폭력 가해행동에 미치는 영향과 폭력생각의 매개효과, **청소년학연구, 17**(1), 249-278.

김종선(2010). **학교폭력 가해자와 피해자의 인계패턴 자아방어기제 비교.** 충북대학교 대학원 석사학위논문.

김정선(2012). 청소년 비속어 · 욕설 · 은어 · 유행어 사용 실태와 언어 의식 연구. **국제어문, 54**, 43-93.

김혜원 · 이해경(2000). 집단괴롭힘의 가해와 피해행동에 영향을 미치는 사회, 심리 변인들. **한국심리학회지: 사회 성격, 14**(1), 45-64.

도기봉 · 오주(2010). 학교폭력 중복 경험자의 자아존중감과 문제대처 행동향상을 위한 현실요법 집단프로그램의 효과. **한국심리학회지: 학교, 7**(1), 37-53.

박순진(2009). 청소년폭력에 있어서 피해-가해 경험의 발전. **형사정책연구, 20**(1), 71-94.

법무연수원(2016). **범죄백서.** 세종: 법무연수원.

배종대(2000). **형사정책.** 서울: 홍문사.

손능수 · 권상조(2010). 학교폭력에 대한 학력단계별 대응방안에 관한 연구. 한국정부학회, **2010년도 추계학술회 자료집**, 427-456.

손원경(1998). **학교폭력 가해 및 피해 중학생의 사회적 지지 지각에 관한 연구.** 동아대학교 대학원 석사학위논문.

신혜섭(2005). 학생의 학교폭력 유형에 영향을 미치는 변인. **청소년학연구, 12**(4), 123-149.

신희경(2006). 가해 청소년, 피해청소년, 가해 · 피해청소년 집단유형의 발달에 영향을 미치는 변인. **한국청소년연구, 17**(1), 297-323.

안선욱(2007). **학교폭력의 실태와 대책.** 서울: 청소년폭력예방재단.

오인수(2014). **학교폭력 주변학생의 이해 및 지도.** 서울: 학지사.

윤계형 · 정상우 · 이덕난(2012). **학교폭력예방대책에 관한 법률에 대한 입법평가.** 세종: 한국법제연구원.

이민희(1998). 폭력적 인간: 청소년폭력의 원인을 중심으로. **청소년행동연구**, 3(3), 1-14.

이정훈(2013). 최근 개정된 아동 · 청소년의 성보호에 관한 법률상 신상공개 및 취업제한 제도의 문제점과 개선방안. **경찰법연구**, 11(2), 65-90.

임신일 · 이정미(2013). 남자 고등학생의 부모 간 폭력 목격 경험, 자존감, 학교폭력 피해, 학교폭력 가해의 관계. **학교사회복지**, 26, 27-45.

장윤지(2005). 학교폭력 유형과 인터넷 중독과의 관계. 숙명여자대학교 대학원 석사학위논문.

정여주 · 두경희(2014). 청소년 사이버폭력의 원인, 결과, 개입에 대한 연구 동향-예방 상담학적 관점에서. **청소년학연구**, 21, 373-406.

조아미 · 조승희(2007). 집단 따돌림의 발달적 변화와 유형에 따른 심리적 특성의 차이. **청소년시설환경**, 5(3), 37-48.

진태원(1996). **폭력과 비행 종합보고서**. 서울: 서울 YWCA 청소년유해환경감시단.

청소년폭력예방재단(2002). **학교폭력 실태조사 보고서**. 서울: 청소년폭력예방재단.

최상근 · 금명자 · 정진(2011). **Wee 프로젝트 운영 모델 개발 연구**. 서울: 한국교육개발원.

헤럴드경제(2010. 11. 24.). 가정 폭력이 학교 폭력 부른다.

홍경자(2014). 청소년폭력과 철학실천. **철학논집**, 38(8), 213-241.

홍봉선 · 남미애(2007). **청소년복지론**. 경기: 공동체.

Alex, T. (1983). *Deviant behavior* (2nd ed.). Boston: Houghton Mifflin Co.

Austin, S., & Joseph, S. (1996). Assessment of bully/victim problems in 8 to 11 year-olds. *British Journal of Educational Psychology, 66*(4), 447-456.

Chandler, K., Nolin, M. J., & Davies, E.(1995). Student victimization at School. *National Center for Education Statistics-Statistics in Brief.* (NCES 95S-204).

Craig, W., & Pepler, D. (1997). Observations of bully and victimazation in schoolyard. *Canadian Journal of school psychology, 2*, 41-60.

Daniels, K. (2005). Intimate partner violence and depression: A deadly comorbidity. *J Psychosoc Nurs Ment Health Serv, 43*, 45-51.

Dupper, D. R. (2003). *School social work* (한인영 · 홍순혜 · 김혜란 · 박명숙 공역). 서울: 학지사.

Elliott, D. S. (1994). Serious violent offenders: Onset, developmental course, and termination. The American Society of Criminology 1993 presidential address. *Criminology, 32*, 1-21.

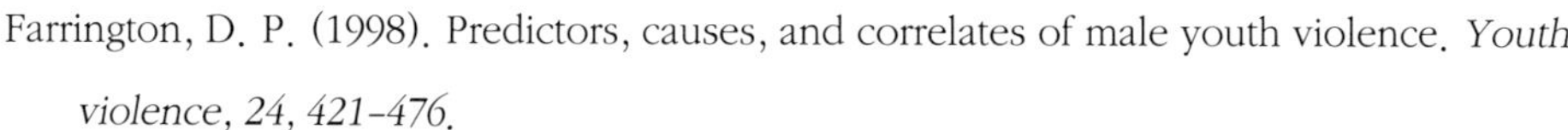

Farrington, D. P. (1998). Predictors, causes, and correlates of male youth violence. *Youth violence, 24, 421-476.*

Freud, S. (1982). *Psychologie des Unbewußten*. (Studienausgabe) Bd.Ⅲ von 10 u. Erg. -Bd.

Gerd, K., Natvig, G. A., & Ulla, Q. (2001). Psychosomatid symptoms among victims of school bullying. *Jornal of Health Psychology, 6(4),* 365-377.

Gilbert, G., & Robley, G. (1979). Rape in stockholm: Is permissiveness relevant?. *CRIMINOLOGY, 17(3),* 311-322.

Hamner, T. J., & Terner, P. H. (2001). *Parenting in contemporary society*(4th). Massachusetts: Allyn & Bacon.

Hazler, R. J. (1994). Bullying breeds violence: You can stop it. *Learing, 22,* 38-41.

Hodges, E. V. E., Malone, M. J., & Perry, D. G. (1997). Individual risk and social risk as interacting determinants of victimination in the peer group. *Development Psychology, 33,* 1032-1039.

Myers, W. C., Scott, K., Burgess, A. W., & Burgess, A. G. (1995). Psychology, biopsychosocial factors, crime characteristics, and classification of 25 homicidal youth. *Journal of the American Academy of child and adolescent psychiatry, 34,* 1483-1489.

Olweus, D. (1993). *Bullying at school: What we know and what we can do*. Cambridge: Blackwell.

Olweus, D. (1994). *Bullying at school: Long-term outcomes for the victims an effective school-based intervention program.* In L. R. Huesmann(Ed.), *Plehum series in social/ clinical psychology.* Aggressive behavior: Current perspectives (pp. 97-130). New York: Plenum.

Park, K., & Kim, H. E. (2006). The moderating effect of problem solving on the relationship between sexual assault victimization and depression in female university students. *Kor Psychol Assoc Abs,* 248-249.

Salmivalli, C. (1996). Bullying as a group process: Participant roles and their relations to social status within the group. *Aggressive Behavior, 22,* 1-15.

Santtila, P., & Haapasalo, J. (1997). Neurological and Psychological risk factors among young homicidal, violent and nonviolent offenders in Finland. *Homicide studies, 1,* 234-253.

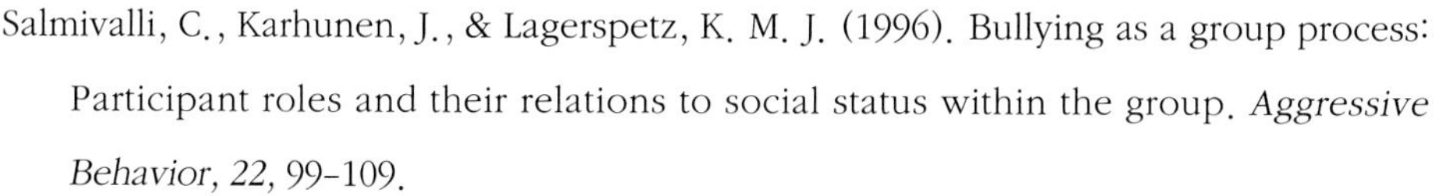
Salmivalli, C., Karhunen, J., & Lagerspetz, K. M. J. (1996). Bullying as a group process: Participant roles and their relations to social status within the group. *Aggressive Behavior, 22,* 99-109.

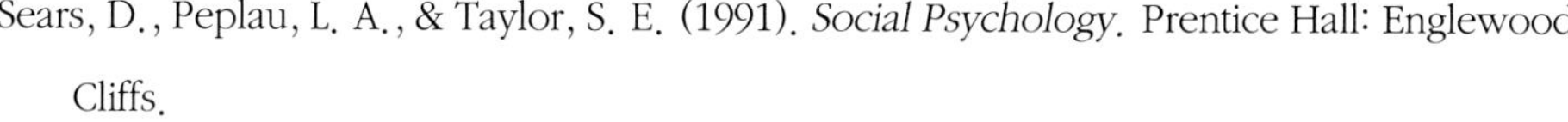
Sears, D., Peplau, L. A., & Taylor, S. E. (1991). *Social Psychology.* Prentice Hall: Englewood Cliffs.

Schneider, K. (1976). *Klinische Psychopathologie (11th ed).* Stuttgart: Thieme.

Zagar, R., Arbit, J., Hughes, J. R., Busell, R. E., & Busch, K. G. (1989). Developmental and disruptive behavior disorders among delinquents. *Journal of the American Academy of child andadolescent psychiatry, 28*, 437-440.

Whitmer, B. (1997). *The violence mythos.* Albany: University of New York Press.

방송통신심의위원회(2016). 청소년 사이버권리침해 예방 가이드. http://www.kocsc.or.kr./02_infoCenter/Edu_View.php?ko_board=edu&ba_id=263 4&page=2(2016. 7. 3. 검색)

제8장

청소년복지의 실제 V : 범죄

학습개요

청소년범죄를 바라보는 관점은 매우 다양하며, 그에 따라 접근 방법 또한 달라진다. 청소년범죄의 주된 원인이 개인 요인의 문제인지, 외부 요인의 문제인지에 대한 논쟁 또한 계속 있어왔다. 용어 사용에 있어서도 뚜렷한 개념 정의 없이 청소년범죄, 청소년비행 등을 혼용하여 사용하고 있다.

최근 들어 언론에 자극적인 청소년 강력범죄가 조명되면서 범죄청소년의 처벌 강화에 대한 주장이 거세지고 있다. 청소년범죄에 이르게 된 원인을 파악하기보다는 범죄청소년을 어떻게 처벌할 것인가에 대한 관심이 집중되고 있다. 처벌 강화가 청소년범죄 예방에 효과적이라고는 할 수 없기 때문에 청소년범죄의 예방적 차원에서 범죄청소년에 대한 복지적 접근 방법이 필요하다. 이를 위해 현행법에서도 만 19세 미만인 '소년'에 대해서는 보호처분 등 성인과 다른 처벌 근거를 마련하고 있다. 하지만 범죄청소년에 대한 복지정책은 매우 미비하다. 기존의 정책 또한 현실과 현황을 기반으로 이루어지지 않고 있다. 또한 청소년범죄 관련 및 범죄청소년에 대한 법규와 관련 부처의 업무가 혼재되어 있어 통일된 지원정책이 이루어지지 않고 있다.

이 장에서는 청소년범죄의 개념, 청소년범죄의 현황, 청소년범죄와 관련된 법률, 청소년범죄 예방 및 범죄청소년에 대한 복지적 개입 방안에 대해 살펴보고자 한다.

01 청소년범죄의 개념

청소년범죄의 개념을 명확하게 단정짓기는 매우 어렵다. 이는 청소년범죄에 대한 경험, 청소년을 바라보는 시각 그리고 청소년범죄를 바라보는 관점에 따라 매우 다양하게 정의되기 때문이다. 특히 청소년범죄에 대해서는 범죄의 관점보다 비행의 관점으로 보는 경향이 있어 청소년범죄를 청소년비행, 문제행동, 일탈행동 등의 용어들과 구분 없이 혼용하여 사용하고 있다.

현재 우리나라의 청소년범죄에 대한 개념 정의는 주로 「소년법」에 의한 법적인 정의에 충실하면서 연구자의 관점과 목적에 따라 다양하게 정의하고 있다. 최효주와 박기환(2012)은 청소년범죄를 청소년이 절도나 폭행, 강도 등 범법 행위에 가담하는 것으로 술, 담배, 무단결석, 가출 등이 포함되는 청소년비행에 비해 심각한 일탈행동으로 정의하였다. 하지만 청소년비행을 일반적인 사회규범을 위반함으로써 다른 사람과 사회 전체에 피해를 입히는 행위부터 금품 갈취, 절도, 폭행 등 각종 법령을 위반하는 행위까지 포함하는 것으로 범죄보다 더 포괄적인 의미라고 주장하는 연구들(노언경 · 정송 · 홍세희, 2014; 박병식, 1999; 박성희, 1997; 정제영 · 선미숙 · 장선희, 2016)과 비교하면 청소년범죄와 청소년비행은 유사한 측면도 있지만 어떤 측면에서는 확연하게 구분이 될 수 있는 개념으로 볼 수 있다.

「소년법」[1]에서 "소년"은 19세 미만인 자로 규정하고 있다. 「소년법」을 토대로 개념을 정리하면 청소년범죄는 "10세 이상 19세 미만인 자가 범한 죄"로 정의될 수 있다.

1) 국가법령정보센터 http://www.law.go.kr (2018. 11. 17 검색)

「소년법」 제4조

① 다음 각 호의 어느 하나에 해당하는 소년은 소년부의 보호사건으로 심리한다.

1. 죄를 범한 소년
2. 형벌 법령에 저촉되는 행위를 한 10세 이상 14세 미만인 소년
3. 다음 각 목에 해당하는 사유가 있고 그의 성격이나 환경에 비추어 앞으로 형벌 법령에 저촉되는 행위를 할 우려가 있는 10세 이상인 소년
   가. 집단적으로 몰려다니며 주위 사람들에게 불안감을 조성하는 성벽(性癖)이 있는 것
   나. 정당한 이유 없이 가출하는 것
   다. 술을 마시고 소란을 피우거나 유해환경에 접하는 성벽이 있는 것

*출처: 국가법령정보센터(2018).

앞서 언급한 것과 같이 청소년범죄의 개념을 명확하게 정의하기는 어렵지만 이 장에서는 「소년법」의 내용과 선행연구들을 통해 청소년범죄의 정의를 개념화하고자 한다. 이를 위해 먼저 청소년비행에 대해 살펴보면 청소년비행이란 '법을 위반하는 행위라고 할 수 있지만 대체로 비행 행위란 일반적인 이탈 행위라고 불리는 것으로 음주, 흡연, 부모가 손을 쓸 수 없는 행위, 정당한 이유 없이 가정을 이탈하는 행위, 불량한 교우관계, 유해 장소 출입, 도박, 성행위, 상습적인 학업태만, 자기 또는 타인의 덕성을 해롭게 하는 행위, 소년으로 금지되어 있는 일련의 행위'로 구분할 수 있다. 여기서 범죄와 비행을 구별하면 청소년범죄는 청소년비행에 비해 보다 심각한 살인, 강도, 강간, 방화, 절도, 상해, 공갈, 협박, 횡령, 도박 등을 말하고, 청소년비행이란 음주, 흡연, 홍행장 출입, 유흥접객업소 출입, 사행행위장 출입, 불량집단 조직, 음란행위, 불순이성교제, 부녀자 희롱 등을 말한다(박지홍, 2002).

따라서 앞의 내용을 토대로 청소년범죄의 개념을 정리하면 청소년범죄는 '10세 이상 19세 미만인 자가 저지른 청소년비행에 비해 보다 심각한 살인, 강도, 강간, 방화, 절도, 상해, 공갈, 협박, 횡령, 도박 등의 죄'라고 정의할 수 있다.

02 청소년범죄의 현황

청소년범죄의 현황은 청소년범죄의 동향, 청소년 마약사범류 동향, 학생범죄의 동향으로 구분하였다. 내용은 대검찰청의 2008~2017년의 범죄분석 자료들을 정리하였고, 그 내용을 살펴보면 다음과 같다(여성가족부, 2017).

1) 청소년범죄의 동향

최근 10년간 전체 범죄자 대비 소년범죄자의 구성 비율을 보면 2007년에는 4.4%이었다가 2008년에는 5.5%를 차지하여 최고치를 나타내었다가 이후 감소되었다. 2012년에 다시 증가하여 5.1%를 기록하였으나 이후 계속 감소하고 있다. 소년범 구성 비율이 2009년부터 감소한 것은 2008년에 개정된 「소년법」 시행으로 소년범의 범위에서 19세가 제외되었기 때문인 것으로 풀이된다. 2012년에 비율이 대폭 증가한 것은 학교폭력이 사회적 문제로 다루어지면서 학교폭력에 대한 강력 대응 등이 수치 증가에 영향을 미친 것으로 보인다. 2016년 전체 범죄자 중 소년 범죄자의 비율은 3.8%를 차지하였다.

2016년도 소년범죄의 남녀별 비율을 보면 남자가 83.9%, 여자가 16.1%로 남자의 비율이 5배 이상 많다. 2008년 남자소년의 범죄율이 80.4%로 최저치를 기록한 이

표 8-1 전체 범죄 인원 중 청소년범죄 인원의 구성 비율 (단위: 명, %)

구분 \ 연도	2007년	2008년	2009년	2010년	2011년	2012년	2013년	2014년	2015년	2016년
전체 범죄자	1,989,862	2,472,897	2,519,237	1,954,331	1,907,641	2,117,737	2,147,250	1,897,548	1,948,966	2,020,196
소년 범죄자	88,104	134,992	113,022	89,776	83,068	107,490	91,633	77,594	71,035	76,000
구성비	4.4	5.5	4.5	4.6	4.4	5.1	4.3	4.1	3.6	3.8

*출처: 여성가족부(2017).

*주: 2009년 이후 「소년법」 개정에 따라 소년범죄자의 기준은 만 19세 미만자임.

후 2011년에는 82.8%, 2012년에는 83.1%, 2013년에는 83.8%, 2014년에는 85.2%, 2015년에는 85.2%, 2016년에는 83.9%로 다소 감소하기는 하였으나 남자청소년의 범죄율은 지속적으로 증가하고 있다. 반면, 여자청소년의 범죄율은 2010년에는 19.2%를 차지한 이후로 2015년에는 14.8%까지 지속적으로 감소하였다가 2016년에는 16.1%로 소폭 증가하였다.

2016년 청소년범죄 유형별 분포상황을 보면 재산범이 33,088명(43.5%)으로 가장 높은 비중을 차지하였고, 다음으로 폭력범이 19,476명(25.6%), 교통사범이 9,259명(12.2%), 강력범이 3,343명(4.4%), 저작권법 위반사범이 146명(0.2%) 순이었다. 재산범이 2007년에는 33,659명(38.2%)이었던 것에 반해, 2016년에는 33,088명(43.5%)으로 재산범의 비율이 5.3%p 증가하였고, 특히 재산범 중 절도범의 비율이 지속적으로 약 70~80% 정도를 차지하고 있다.

2016년 전체 소년범의 연령을 보면 18세 소년범이 19,401명(25.5%)에 이르고 있어 가장 높은 비율을 차지하고 있다. 이어 17세 17,607명(23.1%), 16세 17,589명(23.1%), 15세 13,789명(18.1%), 14세 7,530명(9.9%), 14세 미만 84명(0.1%)의 순으로 나타났다. 전년도와 비교할 때 14세 저연령 소년범의 비율이 증가한 반면에 17~18세 소년범의 비율은 다소 감소하였다.

2) 청소년 마약사범류 동향

마약이란 일반적으로 마약 원료인 생약으로부터 추출되는 천연마약(양귀비, 아편, 헤로인, 코데인, 모르핀, 코카인 등)과 화학적으로 합성되는 합성마약으로 분류되고 있다. 향정신성의약품이란 오남용 시 인체에 현저한 위해를 가할 수 있다고 인정되는 물질로서 '메스암페타민(속칭 '히로뽕')' 'MDMA(엑스터시)' 'LSD(무색 · 무미 · 무취 환각제)' 등을 가리킨다. 2016년 청소년 마약범죄의 마약류별 현황을 보면 대체로 마약과 대마보다는 향정신성의약품의 사용 비율이 높게 나타났다. 전체 마약류사범과 청소년 마약류사범은 2007년부터 2016년까지 소폭 증감을 반복하고 있다. 2016년도에는 전년대비 전체 마약류사범은 증가한 반면 청소년 마약류사범은 소폭 감소하였다.

3) 학생범죄의 동향

전체 청소년범죄자 대비 학생 범죄자의 구성 비율은 2007년에 67.8%에서 점차 증가하다가 2016년에는 74.5%로 가장 높은 수치를 차지하였다. 2016년에는 전체 범죄자 2,020,196명 가운데 76,000명(3.8%)이 소년범죄자이고, 이 중 56,625명(74.5%)이 학생 범죄자로 구성되어 있다.

2015년도 학생 범죄자의 연령별 비율을 보면 16세가 23.2%로 가장 높은 비율을 차지하고 있고, 다음으로 17세(22.4%), 15세(21.3%), 18세(19.3%), 14세(13.7%), 14세 미만(0.1%) 순으로 나타났다.

표 8-2 학생범죄의 연도별 현황

(단위: 명, %)

구분	전체 범죄(A)	소년범죄		학생 범죄	
		인원(B)	구성비 (B/A×100)	인원(C)	구성비 (C/B×100)
2007년	1,989,862	88,104	4.4	59,701	67.8
2008년	2,472,897	134,992	5.5	88,701	65.7
2009년	2,519,237	113,022	4.5	78,077	69.1
2010년	1,954,331	89,776	4.6	62,173	69.3
2011년	1,907,641	83,068	4.4	57,672	69.4
2012년	2,117,737	107,490	5.1	73,684	68.5
2013년	2,147,250	91,633	4.3	60,438	66.0
2014년	1,897,548	77,594	4.1	54,627	70.4
2015년	1,948,966	71,035	3.6	57,672	69.4
2016년	2,020,196	76,000	3.8	56,625	74.5

*출처: 여성가족부(2017).

*주: 2009년 이후「소년법」개정에 따라 소년범죄자의 기준은 만 19세 미만자임.

03 청소년범죄와 관련된 법률[2)]

청소년범죄와 관련된 법률은 청소년을 주요 대상으로 하거나 법 적용 대상의 일부가 청소년인 경우 등 각 법령별로 입법 취지와 적용 대상을 달리하면서 제정·시행되어 왔다. 특히 청소년과 관련된 법률은 크게 청소년범죄에 대한 보호(교정)처분에 관한 법률과 청소년범죄를 예방하고 청소년범죄로부터 청소년을 보호하기 위한 법률로 구분할 수 있다.

1) 청소년범죄에 대한 보호(교정)처분에 관한 법률

(1) 「소년법」

「소년법」은 반사회성이 있는 소년의 환경 조정과 품행 교정을 위한 보호처분 등의 필요한 조치를 하고, 형사처분에 관한 특별조치를 함으로써 소년이 건전하게 성장하도록 돕는 것을 목적으로 한다(제1장 제1조). 이 법에서 "소년"이란 19세 미만인 자로 규정하고 있다. 주요 내용을 살펴보면 다음과 같다.

첫째, 소년을 조사할 때 의학, 심리학, 교육학, 사회학이나 그 밖의 전문적인 지식을 활용하여 소년과 보호자 또는 참고인의 품행, 경력, 가정 상황, 그 밖의 환경 등을 밝히도록 노력하여야 한다(제9조)고 명시하고 있다. 그리고 조사 또는 심리를 할 때에 정신건강의학과의사, 심리학자, 사회사업가, 교육자나 그 밖의 전문가의 진단, 소년분류심사원의 분류심사 결과와 의견, 보호관찰소의 조사결과와 의견 등을 고려하여야 한다(제12조)고 하고 있다.

둘째, 소년부 판사는 사건을 조사 또는 심리하는 데에 필요하다고 인정하면 소년의 감호에 관하여 결정으로써 다음 각 호의 어느 하나에 해당하는 조치를 할 수 있다. ① 보호자, 소년을 보호할 수 있는 적당한 자 또는 시설에 위탁, ② 병원이나 그 밖의 요양소에 위탁, ③ 소년분류심사원에 위탁을 조치할 수 있다(제18조).

2) 국가법령정보센터 http://www.law.go.kr (2018. 11. 17. 검색)

셋째, 소년부 판사는 송치서와 조사관의 조사보고에 따라 사건의 심리를 개시할 수 없거나 필요가 없다고 인정하면 심리를 개시하지 아니한다는 결정을 하여야 한다. 이 결정은 사건 본인과 보호자에게 알려야 한다. 사안이 가볍다는 이유로 심리를 개시하지 아니한다는 결정을 할 때에는 소년에게 훈계하거나 보호자에게 소년을 엄격히 관리하거나 교육하도록 고지할 수 있다(제19조).

넷째, 소년부 판사는 심리 결과 보호처분을 할 필요가 있다고 인정하면 결정으로써 다음 각 호의 어느 하나에 해당하는 처분을 하여야 한다. ① 보호자 또는 보호자를 대신하여 소년을 보호할 수 있는 자에게 감호 위탁, ② 수강명령, ③ 사회봉사명령, ④ 보호관찰관의 단기보호관찰, ⑤ 보호관찰관의 장기보호관찰, ⑥ 「아동복지법」에 따른 아동복지시설이나 그 밖의 소년보호시설에 감호 위탁, ⑦ 병원, 요양소 또는 「보호소년 등의 처우에 관한 법률」에 따른 소년의료보호시설에 위탁, ⑧ 1개월 이내의 소년원 송치, ⑨ 단기 소년원 송치 ⑩ 장기 소년원 송치를 하여야 한다(제32조). 제32조 제6항에는 소년의 보호처분은 그 소년의 장래 신상에 어떠한 영향도 미치지 아니한다고 규정하고 있다.

(2) 「보호소년 등의 처우에 관한 법률」

「보호소년 등의 처우에 관한 법률」은 보호소년 등의 처우 및 교정교육과 소년원과 소년분류심사원의 조직, 기능 및 운영에 관하여 필요한 사항을 규정함을 목적으로 한다(제1조). 소년원은 「소년법」 제32조 제1항 제7호부터 제10호까지의 규정에 따라 가정법원소년부 또는 지방법원소년부로부터 위탁되거나 송치된 소년을 수용하여 교정교육을 하는 것을 임무로 한다(제2조). 보호소년, 위탁소년 또는 유치소년 처우의 기본원칙은 소년원장 또는 소년분류심사원장은 보호소년, 위탁소년 또는 유치소년을 처우할 때에 인권보호를 우선적으로 고려하여야 하며, 그들의 심신 발달 과정에 알맞은 환경을 조성하고 안정되고 규율 있는 생활 속에서 보호소년 등의 성장 가능성을 최대한으로 신장시킴으로써 사회적응력을 길러 건전한 청소년으로서 사회에 복귀할 수 있도록 하여야 한다. 보호소년에게는 품행의 개선과 진보의 정도에 따라 점차 향상된 처우를 하여야 한다(제5조). 주요 내용을 살펴보면 다음과 같다.

첫째, 소년분류심사원장은 「청소년 기본법」 제3조 제1호에 따른 청소년이나 그

보호자가 적성검사 등 진로탐색을 위한 청소년심리검사 또는 상담을 의뢰하면 이를 할 수 있다. 이 경우에는 법무부장관이 정하는 바에 따라 실비를 받을 수 있다(제26조). 그리고 소년원의 교정교육은 규율 있는 생활 속에서 초·중등교육, 직업능력개발훈련, 인성교육, 심신의 보호·지도 등을 통하여 보호소년이 전인적인 성장·발달을 이루고 사회생활에 원만하게 적응할 수 있도록 하여야 한다(제28조).

둘째, ① 보호소년이 소년원학교에 입교하면 「초·중등교육법」에 따라 입학·전학 또는 편입학한 것으로 본다. ② 「초·중등교육법」 제2조의 학교에서 재학하던 중 소년분류심사원에 위탁되거나 유치된 소년 및 「소년법」 제32조 제1항 제8호의 처분을 받은 소년의 수용기간은 그 학교의 수업일수로 계산한다. ③ 소년원학교장은 보호소년이 입교하면 그 사실을 보호소년이 최종적으로 재학했던 학교의 장에게 통지하고 그 보호소년의 학적에 관한 자료를 보내줄 것을 요청할 수 있다. ④ 제3항에 따른 요청을 받은 전적학교의 장은 교육의 계속성을 유지하는 데에 필요한 학적사항을 지체 없이 소년원학교장에게 보내야 한다(제31조).

셋째, ① 소년원학교에서 교육과정을 마친 보호소년이 전적학교의 졸업장 취득을 희망하는 경우 소년원학교장은 전적학교의 장에게 학적사항을 통지하고 졸업장의 발급을 요청할 수 있다. ② 제1항에 따른 요청을 받은 전적학교의 장은 정당한 사유를 제시하지 아니하는 한 졸업장을 발급하여야 한다. 이 경우 그 보호소년에 관한 소년원학교의 학적사항은 전적학교의 학적사항으로 본다(제34조).

(3) 「보호관찰 등에 관한 법률」

「보호관찰 등에 관한 법률」은 죄를 지은 사람으로서 재범 방지를 위하여 보호관찰, 사회봉사, 수강 및 갱생보호 등 체계적인 사회 내 처우가 필요하다고 인정되는 사람을 지도하고 보살피며 도움으로써 건전한 사회 복귀를 촉진하고, 효율적인 범죄예방 활동을 전개함으로써 개인 및 공공의 복지를 증진함과 아울러 사회를 보호함을 목적으로 한다(제1조). 주요 내용은 다음과 같다.

첫째, 보호관찰을 받을 사람은 다음 각 호와 같다. ① 「형법」 제59조의 2에 따라 보호관찰을 조건으로 형의 선고유예를 받은 사람, ② 「형법」 제62조의 2에 따라 보호관찰을 조건으로 형의 집행유예를 선고받은 사람, ③ 「형법」 제73조의 2 또는 이

법 제25조에 따라 보호관찰을 조건으로 가석방되거나 임시 퇴원된 사람, ④ 「소년법」 제32조 제1항 제4호 및 제5호의 보호처분을 받은 사람, ⑤ 다른 법률에서 이 법에 따른 보호관찰을 받도록 규정된 사람이다(제3조).

둘째, 사회봉사 또는 수강을 하여야 할 사람은 다음 각 호와 같다. ① 「형법」 제62조의 2에 따라 사회봉사 또는 수강을 조건으로 형의 집행유예를 선고받은 사람, ② 「소년법」 제32조에 따라 사회봉사명령 또는 수강명령을 받은 사람, ③ 다른 법률에서 이 법에 따른 사회봉사 또는 수강을 받도록 규정된 사람이다(제3조).

셋째, 갱생보호를 받을 사람은 형사처분 또는 보호처분을 받은 사람으로서 자립갱생을 위한 숙식 제공, 주거 지원, 창업 지원, 직업훈련 및 취업 지원 등 보호의 필요성이 인정되는 사람으로 한다(제3조).

넷째, 보호관찰, 사회봉사, 수강 또는 갱생보호는 해당 대상자의 교화, 개선 및 범죄예방을 위하여 필요하고도 적절한 한도 내에서 이루어져야 하며, 대상자의 나이, 경력, 심신상태, 가정환경, 교우관계, 그 밖의 모든 사정을 충분히 고려하여 가장 적합한 방법으로 실시되어야 한다(제4조).

다섯째, 보호관찰 대상자는 보호관찰관의 지도 · 감독을 받으며 준수사항을 지키고 스스로 건전한 사회인이 되도록 노력하여야 한다. 보호관찰 대상자는 다음 각 호의 사항을 지켜야 한다. ① 주거지에 상주하고 생업에 종사할 것, ② 범죄로 이어지기 쉬운 나쁜 습관을 버리고 선행을 하며 범죄를 저지를 염려가 있는 사람들과 교제하거나 어울리지 말 것, ③ 보호관찰관의 지도 · 감독에 따르고 방문하면 응대할 것, ④ 주거를 이전하거나 1개월 이상 국내외 여행을 할 때에는 미리 보호관찰관에게 신고해야 한다(제32조).

2) 청소년범죄를 예방하고 청소년범죄로부터 청소년을 보호하기 위한 법률[3)]

(1) 「아동 · 청소년의 성보호에 관한 법률」

「아동 · 청소년의 성보호에 관한 법률」은 아동 · 청소년대상 성범죄의 처벌과 절차에 관한 특례를 규정하고 피해아동 · 청소년을 위한 구제 및 지원 절차를 마련하며 아동 · 청소년대상 성범죄자를 체계적으로 관리함으로써 아동 · 청소년을 성범죄로부터 보호하고 아동 · 청소년이 건강한 사회구성원으로 성장할 수 있도록 함을 목적으로 한다(제1조). 주요 내용은 다음과 같다.

첫째, "아동 · 청소년"이란 19세 미만의 자를 말한다. 다만, 19세에 도달하는 연도의 1월 1일을 맞이한 자는 제외한다(제2조).

둘째, 이 법을 해석 · 적용할 때에는 아동 · 청소년의 권익을 우선적으로 고려하여야 하며, 이해관계인과 그 가족의 권리가 부당하게 침해되지 아니하도록 주의하여야 한다(제3조).

(2) 「청소년 보호법」

「청소년 보호법」은 청소년에게 유해한 매체물과 약물 등이 청소년에게 유통되는 것과 청소년이 유해한 업소에 출입하는 것 등을 규제하고 청소년을 유해한 환경으로부터 보호 · 구제함으로써 청소년이 건전한 인격체로 성장할 수 있도록 함을 목적으로 한다(제1조). 주요 내용은 다음과 같다.

첫째, "청소년"이란 만 19세 미만인 사람을 말한다. 다만, 만 19세가 되는 해의 1월 1일을 맞이한 사람은 제외한다(제2조).

둘째, 「게임산업진흥에 관한 법률」에 따른 게임물 중 「정보통신망 이용촉진 및 정보보호 등에 관한 법률」 제2조 제1항 제1호에 따른 정보통신망을 통하여 실시간으로 제공되는 게임물(인터넷 게임)의 제공자는 회원으로 가입하려는 사람이 16세

3) 「아동 · 청소년의 성보호에 관한 법률」「청소년 보호법」「청소년 기본법」「청소년복지 지원법」은 제3장 청소년복지정책과 법에서 상세히 기술하고 있기 때문에 이 장에서는 간략하게 소개한다.

미만의 청소년일 경우에는 친권자 등의 동의를 받아야 한다(제24조).

셋째, 인터넷게임의 제공자는 16세 미만의 청소년에게 오전 0시부터 오전 6시까지 인터넷게임을 제공하여서는 아니 된다(제26조).

(3) 「학교폭력 예방 및 대책에 관한 법률」

「학교폭력 예방 및 대책에 관한 법률」은 학교폭력의 예방과 대책에 필요한 사항을 규정함으로써 피해학생의 보호, 가해학생의 선도 · 교육 및 피해학생과 가해학생 간의 분쟁조정을 통하여 학생의 인권을 보호하고 학생을 건전한 사회구성원으로 육성함을 목적으로 한다(제1조). 주요 내용은 다음과 같다.

첫째, "학교폭력"이란 학교 내외에서 학생을 대상으로 발생한 상해, 폭행, 감금, 협박, 약취 · 유인, 명예훼손 · 모욕, 공갈, 강요 · 강제적인 심부름 및 성폭력, 따돌림, 사이버 따돌림, 정보통신망을 이용한 음란 · 폭력 정보 등에 의하여 신체 · 정신 또는 재산상의 피해를 수반하는 행위를 말한다(제2조 제1호). "따돌림"이란 학교 내외에서 2명 이상의 학생들이 특정인이나 특정집단의 학생들을 대상으로 지속적이거나 반복적으로 신체적 또는 심리적 공격을 가하여 상대방이 고통을 느끼도록 하는 일체의 행위를 말한다(제2조의2). "사이버 따돌림"이란 인터넷, 휴대전화 등 정보통신기기를 이용하여 학생들이 특정 학생들을 대상으로 지속적, 반복적으로 심리적 공격을 가하거나, 특정 학생과 관련된 개인정보 또는 허위사실을 유포하여 상대방이 고통을 느끼도록 하는 일체의 행위를 말한다(제2조의 3).

둘째, ① 국가 및 지방자치단체는 학교폭력을 예방하고 근절하기 위하여 조사 · 연구 · 교육 · 계도 등 필요한 법적 · 제도적 장치를 마련하여야 한다. ② 국가 및 지방자치단체는 청소년 관련 단체 등 민간의 자율적인 학교폭력 예방활동과 피해학생의 보호 및 가해학생의 선도 · 교육활동을 장려하여야 한다. ③ 국가 및 지방자치단체는 제2항에 따른 청소년 관련 단체 등 민간이 건의한 사항에 대하여는 관련 시책에 반영하도록 노력하여야 한다. ④ 국가 및 지방자치단체는 제1항부터 제3항까지의 규정에 따른 책무를 다하기 위하여 필요한 행정적 · 재정적 지원을 하여야 한다(제4조).

셋째, ① 자치위원회는 피해학생의 보호를 위하여 필요하다고 인정하는 때에는

피해학생에 대하여 다음 각 호의 어느 하나에 해당하는 조치를 할 것을 학교의 장에게 요청할 수 있다. 다만, 학교의 장은 피해학생의 보호를 위하여 긴급하다고 인정하거나 피해학생이 긴급보호의 요청을 하는 경우에는 자치위원회의 요청 전에 제1호, 제2호 및 제6호의 조치를 할 수 있다. 학내외 전문가에 의한 심리상담 및 조언, 일시보호, 치료 및 치료를 위한 요양, 학급교체, 그 밖에 피해학생의 보호를 위하여 필요한 조치이다. 이 경우 자치위원회에 즉시 보고하여야 한다(제16조).

(4) 「청소년 기본법」

「청소년 기본법」은 청소년의 권리 및 책임과 가정 · 사회 · 국가 · 지방자치단체의 청소년에 대한 책임을 정하고 청소년정책에 관한 기본적인 사항을 규정함을 목적으로 한다(제1조). 주요 내용은 다음과 같다.

첫째, ① 이 법은 청소년이 사회구성원으로서 정당한 대우와 권익을 보장받음과 아울러 스스로 생각하고 자유롭게 활동할 수 있도록 하며 보다 나은 삶을 누리고 유해한 환경으로부터 보호될 수 있도록 함으로써 국가와 사회가 필요로 하는 건전한 민주시민으로 자랄 수 있도록 하는 것을 기본이념으로 한다(제5조).

둘째, ① 청소년의 기본적 인권은 청소년활동 · 청소년복지 · 청소년보호 등 청소년육성의 모든 영역에서 존중되어야 한다. ② 청소년은 인종 · 종교 · 성별 · 나이 · 학력 · 신체조건 등에 따른 어떠한 종류의 차별도 받지 아니한다. ③ 청소년은 외부적 영향에 구애받지 아니하면서 자기 의사를 자유롭게 밝히고 스스로 결정할 권리를 가진다. ④ 청소년은 안전하고 쾌적한 환경에서 자기발전을 추구하고 정신적 · 신체적 건강을 해치거나 해칠 우려가 있는 모든 형태의 환경으로부터 보호받을 권리를 가진다. ⑤ 청소년은 자신의 능력을 개발하고 건전한 가치관을 확립하며 가정 · 사회 및 국가의 구성원으로서의 책임을 다하도록 노력하여야 한다(제5조).

(5) 「청소년복지 지원법」

「청소년복지 지원법」은 「청소년 기본법」 제49조 제4항에 따라 청소년복지 향상에 관한 사항을 규정함을 목적으로 한다(제1조). 주요 내용은 다음과 같다.

첫째, ① 국가 및 지방자치단체는 대통령령으로 정하는 바에 따라 위기청소년에

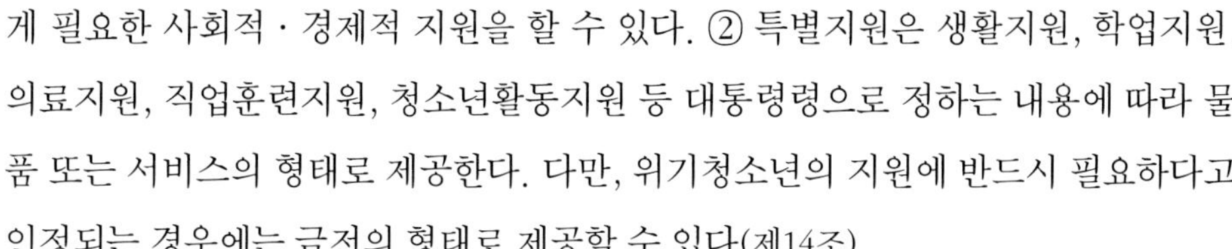

게 필요한 사회적 · 경제적 지원을 할 수 있다. ② 특별지원은 생활지원, 학업지원, 의료지원, 직업훈련지원, 청소년활동지원 등 대통령령으로 정하는 내용에 따라 물품 또는 서비스의 형태로 제공한다. 다만, 위기청소년의 지원에 반드시 필요하다고 인정되는 경우에는 금전의 형태로 제공할 수 있다(제14조).

04 청소년범죄 예방 및 범죄청소년에 대한 복지적 개입 방안

1) 청소년범죄 예방활동

청소년범죄 예방활동은 크게 경찰의 예방활동, 검찰의 예방활동, 법무부의 예방활동으로 구분하였다. 이 장에서는 2017 청소년백서의 내용을 중심으로 기술하였다.

(1) 경찰의 예방활동

경찰은 학교폭력예방 및 근절활동, 유해환경 정화활동, 선도프로그램 운영, 명예경찰소년단 운영, 학교 밖 청소년 발굴 및 지원 등과 같은 청소년범죄 예방활동을 실시하고 있다.

첫째, 학교폭력예방 및 근절활동은 2005년 초에 고교연합서클이 주도한 여중생 집단성폭력 등 학교폭력 관련 강력사건을 계기로 교육부 등 관련 부처 및 민간 전문가들과 연계하여 종합적인 학교폭력예방 및 근절대책을 수립 · 추진하여 왔다. 학교폭력의 악순환을 차단하기 위하여 매년 신학기 초에 3개월간 '학교폭력 자진신고기간'을 운영하고 있다. 자진신고 학생 등 경미초범 가해학생은 처벌하지 않고 경찰단계에서 '선도하는 조건으로 불입건' 한 후 전문기관과 연계하여 선도하도록 하고, 피해신고 학생은 비밀보장과 함께 담당경찰을 서포터로 지정하여 보호하는 활동을 전개하고 있다.

2012년에 '학교폭력근절 종합대책'이 발표된 이후 부처별로 분산되어 있던 학교폭력 신고전화를 117로 통합하였고, 2012년 6월 18일에는 전국 17개 지방경찰청에 '117신고센터'를 개소하여 경찰, 교육부, 여성가족부 합동으로 24시간 신고접수 및

상담서비스를 제공하고 있다. 2012년 6월에는 '학교전담경찰제도'가 활성화되어 학교폭력 사안에 대한 신고접수와 사건처리는 물론이고, 가・피해 학생 사후관리까지 학교와 협력하여 학교폭력에 대한 전반적인 업무를 전담하고 있다. 2016년에는 전국 지역별로 1,138명의 학교전담경찰관이 1인당 10.2개교를 담당하고 있다.

둘째, 유해환경 정화활동으로 각종 음란・폭력성 매체물과 술, 담배 등 청소년 유해약물을 청소년에게 판매하거나 유흥주점 등 유해업소에서 청소년을 고용하거나 출입시키는 등의 행위를 하는 「청소년 보호법」 위반사범에 대하여 지속적으로 단속을 실시하고 있다.

셋째, 경찰은 소년범의 특성을 고려하여 청소년 전문단체(청소년상담복지센터, 청소년수련관, 종합사회복지관 등)와 연계하여 '사랑의 교실', 신경정신과 병원과 연계하여 '표준선도 프로그램', 경찰관서 자체에서 개발하여 실시하는 '자체선도 프로그램'을 운영하고 있다.

넷째, 명예경찰소년단을 운영하고 있다. 명예경찰소년단은 경찰, 학교, 선도단체의 유기적인 협조하에 스스로가 각종 범죄 및 제반사고로부터 자신을 보호할 수 있는 능력을 배양하고 봉사활동과 교통질서 등 기초질서 의식을 함양하기 위해 초등학교 4~6학년과 중학생 중에서 선발하는 제도로서 청소년의 주인의식 함양을 위해 따돌림을 당하거나 가정환경이 불우한 학생 또는 저학년 어린이 등 학교생활이 어려운 학생들과 연대감 쌓기뿐만 아니라 기초질서 준수를 위한 교통캠페인, 경찰서 견학 및 112순찰, 도보순찰 체험 등을 하고 있다.

다섯째, 2015년에는 「학교 밖 청소년 지원에 관한 법률」 시행에 따라 학교 밖 청소년 선도・지원 계획 및 발굴 강화계획을 수립하는 등 학교 밖 청소년에 대한 발굴과 지원을 위해 노력하고 있다.

(2) 검찰의 예방활동

검찰은 우범소년 결연사업, 학교담당검사제, 선도조건부 기소유예제도, 보호관찰소 선도위탁 등과 같은 청소년범죄 예방활동을 실시하고 있다.

첫째, 우범소년 결연사업은 학교폭력 등 청소년범죄에 효과적으로 대처하기 위하여 범죄예방위원이 교육기관 등의 협조 하에 우범소년과 결연을 맺고, 그들을 물심양면으로 지원, 선도하여 정상적인 학업과 생업에 복귀시킴으로써 소년범죄나 비행을 사전에 방지하고자 실시하고 있다.

둘째, 학교담당검사제는 '학원 폭력 방지 및 처리에 관한 지침'에 근거하여 일정 지역 내의 수 개의 중고교에 전담검사를 지정하고 유관기관이나 민간 봉사차원의 학원폭력 예방 및 단속활동과의 유기적인 지원 · 협조 체계를 구축하여 체계적이고 내실 있는 예방 · 선도 활동을 전개하고 있다.

셋째, 선도조건부 기소유예제도는 통상의 기소유예 결정을 함에 있어서 계속 선도할 필요가 있다고 판단되는 범법소년에 대하여 법무부장관의 위촉을 받은 민간 범죄예방위원의 선도를 조건으로 기소유예 결정을 하는 제도이다. 기존의 선도조건부 기소유예 및 보호관찰소위탁조건부 기소유예 이외의 다양한 조건부 기소유예를 소년범에게 적용함으로써 선도 및 재범 방지의 효과를 제고하고 있다.

넷째, 보호관찰소 선도위탁은 보호관찰관이 보호관찰소 선도조건부 기소유예 처분을 받은 사람에게 선도교육, 집단치료 또는 상담 등 적절한 지도를 실시하며, 필요하다고 인정하는 때에는 선도대상자의 가족, 이웃 사람, 친구 등과 접촉할 수 있고, 선도의 목적 달성을 위하여 필요한 때에는 학비보조, 취학 · 취업 알선, 기타 경제적인 지원을 한다.

(3) 법무부의 예방활동

법무부는 청소년꿈키움센터 운영, 일반 학교에서의 부적응 학생 등을 대상으로 한 대안교육 실시, 기소유예 및 보호처분 대상자 등에 대한 대안교육 실시, 청소년 적성검사실 운영, 법교육, 보호자 특별교육 등과 같은 청소년범죄 예방활동을 하고 있다.

첫째, 청소년꿈키움센터는 부적응 학생(일반 학교에서 의뢰)과 초기단계의 비행청소년(검찰 및 법원 등 사법기관에서 의뢰)에 대한 대안교육과 비수용 범죄소년에 대한 비행진단 및 교육을 실시하고 보호자 교육, 일반 학생 및 국민에 대한 법교육, 자원봉사자 및 청소년문제 전문가에 대한 전문교육, 각종 프로그램 개발 및 보급 등의 역할을 하고 있다. 또한 시도 교육청으로부터 '중고등학생 특별교육 이수기관'으로 지정받아 일반 학교 부적응 학생에 대한 대안교육을 실시하고 있으며, 지방검찰청

과 협의를 통해 기소유예대상자, 선도유예자에 대한 체험교육과 법원으로부터 대안교육명령을 받은 소년에 대해 1개월의 대안교육을 실시하고 있다. 더불어 법교육은 '대전청소년꿈키움센터(한국법문화진흥센터)'에서 집중적으로 실시하고 있는데, 초·중·고·대학생 및 일반인 대상 법교육 프로그램 개발, 법교육 시설 및 법문화체험관 조성, 법교육 교사 양성, 자원봉사자 교육 등을 하고 있다.

둘째, 청소년적성검사실에서는 지역사회 청소년들을 대상으로 지능, 적성, 성격 등 심리검사를 실시하고 소질과 특성에 맞는 진로지도 지침을 제공하며, 가정, 학교, 사회단체 등에서 의뢰한 문제청소년에 대해서도 비행 성향을 규명하여 구체적인 개선 지침을 제시하는 등 청소년문제 전문기관으로서의 선도적 역할을 수행하고 있다.

셋째, 보호자 특별교육은 법무부에서 청소년 이해, 자녀지도방법, 자녀·부모 관계 회복 등에 관한 내용 위주로 프로그램을 자체 개발하여 운영하고 있다.

2) 청소년범죄에 대한 교육

청소년범죄에 대한 교육은 크게 소년원의 교정교육, 보호관찰소의 교정교육으로 구분하였다. 이 장에서는 2017 청소년백서의 내용을 중심으로 기술하였다.

(1) 소년원의 교정교육

소년원은 법원 소년부의 보호처분에 의하여 송치된 비행청소년을 수용·보호하면서 「초·중등교육법」에 의한 교과교육, 「근로자직업능력 개발법」에 의한 직업능력개발훈련, 약물남용이나 발달장애, 신체질환 등으로 집중치료나 특수교육이 필요한 소년에 대한 의료 및 재활교육과 심리치료, 사회봉사활동 등 인성교육을 병행하여 건전한 청소년으로 육성하는 것을 주 임무로 하고 있다.

소년원은 소년원 학생이 학령기 청소년이란 점에 주목하여 소년원을 「초·중등교육법」에 의한 정규 학교체제로 전환함으로써 학업 연계의 기회를 부여하고 있고, 교육과정(교육과정은 중고등학교와 동일한 과정의 일반 과정과 전체 교육시간의 70~80%를 실용외국어와 컴퓨터 등의 특성화 교과로 운영하는 특성화교육과정으로 구분)을 마친

학생에게는 기존에 재학했던 학교의 학교장 명의의 졸업장을 주고, 중도에 출원하는 학생은 일반 학교에 전학 또는 편입학시켜 학업이 단절되지 않도록 하고 있다. 또한 소년원에서는 자동차용접, 카 일렉트로닉스, 중장비, 건축환경설비, 제과제빵, 피부미용, 헤어디자인, 사무자동화, 영상미디어 등 10개의 직업능력개발훈련 과정이 운영되고 있다.

2000년대 들어와서 국토순례, 야영훈련, 문화예술교육, 공연관람, 사회봉사활동 등의 다양한 체험활동과 함께 청소년 개개인의 심리적 특성과 비행 특성 등을 고려한 집단지도 및 집단상담 프로그램을 운영하고 있다.

(2) 보호관찰소의 교정교육

보호관찰소는 보호관찰, 사회봉사명령 및 수강명령, 조사, 전자발찌, 성충동 약물치료 등에 관련된 사무를 집행하기 위해 설치된 법무부 소속 국가기관이다. 보호관찰이란 범죄인을 교도소, 소년원 등 수용시설에 보내지 않고 일정 기간 준수사항을 지킬 것을 조건으로 사회 내에서 자유로운 생활을 허용하면서 보호관찰관의 지도, 감독, 원호를 받게 하거나, 일정 시간 무보수로 사회에 유익한 근로봉사를 하게 하거나, 범죄성 개선을 위한 교육을 받도록 함으로써 범죄자의 성행을 교정하여 재범을 방지하는 형사정책 수단이다.

1989년 7월 1일부터 소년범에 대하여 최초로 시행된 보호관찰은 제도의 실효성이 인정되어 점차 그 대상이 확대되어 왔다. 2016년 전체 보호관찰 접수인원 125,645명 중 소년대상자는 29,588명으로 전체의 23.5%를 차지하였으며, 최근 10년간 소년보호관찰 비율은 지속적으로 감소하고 있다.

청소년에 대한 보호관찰은 「소년법」 제32조에 의한 보호처분대상자, 「형법」 제62조에 의한 집행유예 조건부 보호관찰을 부과 받은 청소년대상자 등에 대하여 실시한다. 보호처분의 종류는 〈표 8-3〉과 같이 10가지로 구분된다.

보호관찰관은 청소년대상자와의 초기면담, 재범위험성 평가를 통해 대상자를 일반·주요·집중 대상자 등으로 분류하고, 분류등급에 기초하여 차별화된 지도 및 감독을 실시한다. 보호관찰 청소년의 재범통제를 위해 출석지도 위주의 보호관찰 방식을 탈피하여 주거지 방문, 생활 근거지에서의 면접 등 현장 중심의 적극적·역

표 8-3 보호처분의 종류

구분	보호처분의 종류	기간 또는 시간 제한	대상 연령
1	보호자 또는 보호자를 대신하여 소년을 보호할 수 있는 사람에게 감호 위탁	6개월 (6개월 연장 가능)	10세 이상
2	수강명령	100시간 이내	12세 이상
3	사회봉사명령	200시간 이내	14세 이상
4	보호관찰관의 단기 보호관찰	1년	10세 이상
5	보호관찰관의 장기 보호관찰	2년(1년 연장 가능)	10세 이상
6	「아동복지법」에 따른 복지시설이나 그 밖의 소년보호시설에 감호 위탁	6개월 (6개월 연장 가능)	10세 이상
7	병원, 요양소 또는 「보호소년 등의 처우에 관한 법률」에 따른 소년의료보호시설에 위탁	6개월 (6개월 연장 가능)	10세 이상
8	1개월 이내의 소년원 송치	1개월 이내	10세 이상
9	단기 소년원 송치	6개월 이내	10세 이상
10	장기 소년원 송치	2년 이내	12세 이상

*출처: 대한민국법원 전자민원센터(2018).

동적 보호관찰을 전개하고 있다. 특히 2011년부터는 재범위험성이 높은 청소년대상자 등에 대한 지도감독을 강화하기 위하여 '소년전담직원제'를 확대 운영하고 있고, 다양한 사회자원 연계를 통한 특화된 처우와 집중 감독을 실시하는 등 소년 보호관찰 대상자의 재범방지를 위해 역량을 집중하고 있다. 또한 전문적이고 체계적인 처우프로그램 개발 및 시행을 통하여 보호관찰대상자의 재범방지 및 사회적응력 제고를 위해 각 지역사회 전문기관과 연계하여 대상자 특성별 재범방지 전문 프로그램을 실시하고 있다. 「소년법」 개정으로 보호관찰처분에 따른 부가처분으로 대안교육, 상담교육, 야간외출제한명령, 보호자특별교육을 실시하고 있다.

3) 범죄청소년에 대한 복지적 개입 방안

범죄청소년에 대한 적절한 처벌도 중요하다. 하지만 범죄청소년의 재범방지 및 사회적응을 위해서는 복지적 개입 방안 마련이 더 중요하다.

첫째, 범죄청소년의 범죄 예방, 사회 적응 및 자립 지원을 위해 대상 청소년의 특성 및 욕구를 고려한 맞춤형 프로그램 제공이 필요하다. 소년원, 보호관찰소, 소년교도소 등 범죄청소년과 연관된 기관에서는 사회 적응을 위한 프로그램, 직업 능력 개발을 위한 프로그램, 심리정서 계발 프로그램이 운영되고 있다. 하지만 교육담당자의 전문성 부족과 청소년의 욕구 및 특성 등을 고려한 프로그램 부족 등으로 인해 프로그램이 잘 이루어지지 않고 있다. 예를 들어, 범죄청소년의 특성상 심리정서 계발 프로그램은 매우 중요한 바, 그들의 자존감을 높여 주고 자신의 미래 설계 및 주도적 삶을 살아갈 수 있는 역량을 개발하는 것을 목적으로 한다. 이처럼 범죄청소년에 대한 심리정서 지원은 이들의 변화를 위해 가장 중요한 영역임에도 불구하고 프로그램의 체계적 진행에 어려움이 있고, 대상자에게 맞는 심리정서 프로그램의 제공이 부족하다(최순종, 2011). 따라서 범죄청소년의 범죄 예방, 사회 적응 및 자립 지원을 위해 대상 청소년의 특성 및 욕구를 고려한 맞춤형 프로그램 제공이 이루어져야 한다. 프로그램이 활성화되기 위해서는 프로그램 전문 인력의 확충, 맞춤형 프로그램의 개발 및 보급 등이 뒤따라야 한다.

둘째, 초범 청소년의 재범 방지를 위한 적절한 대응체계 마련이 필요하다. 청소년범죄는 사소한 비행에서 시작되어 재범을 반복하는 생활을 하기 쉬운 첫 단계라 할 수 있다. 그래서 모든 범죄가 그렇겠지만 특히 소년범죄는 초기 개입이 무엇보다 중요하다. 소년범죄자들이 처한 환경을 분석하여 교육을 통한 재범을 예방하는 것이 필요하다(박은민 · 최진아, 2011). 특히 청소년범죄자에 대해 과도한 국가적 개입은 청소년범죄자를 사회적으로 적응하기 어렵게 만들고, 그릇된 자아관념을 형성케 함으로써 결국 또 다른 범죄에 빠지게 할 수 있다. 청소년문제를 실질적 선도 없이 처벌만을 적용한다면 선도 효과를 기대하기 어려우며 재범의 악순환에서 벗어날 수 없다(박상식, 2006). 김은경과 이호중(2006)의 연구에 따르면 초범 후 6개월 이내에 재범을 저질렀던 경우가 48.9%나 되고, 1년 이내에 재범을 한 경우까지 포함한다면 72.9%가 재범을 하고 있는 것으로 나타났다.

청소년 상습범행을 감소시키기 위한 노력의 일환으로 많은 국가에서 도입하여 운영하고 있는 제도가 다이버전(diversion) 프로그램이다. 다이버전 프로그램이란 범행 내용이 중대하지 않고 개선 가능성이 엿보이는 청소년들이 소년법원에 의한

사법절차를 받기보다 대안적인 치료를 받을 수 있도록 전환하여 소년 사법체계에 노출되는 청소년의 수를 감소시켜 범죄자로서의 낙인을 막아 결과적으로 사후 비행을 줄이는 데 목적이 있는 프로그램이다(이명우 · 신효정 · 김태선 · 송은미 · 김소라, 2005). 미국 텍사스주에서는 소년이 경미한 범죄를 처음 저질렀을 경우 소년범과 그 부모는 8주간 교육과 상담 프로그램을 이수해야 한다. 이들은 청소년보호관찰부직원, 경찰관, 법원관계자, 청소년상담사, 교수로부터 8주간 수업을 들은 후 90일 내에 다른 비행을 저지르지 않으면 범죄 기록은 영구히 봉인된다(전지연, 2004). 따라서 이러한 결과를 놓고 볼 때, 조기에 범죄청소년의 위험요소를 확인하고 보호요인을 강화하는 것은 가장 중요한 재범억제 대책이 될 수 있다. 초범자에 대한 집중적인 조기 개입은 재범자가 되는 것을 예방할 수 있는 효과적인 방법이다. 그런 의미에서 초범자에 초점을 둔 다양한 개입 프로그램과 전략이 마련되어야 한다.

4) 범죄 피해청소년에 대한 복지적 개입 방안

범죄 피해청소년에 대한 복지적 개입 방안으로 홍영오와 연성진(2014)은 다음과 같이 제시하였다.

첫째, 범죄 피해청소년의 심리적 폐해 조기 회복 방안 마련이 필요하다. 범죄 피해를 당한 청소년의 부모의 인식의 전환과 이들에 대한 지원 대책 수립이 필요하다. 청소년은 범죄 피해를 당하게 되면 부모가 어떻게 대해 주느냐가 이후의 정신적 피해의 치료에 매우 중요하고 심지어 자녀의 범죄 피해로 인해 자녀보다 부모의 정신적 피해가 더 큰 경우도 있으므로 청소년기의 자녀가 범죄 피해를 겪게 되면 부모에 대한 심리상담 또는 정신적 상처를 치료하기 위한 지원(예를 들어, 심리치료를 받을 때 유급휴가를 주는 방안)도 제공되어야 한다. 하지만 현재 국내에는 이러한 프로그램이 제대로 갖추어지지 못한 상황이다.

미국의 경우에는 피해자 및 피해자의 가족에 대한 대표적인 지원 프로그램으로 세이프하버 프로그램이 운영되고 있다. 세이프하버 프로그램(safe harbor program)은 아동학대, 가정폭력, 데이트폭력, 스토킹 등 폭력범죄로 인한 피해자 및 피해자의 가족에 대한 지원을 활발히 수행하고 있는 세이프 호라이즌(safe horizon)의 대표

적 프로그램이다. 이 프로그램은 폭력, 범죄 피해 및 범죄 피해로 인한 충격에 대처할 수 있도록 학생뿐만 아니라 부모와 학교를 지원하는 종합프로그램이다. 학생과 부모 및 선생님들이 범죄 피해에 대처하고 폭력을 행사할 위험을 감소시키며 자기 보호(Self care) 및 자기본위의 행동을 할 수 있도록 지원한다.

우리나라의 경우에는 범죄 피해를 당한 청소년을 전담해서 심층적으로 상담해 주거나 심리치료를 해 줄 수 있는 상담전문기관이 부족한 상황이다. 여러 부처 산하에 상담기관들이 운영되고 있으나 범죄 피해청소년을 위한 상담 지원은 활발하게 이루어지지 못하고 있다. 전국범죄피해자지원연합회와 범죄피해자지원센터에서 경제적 지원, 심리지원, 주거지원, 법률지원 등을 하고 있지만 범죄 피해청소년을 전담하는 기관이 있어야 범죄 피해를 당한 청소년의 심리적 충격을 조기에 완화시킬 수 있고 안정적으로 사회에 적응할 수 있을 것이다.

둘째, 범죄 피해 경험으로 인한 가해자화 방지 대책이 강구되어야 한다. 폭력범죄와 재산범죄의 가해와 피해의 중첩성을 살펴본 결과, 협박범죄, 사기범죄를 제외한 모든 범죄 유형에서 가해경험이 있는 청소년이 없는 청소년보다 피해율이 높게 나타났고, 또래폭력의 가해경험과 피해경험의 중첩성을 살펴본 결과에서도 모든 피해 유형에서 가해경험이 있는 청소년이 없는 청소년보다 피해율이 높았다. 슈렉(Schreck, 1999)도 피해자와 가해자는 비슷한 속성을 공유한다고 주장하면서 피해자와 가해자의 중첩성을 강조하였다. 사이버범죄 피해가 사이버범죄 가해에 미치는 영향에 대한 연구결과, 사이버범죄 피해 경험이 많을수록 사이버범죄 가해를 유의미한 수준에서 많이 저지르는 것으로 나타났다(이정환 · 이성식, 2014).

문제는 범죄 피해의 경험으로 인해 피해자가 가해자가 되고 있기 때문에 범죄 피해자에 대해 조기에 개입하여 가해자가 되는 것을 미연에 방지하기 위한 대책 수립이 매우 중요하다. 싱어(Singer, 1981)의 연구에 따르면 범죄 피해자들은 피해 경험이 없는 사람들에 비해 범죄를 저지를 가능성이 1.7배에서 2.8배까지 높아진다고 하였다. 따라서 범죄 피해 경험이 가해 경험으로 이어지지 않도록 사전에 범죄 피해 경험으로 인한 가해자화 방지 대책을 수립해서 시행해야 할 것이다.

요약

1. 청소년범죄에 대한 개념적 정의는 여러 형태로 정의할 수 있어 명확하게 구분지어 단정 짓기는 매우 어렵다. 이 장에서는 「소년법」의 내용과 선행연구들을 통해 청소년범죄의 정의를 개념화하였다. '10세 이상 19세 미만인 자가 저지른 청소년비행에 비해 보다 심각한 살인, 강도, 강간, 방화, 절도, 상해, 공갈, 협박, 횡령, 도박 등의 죄'를 청소년범죄로 정의하였다.

2. 최근 10년간 청소년범죄는 2008년에 최고치를 나타낸 이후 감소되었다. 2012년에 학교폭력이 사회적 문제로 대두되면서 학교폭력에 대한 수치가 증가하면서 범죄 비율이 증가하였다가 다시 감소 추세를 보이고 있다.

3. 청소년범죄와 관련된 법률은 청소년을 주요 대상으로 하거나 법 적용 대상의 일부가 청소년인 경우 등 각 법령별로 입법 취지와 적용 대상을 달리하면서 제정·시행되어 왔다. 특히 청소년과 관련된 법률은 크게 청소년범죄에 대한 보호(교정)처분에 관한 법률과 청소년범죄를 예방하고 청소년범죄로부터 청소년을 보호하기 위한 법률로 구분할 수 있다.

4. 각 기관별 청소년범죄의 예방활동으로는, 첫째, 경찰은 학교폭력예방 및 근절활동, 유해환경정화활동, 선도프로그램 운영, 명예경찰소년단 운영, 학교 밖 청소년 발굴 및 지원 등과 같은 청소년범죄 예방활동을 실시하고 있다. 둘째, 검찰은 우범소년 결연사업, 학교담당검사제, 선도조건부 기소유예제도, 보호관찰소 선도위탁 등과 같은 청소년범죄 예방활동을 실시하고 있다. 셋째, 법무부는 청소년꿈키움센터 운영, 일반 학교에서의 부적응 학생 등을 대상으로 한 대안학교 실시, 기소유예 및 보호처분 대상자 등에 대한 대안교육 실시, 청소년적성검사실 운영, 법교육, 보호자 특별교육 등과 같은 청소년범죄 예방활동을 하고 있다.

5. 각 기관별 청소년범죄에 대한 교육으로는, 첫째, 소년원은 법원 소년부의 보호처분에 의하여 송치된 비행청소년을 수용 · 보호하면서 「초 · 중등교육법」에 의한 교과교육, 「근로자직업능력 개발법」에 의한 직업능력개발훈련, 약물남용이나 발달장애, 신체질환 등으로 집중치료나 특수교육이 필요한 소년에 대한 의료 및 재활교육과 심리치료, 사회봉사활동 등 인성교육을 병행하고 있다. 둘째, 보호관찰소는 「소년법」 개정으로 보호관찰처분에 따른 부가처분으로 대안교육, 상담교육, 야간외출제한명령, 보호자특별교육을 실시하고 있다.

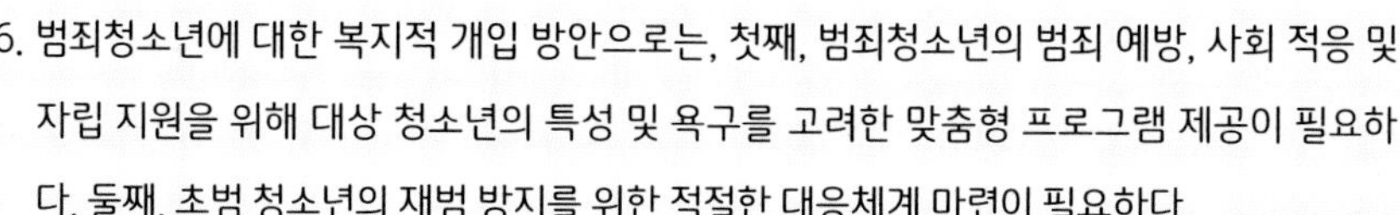

6. 범죄청소년에 대한 복지적 개입 방안으로는, 첫째, 범죄청소년의 범죄 예방, 사회 적응 및 자립 지원을 위해 대상 청소년의 특성 및 욕구를 고려한 맞춤형 프로그램 제공이 필요하다. 둘째, 초범 청소년의 재범 방지를 위한 적절한 대응체계 마련이 필요하다.

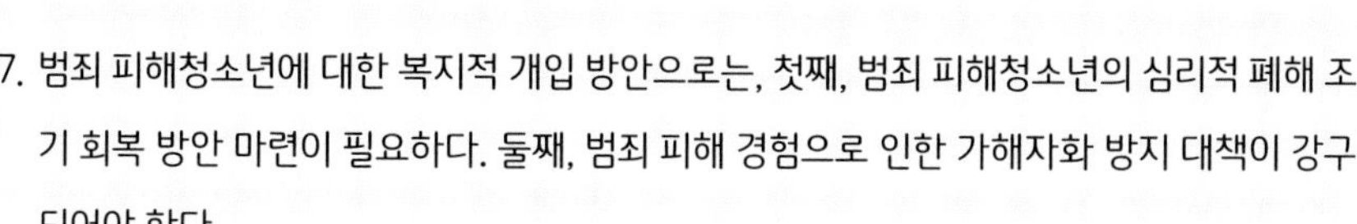

7. 범죄 피해청소년에 대한 복지적 개입 방안으로는, 첫째, 범죄 피해청소년의 심리적 폐해 조기 회복 방안 마련이 필요하다. 둘째, 범죄 피해 경험으로 인한 가해자화 방지 대책이 강구되어야 한다.

참고문헌

김은경 · 이호중(2006). **학교폭력 대응방안으로서 회복적 소년사범 실험연구**. 서울: 한국형사정책연구원.

노언경 · 정송 · 홍세희(2014). 잠재프로파일 분석을 통한 아동 · 청소년 비행 유형 분류 및 영향요인 검증. **한국청소년연구**, 25(4), 211-240.

이명우 · 신효정 · 김태선 · 송은미 · 김소라(2005). **경찰 다이버전 체제 운영을 위한 학교폭력 가해자 상담 모형 개발**. 서울: 한국청소년상담원.

이정환 · 이성식(2014). 대학생의 사이버범죄 피해가 가해에 미치는 영향에서 일반긴장이론의 검증과 그 성별 차이. **한국청소년연구**, 25, 137-158.

박병식(1999). **청소년문제행동과 관련 법규에 관한 연구: 문제청소년 지도를 위한 법률적 이해**. 서울: 한국청소년개발원.

박상식(2006). 경찰수사단계에서 소년범죄 예방을 위한 효율적 방안. **교정복지연구**, 6(2), 1-20.

박성희(1997). 청소년 비행의 원인과 지도방안. **청소년행동연구**, 2, 98-112.

박은민 · 최진아(2011). 청소년범죄 재범 방지를 위한 경찰 다이버전 프로그램 활성화 방안. **한국콘텐츠학회논문지**, 11(6), 311-325.

박지홍(2002). 비행청소년의 심리적 성장환경과 성격특성에 관한 분석. 동아대학교 대학원 박사학위논문.

여성가족부(2017). **2017 청소년백서**. 서울: 여성가족부.

전지연(2004). 경찰 다이버전의 도입 필요성과 그 내용. **형사정책, 16**(2), 187-207.

정제영 · 선미숙 · 장선희(2016). 중학생의 비행에 영향을 미치는 요인 분석. **한국청소년연구, 27**(2), 325-352.

최순종(2011). 범죄청소년의 자립 역량 개발을 위한 정책 방안: 능동적 복지정책의 관점에서. **교정담론, 5**(1), 239-266.

최효주 · 박기환(2012). MMPI-A 프로파일 양상을 통해 본 청소년범죄자의 심리적 특성 유형과 성차. **한국청소년연구, 23**(1), 175-195.

홍영오 · 연성진(2014). **2014 청소년 대상 범죄 피해 조사**. 서울: 한국형사정책연구원.

Schreck, C. J. (1999). Criminal victimization and low self-control: An extension and test of a general theory of crime. *Justice Quarterly, 16*, 633-654.

Singer, S. I. (1981). Homogenous victim-offender populations: A review and some research implications. *Journal of Criminal Law and Criminology, 72*, 779-788.

국가법령정보센터(2018). http://www.law.go.kr/lsInfoP.do?lsiSeq=204487&efYd=20180918#0000(2018. 12. 11. 검색).

대한민국법원 전자민원센터(2018). http://help.scourt.go.kr/nm/main/index.html (2018. 11. 17. 검색)

제9장

청소년복지의 실제 VI: 경제활동

학습개요

경제활동은 청소년에게 중요한 의의를 가진다. 경제활동을 통해서 청소년은 사회에 참여하고 자신의 역량을 개발한다. 그러나 우리 사회에서 청소년의 경제활동 참여 기회는 적고 기회가 주어지더라도 매우 열악하다. 청소년의 경제활동에 대한 참여를 복지 차원에서 이해하여 다양한 프로그램을 마련하고 청소년의 삶의 질을 개선하는 것은 매우 중요하다.

청소년들의 경제활동 참여 경험이 증가하면서 대다수의 청소년은 경제활동 참여를 긍정적으로 바라보고 있는데 반해서 성인들은 여전히 청소년들의 경제활동 참여에 대해 부정적인 시각을 보이고 있다.

이 장에서는 청소년이 스스로가 주체자로서 경제활동에 참여할 수 있는 방안을 마련하기 위해 청소년 경제활동에 대한 다양한 방법을 이해하는 데 도움을 주고자 한다. 이를 위해 청소년의 경제활동에 대한 개념, 청소년의 경제활동 현황, 청소년 경제활동 관련 법과 제도를 설명하고, 청소년이 경제활동을 하는 과정에서 발생할 수 있는 다양한 문제점과 해결방안을 제시하고자 한다.

01 청소년의 경제활동 개념

1) 경제활동 개념

경제활동이란 경제 재화나 용역의 생산과 소비, 소득이나 부(富)의 분배 따위의 경제 분야에 관련된 모든 개별적인 행동을 의미한다. 특히 경제활동인구란 15세 이상의 인구 가운데 노동 능력 및 노동 의사를 가지고 있는 인구이고, 취업자와 실업자를 모두 포함한다.

중세시대까지만 해도 아동기, 청소년기의 개념이 존재하지 않았기 때문에 마찬가지로 성인과 아동 및 청소년이 뚜렷하게 구분되지 않았다. 그 시대의 가족은 생산과 소비 재생산의 통합된 단위여서 어렸을 때부터 온 가족이 경제활동에 참여하였고, 이미 그때부터 청소년들은 경제활동을 하는 온전한 한 인간으로 존재했다. 그러나 자본주의의 등장과 함께 상황이 달라졌다. 예전에는 가구단위였던 경제활동이 점차 사회의 영역으로 넓어지고 가족이 더 이상 생산과 재생산의 장소가 아니게 된 부르주아 가족들이 등장하면서 아동과 청소년은 '경제로부터 분리된 영역'의 가족 구성원이 되었다. 더 이상 일을 할 필요가 없는 '아이들'이 생겨난 것이다. 즉, 아동과 청소년은 외부 세계로부터 격리시켜 '보호'받아야 할 존재라는 사회적 담론이 만들어졌다.

청소년은 안전한 환경에서 길러지는 '아이'가 되고, 학교에서 교육을 받아야만 하는 학생으로서 존재되었다. 그러나 현대 사회는 철저한 시장경제원리에 따라 국가의 우열이 평가되고 경쟁이 심화되며 민주적 사회를 향한 개혁요구가 활발히 분출하는 한편, 국가와 국민계층 간의 경제적인 불평등은 더욱 가중되고 있다. 청소년 노동권리 침해가 여전한 것은 청소년의 노동이 연령적으로 '청소년'이라는 특성과 함께 단기간의 비정규직인 아르바이트라는 '일'의 특성까지 부과되어 성인들의 노동에 비해 더 열악한 노동환경에 놓이게 될 가능성이 크기 때문이다. 노동권리에 대

한 사회 변화는 아동과 청소년 그리고 노인 등 사회적 약자를 위한 복지에도 영향을 가져왔다. 아동과 노인 그리고 장애인 등에 비해 청소년들은 시기적 특성상 비교적 적극적인 자세로 사회 변화에 대응한다. 청소년은 무한경쟁과 철저한 시장경제논리에 불리한 입장에 처해 있지만 청소년들이 일으킨 청소년문제는 사회문제화되고 소비 등의 하위문화를 통하여 사회에 반향을 일으킴으로써 사회적 관심을 불러일으킨다. 청소년들은 다른 집단에 비교하여 취업, 주택, 수입 및 결정과정에의 참여 등 여러 면에서 불리한 입장에 처해 있다(김형식, 1993).

아동기에는 가족 안에서 경제와 정서적 욕구를 충족할 수 있기 때문에 사회적 영향력을 미치거나 생산적 능력과 동기를 가져야 할 필요가 없다. 그러나 가족으로부터 점차 심리 · 정서적으로 분리되고 경제적인 독립을 해야 할 상황에 처하거나 직업적 또는 전문적 역할을 준비해야 하는 청소년기에는 생산성과 사회적 책임을 학습해야 한다. 따라서 청소년은 누구를 막론하고 그들 스스로 행복을 추구할 수 있는 기초적인 경제능력을 갖도록 도와주어야 한다. 가정과 사회환경이 불충분하여 정상적인 직업교육과 생활능력소양 기술을 갖추지 못한 청소년들에게 이 서비스(기초적인 경제능력 향상 지원)는 성인과의 경쟁에서 적응할 수 있는 기회만이 아니라 장차 성인이 되어 현실을 타개할 수 있는 계층으로의 이동수단이며, 동시에 자립환경을 조성하기 위해서 청소년을 현재와 미래를 동시에 고려한 내용이 되어야 한다(박창범, 2002).

통계청의 경제활동에 관한 개념 정의에 따르면 경제활동 인구는 만 15세 이상 인구 중 조사 대상 주간 동안 재화나 용역을 생산하기 위하여 노동을 제공한 사람과 제공할 의사와 능력이 있는 사람을 말한다. 즉, 취업자와 실업자를 말한다. 여기서 취업자라 함은 조사 대상 기간에 소득, 이익, 봉급, 임금 등의 수입을 목적으로 1시간 이상 일한 자, 자기에게 직접적으로는 이득이나 수입이 오지 않더라도 가구단위에서 경영하는 농장이나 사업체의 수입을 높이는 데 도운 가족종사자로서 주당 18시간 이상 일한 자, 직업 또는 사업체를 가지고 있으나 조사 대상 주간에 일시적인 병, 일기불순, 휴가 또는 연가, 노동쟁의 등의 이유로 일하지 못한 일시휴직자를 말한다. 실업자는 경제활동을 할 수 있는 능력과 의사를 가지고 있으면서도 조사 대상 기간에 수입이 있는 일에 전혀 종사하지 못한 자로서 구직활동을 하여 즉시 취업이

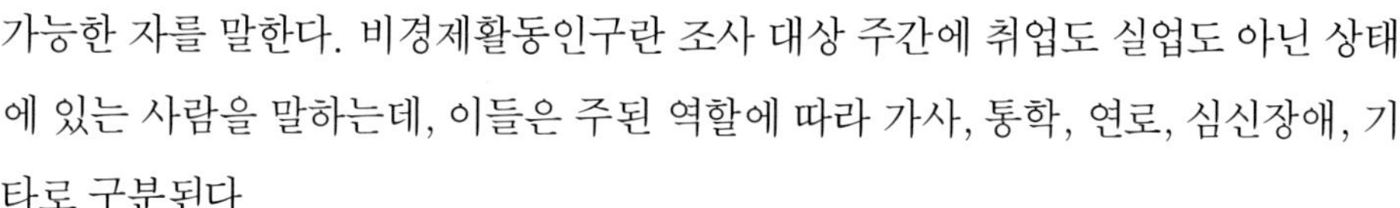

가능한 자를 말한다. 비경제활동인구란 조사 대상 주간에 취업도 실업도 아닌 상태에 있는 사람을 말하는데, 이들은 주된 역할에 따라 가사, 통학, 연로, 심신장애, 기타로 구분된다.

경제활동 참여상태 중 취업자들의 고용형태인 상용직, 임시직, 일용직에 대한 정의가 정부 안에서도 통계청과 노동부의 개념 정의가 서로 다른데, 한국노동연구원의 노동패널조사, 한국여성정책연구원의 여성취업실태조사 등에서는 통계청의 개념 정의를 따르고 있어 고용형태에 대한 정의 또한 통계청의 개념 정의를 사용하고자 한다.

경제활동 참여상태 중 취업자들의 고용형태에 따른 분류를 보면 상용직, 임시직, 일용직, 자영업자, 고용주로 구분할 수 있다. 통계청의 개념 정의에 따르면 상용직은 '임금 또는 봉급을 받고 고용계약기간이 1년 이상인 자'를 말하며, 임시직은 '임금 또는 봉급을 받고 고용계약기간이 1개월 이상 1년 미만인 자', 일용직은 '임금 또는 봉급을 받고 고용계약기간이 1개월 미만인 자'로 정의하고 있다. 고용주는 '종업원을 두고 자기 사업을 운영하는 자', 자영업자는 '종업원 없이 자기사업을 운영하는 자'를 말한다(송정숙, 2000). 경제활동과 관련하여 다양한 용어를 정리하면 〈표 9-1〉과 같다.

표 9-1 경제활동과 관련된 용어 및 주요 내용

용어	주요 내용
15세 이상 인구	대한민국에 상주하는 만 15세(매월 15일 현재) 이상인 자 −단, 군인(직업군인, 상근예비역 포함), 사회복무요원, 의무경찰, 형이 확정된 교도소 수감자 등 제외
경제활동	상품이나 서비스를 생산하기 위해 수입이 있는 일을 행함을 뜻함. 수입이 있더라도 다음의 활동은 경제활동으로 보지 않음 ① 법률에 위배되는 비생산적인 활동(예를 들어, 도박, 매춘) ② 법률에 의한 강제노역 및 봉사활동 ③ 경마, 경륜, 증권, 선물 등 투자활동
경제활동인구	만 15세 이상 인구 중 취업자와 실업자를 말한다.

취업자	① 조사 대상 주간 중 수입을 목적으로 1시간 이상 일한 자 ② 자기에게 직접적으로는 이득이나 수입이 오지 않더라도 자기가구에서 경영하는 농장이나 사업체의 수입을 높이는 데 도운 가족종사자로서 주당 18시간 이상 일한 자(무급가족종사자) ③ 직장 또는 사업체를 가지고 있으나 조사 대상 주간 중 일시적인 병, 일기불순, 휴가 또는 연가, 노동쟁의 등의 이유로 일하지 못한 일시휴직자
실업자	조사 대상 주간에 수입 있는 일을 하지 않았고, 지난 4주간 일자리를 찾아 적극적으로 구직활동을 하였던 사람으로서 일자리가 주어지면 즉시 취업이 가능한 사람
비경제활동인구	조사 대상 주간 중 취업자도 실업자도 아닌 만 15세 이상인 자. 즉, 집안에서 가사와 육아를 전담하는 가정주부, 학교에 다니는 학생, 일을 할 수 없는 연로자와 심신장애자, 자발적으로 자선사업이나 종교단체에 관여하는 자 등을 말한다.
육아	조사 대상 주간에 주로 미취학자녀(초등학교 입학 전)를 돌보기 위하여 집에 있는 경우가 해당
가사	대부분의 시간을 자기 가정에서 가사업무를 수행한 사람 또는 가사를 돌볼 책임이 있다고 한 사람의 경우가 여기에 해당
정규교육기관 통학	정규교육기관에 통학하는 경우
입시학원 통학	입시학원에 통학하는 경우
취업을 위한 학원 · 기관 통학	고시학원, 직업훈련기관에 통학하는 경우
연로	나이가 너무 많아서 수입 있는 일, 구직활동 등 아무 일 없이 시간을 보낸 사람
심신장애	정상적인 일을 하기가 어려운 장기적인 질환, 정신적 · 육체적 장애가 있는 사람
취업준비	학교나 학원에 가지 않고 혼자 집이나 도서실에서 취업을 준비하는 경우
진학준비	혼자 집이나 도서실 등에서 상급학교 진학을 위해 공부하는 경우
군입대대기	군대를 가기 위해 조사 대상 기간에 아무 일도 하지 않고 대기 중인 사람
쉬었음	중대한 질병이나 장애는 없지만 조기퇴직, 명퇴 등으로 인해 쉬고 있는 사람
일시휴직	직업 또는 사업체를 가지고 있으나 조사 대상 주간에 일시적인 병, 일기불순, 휴가 또는 연가, 노동쟁의 등의 이유로 전혀 일하지 못한 경우 일시휴직 사유가 해소되면 즉시 복귀 가능하여야 함
경제활동참가율	만 15세 이상 인구 중 경제활동인구(취업자+실업자)가 차지하는 비율을 말함
고용률	만 15세 이상 인구 중 취업자가 차지하는 비율을 말함

실업률	실업자가 경제활동인구(취업자+실업자)에서 차지하는 비율을 말함
종사상 지위	취업자가 실제로 일하고 있는 신분 또는 지위상태를 말하며, 고용원이 있는 자영업자, 고용원이 없는 자영업자, 무급가족종사자, 상용근로자, 임시근로자, 일용근로자로 구분
자영업자	고용원이 있는 자영업자 및 고용원이 없는 자영업자를 합친 개념임
고용원이 있는 자영업자	한 사람 이상의 유급 고용원을 두고 사업을 경영하는 사람
고용원이 없는 자영업자	자기 혼자 또는 무급가족종사자와 함께 자기 책임 하에 독립적인 형태로 전문적인 업을 수행하거나 사업체를 운영하는 사람을 말함
무급가족종사자	동일 가구 내에 가족이 경영하는 사업체, 농장에서 무보수로 일하는 사람을 말하며, 조사 대상 주간에 18시간 이상 일한 사람은 취업자로 분류
임금근로자	자신의 근로에 대해 임금, 봉급, 일당 등 어떠한 형태로든 일한 대가를 지급받는 근로자로서 통상 상용·임시·일용 근로자로 구분됨
상용근로자	–고용계약설정자는 고용계약기간이 1년 이상인 경우 –고용계약미설정자는 소정의 채용절차에 의해 입사하여 인사관리 규정을 적용받는 사람
임시근로자	–고용계약설정자는 고용계약기간이 1개월 이상 1년 미만인 경우 –고용계약미설정자는 일정한 사업(완료 1년 미만)의 필요에 의해 고용된 경우
일용근로자	고용계약기간이 1개월 미만인 자 또는 매일매일 고용되어 근로의 대가로 일급 또는 일당제 급여를 받고 일하는 자 등
비임금근로자	고용원이 있는 자영업자, 고용원이 없는 자영업자, 무급가족종사자 형태의 근로자에 해당
산업	산업이란 조사 대상 주간 중 취업자가 속한 사업체의 주된 경제활동을 의미하며, 산업의 분류는 1992년부터 2000년까지는 1991년에 개정된 6차 한국표준산업분류 기준을, 2000년부터 2008년까지는 8차 한국표준산업분류 기준을, 2008년 이후 자료는 2008년에 개정된 9차 한국표준산업분류에 따라 작성하되, 시계열 유지를 위해 2004년도부터 신구 분류를 병행 수록하였다.
직업	직업이란 조사 대상 주간 중 취업자가 종사하고 있는 일의 기능별 종류를 말하며, 직업의 분류는 1993년부터 2000년까지는 1992년에 개정된 4차 한국표준직업분류 기준을, 2000년부터 2008년까지는 2000년에 개정된 5차 한국표준직업분류 기준을, 2008년 이후 자료는 2007년에 개정된 6차 한국표준직업분류에 따라 작성하되, 시계열 유지를 위해 2004년부터는 신구 분류를 병행 수록하였다.

구직단념자	비경제활동인구 중 취업 희망과 취업 가능성이 있으나 다음의 사유(노동시장적 사유)로 지난 4주간에 구직활동을 하지 않은 자 중 지난 1년 내 구직경험이 있었던 자 ① 적당한 일거리가 없을 것 같아서(전공, 경력, 임금 수준, 근로 조건, 주변) ② 지난 4주간 이전에 구직하여 보았지만 일거리를 찾을 수 없어서 ③ 자격이 부족하여(교육, 기술 경험 부족, 나이가 너무 어리거나 많다고 고용주가 생각할 것 같아서)
가구	거주와 생계를 같이하는 사람의 모임을 가구라 하며, 한 사람이라도 별도로 거주하고 독립적인 가계를 이루고 있는 경우에는 하나의 가구로 간주 ※ 학교, 공장, 병원 등의 기숙사와 특수사회시설과 같은 집단시설가구는 조사 대상에서 제외
가구주	가구 내에서 호적이나 주민등록상의 호주 또는 세대주와 관계없이 실질적으로 가구를 대표하고 가계를 책임지고 있는 생계책임자
농가	농가라 함은 가구주의 생업(또는 주된 업)이 농업인 가구를 말하며, 가구주란 그 가구를 대표하고 가계의 지출에 관한 결정권을 가진 생계책임자를 말한다. 생업은 원칙적으로 수입을 기준으로 하며, 수입으로 구분하기 어려운 경우에는 노동의 투입량, 설비 등의 순으로 결정한다. 여기서 농가 및 가구주의 개념은 농가조사에서 사용되는 농가 및 가구주(경영주)의 정의와 상이하다는 점에 유의하여야 한다.
비정규직근로자	1차적으로 고용형태에 의해 정의되는 것으로 한시적 근로자, 시간제근로자, 비전형근로자 등으로 분류된다.
한시적 근로자	근로계약기간을 정한 근로자(기간제 근로자) 또는 정하지 않았으나 계약의 반복 갱신으로 계속 일할 수 있는 근로자와 비자발적 사유로 계속 근무를 기대할 수 없는 근로자(비기간제근로자)를 포함
시간제근로자	직장(일)에서 근무하도록 정해진 소정의 근로시간이 동일 사업장에서 동일한 종류의 업무를 수행하는 근로자의 소정 근로시간보다 1시간이라도 짧은 근로자로, 평소 1주에 36시간 미만 일하기로 정해져 있는 경우가 해당됨
비전형근로자	파견근로자, 용역근로자, 특수형태근로자, 가정 내(재택, 가내) 근로자, 일일(단기)근로자
시간 관련 추가 취업 가능자	조사 대상 주간에 실제 취업시간이 36시간 미만이면서 추가 취업을 희망하고, 추가 취업이 가능한 자
잠재 취업 가능자	비경제활동인구 중에서 지난 4주간 구직활동을 하였으나, 조사 대상 주간에 취업이 가능하지 않은 자

잠재구직자	비경제활동인구 중에서 지난 4주간 구직활동을 하지 않았지만, 조사 대상 주간에 취업을 희망하고 취업이 가능한 자
잠재 경제활동인구	잠재경제활동인구=잠재 취업 가능자+잠재구직자
확장 경제활동인구	확장경제활동인구=경제활동인구+잠재경제활동인구
고용보조지표1	고용보조지표1(%)=(시간 관련 추가 취업 가능자+실업자)÷경제활동인구×100
고용보조지표2	고용보조지표2(%)=(실업자+잠재경제활동인구)÷확장경제활동인구×100
고용보조지표3	고용보조지표3(%)=(시간 관련 추가 취업 가능자+실업자+잠재경제활동인구)÷확장경제활동인구×100

*출처: 통계청(2018).

1982년 국제노동기구(ILO)에 따르면 노동력은 임금노동력과 비임금노동력으로 구분되고, 임금노동력은 취업과 비취업으로, 비임금노동력은 일에 참여 그리고 일에 참여하지 않음의 두 가지로 구분함으로써 일과 경제활동은 동일하다고 할 수 있다(International Labour Organization, 1982). 그러나 2013년 국제노동통계인총회(ILO)에서는 경제활동 및 취업을 통한 노동시장 참여를 일로 간주하고, 사회의 다양한 영역의 활동을 광범위하게 포함하는 더욱 포괄적인 의미로 일을 정의하였다. 따라서 경제활동참여는 다양한 형태의 일 중에서 취업에 해당되는 영역으로, 다른 사람들이 이용할 상품 및 서비스 생산을 통하여 임금과 수익을 얻는 것으로 정의한다(International Labour Organization, 2013).

이 중에서 취업자는 실제로 일하고 있는 신분 또는 지위 상태를 말하는 종사자의 지위에 따라 다시 상용근로자, 임시근로자, 일용근로자, 자영업자, 무급가족종사 등의 6개 범주로 구분할 수 있는데 〈표 9-2〉와 같다.

표 9-2 경제·비경제 활동 인구 구분 및 설명

구분				설명
15세 이상	경제활동인구	취업자	상용 근로자	–고용계약설정자는 고용계약기간이 1년 이상인 사람 –고용계약미설정자는 소정의 채용절차에 의해 입사하여 인사관리 규정을 적용받거나 상여금 및 퇴직금 등 각종 수혜를 받는 사람
			임시 근로자	–고용계약설정자는 고용계약기간이 1개월 이상 1년 미만인 경우 –고용계약미설정자는 일정한 사업(완료 1년 미만)의 필요에 의해 고용된 경우
			일용 근로자	–고용계약기간이 1개월 미만인 사람 –매일매일 고용되어 근로의 대가로 일급 또는 일당제 급여를 받고 일하는 자
			고용원이 있는 자영업자	–한 사람 이상의 유급 고용원을 두고 사업을 경영하는 사람
			고용원이 없는 자영업자	–자기 책임 하에 독립적인 형태로 일이 수행되며 유급 고용원 없이 자기 혼자, 또는 무급가족종사자와 함께 일하는 자
			무급가족 종사자	–동일 가구 내에 가족이 경영하는 사업체, 농장에서 무보수로 일하는 사람을 말하며, 조사 대상 주간에 18시간 이상 일한 사람은 취업자로 분류함
		실업자	1주 기준	–구직활동 여부 파악시 대상 기간을 1주간으로 적용
			4주 기준	–구직활동 여부 파악시 대상 기간을 4주간으로 적용
	비경제활동인구			–만 15세 이상 인구 중 조사 대상 기간에 취업도 실업도 아닌 상태에 있는 사람

*출처: 통계청(2015).

2) 경제활동의 이론적 근거

헤비거스트(Havighurst, 1956)가 제시한 생애단계별 발달과업 내용 중에서 경제활동과 직접 관련되는 과업은 청년기의 '직업역할 시작', 중년기의 '경제적 표준생활 확립 · 유지', 노년기의 '은퇴와 수입 감소에 적응'으로 볼 수 있다. 청년기의 직업 선택은 개인적 성취감을 획득하는 데 도움을 주고 이후 경제적으로 독립적 · 안정적인 생활을 유지하는 데 영향을 미치는 중요한 발달과업이다.

레빈슨(Levinson, 1986)의 경제활동과 관련된 발달과업은 청년기의 '일 참여'로

정리할 수 있다. 청년기는 직업 선택으로 이어지는 일에 참여하고, 성인기로 진입하면 불확실한 직업세계로의 촉진, 전환, 정착으로 이어지게 된다(Zastrow & Kirst-Ashman, 2010).

생애발달단계에 따라 인간의 성장을 이해하고자 했던 연구자들의 노력 이후, 이를 직업적 영역에 적용시켜 개인의 경력개발과정을 단계별로 구분하는 학문적 노력이 시도되었다(김재희, 2016). 경력개발은 생애발달과 유사한 개념이지만 경력개발단계의 경우보다 일과 관련된 문제에 집중하여 인간의 발달과정을 조망한다는 점에서 큰 차이가 있다. 즉, 경력개발단계는 생애과정에서 경력이 개발되는 과정을 일정한 단계로 구분한 것을 말한다.

대표적인 이론으로는 수퍼(Super, 1980)와 홀(Hall, 1976) 이 제시한 경력개발단계가 있다. 수퍼(Super, 1980)의 경력개발단계는 '성장기(growth stage, 출생~14세)' '탐색기(exploration stage, 15~24세)' '확립기(establishment stage, 25~44세)' '유지기(maintenance stage, 45~64세)' '쇠퇴기(decline stage, 65세 이후)'로 구분된다(이지연 · 오호영 · 윤형한, 2007). 먼저 '성장기'는 타인과의 동일시를 통해 자신의 자아를 형성해 가는 시기로, 자신의 흥미와 능력이 무엇인지를 확인하는 시기이다. 다음으로 '탐색기'는 가정과 학교에서의 다양한 활동을 통해 자신의 자아를 검증하고 직업탐색을 시도하는 시기로, 이 시기의 경험은 이후 직업 선택 및 결정에 큰 영향을 미치게 된다. '확립기'는 자신에게 적합한 직업을 선택함으로써 자신의 직업을 공고화하고, 소속감과 안정감을 획득하는 안정이 이루어지는 시기이다. 이후 직업적 성취 속에서 안정감을 유지해 나가는 '유지기'를 거쳐, 마지막으로 신체적 · 심리적 기능의 쇠퇴에 따라 직업세계에서 은퇴하고 새로운 역할과 활동을 찾는 '쇠퇴기'를 맞이하게 된다.

다음으로 홀(Hall, 1976)에 의해 제안된 이후 여러 연구자에 의해 발전된 경력개발단계는 출생 이후에 교육과정을 거쳐 직장 입사 그리고 퇴직에 이르기까지 일련의 과정을 분류하였다. 이때 '탐색기(exploration Stage, 22~26세)'는 청소년기에 해당된다(이지연 · 오호영 · 윤형한, 2007). 즉, '탐색기'는 다양한 시행착오를 경험하면서 자신이 속한 조직 내에서의 업무를 평생 경력으로 삼을 것인지의 여부를 탐색하는 시기이다. 국내 연구에서는 경력개발단계를 크게 4단계로 나누어 분류하였다. 즉, '경

력형성기(20~30대)' '경력성장기(40대)' '경력성숙기(50대)' '경력은퇴기(60~70대)'이다(이지연 외, 2007). 첫 번째 단계인 '경력형성기'는 청소년에 해당되는 단계로 노동시장 진입을 위한 준비 및 탐색 시기이다. 이 시기에는 시행착오를 통하여 진로 · 직업 탐색, 직업 선택 및 직업 활동의 시작, 직무에 필요한 학습과정 및 교육의 이수 등의 과업이 수행된다.

한편 청소년의 경제활동을 노동시장이론과 연계해서 살펴볼 수 있다. 이중노동시장이론에 의하면 청소년노동은 전문적, 안정된 고용, 고임금 등 비교적 좋은 노동 조건을 갖춘 1차 부문이 아니다. 청소년노동은 비숙련직, 불안정한 고용, 저임금의 2차 부문에 속하는 특징을 보인다. 또한 2차 노동시장은 노동 조건이 불안정하고 열악하여 이민자, 여성, 청소년 등 사회적으로 주변화된 사람들이 여기에 속한다(Thompson, 1983; 박창남, 1999 재인용). 즉, 미숙련 노동이나 파트타임 노동집단에 속하는 청소년 노동자는 서비스 노동시장에서 필요한 수요를 보충해 주고, 저렴한 임금으로 이용할 수 있어 노동시장 내에서 핵심적인 비중을 차지하게 된 것이다(김혜경, 2013; 정은주, 2003).

02 청소년의 경제활동

1) 긍정적인 영향

청소년들이 경제활동에 참여하는 목적은 현대 자본주의 사회에서 생계를 유지하는 데 반드시 필요한 경제적 소득을 획득하게 할 뿐만 아니라 개인이 사회구성원으로서 사회적 지위를 결정하는 데 중요한 영향을 미치기 때문에 사회에 참여하는 활동을 목적으로 한다. 특히 청소년이 경제활동에 참여하는 것은 경제적 독립에서 더 나아가 정치적 · 사회적 측면까지로 역량 강화를 촉진시킴으로써 사회적으로 독립적이고 주체적인 삶을 영위하도록 한다는 측면에서 매우 중요한 의미를 지닌다(고민석 · 김동주, 2014).

청소년들의 경제활동으로 가장 많이 참여하는 아르바이트는 원래 독일어로 '일을 하다'라는 뜻이다. 이러한 아르바이트에 대해 미국이나 독일의 부모는 자신들의 아이가 청소년기에 접어들면 그동안 집안일을 돕고 용돈을 받던 소극적인 경제활동에서 벗어나 가정 이외에서 사회경험을 쌓고 그들이 필요한 최소한의 비용을 해결하기 위한 보다 적극적인 경제활동을 하기를 희망하는 부모들이 먼저 자신들의 아이에게 적당한 아르바이트 자리를 찾아서 제안을 하기도 한다. 이들 국가의 대부분의 청소년은 부모의 제안에 따라 자신들이 필요한 최소한의 용돈을 벌기 위해 주말이나 방과 후를 이용하여 시간제 일을 가지는 것은 너무나 당연한 것이며, 이러한 경험은 향후 진로를 결정할 때 매우 중요한 요인으로 작용할 수 있다(Johnson, 2004; Kouvonen & Lintonen, 2002).

근로청소년 유형 분석 및 유형별 정책 지원 방안 연구(여성가족부, 2014)에서는 청소년들이 근로경험을 통해 자신이 필요한 돈을 스스로 벌어서 쓸 수 있다는 자부심을 갖게 되고, 돈을 버는 것이 쉽지 않다는 것과 사회에 적응하는 데 필요한 것이 무엇인지 알게 되는 등의 긍정적인 측면을 보여 주고 있다. 경제적인 형편 때문에 돈을 벌어야만 하는 청소년들보다 비경제적인 사유로 돈을 버는 청소년들에게서 긍정적인 평가가 더 많이 나왔다. 특히 적성과 흥미를 찾고 희망 진로 직업을 갖게 된 경우에 비경제적 사유로 일하는 남자청소년에게서 다른 집단보다 통계적으로 유의미한 수준에서 높게 나타났다. 결국 비경제적 목적의 근로청소년의 근로경험은 긍정적으로 인식되는 수준이 전반적으로 높음을 보여 준다(여성가족부, 2014).

모티머(Mortimer), 핀치(Finch) 등의 사회학자들은 청소년의 일이 발달상 긍정적인 효과를 가져올 수 있다고 보았다. 이들은 청소년기의 일의 단기적 영향에만 주의를 기울이지 말고, 청소년기의 일의 경험이 이들이 성인이 되었을 때의 직업 역할 수행에 긍정적인 영향을 미칠 수 있다는 장기적 영향에 주목할 것을 강조하였다. 그 이유로 청소년들이 학업과 일을 병행하는 다중 역할 수행의 경험은 사회적 자본(social capital)을 축적하는 과정이 될 수 있다고 보았다. 즉, 일을 통해서 청소년들은 사회적 관계망을 형성하며, 인간관계 형성의 방법 등 미래의 직업 획득을 위한 기술을 익힘으로써 다양한 측면의 사회적 자본을 축적할 수 있다는 것이다. 이들 연구자들은 청소년들이 성인기에 접어들기 전에 미리 일에 대한 경험을 쌓음으로써 미래에 대해 적극적으로 생각해 볼 수 있다고 하였다. 또한 청소년들이 일을 하는 경우

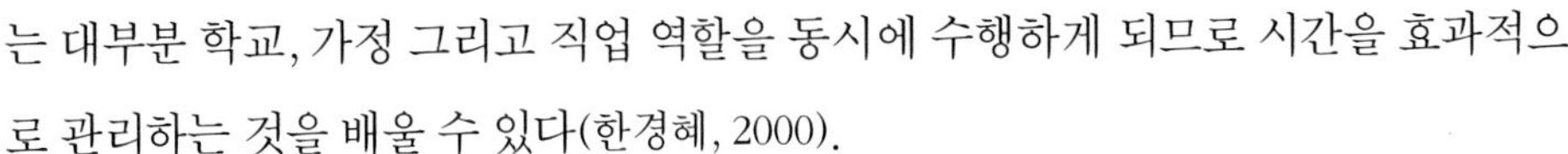

는 대부분 학교, 가정 그리고 직업 역할을 동시에 수행하게 되므로 시간을 효과적으로 관리하는 것을 배울 수 있다(한경혜, 2000).

2) 부정적인 영향

노동시장 참여가 청소년에게 부정적 영향을 미친다는 관점은 우선 시간제 취업이 청소년기의 중요한 발달과업의 하나인 학업성취에 부정적인 영향을 미친다는 점을 우려한다. 청소년의 일이 학업 수행에 미치는 영향을 탐색한 연구들을 보면 청소년이 일을 하는 경우 학업성취도가 낮아지는 것으로 나타났다. 이때 청소년들이 일하는 시간이 일주일에 15시간 미만인 경우에는 그 영향이 제한적이지만, 일주일에 20시간 이상 일하는 경우에는 학업성취도가 급격히 낮아지는 것으로 나타났다. 그런가 하면 학업 성적이 좋지 않은 학생들이 그렇지 않은 청소년들에 비해 취업을 하는 경향이 높은 '선택성 효과'가 있다는 결과도 종단연구에서 나타났다(Steinberg, Fegley, & Dornbusch, 1993). 특히 일하는 시간이 많은 학생은 술과 마약에 빠질 가능성도 크다는 연구결과가 나타났다. 그밖에도 여러 연구가 청소년기에 근로 경험이 있는 성인들은 학업성취도, 교육적 기대 수준, 학교교육을 받은 기간에서 부정적인 결과를 가져왔다고 보고하였다(문은영, 2003).

최근 청소년들의 일과 소비에 대한 관심을 고려하면 앞으로 청소년노동의 비율은 더욱 증가할 것이다. 이러한 점을 감안하면 노동 환경 역시 청소년에게 영향을 주는 주요 환경 요소로서 고려해야 한다. 청소년의 아르바이트 경험이 늘어나고 있음에도 불구하고 아르바이트를 학력 저하 및 탈선과 동일시하는 사회적 인식과 무관심 속에서 청소년들은 직업 탐색의 기회 및 건전하게 일할 권리를 적절히 보장받지 못하고 있는 것이 현실이다. 이러한 사회적 인식은 청소년노동의 과정에서 열악한 근로 조건 및 무분별한 임금 착취와 부당 대우라는 사회문제를 초래하기도 한다. 심한 경우에는 휴게시간이나 식사시간 없이 노동이 착취되기도 하며, 근로시간에 부상을 당했을 때 치료나 보상이 없거나 성폭행, 성추행 및 성희롱을 당하는 등 청소년의 권리가 침해되는 사례도 적지 않게 보고되고 있다(유지연, 2011).

또한 우리나라에서는 아르바이트를 학생이나 직업인 등이 돈을 벌 목적으로 학업이나 본업 이외에 부업으로 하는 일로 해석하고 있다. 학교를 벗어나는 청소년과 가족으로부터 이탈하는 청소년의 꾸준한 증가, 특성화고등학교와 대안학교의 진학률이 높아지면서 청소년들이 경제활동을 경험할 확률은 점점 늘어 가고 있다. 이러한 청소년들은 대부분 비숙련, 단기적인 경제활동을 할 가능성이 높고, 저임금과 과도한 노동시간으로 부정적인 영향을 받을 수 있기 때문에 청소년들에게 안전하게 경제활동을 할 수 있는 권리가 중요하다. 즉, 청소년들이 제대로 권리를 보장받고 제대로 일을 할 수 있는 환경 마련이 필요하다.

03 청소년 경제활동 지원

1) 청소년 경제활동 지원 및 보호 관련 법

(1) 「대한민국헌법」

「대한민국헌법」의 '근로의 권리'(제32조 제1항), '직업 선택의 자유'(제15조), '노동3권'(제33조) 등 근로 관련 규정은 청소년노동에도 당연히 적용된다. 한편, 청소년노동의 경우에는 '교육을 받을 권리'(제31조)라는 측면도 고려되어야 한다. 특히 연소자의 근로는 특별한 보호를 받는다는 내용에 근거하여 청소년 경제활동에 대한 지원 및 보호가 동시에 이루어져야 한다(제32조 제5항).

(2) 「근로기준법」

「근로기준법」 제64조에는 만 15세 미만인 자는 취직인허증을 받아야만 고용할 수 있는 규정이 있다. 취직인허증은 본인의 신청에 따라 의무교육에 지장이 없는 경우에 한하여 직종을 지정하여서만 발행할 수 있도록 규정하고 있다(제64조 제2항). 2007년 1월 26일 개정에서 정책의 실효성을 확보하기 위해서 고용노동부장관은 거짓이나 그 밖의 부정한 방법으로 취직인허증을 발급받은 자에게는 그 인허를 취소하도록 하는 규정을 신설하였다(제64조 제3항). 연소자 증명서(제66조)와 관련해서 사용자는 18세 미만인 자의 연령을 증명하는 가족관계기록사항에 관한 증명서와

친권자 또는 후견인의 동의서를 사업장에 갖추어 두도록 규정하고 있다. 연소자 또는 미성년자와의 근로계약(제67조) 시 친권자나 후견인은 미성년자의 근로계약을 대리할 수 없다고 규정하고(제1항), 제2항에는 친권자, 후견인 또는 고용노동부장관은 근로계약이 미성년자에게 불리하다고 인정하는 경우에는 이를 해지할 수 있도록 규정하고 있다. 또한 사용자는 18세 미만인 자와 근로계약을 체결하는 경우에는 근로조건(제17조)을 서면으로 명시하여 교부하도록 규정하고 있다. 제68조(임금의 청구)는 미성년자가 독자적으로 임금을 청구할 수 있도록 규정하고 있다. 이는 본인을 대신해서 친권자 또는 후견인이 근로계약을 체결하는 것을 허용하지 않는 규정과 맥락을 같이하는 것으로, 친권자 등에 의하여 연소자의 강제노동, 임금의 착취를 방지하기 위한 것이다. 제69조(근로시간)는 근로시간에 관하여 15세 이상 18세 미만인 자의 근로시간은 1일에 7시간, 1주일에 35시간을 초과하지 못한다고 규정하고 있다. 다만, 당사자 사이의 합의에 따라 1일에 1시간, 1주일에 5시간을 한도로 연장할 수 있다고 규정하고 있다. 아울러 탄력적 근로시간제의 적용 제외, 선택적 근로시간제의 적용 제외 등을 인정하고 있는데, 이는 아직 성장단계에 있는 연소자의 건강한 정신적·신체적 성장의 도모와 학습권을 보장하기 위한 것으로 보인다.

(3) 「청소년 보호법」

「청소년 보호법」은 청소년에게 유해한 매체물과 약물 등이 청소년에게 유통되는 것과 청소년이 유해한 업소에 출입하는 것 등을 규제하고 청소년을 유해한 환경으로부터 보호·구제함으로써 청소년이 건전한 인격체로 성장할 수 있도록 함을 목적(제1조)으로, 1997년 3월에 제정되어 시행되고 있다. 이 법에서는 '청소년'을 만 19세 미만인 사람(만 19세가 되는 해의 1월 1일을 맞이한 사람은 제외)으로 정의(제2조 제1항)하고 있다. 청소년 유해업소로 청소년의 출입과 고용이 청소년에게 유해한 것으로 인정되는 '청소년 출입·고용금지업소'(동조 제5호 가목)와 청소년의 출입은 가능하나 고용이 유해한 것으로 인정되는 '청소년 고용금지업소'(동조 제5호 나목)를 규정하고 있다. 이 경우 업소의 구분은 그 업소가 영업을 할 때 다른 법령에 따라 요구되는 허가·인가·등록·신고 등의 여부와 관계없이 실제로 이루어지고 있는 영업행위를 기준(제2조 제5항)으로 하고 있다.

표 9-3 청소년 유해업소

구분	내용
청소년 출입 · 고용 금지업소	1)「게임산업진흥에 관한 법률」에 따른 일반게임제공업 및 복합유통게임제공업 중 대통령령으로 정하는 것 2)「사행행위 등 규제 및 처벌 특례법」에 따른 사행행위영업 3)「식품위생법」에 따른 식품접객업 중 대통령령으로 정하는 것 4)「영화 및 비디오물의 진흥에 관한 법률」 제2조 제16호에 따른 비디오물감상실업 · 제한 관람가 비디오물소극장업 및 복합영상물제공업 5)「음악산업진흥에 관한 법률」에 따른 노래연습장업 중 대통령령으로 정하는 것 6)「체육시설의 설치 · 이용에 관한 법률」에 따른 무도학원업 및 무도장업 7) 전기통신설비를 갖추고 불특정한 사람들 사이의 음성대화 또는 화상대화를 매개하는 것을 주된 목적으로 하는 영업. 다만,「전기통신사업법」 등 다른 법률에 따라 통신을 매개하는 영업은 제외한다. 8) 불특정한 사람 사이의 신체적인 접촉 또는 은밀한 부분의 노출 등 성적 행위가 이루어지거나 이와 유사한 행위가 이루어질 우려가 있는 서비스를 제공하는 영업으로서 청소년보호위원회가 결정하고 여성가족부장관이 고시한 것 9) 청소년유해매체물 및 청소년유해약물 등을 제작 · 생산 · 유통하는 영업 등 청소년의 출입과 고용이 청소년에게 유해하다고 인정되는 영업으로서 대통령령으로 정하는 기준에 따라 청소년보호위원회가 결정하고 여성가족부장관이 고시한 것 10)「한국마사회법」 제6조 제2항에 따른 장외발매소(경마가 개최되는 날에 한정한다) 11)「경륜 · 경정법」 제9조 제2항에 따른 장외매장(경륜 · 경정이 개최되는 날에 한정한다
청소년 고용 금지업소	1)「게임산업진흥에 관한 법률」에 따른 청소년게임제공업 및 인터넷컴퓨터게임시설 제공업 2)「공중위생관리법」에 따른 숙박업, 목욕장업, 이용업 중 대통령령으로 정하는 것 3)「식품위생법」에 따른 식품접객업 중 대통령령으로 정하는 것 4)「영화 및 비디오물의 진흥에 관한 법률」에 따른 비디오물소극장업 5)「화학물질 관리법」에 따른 유해화학물질 영업, 다만 유해화학물질 사용과 직접 관련이 없는 영업으로서 대통령령으로 정하는 영업은 제외한다. 6) 회비 등을 받거나 유료로 만화를 빌려 주는 만화대여업 7) 청소년유해매체물 및 청소년유해약물 등을 제작 · 생산 · 유통하는 영업 등 청소년의 고용이 청소년에게 유해하다고 인정되는 영업으로서 대통령령으로 정하는 기준에 따라 청소년보호위원회가 결정하고 여성가족부장관이 고시한 것

*출처: 국가법령정보센터(2018).

(4) 「직업안정법」

「직업안정법」 제21조(연소자에 대한 직업소개의 제한)는 무료직업소개사업 또는 유료직업소개사업을 하는 자와 그 종사자는 구직자의 연령을 확인하여야 하며, 18세 미만의 구직자를 소개하는 경우에는 친권자나 후견인의 취업동의서를 받도록 규정하고 있다(제1항). 제2항에서는 직업소개사업자 등은 18세 미만의 구직자를 「근로기준법」 제65조(사용 금지)에 따라 18세 미만자의 사용이 금지되는 직종의 업소에 소개하여서는 아니 된다고 규정하고 있다. 또한 직업소개사업자 등은 「청소년보호법」 제2조 제1호에 따른 청소년인 구직자를 동조 제5호에 따른 청소년유해업소에 소개하여서는 아니 된다고 규정하고 있다(제3항). 「직업안정법」 제47조(벌칙)는 제21조의 3 제2항 및 제3항, 즉 연소자에 대한 직업소개의 제한을 위반한 자에 대하여 5년 이하의 징역 또는 5천만 원 이하의 벌금에 처하도록 규정하고 있다.

(5) 「청년고용촉진 특별법」

구직 · 취업난으로 청년 아르바이트 근로자가 증가 추세에 있고, 아르바이트 고용 사업장의 「노동 조합 및 노동관계조정법」 위반이 심각해짐에 따라 특히 아르바이트 청년들의 「노동 조합 및 노동관계조정법」 이해수준이 낮아 「청년고용촉진 특별법」을 통해 청소년 경제활동을 지원하고 보호하고 있다. 「청소년고용촉진특별법」 제3조(국가 및 지방자치단체 등의 책무)에는 ① 국가 및 지방자치단체는 청년고용을 촉진하기 위하여 인력수급 전망, 청년 미취업자 실태 조사, 직업 지도, 취업 알선 및 직업능력개발 훈련 등을 포함한 대책을 수립 · 시행하여야 하고 청년 미취업자의 고용이 촉진될 수 있는 사회적 · 경제적 환경을 마련하도록 노력하여야 한다고 규정하고 있다.

(6) 「진로교육법」

「진로교육법」은 2015년에 처음 제정되었고, 다양한 진로교육 기회를 제공함으로써 변화하는 직업세계에 능동적으로 대처하고 학생의 소질과 적성을 최대한 실현하여 국민의 행복한 삶과 경제 사회 발전에 기여함을 목적으로 한다(제1조). 진로교육은 변화하는 직업세계와 평생학습사회에 적극적으로 대응할 수 있도록 스스로 진로를 개척하고 지속적으로 개발해 나갈 수 있는 진로개발 역량의 함양을 목표로 한다. 또한 모든 학생은 발달단계 및 개인의 소질과 적성에 맞는 진로교육을 받을 권리를 가진다. 진로교육은 학생의 참여와 직업에 대한 체험을 바탕으로 이루어져야 하고, 국가 및 지역사회의 협력과 참여 속에 다양한 사회적 인프라를 활용하여 이루어져야 한다(제4조). 그러나 「진로교육법」은 학교에 다니고 있는 학생들을 지원하기 위한 것이므로 학업 중단 청소년들에게 적용하는 것에는 한계가 있다.

(7) 「학교 밖 청소년지원에 관한 법률」

이 법은 학교 밖 청소년이 건강한 사회구성원으로 성장할 수 있도록 함을 목적(제1조)으로 2014년 5월 28일에 제정되어, 2015년 5월 29일부터 시행되고 있다. 이 법에서는 '학교 밖 청소년'을 「초 · 중등교육법」 제2조에 따른 학교에서 학업을 중단하거나 고등학교 또는 이와 동일한 과정을 교육하는 학교에 진학하지 아니한 청소년 등으로 정의하고, 국가 및 지방자치단체는 「청소년기본법」 제14조(연도별 시행계획의 수립 등)에 따라 연도별 시행계획을 수립 시 학교 밖 청소년 지원을 위한 프로그램의 개발 및 지원에 관한 사항 등을 포함하도록 규정하고 있다. 여성가족부장관은 학교 밖 청소년의 현황 및 실태를 파악하고 학교 밖 청소년 지원을 위한 정책수립에 활용하기 위하여 3년마다 학교 밖 청소년에 대한 실태조사를 실시하여 그 결과를 공표하도록 규정하고 있다(제6조). 국가와 지방자치단체는 학교 밖 청소년의 개인적 특성과 수요를 고려한 상담지원, 교육지원, 직업체험 및 취업지원, 자립지원 등 학교 밖 청소년 지원프로그램을 마련 · 제공하도록 규정하고 있다(제8조~제11조).

학업을 중단한 청소년들은 개인적 측면에서 교육의 기회상실, 진로개척의 장애를 겪으며, 청소년기에 소속되어야 할 학교 등의 바람직한 환경에의 소속감을 상실하고, 일탈집단에 결부될 위험성을 증가시킴으로써 가출 및 비행 문제행동의 가능성을 높이고 있다. 그뿐 아니라 학교를 중단한 청소년의 가족에게 삶의 실패라는 스트레스와 위기감을 경험하게 하고 국가 · 사회적 측면에서도 비행이나 청소년범죄로 인한 경찰력의 증가, 각종 보호 및 교정비용을 증가시킴으로써 국가의 비용적 · 인적 손실을 가져온다(박미영, 2017). 이러한 학교 밖 청소년들의 문제는 청소년 개인과 그 가족이나 학교에 국한시켜서는 안 되고, 국가의 전체적인 시각에서 더욱 다

양하고 시의성 있는 대책을 세워야 한다.

2) 청소년 경제활동 지원 및 보호에 관한 정책

(1) 청소년근로보호센터 운영

민간보조사업의 형태로 운영되는 청소년근로보호센터의 주요 기능은 (#138850) 문자상담, #1388 플러스친구 카카오톡 상담, 전화상담, 내방상담과 더불어 청소년들이 안전하게 일할 수 있고 법규 준수에 대한 이해가 없는 사업장의 캠페인 참여를 통하여 안전근로환경을 조성하는 '꿈일터 캠페인', 그리고 근로계약서 작성과 아르바이트 면접을 동행하고 사업장 안전체크, 피해구제 노동관서 신고 등을 지원하는 '해피워크매니저'를 운영하고 있다. 아울러 학교를 대상으로 찾아가는 근로교육을 실시하고 있다. 유선보다는 문자상담이 더욱 익숙한 청소년들에게 낮은 문턱으로 상담을 지원하고 있다.

(2) 온라인 상담신고 체계

'1318 알자알자' 공식 사이트를 통하여 실시간으로 온라인 상담이 이루어지도록 하고 있으며, 청소년사이버상담센터(Cyber1388), '알바Talk' '#1388'을 통하여 24시간 상담이 가능한 체계를 갖추고 있다. 24시간 상담으로 빠른 대응을 할 수 있다는 장점이 있으나, 상담이 곧바로 피해구제로 이어질 수 있는 체계는 아니므로 피해구제단계에서의 고용노동부, 교육부 등 유관부서와의 연계가 필요한 것으로 보인다.

(3) 학교 밖 청소년지원센터: 꿈드림

2015년 5월 29일 「학교 밖 청소년 지원에 관한 법률」의 시행으로 한국청소년상담복지개발원과 학교밖청소년지원센터 '꿈드림'이 학교 밖 청소년의 상담지원, 교육지원, 직업체험 및 취업 지원, 자립지원 등의 프로그램을 마련하여 학교 밖 청소년이 꿈을 가지고 자신의 미래를 스스로 준비하여 공평한 기회를 얻을 수 있도록 지원하고 있다. 학업 중단 청소년들이 원활하게 경제활동을 할 수 있도록 도울 수 있는 진로탐색, 일 경험, 취업 기회 제공을 실시하는 취업지원프로그램이 절실히 필요한 실정이다.

3) 청소년을 위한 경제교육

청소년들에게 경제교육은 '직업'이라는 주제와 연결될 수 있는 흥미로운 교육 내용으로, 개인이 직업을 추구하는 과정에서 학습과 경험을 통해 이루어지는 발달과정 중 하나이다. 이를 직업사회화('vocational' or 'occupational' socialization)라고 한다. 최근에는 직업사회화를 생애주기적 관점에서 바라보고 여러 기간과 단계로 나누어 살펴보고 있는데, 이때 청소년들은 예비 직업사회화를 통해 특정 직업 영역을 추구하는 방향성을 보인다. 자신이 소속되어 일하게 될 집단을 지향하며, 자신이 그 집단 속에서 어떠한 역할을 할 것인가에 대해 기대와 예측을 하게 된다. 청소년은 의식적, 무의식적으로 직업과 관련된 정보를 자신의 자아개념과 비교하고, 다양한 요인과 대안을 살펴본 후 최종적으로 그들의 미래 직업의 방향을 결정하는 중요한 선택을 하게 된다. 청소년들은 지속적인 진로 의사결정과정에서 다양한 환경적 요인과 상호작용하며 직업 관련 가치관과 신념을 발달시켜 나가야 한다(Jablin, 2001; Vondracek & Porfeli, 2003).

직업을 이해하기 위해서는 먼저 일의 세계를 이해하는 것이 선행되어야 한다. 즉, 아동과 청소년들이 일의 세계를 어떻게 인식하는지, 예비 직업인으로서 어떠한 경험을 하는지, 일의 세계로 가까이 가고 있는 그들에게 필요한 교육적 지원은 무엇인지를 이해할 필요가 있다. 그런 이후에 경제학적 지식과 원리를 습득할 필요가 있다. 일상의 경제 경험을 토대로 경제문제를 해결하는 기회를 제공할 수 있으며, 경제교육에서 노동자와 직업인의 사회적 역할을 가르치는 것이 바람직하다. 청소년들이 일의 의미(meaning of work)를 어떻게 이해하는지, 아르바이트에 참여한 경험이 일 가치관에 어떠한 영향을 주는지, 일에 대한 신념의 변화 등을 연구한 결과에 의하면 과거(1980년대와 1990년대) 청소년에 비해 1990년대 이후의 청소년들은 '일의 우선' '직업의 안정성'에 의미를 덜 부여하며 여가를 중요시하는 것으로 나타났다(Wray-Lake, Syvertsen, Briddell, Osgood, & Flanagan, 2011). 이것은 결국 직업인으로서의 지속성보다는 돈을 벌기 위한 수단으로 일을 하는 개념으로 변화되고 있음을 시사한다. 즉, 단기적인 일을 통해서 돈을 벌고, 하고 싶은 취미활동만을 하고, 지속적인 경제활동을 하지 않을 가능성이 높음을 의미한다. 이러한 변화에 영향을 주는 환경을 살펴보면 도시의 청소년들은 일을 외부적 보상(돈)으로 정의하는 경향이 있으며, 주로 그들의 가족의 영향을 받게 된다. 특히 경제적으로 어려운 가족일수록 이러한 경향이 더 높다(Chaves et al., 2004). 따라서 가정에서의 경제활동과 직업인으로서의 부모 역할도 매우 중요함을 시사한다. 즉, 아동과 청소년이 인식하는 일의 세계가 경제현실의 변화와 사회상을 반영하며 미래 직업생활의 결과와 연결된다는 것을 보여 준다(Lee & Mortimer, 2009; Vondracek & Porfeli, 2003). 일의 세계는 경제생활의 중요한 영역이며, 직업 관련 행위는 대표적인 경제행위이기 때문이다. 인간은 숙명적으로 노동과 생산 활동을 통해 생명을 유지하며, 오늘날의 개인은 직업인으로서 그 기능을 수행한다.

요약

1. 일반적으로 경제활동이란 경제 재화나 용역의 생산과 소비, 소득이나 부(富)의 분배 따위의 경제 분야에 관련된 모든 개별적인 행동을 의미한다. 특히 경제활동인구란 15세 이상의 인구 가운데 노동 능력 및 노동 의사를 가지고 있는 인구이고, 취업자와 실업자를 모두 포함한다.

2. 이중노동시장이론에 의하면 청소년노동은 전문적, 안정된 고용, 고임금 등 비교적 좋은 노동 조건을 갖춘 1차 부문이 아니다. 청소년노동은 비숙련직, 불안정한 고용, 저임금의 2차 부문에 속하는 특징을 보인다. 이러한 이유로 청소년들이 보다 안정된 경제활동에 참여하기 위해서는 다양한 지원이 필요하다.

3. 청소년의 경제활동에 대한 긍정적인 부분은 청소년이 경제적 독립에서 더 나아가 정치적·사회적 측면까지로 역량 강화를 촉진시킴으로써 사회적으로 독립적이고 주체적인 삶을 영위하도록 한다는 측면에서 매우 중요한 의미가 있다는 점이다. 반면에 부정적인 부분은 학업성취도가 낮아진다는 점과 탈선과 동일시하는 사회적 인식 그리고 무관심 속에서 청소년들은 직업 탐색의 기회와 건전하게 일할 권리를 적절히 보장받지 못한다는 점이다.

4. 청소년 경제활동 지원 및 보호에 관한 법은 「대한민국헌법」 「근로기준법」 「청소년 보호법」 「직업안정법」 「청년고용촉진 특별법」 「진로교육법」 「학교 밖 청소년지원에 관한 법률」에서 다루고 있다. 이러한 법률에 의거하여 청소년근로보호센터, 온라인 상담신고 체계, 학교 밖 청소년지원센터(꿈드림)를 운영하고 있다. 학교에 다니는 청소년뿐만 아니라 학교 밖 청소년이 원활하게 경제활동을 할 수 있도록 도울 수 있는 진로탐색, 일 경험, 취업 기회 제공을 실시하는 취업지원프로그램이 절실히 필요한 실정이다.

5. 청소년이 경제활동을 지속적으로 유지하고, 건강하게 참여하기 위해서는 청소년들이 일의 세계를 어떻게 인식하는지, 예비 직업인으로서 어떠한 경험을 하는지, 일의 세계로 가까이 가고 있는 그들에게 필요한 교육을 지원해야 한다. 이러한 점에서 경제교육이 필요하다. 청소년들에게 경제교육은 '직업'이라는 주제와 연결될 수 있는 흥미로운 교육 내용으로, 개인이 직업을 추구하는 과정에서 학습과 경험을 통해 이루어지는 발달 과정 중 하나이다. 자신이 소속되어 일하게 될 집단을 지향하며, 자신이 그 집단 속에서 어떠한 역할을 할 것인가에 대해 기대와 예측을 하고 있는데, 이때 청소년은 의식적, 무의식적으로 직업과 관련된 정보를 자신의 자아개념과 비교하고, 다양한 요인과 대안을 살펴본 후 최종적으로 그들의 미래 직업의 방향을 결정하는 중요한 선택을 하여야 한다.

참고문헌

고민석 · 김동주(2014). 경제활동상태가 여성장애인의 일상생활만족도에 미치는 영향: 자아존중감의 매개효과를 중심으로. **장애와 고용**, 24(2), 137-164.

김재희(2016). 성인 장애인의 생애단계별 경제활동참여 변화 유형에 관한 연구. 경기대학교 대학원 박사학위논문.

김형식(1993). **청소년복지론**. 서울: 한국청소년개발원.

김혜경(2013). 아르바이트 청소년의 노동경험에 관한 연구: Giorgi의 현상학적 연구방법을 활용하여. 경희대학교 대학원 석사학위논문.

문은영(2003). 한국노동시장에서 청소년시간제 취업의 문제점과 대책. 숙명여자대학교 대학원 석사학위논문.

박미영(2017). 학교 밖 청소년 대상 취업성공패키지 프로그램 적용 사례 연구. 공주교육대학교 교육대학원 석사학위논문.

박창남(1999). 청소년 노동시장에 관한 연구: 청소년기 '학교에서 직장으로의 이행'에 관한 기초 연구. 서울: 한국청소년개발원.

박창범(2002). 청소년복지정책의 윤리적 과제. **한국시민윤리학회지, 15**, 111-122.

송정숙(2000). 저소득편모의 경제활동참여에 관한 연구. 이화여자대학교 대학원 석사학위논문.

여성가족부(2014). **근로청소년 유형 분석 및 유형별 정책 지원 방안 연구**. 서울: 여성가족부.

유지연(2011). 노동에서의 청소년권 보호 방안. **법과인권교육연구, 4**(3), 23-48.

이지연 · 오호영 · 윤형한(2007). **과학기술분야 핵심인력의 경력단계와 인적자원 정책**. 서울: 한국직업능력개발원.

정은주(2003). 패스트푸드점에 고용된 청소년 노동 경험에 관한 연구. 연세대학교 대학원 석사학위논문.

통계청(2015). **2014 경제활동인구연보**. 서울: 한국통계진흥원.

한경혜(2000) 청소년의 시간제 취업 경험: 그 과정과 의미에 대한 질적 연구. **한국청소년연구, 32**, 153-180.

Chaves, A. P., Diemer, M. A., Blustein, D. L., Gallagher, L. A., DeVoy, J. E., Casares, M. T., & Perry, J. C. (2004). Conceptions of work: The view from urban youth. *Journal of Counseling Psychology, 51*(3), 275-286.

Hall, D. T. (1976). *Careers in Organizations*. Pacific Falisades, CA: Goodyear Publishing.

Havighurst, R. J. (1956). Research on the developmental-task concept. *The School Review, 64*(5), 215-223.

International Labour Organization (1982). Statistics of labour force, employment. Unemployment and underemployment. *13th international conference of labour*. statisticans. Geneva, Switzerland.

International Labour Organization (2013). Resolution I: Resolution concerning and labour underutilization. *19th international conference of labour statisticans*. Geneva, Switzerland,

Jablin, F. M. (2001). *Organizational entry, assimilation, and disengagement/exit*. The new handbook of organizational communication. Thousand Oaks, CA: Sage.

Johnson, M. K. (2004). Further evidence on adolescent employment in the transition to adulthood. *Journal of Health Soc. Behav, 41*, 276-294.

Kouvonen, A., & Lintonen, T. (2002). Adolescent part-time work and heavy drinking in Finland. *Addiction, 7*, 311-318.

Lee, J. C., & Mortimer, J. T. (2009). Family socialization, economic self-efficacy, and the attainment of financial independence in early adulthood. *Longitudinal and Life Course Studies, 1*(1), 45-62.

Levinson, D. J. (1986). A conception of adult development. *American Psychologist, 41*(1), 3-13.

Steinberg, L., Fegley, S., & Dornbusch, S. M. (1993). Negative impact of part-time work on adolescent adjustment: Evidence from longitudinal survey. *Developmental Psychology, 29*(2), 171-180.

Super, D. E. (1980). A life-span, life-space approach to career development. *Journal of Vocational Behavior, 16*, 282-298.

Thompson, P. (1983). *The nature of work: An indroduction to debates on the labour Process.* London: Macmillan.

Vondracek, F. W., & Porfeli, E. (2003). *World of work and careers.* The blackwell handbook of adolescence. Malden, MA: Blackwell.

Wray-Lake, L., Syvertsen, A. K., Briddell, L., Osgood, D. W., & Flanagan, C. A. (2011). Exploring the changing meaning of work for American high school seniors from 1976 to 2005. *Youth & Society, 43*(3), 1110-1135.

Zastrow, C., & Kirst-Ashman, K. K. (2010). *Understanding human behavior and the social environment.* Belmont, CA: Brooks.

통계청(2018). 통계표준영어 및 지표. http://kostat.go.kr/understand/info/info_lge/1/%20%20%20%20%20%20detail_lang.action?bmode=detail_lang&cd=SL3966 (2018. 11. 25. 검색)

제10장

청소년복지의 실제 VII: 인권

학습개요

「대한민국헌법」 제10조는 "모든 국민은 인간으로서의 존엄과 가치를 가지며, 행복을 추구할 권리를 가진다. 국가는 개인이 가지는 불가침의 기본적 인권을 확인하고 이를 보장할 의무를 진다."고 규정하고 있다. 청소년은 인간으로서 가지는 권리, 즉 인권을 가진다. 세계인권선언, 유엔 아동권리협약 등 국제 규범과 함께 국내에서도 청소년인권 보장 및 증진을 위한 정책적 노력이 지속되고 있다. 이는 청소년인권이 청소년의 삶과 직접적으로 연관되기 때문이다. 청소년복지는 이전의 시혜적 복지 관점에서 벗어나 청소년 삶의 전반에 걸친 영역에서의 문제를 해결하고 지원할 필요가 있다. 이에 청소년복지는 청소년의 삶에 대한 밀접한 지원을 통해 청소년인권을 보장하고 증진할 수 있어야 한다.

이 장에서는 청소년인권 논의의 배경, 국내외 관련 법 및 제도에 대한 소개를 시작으로 청소년복지 측면에서 인권의 의미를 살펴보고자 한다.

01 청소년인권 논의의 배경

권리는 인간의 존엄성을 전제로 한다. 인간의 존엄성이란 인간의 가치가 그 어떤 윤리적 가치나 이념보다 우선되며, 생존과 기본적 자유에 있어 개인이 주체가 됨을 의미한다. 인권은 인간이기에 당연히 가지는 보편적인 권리로서 절대적이고 항구적인 불가침의 성격을 지닌다. 현대 사회에서 인권은 인간으로서 인간다운 삶을 영위하기 위해 갖는 보편적인 권리임과 동시에 한 국가의 구성원인 시민으로서 행사해야 할 특정한 권리를 포괄하는 개념으로, 시민권을 포함하는 개념이라고 말할 수 있다. 즉, 인간이면 누구나 갖고 있는 인권은 인간이라는 사실 자체가 인권의 근거가 되기 때문에 인권은 제도적 권리이기 이전에 도덕적 권리이고, 시민권은 법과 제도적으로 인정된 제도적 권리이다.

1990년대에 국내에서는 청소년범죄와 비행, 약물중독, 청소년자살, 학교교육의 문제가 심각한 사회문제로 대두되었다. 이러한 문제들이 청소년 개인의 우발적 문제가 아닌 집단의 문제로 인식되면서 사회 일각에서 청소년인권에 관한 논의가 시작되었다. 청소년이라는 사회적 지위가 가진 특수성을 고려했을 때 이러한 문제들이 현상에만 초점을 맞춘 결과론적 접근으로는 해결될 수 없기 때문에 청소년인권 관련 논의는 청소년 관련 문제 해결에 앞서 가장 먼저 다루어져야 할 과제라고 할 수 있다(이봉철, 1991).

UN이 1948년에 채택한 세계인권선언(Universal Declaration of Human Rights)의 전문에는 "모든 인류는 타고난 존엄성과 평등하고 남에게 넘겨줄 수 없는 권리를 가지고 있다."라고 명시하고 있다. 이어 제1조에는 "모든 인간은 태어날 때부터 자유롭고, 존엄성과 권리에 있어서 평등하다."라고 인권의 속성을 정의하고 있다. 인간이라면 누구에게나 인간 그 자체로 살아가기 위한 행위인 자유권, 그리고 생명을 유지하고 신장하기 위한 물질적 · 정신적 필요를 충족하기 위한 복지추구권이 보장되어야 한다(이봉철, 1991). 삶의 기본적 자유와 복지는 도덕적이고 당위적인 가치

로서 인권의 범주에 함께 포함된다. 이처럼 인권과 복지는 밀접한 관계에 놓여 있다. 청소년 또한 인간으로서 지니는 권리인 인권을 당연히 가지고 있으며, 그것을 향유할 수 있는 권리 또한 지닌다. 청소년복지는 청소년문제의 해결과 예방뿐만 아니라 이들 생활의 질적 향상을 직접적으로 지원하는 방향으로 설정되어야 하며, 이에 요보호청소년을 비롯한 모든 청소년의 인권을 증진시키기 위한 제도적 지원을 포괄해야 한다.

02 청소년인권 관련 법과 제도

1) 유엔아동권리협약

유엔아동권리협약은 아동이 누려야 할 모든 권리를 담은 국제법으로, 18세 미만 어린이의 생존과 보호, 발달과 참여를 기본적인 아동의 권리로 보고 있다. 유엔총회에서 논의된 아동권리협약은 1989년 11월 20일에 만장일치로 채택되었다. 우리나라는 1990년 9월 25일에 아동권리협약에 서명하였고 1991년 11월에 비준하여 12월 20일에 협약 당사국이 되었다. 현재 우리나라를 포함한 전 세계 196개국이 이 협약에 가입되어 있어 전 세계적으로 가장 많은 국가가 비준한 인권 조약으로 꼽힌다. 비준국은 협약이 담고 있는 모든 아동의 권리를 보장해야 하고, 비준 후 2년 안에 이행 상황에 대한 최초보고서와 매 5년마다 후속보고서를 유엔아동권리위원회에 제출해야 한다.

아동권리협약의 내용을 구체적으로 살펴보면 다음과 같다. 첫째, 이 협약은 세계의 모든 아동에게 변화를 제시하는 국제적인 협의로서 아동이 적절한 생활과 보호를 제공받는 세상을 지향하는 사회의 바람을 담고 있다. 둘째, 전통적으로 여러 국제 조약이 아동을 소극적인 측면에서 보호의 대상으로만 인식했던 반면 아동권리협약은 아동을 능동적인 권리의 주체로서 적극적으로 바라보면서 지금까지 선언적 내용에만 머물렀던 각종 아동권리를 보다 구체적으로 담고 있다. 다만, 이를 위해 국가의 의무적 이행을 강제할 조치가 없어 한편으로는 양날의 검이 되고 있다. 셋째, 아동권리협약에서는 정부와 민간 영역에 있어 어린이의 이익을 우선시하는 원칙을 천명하면서 적극적인 아동의 권리로서 자기결정권과 의사결정권을 제시하고 있다(이배근, 1997).

유엔 아동권리협약은 아동의 기본적 권리를 생존권, 보호권, 발달권, 참여권으로 구분하고 있다. 이 네 가지 기본권은 각각 별개의 독립적인 영역에 관한 것이 아닌 서로 밀접하게 연계되어 있어 상호의존 또는 상호보완의 관계에 놓여 있다고 할 수 있다. 먼저 생존권(right to survival)은 깨끗한 공기와 음식, 안전한 장소, 아프면 치료받을 수 있는 권리와 같이 아동이 적절한 생활수준을 누릴 권리, 안전한 주거지에서 살아갈 권리, 충분한 영양을 섭취하고 기본적인 보건서비스를 받을 권리 등 기본적인 삶을 누리는 데 필요한 권리이다. 다음으로 보호권(right to protection)은 괴롭힘, 정서적 혹은 성적 학대, 전쟁 등으로부터 보호받을 권리 등 모든 형태의 학대, 방임, 차별, 폭력, 고문, 징집, 부당한 형사처벌, 과도한 노동, 약물, 그리고 성폭력 등 유해한 것으로부터 아동이 보호받을 권리를 의미한다. 발달권(right to development)은 아동이 교육을 받고, 문화생활을 누리고, 자유롭게 뛰어놀 수 있는 권리와 같이 아동의 잠재능력을 최대한 개발하고 발휘하는 데 필요한 권리로, 교육받을 권리, 여가를

표 10-1 아동권리협약의 아동권리 유형

권리 영역	세부내용
생존권	–아동권리협약 제6조, 제24조 제1항 –영양가 있는 음식 제공, 가족과 사회의 사랑과 보호, 의료혜택, 살아가는 데 필요한 기술을 익히고 교육을 받으며 집과 양부모를 가질 수 있는 권리 등
보호권	–아동권리협약 제19조 제1항 –모든 형태의 차별이나 처벌, 착취, 위기와 응급상황에서의 보호 등
발달권	–아동권리협약 제28조 제1항 –교육권: 초등교육의 무상 의무교육, 중등교육 장려, 고등교육 개방, 교육과 직업에 대한 정보 제공 –정보접근권, 놀이와 오락을 즐길 권리, 문화활동 참여, 표현의 자유 등
참여권	–아동권리협약 제12조 –참여권 보장을 위한 표현의 자유, 결사의 자유, 정보 접근권, 아동권리협약 관련 정보 접근권 등

즐길 권리, 문화생활을 하고 정보를 얻을 권리, 생각과 양심과 종교의 자유를 누릴 권리가 여기에 포함된다. 마지막으로 참여권(right to participation)은 아동이 자신의 생각, 양심, 종교적 자유, 의견을 가지고 지역사회와 문화 속에 참여할 권리 등 자신의 생활에 영향을 주는 일에 대하여 의견을 말할 수 있어야 하며 그 의견을 말하고 존중받을 수 있는 권리로, 표현의 자유, 양심과 종교의 자유, 의견을 말할 권리, 평화로운 방법으로 모임을 자유롭게 열 수 있는 권리, 사생활을 보호받을 권리, 유익한 정보를 얻을 권리 등이 포함된다.

2) 국내법과 조례

(1) 국내법

①「청소년 기본법」

「대한민국헌법」에서는 청소년의 복지 향상을 위한 책무를 규정하고 있으며, 이를 바탕으로 「청소년 기본법」에서는 청소년복지의 향상을 위한 국가 및 지방자치단체의 역할을 규정하고 있다. 국내 청소년 인권 보장을 위한 국가 및 지방자치단체의 역할과 책임 또한 「청소년 기본법」에 제시되어 있으며, 청소년의 인권 보장 및 향상을 위한 정책적 지원의 기본방향을 제시함으로써 모든 관련 정책의 근간이 되고 있다.

먼저 「청소년 기본법」에서는 청소년복지를 "청소년이 정상적인 삶을 누릴 수 있는 기본적인 여건을 조성하기 위한 국가 및 지방자치단체의 지원"으로 정의하고 있다. 이처럼 정상적인 삶을 가능하게 하는 기본적 여건 조성은 청소년의 인권 보장을 위한 전제로 볼 수 있다. 더불어 청소년육성의 모든 영역에서 청소년의 인권 존중에 대해 명시하고 있고, 청소년이 자기의사를 자유롭게 표명하고 스스로 결정할 권리를 가짐에 있어 그 어떤 차별을 받지 않는다고 규정하고 있다.

표 10-2 「청소년 기본법」에 나타난 청소년의 인권 보장

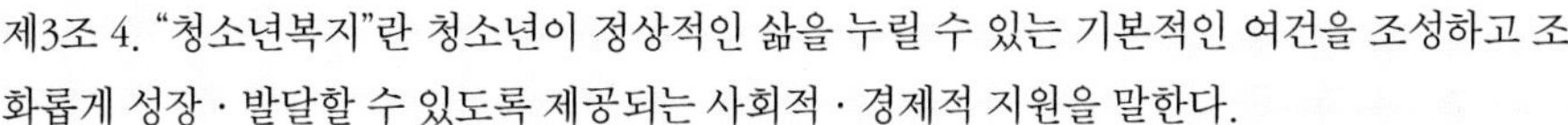

제3조 4. "청소년복지"란 청소년이 정상적인 삶을 누릴 수 있는 기본적인 여건을 조성하고 조화롭게 성장·발달할 수 있도록 제공되는 사회적·경제적 지원을 말한다.

제5조(청소년의 권리와 책임) ① 청소년의 기본적 인권은 청소년활동·청소년복지·청소년보호 등 청소년육성의 모든 영역에서 존중되어야 한다.

② 청소년은 인종·종교·성별·나이·학력·신체조건 등에 따른 어떠한 종류의 차별도 받지 아니한다.

③ 청소년은 외부적 영향에 구애받지 아니하면서 자기 의사를 자유롭게 밝히고 스스로 결정할 권리를 가진다.

④ 청소년은 안전하고 쾌적한 환경에서 자기발전을 추구하고 정신적·신체적 건강을 해치거나 해칠 우려가 있는 모든 형태의 환경으로부터 보호받을 권리를 가진다.

⑤ 청소년은 자신의 능력을 개발하고 건전한 가치관을 확립하며 가정·사회 및 국가의 구성원으로서의 책임을 다하도록 노력하여야 한다.

② 교육 관련 법

인권은 사람이 자유와 평등을 누리며 인간적 생존권을 보장받고 행복하게 살 수 있는 권리로, 대부분의 청소년이 학생인 우리나라에서 학생의 인권을 법으로 보장하는 것은 매우 중요하다. 이와 관련하여 「교육기본법」이나 「초·중등교육법」 등의 개별법령에서는 교육과 학습에 대한 학생의 권리 보장과 함께 학생 또한 인간의 존엄성을 지키기 위한 인권을 가지고 있다는 점을 규정하고 있다.

표 10-3 교육 관련 법에 나타난 학생의 인권

「교육기본법」

제4조(교육의 기회 균등) ① 모든 국민은 성별, 종교, 신념, 인종, 사회적 신분, 경제적 지위 또는 신체적 조건 등을 이유로 교육에서 차별을 받지 아니한다.

② 국가와 지방자치단체는 학습자가 평등하게 교육을 받을 수 있도록 지역 간의 교원 수급 등 교육 여건 격차를 최소화하는 시책을 마련하여 시행하여야 한다.

제12조(학습자) ① 학생을 포함한 학습자의 기본적 인권은 학교교육 또는 사회교육의 과정에서 존중되고 보호된다.

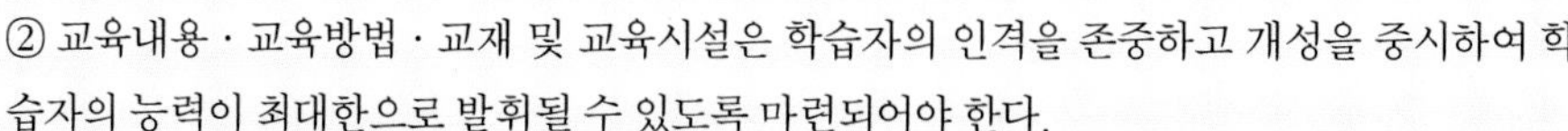

② 교육내용 · 교육방법 · 교재 및 교육시설은 학습자의 인격을 존중하고 개성을 중시하여 학습자의 능력이 최대한으로 발휘될 수 있도록 마련되어야 한다.
③ 학생은 학습자로서의 윤리의식을 확립하고, 학교의 규칙을 준수하여야 하며, 교원의 교육 · 연구활동을 방해하거나 학내의 질서를 문란하게 하여서는 아니 된다.
제13조(보호자) ① 부모 등 보호자는 보호하는 자녀 또는 아동이 바른 인성을 가지고 건강하게 성장하도록 교육할 권리와 책임을 가진다.
② 부모 등 보호자는 보호하는 자녀 또는 아동의 교육에 관하여 학교에 의견을 제시할 수 있으며, 학교는 그 의견을 존중하여야 한다.

「초 · 중등교육법」

제18조의4(학생의 인권보장) 학교의 설립자 · 경영자와 학교의 장은「헌법」과「국제인권조약」에 명시된 학생의 인권을 보장하여야 한다.

③「학교 밖 청소년 지원에 관한 법률」

학교 밖 청소년 관련 지원은「청소년 기본법」의 청소년 인권 보장에 대한 기본방향을 전제로「청소년복지 지원법」의 위기청소년 특별지원과「초 · 중등교육법」의 대안학교 관련 조항에 그 법적 근거를 두고 있었다. 이후 2014년에「학교 밖 청소년 지원에 관한 법률」이 제정되면서 학교 밖 청소년에 대한 정의, 청소년의 학교 중단 예방과 이후 학력 취득 및 진로지도 등 이들에 대한 지원의 법적 근거들이 마련되었다. 즉, 그간 시혜적 복지의 대상으로 인식해 왔던 학교 밖 청소년이 이제는 능동적 자아실현의 주체로 고려되기 시작한 것이다. 이 법률에 근거하여 국가와 지방자치단체의 학교 밖 청소년의 지원에 대한 책무가 강화되고 이들에 대한 서비스 제공을 제도적으로 보장하고 있다.

표 10-4 「학교 밖 청소년 지원에 관한 법률」에 나타난 학생의 인권

제3조(국가와 지방자치단체의 책무) ① 국가와 지방자치단체는 학교 밖 청소년에 대한 사회적 차별 및 편견을 예방하고 학교 밖 청소년을 존중하고 이해할 수 있도록 조사 · 연구 · 교육 및 홍보 등 필요한 조치를 하여야 한다.

제5조(학교 밖 청소년 지원계획) ① 국가와 지방자치단체는 「청소년 기본법」 제14조에 따라 연도별 시행계획을 수립하는 경우 다음 각 호의 사항을 포함하여야 한다.

1. 학교 밖 청소년에 대한 사회적 편견과 차별 예방 및 사회적 인식 개선에 관한 사항
2. 학교 밖 청소년 지원 프로그램의 개발 및 지원에 관한 사항
3. 학교 밖 청소년 지원을 위한 관련 기관 간 협력체계 및 지역사회 중심의 지원체계 구축 · 운영에 관한 사항
4. 학교 밖 청소년 지원을 위한 조사 · 연구 · 교육 · 홍보 및 제도 개선에 관한 사항
5. 「청소년복지 지원법」 제14조의 위기청소년 특별지원 등 사회적 지원방안
6. 학교 밖 청소년 지원을 위한 재원 확보 및 배분에 관한 사항
7. 그 밖에 학교 밖 청소년 지원을 위하여 필요한 사항

(2) 조례

조례는 보다 실질적이고 수요자 중심의 복지를 실현하기 위한 제도적 차원인 지방자체단체의 자치법규이다. 지방자치단체는 청소년의 인권 보장과 이를 위한 복지서비스를 직접적으로 공급하는 책임주체 중 하나로, 이와 관련된 조례 제정 여부는 그 실천의지를 가늠할 수 있는 기준이 된다.

복지는 인권을 현실화하여 보장하는 실천적인 의미를 가지고 있다. 이렇게 인권과 복지의 상보성(相補性)을 인정한다면 청소년인권조례는 지역 내 청소년복지를 실현하기 위한 하나의 이정표로서 역할을 한다고 볼 수 있다(최승원 · 최윤영, 2014). 이에 지방자치단체의 학생인권조례와 아동(어린이) · 청소년 인권조례 현황을 살펴보는 것은 의미가 있다.

① 학생인권조례

학생의 인권은 학생들이 학교에서 인간적 존엄을 보장 받으며 인권친화적인 분위기에서 행복한 학교생활을 할 수 있도록 보장하는 권리라고 이해할 수 있다(서

울특별시교육청, 2015). 학생인권조례는 이러한 학생 인권의 실현을 위한 구체적 규정으로, 학교교육과정에서 학생의 인권이 보장될 수 있도록 시 · 도 교육청별로 제정 · 공포해 시행하는 조례이다. 교육청에서 학생인권조례를 제정하게 되면 각 학교장은 이에 따라 시행한다. 2010년에는 경기도 학생인권조례가 제정되고, 2011년에는 광주광역시에서 학생 인권 보장 및 증진에 관한 조례가 공포되었다. 이어 2012년에는 서울특별시 학생인권조례, 2013년에는 전라북도 학생인권조례 제정을 포함하여 2018년 기준 4개 시도에서 학생인권조례를 시행하고 있다.

학생인권조례는 시 · 도 · 별로 내용 구성에 있어 약간의 차이를 보이는데, 대부분 총칙, 학생 인권, 학생 인권 증진을 위한 체계, 학생 인권 침해에 대한 구제에 관한 영역으로 구분된다.

표 10-5 시·도·별 학생인권조례 구성 및 내용

구분	제정일	구성
경기도 학생인권조례 (제5장 제47조)	2010. 10. 5.	제1장 총칙 제2장 학생의 인권 제1절 차별받지 않을 권리 제2절 폭력 및 위험으로부터의 자유 제3절 교육에 관한 권리 제4절 사생활의 비밀과 자유 및 정보에 관한 권리 제5절 양심 · 종교의 자유 및 표현의 자유 제6절 자치 및 참여의 권리 제7절 복지에 관한 권리 제8절 징계 등 절차에서의 권리 제9절 권리침해로부터 보호받을 권리 제10절 소수 학생의 권리 보장 제3장 학생인권의 진흥 제1절 인권교육 제2절 인권실천계획 등 제4장 학생인권침해에 대한 구제 제5장 보칙

광주광역시 학생 인권 보장 및 증진에 관한 조례 (제8장 제44조)	2011. 10. 28.	제1장 총칙 제2장 학생인권증진계획 등 제3장 학생의 인권 제4장 학생인권위원회 제5장 학생의회 제6장 인권교육 및 연수 제7장 민주인권교육센터 제8장 보칙
서울특별시 학생인권조례 (제5장 제51조)	2012. 1. 26.	제1장 총칙 제2장 학생인권 제1절 차별받지 않을 권리 제2절 폭력 및 위험으로부터의 자유 제3절 교육에 관한 권리 제4절 사생활의 비밀과 자유 및 정보의 권리 제5절 양심 · 종교의 자유 및 표현의 자유 제6절 자치 및 참여의 권리 제7절 복지에 관한 권리 제8절 징계 등 절차에서의 권리 제9절 권리침해로부터 보호받을 권리 제10절 소수자 학생의 권리 보장 제3장 학생인권 증진을 위한 체계 제1절 학생인권교육과 홍보 제2절 학생인권위원회와 학생참여단 제3절 학생인권옹호관 제4절 학생인권교육센터와 학생인권영향평가 제5절 학생인권종합계획 제4장 학생인권침해에 대한 구제 제5장 보칙

전라북도 학생인권 조례 (제5장 제51조)	2013. 7. 12.	제1장 총칙 제2장 학생의 인권 제1절 교육에 관한 권리 제2절 차별을 받지 않을 권리 제3절 폭력과 위험으로부터의 자유 제4절 사생활의 비밀과 자유 제5절 양심 · 종교의 자유와 표현의 자유 제6절 자치와 참여의 권리 제7절 복지에 관한 권리 제8절 인권침해구제를 위한 권리 제3장 학생인권의 진흥 제1절 인권교육 제2절 인권실천계획 등 제3절 소수 학생의 권리 보호 제4절 학원 및 대안학교 등에서의 인권 보장 제5절 학생의 인권 보장을 위한 기구 제4장 학생인권상담 및 인권침해의 구제 제5장 보칙

*출처: 국가법령정보센터(2018).[1]

한편, 2012년 3월에 「초 · 중등교육법」 개정안이 시행되면서 학교장이 학교규칙(학칙)을 제정 · 개정할 수 있게 되었다. 「초 · 중등교육법」은 학생인권조례의 상위 법률로, 동일 사안에 대해 학생인권조례보다 우선 적용된다. 이에 지역 교육청이 제정한 학생인권조례와 학교장이 학생들의 두발 · 복장 제한, 체벌 등을 통한 학생 규제 등의 내용을 담을 수 있는 학칙이 대립할 가능성이 존재한다.

(2) 아동(어린이) · 청소년 인권조례

아동(어린이) · 청소년 인권조례는 학교 밖 청소년을 포함하여 아동과 청소년의 인권을 실현하기 위해 그 실천을 보장할 수 있는 제도적 기반이라 할 수 있다. 아

1) http://www.law.go.kr/LSW/main.html (2018. 11. 11. 검색)

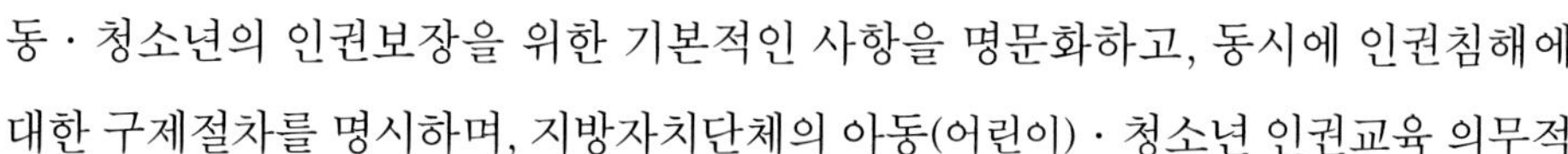

동 · 청소년의 인권보장을 위한 기본적인 사항을 명문화하고, 동시에 인권침해에 대한 구제절차를 명시하며, 지방자치단체의 아동(어린이) · 청소년 인권교육 의무적

표 10-6 지방자치단체의 아동 (어린이)· 청소년 인권조례 구성

구분	제정일	구성
서울특별시 어린이 · 청소년 인권조례	2012. 11. 1.	제1장 총칙 제2장 어린이 · 청소년이 누려야 할 인권 제1절 원칙 제2절 성장환경과 건강에 관한 권리 제3절 폭력 및 위험으로부터 자유로울 권리 제4절 양심과 표현의 자유 등을 보장받을 권리 제5절 사생활의 자유와 정보에 관한 권리 제6절 교육 · 문화 · 복지에 관한 권리 제7절 노동에 관한 권리 제8절 자기결정권 및 참여할 권리 제3장 인권 보장 제1절 가정에서의 인권 보장 제2절 시설에서의 인권 보장 제3절 학교에서의 인권 보장 제4절 지역사회에서의 인권 보장 제5절 빈곤 · 장애 · 소수자 어린이 · 청소년의 인권 보장 제4장 어린이 · 청소년 인권위원회 제5장 어린이 · 청소년 참여위원회 제6장 인권침해에 대한 구제 제7장 교육, 실태조사 및 평가 제1절 인권교육과 홍보 제2절 실태조사와 평가 등 제8장 보칙
부천시 아동 · 청소년 인권조례	2016 .4. 4.	제1장 총칙 제2장 아동 · 청소년의 인권 제3장 아동 · 청소년 인권 보장 정책의 수립 및 시행 등

*출처: 법제처 국가법령정보센터(2018)[2]

2) http://www.law.go.kr/LSW/main.html (2018. 11. 11. 검색)

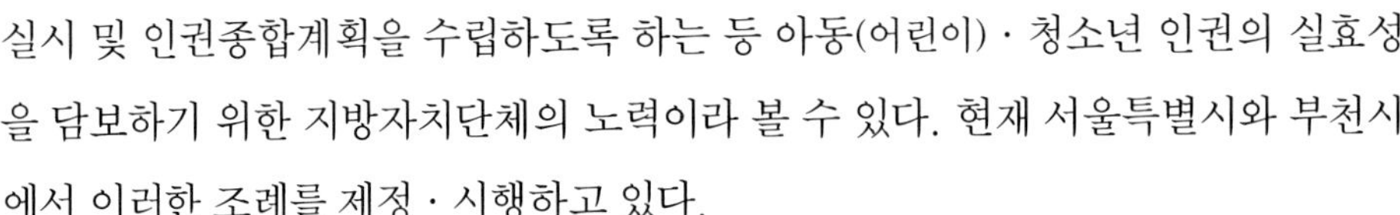

실시 및 인권종합계획을 수립하도록 하는 등 아동(어린이) · 청소년 인권의 실효성을 담보하기 위한 지방자치단체의 노력이라 볼 수 있다. 현재 서울특별시와 부천시에서 이러한 조례를 제정 · 시행하고 있다.

03 청소년복지와 청소년인권

1) 청소년인권과 청소년의 삶

청소년인권은 청소년이 인간으로서 가지는 기본적 권리를 의미한다. 인권은 천부적으로 주어지는 기본권과 함께 참여권, 행복추구권 등과 같이 사회구성원으로서 가지는 사회권이 있다. 즉, 청소년은 위치에 관계없이 인간이면 누구나 가지는 보편적이고 도덕적이며 당위적인 권리와 함께 사회적 지위나 기능에 따라 사회제도와 규율에 근거하여 획득하는 권리 또한 가진다(이봉철, 1991).

청소년인권은 그 자체로 청소년의 사회적 참여를 보장하면서도 그러한 참여를 통해 더욱 증진된다. 즉, 청소년인권은 기본권과 함께 '참여'를 매개로 청소년의 삶과 연관된다. 참여는 사회구성원이라면 누구에게나 주어지는 권리이지만, 청소년은 이와 같은 참여 주체의 범주에 포함된 지 얼마 되지 않았다. 따라서 청소년이기 때문에 요구되는 청소년인권 유형을 발굴하고 이에 대한 사회적 관심과 지원을 이끌어 내기 위해 청소년의 참여는 중요하다.

청소년이 인간으로서, 그리고 사회구성원으로서 자신의 삶을 잘 운영해 나가려면 자신의 역량을 발견하고 이를 개발할 수 있어야 한다. 이는 청소년기의 특성을 반영한 인권 유형을 발굴하고, 그러한 인권이 보장될 수 있도록 정책적으로 지원함으로써 가능해진다. 최근 청소년인권은 사회의 다양한 영역에서 삶과 밀접한 유형으로 개념화되어 청소년의 삶의 질 향상을 위해 활발히 논의되고 있다.

더 프리차일드 프로젝트(The FreeChild Project, 2014)는 청소년에게 필요한 인권 유형을 발굴하고 개념화할 때 고려해야 할 기준을 제시하였다(〈표 10-7〉 참조). 연령 차별, 야간통행금지부터 교육개혁, 매체재현 등의 '비전통적(non-traditional) 청

표 10-7 비전통적(non-traditional) 청소년인권 이슈

이슈	내용
연령 차별 (age discrimination)	사회 전반에 걸쳐 존재하는 성인주의에서 벗어나 청소년들은 연령으로 인해 차별받지 않고 살 권리가 있다.
야간통행금지 (curfews)	청소년들은 시간에 대한 임의의 제한 없이 원할 때 자신을 표현하거나, 일을 하거나, 자유롭게 움직일 수 있는 권리가 있다.
행동수정수용소 (behavior modification camps)	행동수정수용소와 같이 자신을 위한 가장 좋은 것을 스스로 선택할 수 없는 상황은 청소년들로 하여금 모든 권리를 박탈하도록 한다.
시민으로서의 청소년 참여 (civic youth engagement)	청소년에게는 투표권, 정치 출마, 선거운동을 할 수 있는 권리와 함께 봉사활동, 사회단체 참여 등 시민활동을 할 수 있는 권리가 있다.
범죄화 (criminalization)	청소년들은 청소년이라는 특성 자체로 인해 언론이나 정책에 의해 범죄, 피해자 그리고 그와 관련된 처벌에 연관되지 않을 권리가 있다.
음주 연령 (drinking age)	청소년들은 음주에 대한 제한과 분리 대신 절제와 교육을 통해 책임 있는 음주를 배울 권리가 있다.
운전 연령 (driving age)	임의적 연령이 능력을 결정하지 않는다면 청소년들은 신체적, 정신적으로 능력이 있기 때문에 자동차를 운전할 자유가 있어야 한다.
경제 (economics)	청소년은 자신이 선택한 방식으로 돈, 시간, 에너지를 사용할 자유가 있다. 또한 본인의 의지로 경제기관을 이용하고, 그들이 내는 세금에 대해 대표될 수 있어야 한다.
교육개혁 (education reform)	청소년은 교육 시스템 전반에 걸쳐 교육을 평등하고 의미 있는 파트너로 바꿀 권리가 있다.
친권해제 (emancipation)	법적 부모(보호자)로부터 독립할 권리는 청소년의 안전과 행복 그리고 건강을 위해 중요하다.
즐거움, 오락 (entertainment)	즐거움, 오락에 대한 접근과 소비 가능한 미디어의 창조는 모든 청소년이 누리는 권리이다. 원하는 것에 대한 소비, 생산, 참여는 나이가 아니라 선택 능력에 따라 결정되어야 한다.
소년 사법 (juvenile justice)	청소년은 법의 관점에서 평등하고 공정한 대우를 받을 권리가 있다. 사법 처리는 모든 청소년에게 동일한 것이 아닌 개인적인 성장과 능력을 반영해야 한다.
매체재현 (media representation)	모든 청소년은 나이로 인해 언론에서 부당하게 묘사되어서는 안 되고, 공정하게 대표될 권리가 있다. 즉, 나이, 인종, 사회·경제적 지위, 교육 수준 등의 요인으로 인해 정형화되어서는 안 된다.

*출처: Fletcher(2014).

소년인권 이슈'들은 청소년인권이 개인적 삶의 영역부터 사회 · 경제적 영역까지 모든 영역에 존재하며, 단 하나의 의제(agenda)로 만들어지는 것이 아니라는 점을 나타낸다. 이처럼 청소년인권은 전 세계 청소년들의 다양성을 반영하는 많은 의제로 이루어져 이를 보장하는 것에서부터 증진시키기 위한 움직임으로 이어지고 있다(Fletcher, 2014).

최근 미국의 청소년권리 옹호단체들은 교육현장의 개혁을 위한 학생 청소년의 권리에 대한 논의 또한 활발하게 진행하고 있다. 이들은 학교에서 '자유로운 표현' '안전과 웰빙' '적법한 절차' '개인 학습' '제도적 단체' 등과 관련된 학생 청소년의 권리가 보장되고, 이러한 권리 행사에 있어 방해가 없어야 함을 강조한다.

이러한 권리들에는 사회적 변화의 흐름에 따라 새롭게 강조되는 유형이 포함되는데, 예를 들어 '고용 가능성' 관련 권리의 경우 사회구성원으로서의 청소년에 대해 진로를 넘어서 실질적 일자리 측면을 강조하고 있고, '정보 및 개인정보'와 '기술' 관련 권리는 디지털기술이 고도로 발달된 사회에서 태어난 세대인 청소년 세대의 특성이 반영된 영역이라 할 수 있다. 여기에는 학생 청소년이 학교를 넘어 지역사회, 나아가 더 큰 사회에서 '시민으로서 참여'하는 것이 중요한 권리임을 또한 제시하고 있다(〈표 10-8〉 참조).

표 10-8 교육의 미래를 바꾸기 위한 11가지 권리

구분	내용
자유로운 표현 (free expression)	학생들은 그들의 생각을 표현하고 두려움이나 억압 없이 그들의 경험에 대해 말할 수 있어야 한다.
안전과 웰빙 (safety and wellbeing)	학생들은 신체적, 정신적으로 안전해야 하고 학교에서 지원을 받아야 한다.
적법한 절차 (due process)	학생들은 강압과 두려움 없이 공평하고 공정한 대우를 받을 권리가 있다.
개인 학습 (personal learning)	학생들을 개별적으로 우선 지원해야 한다.
제도적 단체 (institutional agency)	학생의 권리에 대한 모든 논의는 그 과정에 있어 학생들의 참여를 보장한 상태에서 진행되어야 한다. 학생들은 정책에 정보를 제공하고 결정에 기여해야 한다.

정보 및 개인 정보 (information and privacy)	디지털 시대에 학생들이 그들의 정보를 통제할 수 있도록 하고, 사생활 침해나 학대의 가능성으로부터 학생들을 보호해야 한다.
고용 가능성 (employability)	학생들은 학교에 머물면서 취업 준비를 할 수 있다는 것을 알아야 한다.
시민으로서 참여 (civic participation)	학생들은 지역사회와 사회에 참여하여 이를 개선함으로써 배울 권리가 있다.
공정한 평가 (fair assessment)	학생들은 고유한 학습자로서 존중받아야 하고 그들을 지원하는 방식으로 숙달할 권리를 가져야 한다.
기술 (technology)	우리 '디지털 원주민'은 우리 학교에 초고속 인터넷 접속, 장치, 최신 소프트웨어가 필요하고, 우리는 오늘날 그것을 필요로 한다.
다양성과 비차별주의 (diversity and inclusivity)	학생들이 인종주의, 성차별, 계급주의, 동성애 혐오, 그리고 사회의 다른 악습들에 의해 지치지 않도록 해야 한다.

*출처: Martin(2015).

미국 시민자유연맹(American Civil Liberties Union)은 헌법으로 인해 보호받는 학생 청소년의 권리임에도 불구하고 학교 관계자들이 잘 모르거나 무시하는 학생 청소년들의 권리에 대해 안내하고 있다. '학생들이 알아야 할 6가지 권리'에는 '의견표현의 자유'와 같은 전통적 권리부터 '성소수자의 권리' '임신으로 인한 차별 금지' 등 새로운 영역에 대한 권리 또한 포함한다. 청소년의 권리를 옹호하는 미국 시민단체들은 이러한 학생 청소년들의 권리가 「헌법」과 「연방법」에 의해 보호됨을 알림으로써 학생들이 학교에서의 권리를 확실히 알고, 학교가 학생들을 동등하게 대할 수 있도록 하고 있다(〈표 10-9〉 참조).

표 10-9 학생들이 알아야 할 6가지 권리

구분	내용
의견표현의 자유 (speech rights)	수정「헌법」제1조는 학교 행정관들의 승인 없이도 학생들이 행사한 의견표현의 자유권을 행사할 수 있고, 이에 대한 처벌이 불가함을 보장한다.
복장 규정 (dress codes)	학교는 학교활동에 지장을 주는 복장에 대해 증명해야 한다. 학교는 소녀, 유색인종, 성전환자 등을 처벌하기 위해 복장 규정을 사용할 수 없다.
이민자의 권리 (immigrant rights)	학교는 인종, 피부색, 국적으로 학생들을 차별할 수 없다.
장애인의 권리 (disability rights)	「연방법」에 의해 공립학교는 장애인을 차별할 수 없다. 즉, 장애인이 학문적 과정, 현장 학습, 과외 활동, 학교 기술 및 의료 서비스에 동일하게 접근하는 것을 거부할 수 없다.
성소수자의 권리 (LGBT rights)	학생들은 자신의 입장을 공식적으로 밝힐 권리가 있으며, 학교는 이들의 안전한 학습 환경 조성에 대한 책임이 있다.
임신으로 인한 차별 금지 (pregnancy discrimination)	1972년 교육에서 성차별을 금지하는「연방법」제1호가 통과된 이후 학교는 임신한 학생들과 아이를 가진 학생들을 제외시킬 수 없다.

*출처: Tashman(2017).

2) 청소년복지정책의 변화

과거 청소년복지는 청소년들을 보호, 선도, 지도의 대상으로 보면서 문제를 가진 청소년에 대한 대책을 주로 포함하고 있었다. 1990년대 이후부터 청소년복지정책은 요보호청소년을 대상으로 한 선별적 복지에서 전체 청소년을 대상으로 하는 보편적 복지의 관점으로 점차 변화하고 있는 경향을 보인다(김경준, 2008). 세계적으로 청소년정책이 가정, 학교, 사회에서의 청소년 인권 보장과 참여 증진을 더욱 강조하는 방향으로 개선되어 가고 있고, 관련 프로그램이 개발 · 시행되어 오는 등 정책적 환경이 변화하면서 우리나라 청소년복지 또한 그 관점이 변화하고 있다. 국내 청소년복지는 사회적 기능 수행이 어려운 특정 청소년에게 서비스를 제공하는 잔여적 복지의 개념부터 일반 청소년의 발달을 위해 사회적 · 경제적 활동을 지원하는 제도적 복지의 개념으로 확대되고 있다(김경준, 2008; 김성이, 2004).

청소년복지는 청소년의 독립성, 인권 보장의 측면에서 기존의 아동복지 개념과는 차이를 보인다. 청소년복지에서의 복지는 성인이 청소년에게 도움을 제공한다는 측면보다는 청소년의 독립성, 자율성, 책임을 중시하여 청소년 개개인의 삶 자체의 복리나 삶의 질에 대한 관심을 전제로 한다. 특히 청소년기에는 생존을 위한 기초적 복지 관련 권리 외에 스스로의 삶에 대한 목적과 계획을 수립하고 그 실현을 위해 자신의 능력을 발견하고 이를 개발하며 발휘할 수 있는 기회와 여건이 권리로서 보장되어야 한다(최윤진, 1998). 이에 청소년복지는 청소년 개인에 대한 서비스뿐만 아니라 청소년 인권과 참여에 관련된 각종 사회제도를 마련하고 그것을 강화시켜 나가려는 노력까지 포함해야 한다(김경준, 2008).

유엔, 유네스코 등의 국제기구들은 청소년 인권 보장 및 증진을 위해 청소년의 참여를 중요 의제로 설정하고 있고, 이에 따라 세계 여러 국가는 청소년의 참여권을 보장하는 이행계획을 수립하여 추진하고 있다. 우리나라 또한 청소년참여를 청소년권리를 증진하는 주요 영역으로 설정하고 있으며, 지역사회에서의 참여, 학교에서의 참여뿐만 아니라 청소년참여 방식의 다변화를 꾀하고 있다. 중앙정부의 청소년권리 강화 기반을 마련하기 위한 노력이 요구되고 있으며, 지방자치단체별로 '청소년 인권 조례' 제정이 권고되고 있다. 나아가 '제6차 청소년정책기본계획'에서는 '청소년 인권 및 참여증진법(가칭)' 제정 논의의 필요성을 언급한 바 있다. 이러한 정책적 환경은 청소년인권에 더욱 비중을 두는 청소년복지정책 수립의 필요성을 제기한다. 이때 앞서 언급한 최근의 청소년인권의 경향을 잘 살필 필요가 있다. 청소년인권은 청소년의 삶의 전반적 영역에서 구체적인 문제들로 개념화되어야 한다. 이러한 문제들을 해결하고 지원하는 데 청소년복지가 필요하며, 이에 청소년 삶의 양상의 변화에 더욱 민감하게 반응하는 청소년복지정책이 요구된다.

요약

1. 인권은 인간이기에 당연히 가지는 보편적인 권리로서 절대적이고 항구적인 불가침의 권리이다. 현대 사회에서 인권은 인간으로서 인간다운 삶을 영위하기 위해 갖는 보편적인 권리임과 동시에 한 국가의 구성원인 시민으로서 행사해야 할 특정한 권리를 포괄한다.

2. 청소년이라는 사회적 지위가 가진 특수성을 고려했을 때 청소년문제 현상 자체에만 초점을 맞춘 결과론적 접근으로는 이러한 문제가 해결될 수 없다. 청소년 관련 문제 해결에 앞서 먼저 다루어야 할 과제는 청소년 인권 관련 논의라고 할 수 있다.

3. 인간이라면 누구에게나 인간 그 자체로 살아가기 위한 행위인 자유권, 그리고 생명을 유지하고 신장하기 위한 물질적 · 정신적 필요를 충족하기 위한 복지추구권이 보장되어야 한다. 이처럼 인권과 복지는 밀접한 관계에 놓여 있다.

4. 청소년은 당연히 인권을 가지고 있으며, 그것을 향유할 수 있는 권리 또한 지닌다. 청소년 인권이 청소년의 삶과 직결되는 것이라면, 청소년복지는 청소년문제의 해결과 예방뿐만 아니라 모든 청소년의 인권을 증진시키기 위한 제도적 지원을 포괄해야 한다.

5. 청소년 인권 보장 및 증진에 대해 명시한 국제협약으로는 유엔아동권리협약이 있으며, 국내법 중에는 대표적으로 「청소년 기본법」, 교육 관련 법, 「학교 밖 청소년 지원에 관한 법률」을 들 수 있다. 더불어 지방자치단체는 학생인권조례, 아동·청소년 인권조례를 제정하여 청소년인권에 대해 제도적으로 지원하고 있다.

6. 청소년인권은 그 자체로 청소년의 사회적 참여를 보장하면서도 그러한 참여를 통해 더욱 증진된다. 즉, 청소년인권은 기본권과 함께 '참여'를 매개로 청소년의 삶과 연관된다. 청소년 참여를 통해 청소년이기 때문에 요구되는 청소년인권 유형을 발굴하고 이에 대한 사회적 관심과 지원을 이끌어 낼 수 있다.

7. 최근 청소년인권은 사회의 다양한 영역에서 삶과 밀접한 유형으로 개념화되어 청소년의 삶의 질 향상을 위해 활발히 논의되고 있다. 이에 청소년인권에 더욱 비중을 두는 청소년복지정책 수립의 필요성이 대두된다. 청소년인권은 청소년의 삶의 전반적 영역에서 구체적인 문제들로 개념화되어야 하며, 이러한 문제들을 해결하고 지원하기 위해 청소년의 삶의 양상의 변화에 더욱 민감하게 반응하는 청소년복지정책이 요구된다.

참고문헌

관계부처합동(2018). **제6차 청소년정책기본계획(2018-2022).**

김경준(2008). 청소년복지정책의 방향 설정에 관한 연구. **미래청소년학회지, 5**(2), 1-21.

김성이(2004). **청소년복지학.** 서울: 집문당.

이배근(1997). 아동권리 증진을 위한 국제 사회의 노력. **아동권리연구, 1**(1), 35-46.

이봉철(1991). 인권, 청소년, 그리고 청소년권. **한국청소년연구, 2**(4), 5-29.

최승원 · 최윤영(2014). 자치입법을 통한 아동의 인권 보장: 서울특별시 어린이 · 청소년 인권 조례를 중심으로. **지방자치법연구, 14**(2), 213-246.

최윤진(1998). **청소년의 권리.** 서울: 양서원.

Fletcher, A. (2014). *A short introduction to youth rights.* Olympia, WA: The Freechild Project.

Martin, E. (2015). *11 Rights All Students (Should) Have*. StuRights.org.

Tashman, B. (2017). *Student rights at school: Six things you need to know.* American Civil Liberties Union.

제11장

청소년복지의 실제 VIII: 참여

학습개요

청소년은 인간으로서 자유롭고 행복한 삶을 누릴 수 있어야 하고, 사회를 살아가는 데 필요한 역량을 형성할 수 있어야 한다. 청소년의 전인적 성장(holistic development)은 이들의 삶에 밀접한 정책적 지원을 통해 가능하다. 건강, 웰빙(well-being), 즐거움, 행복, 삶의 질 향상에 대한 사회적 관심이 증가하면서 청소년의 삶에 대한 정책적 검토의 필요성이 제기되었으며 이에 청소년참여의 중요성이 강조되고 있다. 우리나라의 청소년참여는 학교를 중심으로 한 자치활동에 불과하였으나 1998년 '청소년육성 5개년 계획'을 통해 본격적으로 시작되었다고 할 수 있다.

이 장에서는 청소년의 삶을 보장하고 지원하는 정책들에 대해 청소년복지의 차원에서 검토하고자 한다. 이에 첫째, 청소년 여가, 둘째, 청소년 우대, 셋째, 청소년의 정치적 · 사회적 참여로 구분하여 각각 정책적 배경과 관련 정책을 살펴보고자 한다.

01 청소년여가

1) 배경

긍정적 청소년 발달 관점(positive youth development perspective)이 등장하면서 청소년을 바라보는 관점이 크게 변화하기 시작하였다. 과거에는 청소년의 문제행동을 강조하고 이들의 부정적 측면에 집중하였다면, 이제는 청소년의 잠재력에 초점을 맞추고 이들을 사회적 자산이자 자원으로 바라보고 있다. 여기에 청소년을 둘러싼 문화와 환경의 변화에 따른 청소년의 라이프스타일의 변화가 관찰되고 있다. 이제는 청소년을 훈육의 대상으로 간주하는 경향의 인식과 정책이 변화되어야 할 때이다. 즉, 청소년기에 대한 이해와 청소년의 요구를 바탕으로 청소년이 주체가 되어 역량 있는 성인으로 성장할 수 있도록 하는 노력이 필요하다.

긍정적 청소년 발달 관점에서 중요하게 언급하는 역량은 '전인적 성장(holistic development)'과 '정체성 함양(identity formation & development)'이다. 천정웅과 이용교(2007)는 이와 같은 긍정적 청소년 발달을 위해 필요한 요건으로, 첫째, 예방과 학업 중심에서 벗어나 성인기에 대한 충분한 준비가 가능하도록 해야 하고, 둘째, 제공된 서비스 위주의 활동을 극복해야 하며, 셋째, 단기 교정이나 일시적, 일회성을 극복한 시간적 프레임을 확대해야 하고, 넷째, 공간에 있어 지역사회의 장(setting)으로의 확대가 필요하다고 보았다. 여기서 청소년을 위한 사회적인 여가지원 시스템이 마련되어야 할 근거를 찾을 수 있다(이무용 · 김성희, 2004). 즉, 청소년기에는 전인적 성장과 정체성 함양이라는 중요한 역량이 형성되어야 하는데, 이는 입시 위주의 교육환경이나 제공된 서비스 위주의 활동이 아닌 자발적이고 질적인 여가활동에 의해 개발될 수 있음을 알 수 있다(이성미, 2016).

최근 물질적 풍요와 평균수명 연장 등의 환경으로 인해 보다 건강하고 행복한 삶에 대한 인간의 욕구가 커지고 있다. 건강, 웰빙(well-being), 즐거움, 행복, 삶의 질

향상에 대한 사회적 관심이 증가하면서 청소년의 삶에 대한 정책적 검토의 필요성 또한 제기되었다. 학업에 많은 시간을 할애하며 살고 있는 청소년들에게 학업과 진로에 대한 부담을 덜어 주고 인간으로서 행복한 삶을 누릴 수 있도록 정책적 지원이 필요하게 된 것이다.

이에 청소년여가에 대한 관심은 교육환경의 변화와 맞물린다. 2009년에 창의적 체험활동이 도입되고 2012년에 학교폭력근절을 위한 체육활동 강화 등 비교과과정의 비중이 확대되어 온 교육환경의 변화 가운데, 같은 해에 주5일 수업제 실시와 함께 '놀토'의 활용이 사회적 이슈가 되면서 청소년여가에 대한 논의가 본격적으로 대두되었다. 더불어 최근 도입된 자유학기제로 인해 청소년여가의 중요성에 대한 인식과 관심이 더욱 증가하게 되었다(서우석, 2013). 현재까지 청소년여가는 입시 부담과 과도한 스트레스로 인해 왜곡된 청소년의 일상생활을 개선시키기 위해 필요한 영역으로 이해되어 왔다. 이제는 청소년의 삶 전반에 비추어 여가의 중요성을 인식할 필요가 있다. 따라서 청소년의 사회적 · 정서적 · 인지적 · 신체적 성장에 미치는 여가의 영향력을 중요하게 인식하고, 이러한 여가가 직업경력 개발과 시민교육의 일환으로 기능하도록 발전시켜야 한다(서우석, 2013).

2) 관련 정책

청소년 관련 법 중 「청소년활동 진흥법」에서 청소년우대가 필요한 공간으로 '여가시설'을 언급하고 있을 뿐, 현재 국내 청소년정책에는 청소년여가정책을 별도로 분류하여 제시하고 있지 않다. 여가를 교육이나 학습을 제외한 자기충전, 휴식을 겸한 다양한 취미활동이 포함되는 시간으로 정의할 때 현재 청소년정책적 맥락에서 여가를 청소년활동의 범주로 포함시키기에 적합하다. 또한 최근 수립된 '제6차 청소년정책기본계획(2018~2022년)'에서는 청소년의 여가를 지원하기 위한 정책적 노력에 대하여 제시함으로써 향후 이를 달성하기 위한 시행계획에서 청소년여가정책에 대해 구체적으로 다루어질 것으로 기대되고 있다. 이에 청소년여가 관련 정책에 대하여, 첫째, 청소년 관련 법에서 정의하는 청소년활동의 개념 및 관련 정책, 둘째, '제6차 청소년정책기본계획(2018~2022년)'에서 제시한 '아동 · 청소년 여가권'

관련 내용을 통해 살펴보고자 한다.

(1) 청소년활동으로 보는 청소년여가

주5일 수업제가 실시되면서 학생들이 휴일에 학교교육에서 실시하기 어려운 문화 · 예술 · 스포츠 활동을 포함한 사회 · 자연 체험 등 다양한 활동의 기회를 누리도록 정책적 환경이 조성되어야 할 필요성이 제기되었다. 이는 청소년으로 하여금 '스스로 배우고 생각하는 힘, 타인을 이해하고 배려하는 품성과 인성을 갖춘 창의적인 미래 인재로 성장할 수 있도록 한다'는 교육계의 목적과 '균형 있는 성장'이라는 청소년활동의 목적 간 접합점이 도출된 것으로 볼 수 있다. 이에 청소년의 일상생활과 더욱 긴밀하게 연계되는 청소년활동의 필요성이 대두되었다.

청소년활동은 청소년의 자발적 참여를 전제로 하면서도 제도적으로 체계화된 실천적 활동을 의미한다. 「청소년 기본법」은 "청소년활동"을 "청소년의 균형 있는 성장을 위하여 필요한 활동과 이러한 활동을 소재로 하는 수련활동 · 교류활동 · 문화활동 등 다양한 형태의 활동"으로 정의하고 있다. 「청소년활동 진흥법」에서는 이에 근거하여 청소년활동을 청소년수련활동, 청소년교류활동, 청소년문화활동으로 분류하고 각각에 대해 다음과 같이 정의하고 있다. 여가를 '자유로운 상태' '취미활동'의 측면으로 봤을 때 청소년활동 유형 중 '청소년문화활동'이 이러한 여가를 실천할 수 있는 장을 제공한다고 볼 수 있다.

표 11-1 청소년활동의 유형 및 정의

「청소년활동 진흥법」 제2조

3. "청소년수련활동"이란 청소년이 청소년활동에 자발적으로 참여하여 청소년 시기에 필요한 기량과 품성을 함양하는 교육적 활동으로서 「청소년기본법」 제3조 제7호에 따른 청소년지도자(이하 "청소년지도자"라 한다)와 함께 청소년수련거리에 참여하여 배움을 실천하는 체험활동을 말한다.
4. "청소년교류활동"이란 청소년이 지역 간, 남북 간, 국가 간의 다양한 교류를 통하여 공동체의식 등을 함양하는 체험활동을 말한다.
5. "청소년문화활동"이란 청소년이 예술활동, 스포츠활동, 동아리활동, 봉사활동 등을 통하여 문화적 감성과 더불어 살아가는 능력을 함양하는 체험활동을 말한다.

청소년문화활동은 주로 축제, 동아리활동, 자원봉사활동 등의 형태로 이루어지며, 국가 및 지방자치단체는 이를 진흥시키기 위한 관련 시책 수립 및 시행의 의무를 가진다(「청소년활동 진흥법」 제60조 '청소년문화활동의 진흥', 제61조 '청소년문화활동의 기반 구축' 등).

청소년문화활동의 세부정책 사업으로는 '청소년동아리활동'과 '청소년어울림마당'이 있다. 첫째, 청소년동아리활동은 문화, 예술, 스포츠, 과학 등 다양한 취미활동을 통해 건강한 또래관계를 형성하고 자신의 특기 및 소질을 개발할 수 있는 자율적 활동이다. 이러한 동아리활동의 활성화를 위해 여성가족부에서는 우수청소년동아리를 선정하여 지원하고 있다. 2017년에는 2,500여 개의 동아리가 우수동아리로 선정되어 정부의 지원을 받은 바 있다(여성가족부, 2017).

표 11-2 전국 청소년동아리 지원 현황 (단위: 건)

구분	동아리 지원 수	구분	동아리 지원 수
서울	440	강원	158
부산	139	충북	76
대구	122	충남	97
인천	93	전북	109
광주	74	전남	74
대전	115	경북	160
울산	49	경남	145
세종	14	제주	101
경기	534	합계	2,500

*출처: 여성가족부(2017).

둘째, 청소년어울림마당은 청소년이 생활상에서 문화적 감수성을 높일 수 있는 다양한 문화 · 예술 · 놀이 체험의 장으로 운영되는 사업으로, 각 지방자치단체에서 시행하고 있다. 청소년들이 직접 기획 및 진행하고 모니터링을 실시함으로써 주체적 참여를 이끌어 내고, 이를 통해 청소년들의 욕구가 반영될 수 있도록 운영되고 있다. 지방자치단체 경상보조로 예산을 투입하여 운영되는 청소년어울림마당은

표 11-3 전국 시 도별 청소년어울림마당 지원 현황

(단위: 개)

구분	어울림마당 지원 수		구분	어울림마당 지원 수	
	대표 어울림마당	시군구 어울림마당		대표 어울림마당	시군구 어울림마당
서울	1	11	강원	1	6
부산	1	6	충북	1	6
대구	1	7	충남	1	6
인천	1	4	전북	1	6
광주	1	5	전남	1	6
대전	1	4	경북	1	8
울산	1	2	경남	1	11
세종	-	1	제주	1	1
경기	1	20	합계	16	110

*출처: 여성가족부(2017).

2004년에 8개 광역시 · 도에서 운영되기 시작하였고 이후 점차 확대되어 2017년에는 16개 시도 대표 어울림마당과 함께 110개 시군구에서 운영되고 있다(여성가족부, 2017).

(2) 제6차 청소년정책기본계획(2018~2022년)으로 보는 청소년여가

국내 청소년여가 현황과 관련하여 2016년 아동 · 청소년 인권실태조사 결과를 살펴보면 평일 여가시간이 2시간 미만인 청소년이 54.3%로, 절반 이상의 청소년이 충분한 여가시간을 가지지 못하는 것으로 나타났다. 더불어 OECD(2017)에 따르면 일주일에 2회 이상 적정한 수준, 혹은 적절한 수준의 신체활동에 참여하는 국내 청소년의 비율은 OECD 평균에 비해 낮게 나타났다(관계부처 합동, 2018). 이에 제6차 청소년정책기본계획(2018~2022년)에서는 첫째, 과다한 학습 등으로 여가 · 휴식 시간을 충분히 보장받지 못하는 현실과 둘째, 여가 유형이 제한적이라는 문제를 근거로 아동 · 청소년의 여가가 권리로서 보장되어야 할 필요성에 대해 언급하고 있다.

제6차 청소년정책기본계획(2018~2022년)에서 '청소년참여 및 권리 증진'의 일환

표 11-4 아동·청소년의 여가권 신장을 위한 정책방향

정책 방향	정책 과제
아동·청소년의 놀이·여가 시간 확보 및 문화 확산	• 부모의 놀이 인식 제고, 가족 단위의 놀이·여가 프로그램 보급 등으로 가정에서의 놀이 문화 확산(여성가족부)
	• 학교 여건과 실정을 고려하여 학교에서의 놀이·여가 시간을 확보하도록 권장(교육부)
	• 지역사회, 가족, 학교와 연계한 아동·청소년의 놀이 및 여가의 필요성 홍보(문화체육관광부, 보건복지부)
청소년들을 위한 놀이·여가 유형의 다양화 및 공간 제공	• 청소년의 연령 및 특성을 반영한 다양한 문화·놀이·여가 체험 프로그램의 활성화(여성가족부) -청소년 놀이·여가 프로그램 공모사업 실시 등(여성가족부)
	• 청소년수련시설 등 청소년 관련 시설을 활용한 놀이·여가 공간 제공(여성가족부)
	• 지역사회의 다양한 놀이·여가 공간 개선 및 확충(지방자치단체) -CCTV 설치, 조명 개선 등 여가 공간의 안전성 확보

*출처: 관계부처합동(2018).

으로 '청소년 권리 증진 기반 조성'을 위해 '1. 청소년인권 및 권리 의식 제고' '2. 청소년 근로 권익 침해 예방 및 보호'와 함께 '3. 아동·청소년의 여가권 신장'을 언급하고 있다. 아동·청소년의 여가권 신장을 위해 첫째, 아동·청소년의 놀이·여가 시간 확보 및 문화 확산, 둘째, 청소년들을 위한 놀이·여가 유형의 다양화 및 공간 제공을 정책 과제로 제시하고 있다. 이에 대한 세부계획은 〈표 11-4〉와 같다.

02 청소년우대

1) 배경

세계 여러 국가와 지역사회에서 청소년의 성장 및 발달에 대한 책임을 인식하고 청소년들로 하여금 교육, 문화, 스포츠 등 성장기에 필요한 다양한 활동에 참여할 수 있도록 청소년 중심의 직접적인 지원을 확대하기 위한 수단으로 청소년 우대제도를 시행하고 있다.

청소년 우대제도의 대표적인 형태는 청소년카드제로, 카드라는 수단을 통하여 학업지원, 직업훈련지원, 청소년활동 및 문화활동 지원 등 경제적으로 어려운 청소년에 대한 복지적 지원뿐만 아니라 일반 청소년의 다양한 활동에 대한 참여를 장려하기 위한 수단 등으로 사용되고 있다. 자세한 내용을 살펴보면 다음과 같다(김경준 · 최인재 · 설인자 · 원구환 · 김윤정, 2007).

첫째, 청소년카드는 일반적으로 할인 등을 통해서 청소년들에게 혜택을 제공하기 위한 목적으로 주로 사용되고 있으며, 이동성 증진을 통한 다양한 경험의 제공과 시민성 함양 등의 목적으로도 이용되고 있다. 또한 국가나 지방자치단체에서 청소년문화 및 청소년활동을 증진하기 위한 목적으로 사용되기도 한다.

둘째, 주로 9~24세 연령층을 대상으로 청소년카드제도들이 운영되고 있는데, 국가에 따라 청소년증과 같이 18세까지 적용되기도 하고, 유럽청소년카드와 같이 26세까지 적용되는 등 다양한 양상을 보인다. 또한 모든 청소년이 대상이 되기도 하고, 중 · 고 · 대학생만을 대상으로 하는 경우도 있으며, 근로청소년, 직업훈련생이나 교육생, 저소득층 또는 다자녀 등의 특별한 대상인 경우도 있다.

셋째, 청소년카드제도를 운영하는 대부분의 국가에서 교통수단 이용, 문화활동, 소비활동, 여가활동, 교육진로개발활동 등에 대해 카드를 활용할 수 있도록 하고 있으며, 청소년카드의 적용 방식은 시설 이용 요금을 무료로 하거나 성인에 비해서 일정 정도 할인해 주는 것에서부터 포인트 적립, 지원금 제공 등의 다양한 방식으로 이루어지고 있다.

이처럼 청소년 우대제도는 교통수단, 문화활동, 소비활동, 여가활동, 교육 · 진로개발활동 등의 영역에서 무료나 할인, 지원금 제공 등의 방식으로 이루어지고 있다. 유럽의 많은 국가는 주요 우대제도의 수단으로 청소년카드를 활용함으로써 청소년정책이나 사업을 청소년과 직접적으로 연계하고 있다. 즉, 국가 또는 지방 정부가 중심이 되어 특성에 맞는 청소년카드를 개발함으로써 청소년들에게 지역사회에 대한 애착심을 심어 주고 다양한 활동에 대한 자율적인 참여 기회를 부여하고 있다. 또한 이와 관련한 사항에 대해서 권익을 보호하기 위하여 자신들의 의사를 표명할

수 있는 기회를 점차 확대하고 있다. 그러나 우리나라는 청소년 우대제도를 실시하는 다른 국가들에 비해 이에 대한 사회적 인식이 형성되어 있지 못하여 청소년 우대제도를 일부 소외청소년을 위한 제도 정도로 인식하는 경향을 보인다는 지적이 있다. 실제로 현재 실시하고 있는 국내 청소년 우대제도는 청소년 우대 대상이나 범위 등이 매우 제한적으로 설정되어 있어 청소년들이 필요로 하는 요구를 제대로 충족시켜 주지 못하고 있다는 평가를 받고 있다(김경준 외, 2007).

2) 관련 정책

현재 우리나라의 청소년 우대제도와 관련한 사항은 「청소년복지 지원법」에 주로 명시되어 있다. 「청소년복지 지원법」 제3조 제1항에 의하면 "국가 또는 지방자치단체는 그가 운영하는 수송시설 · 문화시설 · 여가시설 등을 청소년이 이용하는 경우 그 이용료를 면제하거나 할인할 수 있다."고 하였으며, 제2항에는 '1. 국가 또는 지방자치단체의 재정적 보조를 받는 자' '2. 관계 법령에 따라 세제상의 혜택을 받는 자' '3. 국가 또는 지방자치단체로부터 위탁을 받아 업무를 수행하는 자' 중 어느 하나에 해당하는 자가 청소년이 이용하는 시설을 운영하는 경우 청소년에게 시설의 이용료를 할인해 주도록 권고하고 있다. 또한 동법 제4조에는 9세 이상 18세 이하의 청소년에게 청소년증을 발급할 수 있다고 명시하고 있다. 이처럼 우리나라의 청소년 우대제도는 시설 이용료 면제 또는 할인과 청소년증의 형태로 실시되고 있다. 이 중 청소년증에 대해 살펴보고자 한다.

청소년증은 해당 연령에 대한 신분 확인을 통해 수송시설, 문화시설 등에서의 할인혜택을 제공받게 함으로써 다양한 문화체험의 기회를 보장하고 청소년의 건강한 성장을 지원하기 위해 2003년에 도입된 제도이다. 2004년 「청소년복지 지원법」에 청소년 우대 및 청소년증 발급에 관한 근거 규정을 마련한 후 본격적으로 시행되고 있다.

청소년증은 만 9세 이상 18세 이하의 청소년을 대상으로 하고 있으며, 청소년증을 신청하면 시 · 군 · 구청장이 발급한다. 청소년증은 청소년 본인 또는 대리인이 청소년증 발급 신청서와 함께 사진 1매를 읍면동 주민센터에 제출하면 발급받을 수

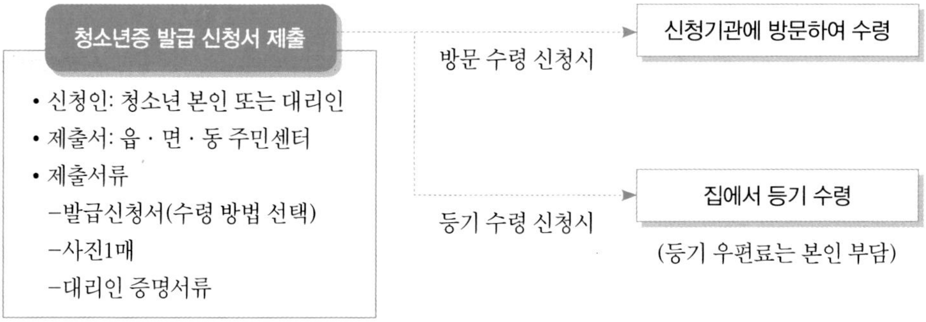

청소년증 발급 신청서 제출

- 신청인: 청소년 본인 또는 대리인
- 제출서: 읍 · 면 · 동 주민센터
- 제출서류
  - –발급신청서(수령 방법 선택)
  - –사진1매
  - –대리인 증명서류

방문 수령 신청시 → 신청기관에 방문하여 수령

등기 수령 신청시 → 집에서 등기 수령 (등기 우편료는 본인 부담)

[그림 11-1] 청소년증 발급 절차

*출처: 여성가족부(2017).

있으며 발급기간은 14일이 소요된다. 청소년증 신규 발급 및 재발급은 관할 신청기관 외에 전국 어디서나 신청할 수 있고, 신규 발급 시 청소년 본인뿐만 아니라 대리인도 신청이 가능하다(여성가족부, 2017).

청소년증을 소지하는 경우 국가 또는 지방자치단체가 운영하는 수송시설, 문화시설 등의 시설 이용료를 면제받거나 또는 일부 할인을 받을 수 있으며, 기타 민간이 운영하는 일부 시설을 이용하고자 하는 경우에도 할인혜택을 받을 수 있다. 또한

표 11-5 청소년 할인혜택 현황(예시)

구분	할인율 및 할인금액	비고
수송시설	버스(고속버스 제외) · 지하철 20%, 여객선 10%	각 지역 및 기관별로 할인혜택(연령, 할인율 등)은 다를 수 있음.
궁 · 능	50%	
박물관	면제~50% 내외	
미술관	30~50% 내외	
공 원	면제~50% 내외	
공연장(자체기획공연)	30~50% 내외	
유원지	30~50% 내외	
영화관	500~1,000원 등	

*출처: 여성가족부(2017).

청소년증은 앞의 경제적인 혜택 외에도 예금통장 개설 등 금융거래, 대학입시 · 검정고시 · 각종 경시대회에서 신분증으로 활용이 가능하다(여성가족부, 2017).

03 청소년의 정치적 · 사회적 참여

1) 배경

청소년참여는 주권재민과 민(民)의 자치를 본질로 하는 민주주의의 핵심적인 요소(김영인, 2017)로, 민주주의와 사회 위기를 극복하게 하고 동시에 시민성을 회복하게 하는 중요한 도구이다(Barber, 2004). 이에 청소년참여는 건강한 민주주의의 공동체 형성을 위해 시민으로서 갖추어야 할 핵심적인 덕목이라고 할 수 있다(Foster-Fishman, Pierce, & Van Egeren, 2009; 김영인, 2017 재인용).

청소년참여는 1990년에 제정된 청소년헌장에서 그 의의를 찾을 수 있다. 청소년헌장은 청소년도 현 시대 민주주의 공동체의 주체라고 명시함으로써 시민으로서 청소년의 참여 기회와 권리를 강조하고 있다. 성장세대로서 청소년에게 참여는 시민성을 함양하고, 도덕적이면서 가치 있는 경험을 제공한다. '유엔아동권리협약' 제12조의 '아동과 청소년의 의사 존중의 원칙'에 근간하여 우리나라의 「청소년 기본법」 제2조에서는 청소년의 참여 보장을 위한 청소년정책 추진 방향을 설정함으로써 청소년의 참여를 보장하고 있다.

청소년참여는 '청소년이 자신의 삶에 영향을 주는 의사결정을 공유하는 과정'(Hart, 1997) '청소년이 능동적으로 자신의 생활환경에 참여하는 과정'(de Winter, 1997) '자신의 삶에 영향을 미치는 제도와 의사결정에 청소년이 관여하는 과정'(Checkoway & Gutierrez, 2006) 등으로 정의된다. 이를 종합하면 '청소년참여란 청소년들이 의사결정과정에 실질적인 영향력을 행사하고 의사결정을 공유함으로써 변화를 도출해 가는 것'으로, '청소년들이 자신이 속한 사회에 관심을 가지고 구체적인 영향력을 발휘하며 의사결정을 공유함으로써 공동체 발전을 추구해 가는 사회적 행위'를 의미한다(황여정, 2017).

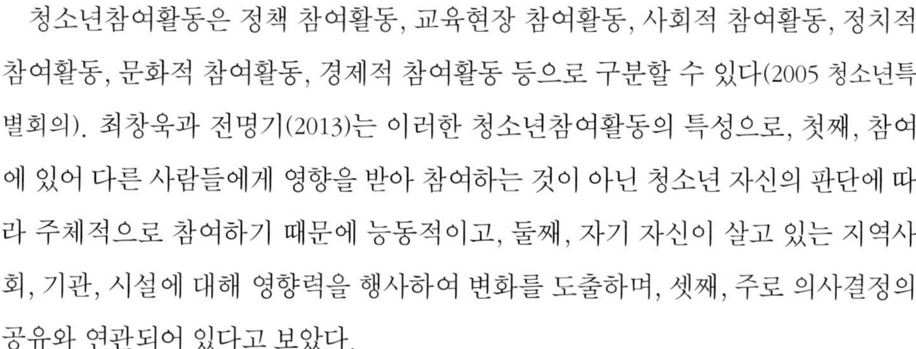

청소년참여활동은 정책 참여활동, 교육현장 참여활동, 사회적 참여활동, 정치적 참여활동, 문화적 참여활동, 경제적 참여활동 등으로 구분할 수 있다(2005 청소년특별회의). 최창욱과 전명기(2013)는 이러한 청소년참여활동의 특성으로, 첫째, 참여에 있어 다른 사람들에게 영향을 받아 참여하는 것이 아닌 청소년 자신의 판단에 따라 주체적으로 참여하기 때문에 능동적이고, 둘째, 자기 자신이 살고 있는 지역사회, 기관, 시설에 대해 영향력을 행사하여 변화를 도출하며, 셋째, 주로 의사결정의 공유와 연관되어 있다고 보았다.

표 11-6 청소년참여활동의 유형 및 내용

유형	내용
정책 참여활동	정부나 지방자치단체의 위원회 활동, 청소년 시설 · 단체에서 운영 중인 위원회 활동, 국제기구 위원회 활동 등
교육현장 참여활동	학교 동아리 활동, 학생회 자치활동, 학교 운영 과정 등에 참여
사회적 참여활동	자원봉사활동, NGO활동, 자치기구활동, 국제교류활동 참여 등
정치적 참여활동	인터넷을 통한 정치활동, 정치집회 참여, 인터넷이나 언론매체 등에 정치에 관련하여 의견 투고, 정당 활동, 1인 시위활동 등
문화적 참여활동	문화행사의 기획이나 공연 등에 참여, 각종 문화행사 관람, 문화축제 모니터링 활동, 지역축제 기획 참여 등
경제적 참여활동	아르바이트, 직장체험 프로그램, 진로교육, 경제교육 참여 등

*출처: 최창욱 · 전명기(2013).

2) 관련 정책

(1) 청소년참여위원회

청소년참여위원회는 여성가족부 및 지방자치단체에 설치 · 운영 중인 청소년참여기구로, 청소년정책의 형성 · 집행 · 평가 과정에 청소년이 주체적으로 참여할 수 있도록 제도화한 것이다. 청소년정책에 대한 청소년참여를 통해 청소년 친화적 정책을 구현하고 청소년의 권익 증진을 도모하고자 도입되었다.

청소년참여위원회는 1998년 '제2차 청소년육성 5개년 계획' 중 '청소년의 정책 참

표 11-7 2017년 청소년참여위원회 운영 현황 (단위: 개)

구분	청소년참여위원회 수	구분	청소년참여위원회 수
여성가족부	1	강원	19
서울	6	충북	5
부산	3	충남	16
대구	3	전북	15
인천	10	전남	23
광주	2	경북	24
대전	2	경남	20
울산	6	제주	1
세종	1	합계	189
경기	32		

*출처: 여성가족부(2017).

여 기회 확대' 세부사업으로 시작되었고, 당시 문화관광부 내에 청소년위원회가 설치되면서 전국적으로 확산되었다. 이후 2012년에 청소년 자치권 확대 근거 법령을 「청소년복지 지원법」에서 「청소년 기본법」으로 이관하였는데, 이는 청소년참여를 복지의 차원이 아닌 모든 청소년이 직접 참여할 수 있는 기본적인 권리로서 인식하여 청소년 자치권의 중요성을 부각한 변화라 할 수 있다.

청소년참여위원회는 위원회별로 10~20명으로 구성된다. 2017년 기준 공개모집과 추천을 통해 선발된 3,500여 명의 청소년이 활동 중이다(여성가족부, 2017).

(2) 청소년운영위원회

청소년운영위원회는 「청소년활동 진흥법」 제4조에 근거를 두고 있는 청소년자치기구로, 청소년수련시설(청소년수련관, 청소년문화의집 등)의 사업 그리고 프로그램 운영과 관련된 의사결정과정에 참여하는 것을 주요 내용으로 한다. 2000년부터 청소년수련시설에 청소년운영위원회를 설치·운영할 것이 권장되었고, 이후 2004년에 「청소년활동 진흥법」 제정으로 법적 근거가 마련되면서 급속도로 확대되었다.

청소년운영위원회의 목적은 청소년수련시설의 '청소년 중심 운영'을 위한 것으

표 11-8 2017년 청소년운영위원회 운영 현황

(단위: 개)

구분	청소년운영위원회 수	구분	청소년운영위원회 수
서울	44	강원	32
부산	14	충북	15
대구	9	충남	13
인천	12	전북	16
광주	6	전남	14
대전	10	경북	13
울산	7	경남	15
세종	1	제주	22
경기	62	합계	305

*출처: 여성가족부(2017).

로, 청소년수련시설의 심의 및 평가 등을 통해 시설 운영 전반에 대해 참여하고, 프로그램을 직접 기획 · 운영하기도 하며, 청소년 대표로서 각종 지역사회 청소년 관련 행사에 참가하는 등의 활동을 한다.

청소년운영위원회는 위원회별로 10~20인으로 구성된다. 임기는 1년이며, 재임 규정에 대해서 별도로 마련하고 있다. 2017년 기준 전국 305개소에서 총 5,300여 명의 청소년이 청소년운영위원회로 활동 중이다(여성가족부, 2017).

(3) 청소년특별회의

청소년특별회의는 17개 시도 청소년과 청소년 분야의 전문가가 토론과 활동을 통해 청소년이 바라는 정책 과제를 발굴하고 정부에 제안하여 정책화하는 전국 규모의 청소년참여기구이다. 2004년에 시범사업을 거쳐 2005년 「청소년 기본법」에 설치 · 운영에 관한 근거 규정이 마련되면서 매년 정기적으로 개최되고 있다.

청소년특별회의는 매년 선정된 정책의제에 따라 지역 청소년의 의견을 수렴하고 관련 의제에 대한 토론, 워크숍, 캠페인 등을 통해 정책의제에 대한 정책과제를 발굴하는 것을 주요 활동으로 진행한다. 이렇게 선정된 정책과제에 대해 연구하고 모니터링 과정을 거쳐 체계화한 후 최종적으로 본회의에서 이를 정부에 보고 · 제안

[그림 11-2] 청소년특별회의의 추진 절차

*출처: 여성가족부(2017).

하는 과정으로 이루어진다.

2017년 기준 청소년특별회의에는 청소년위원 포함 250여 명이 참여하였다. 4~9월까지 지역회의별 논의 활동을 거쳐 선정된 3개 영역 30개의 정책과제를 본회의에서 보고한 바 있다. 역대 청소년특별회의의 정책 의제 및 과제 제안 현황은 〈표 11-9〉와 같다.

표 11-9 연도별 청소년특별회의의 정책 의제 및 과제 제안 현황

연도	정책 의제 및 과제	비고
2004년	• 청소년 인권 · 참여(13개 과제 제안) -시범사업: 청소년특별회의 연 1회 개최 정례화	-
2005년	• 청소년참여 기반 확대 -청소년정책에 청소년참여 등 6개 영역 35개 과제 제안	31개 수용 88.6%
2006년	• 청소년 성장의 사회지원망 조성 -위기청소년을 위한 지역사회 안전망 확대 등 5개 영역 37개 과제 제안	33개 수용 89.2%

2007년	• '제4차 청소년정책기본계획' 제안 –청소년 자원봉사 · 체험활동의 다양화 등 18개 과제 제안	15개 수용 83.3%
2008년	• 청소년의 복지와 권익이 보장되는 사회 –리틀맘에 대한 정책 마련 등 6개 영역 35개 과제 제안	29개 수용 82.9%
2009년	• 청소년, 자신의 꿈을 찾을 수 있는 사회 만들기 –청소년 직업체험 프로그램 활성화 등 4개 영역 20개 과제 제안	14개 수용 70.0%
2010년	• 자기주도적 역량 개발, 존중받는 청소년 –체험활동을 통한 자기주도적 역량 개발 인프라 확대 등 3개 영역 53개 과제 제안	49개 수용 92.4%
2011년	• 우리 사회의 건전한 성문화, 건강하게 성장하는 청소년 –유해매체로부터의 청소년 성보호 등 3개 영역 41개 과제 제안	36개 수용 87.8%
2012년	• 자유로운 주말, 스스로 만들어 가는 청소년활동 –청소년 체험활동 여건 조성 등 3개 영역 30개 과제(89개 세부과제) 제안	81개 수용 91.0%
2013년	• 꿈을 향한 두드림, 끼를 찾는 청소년 –진로체험활동 등 3개 영역 29개 과제 제안	28개 수용 96.5%
2014년	• 안전한 미래, 청소년의 권리와 참여로 –청소년의 참여로 만드는 안전 등 4개 영역 31개 과제 제안	28개 수용 90.3%
2015년	• 청소년의 역사 이해, 미래를 향한 발걸음 –역사교육의 질적 강화 및 역사 인재 양성 등 3개 분야 23개 과제 제안	20개 수용 87.0%
2016년	• 틀림이 아닌 다름, 소수를 사수하라 –학교 밖 청소년 대상 프로그램의 다양화 및 활성화 등 4개 분야 29개 과제 제안	28개 수용 96.5%
2017년	• 청소년, 진로라는 미로에서 꿈의 날개를 펼치다 –진로체험 프로그램의 지역사회 연계 활성화 등 3개 분야 30개 과제 제안	24개 수용 80.0%

*출처: 여성가족부(2017).

요약

1. 청소년을 둘러싼 문화와 환경이 변화함과 동시에 긍정적 청소년 발달 관점(positive youth development perspective)이 등장하면서 청소년기에 대한 이해와 청소년의 요구를 바탕으로 청소년이 주체가 되어 역량 있는 성인으로 성장할 수 있도록 하는 정책적 노력이 필요하게 되었다.

2. 긍정적 청소년 발달을 위해 입시 위주의 교육환경이나 제공된 서비스 위주의 활동이 아닌 자발적이고 질적인 여가활동이 제공되어야 한다. 이는 청소년의 삶의 질 향상을 위한 정책적 지원의 필요성과 연관된다.

3. 청소년여가에 대한 청소년활동의 중요성이 높아진 가운데 최근 '아동·청소년의 여가권' 개념이 도입되는 등 청소년여가에 대한 정책적 지원의 토대가 마련되고 있다.

4. 국가와 지역사회는 청소년의 성장 및 발달에 대한 책임을 인식하고 청소년들로 하여금 교육, 문화, 스포츠 등 성장기에 필요한 다양한 활동에 참여할 수 있도록 청소년 중심의 직접적인 지원을 실시해야 한다. 이는 청소년 우대제도의 형태로 나타난다.

5. 청소년 우대제도는 교통수단, 문화활동, 소비활동, 여가활동, 교육 · 진로 개발활동 등의 영역에서 무료나 할인, 지원금 제공 등의 방식으로 이루어지고 있다. 우리나라는 청소년증을 도입하여 청소년 우대제도를 실시하고 있다.

6. 청소년참여는 건강한 민주주의의 공동체 형성을 위해 시민으로서 갖추어야 할 핵심적인 덕목으로, 우리나라에서는 「청소년 기본법」에 청소년의 참여 보장을 위한 청소년정책 추진 방향을 설정함으로써 청소년의 참여를 보장하고 있다.

7. 청소년참여가 제도화된 대표적인 자치기구로는 청소년참여위원회, 청소년운영위원회, 청소년특별회의가 있다.

참고문헌

관계부처합동(2018). **제6차 청소년정책기본계획(2018~2022)**. 서울: 여성가족부.

김경준 · 최인재 · 설인자 · 원구환 · 김윤정(2007). **청소년 우대제도의 국제적 동향과 발전방안**. 서울: 한국청소년정책연구원.

김영인(2017). 청소년 참여의 영향요인 탐색. **청소년문화포럼, 52**, 37-71.

서우석(2013). 청소년여가. **한국의 사회동향 2013**. 대전: 통계개발원.

여성가족부(2017). **2017 청소년백서**. 서울: 여성가족부.

이무용 · 김성희(2004). **서울시 청소년의 문화활동 활성화 방안**. 서울: 서울시정개발연구원.

이성미(2016). 국내 청소년의 여가시설 요구도에 관한 연구. **청소년시설환경, 14**(4), 83-92.

천정웅 · 이용교(2007). 적극적 관점의 청소년 개발. **인간과 복지**, 20-56.

최창욱 · 전명기(2013). **청소년참여기구 활성화 방안 연구**. 세종: 한국청소년정책연구원.

황여정(2017). **청소년의 지역사회참여 모형개발 연구**. 세종: 한국청소년정책연구원.

Barber, B. R. (2004). *Strong democracy: Participatory politics for a new age*. Berkeley: University. of California Press.

Checkoway, B. N., & Gutierrez, L. M. (2006). Youth participation and community change: An introduction. In B. N. Checkoway & L. M. Gutierrez (Eds.), *Youth Participation and Community Change(1-9)*. New York: The Haworth Press.

de Winter, M. (1997). *Children as fellow citizens: Participation and commitment*. Oxford: Radcliffe Medical Press.

Foster-Fishman, P. G., Pierce, S. J., & Van Egeren, L. A. (2009). Who participates and why: Building a process model of citizen participation. *Health Education & Behavior, 36*(3), 550-569.

Hart, R. A. (1997). *Children's participation: The theory and practice of involving young citizens in community development and environment care*. New York: UNICEF.

OECD(2017). Country Note-Results from DISA 2015 Students' Well-being, Korea.

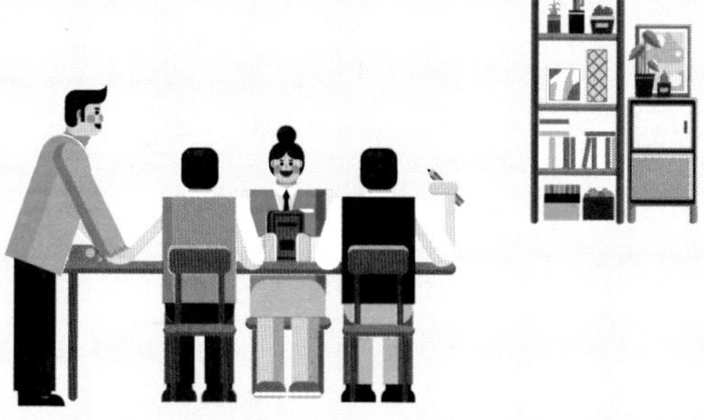

제12장

청소년복지의 전망과 과제

학습개요

1980년대 중반까지 청소년복지는 아동복지의 하나로 다루어졌고, 관심영역도 청소년의 비행이나 문제를 중심으로 하는 일부 문제청소년이나 요보호청소년으로 제한되었다. 지난 10여 년 사이에 청소년복지에 관한 사회적 관심은 양적으로 증가하고 질적으로 심화되어 왔다. 청소년복지의 과제는 현재와 가까운 미래의 청소년의 욕구와 문제를 해결할 수 있고, 청소년의 삶의 질을 향상시킬 수 있는 대안을 모색하는 일이어야 한다.

청소년복지는 모든 청소년을 위한 보편적 복지서비스를 개발하면서 특별히 더 많은 욕구가 있는 청소년에게 선별적으로 서비스를 제공하는 방식으로 발전시켜야 한다.

이 장에서는 각종 청소년복지사업을 개선하고 수정과 보완을 하기 위해 먼저 「청소년 기본법」이나 「청소년복지 지원법」 등 청소년과 관련된 법을 살펴보았다. 이를 통해 문제점과 개선안을 마련하여 규정을 명시하고, 청소년의 인권을 보장할 수 있는 제도를 갖출 수 있도록 제안을 제시하는 데 도움을 주고자 한다. 청소년복지는 일반적인 복지 논의로는 적용되기 어려운 영역이다. 청소년복지는 청소년과 복지가 관련한 다양한 학문에 기반을 둔 실천학문이기 때문에 이러한 실천적 학문을 위해 우리나라 청소년복지를 진단하고 발전 방향과 청소년복지의 과제를 살펴보고자 한다.

01 청소년복지의 발전 방향

1) 청소년복지의 역사적 특성

초기 우리나라의 청소년복지정책은 긴급구호적인 성격을 띤 요보호 대상, 즉 보호, 선도, 교화에 초점을 맞추면서 시작이 되었다(이용교, 1993). 「미성년자보호법」(1961)과 「아동복리법」(1961)이 시행되기 시작하면서부터 미진학 · 근로 · 무직 및 가출 · 부랑 청소년이 제외되어 있어서 이들에 대한 선도와 보호의 복지적 서비스가 필요하게 되었다(김영모, 1995). 이후 「아동복지법」(1981)이 「아동복리법」에서 전면 개정되어 실시가 되어 오고 있음에도 불구하고 청소년복지정책에 대한 한계가 나타나고 있어 이에 대한 정책적 발전이 요구되고 있다. 한국의 청소년복지 패러다임은 가정의 역할로 인식되었던 청소년복지가 점차 국가와 지역사회의 역할로 변화하며 발달하였다. 즉, 청소년복지는 전체 사회문제로 다루어야 하며 국가의 관심과 정책을 요하는 영역이 되었다. 이를 실천하기 위해 청소년에 관계되는 모든 법령을 통괄하는 법령으로 1987년에 「청소년육성법」을 제정하였는데, 이 법은 청소년의 복지 향상과 청소년정책을 발전시키려는 복지정책적인 노력의 일환이었다고 볼 수 있다. 이 법은 이후 「청소년 기본법」(1991)으로 제정되었고, 뒤이어 「청소년 보호법」(1997)이 제정되었으며, 2004년도에는 「청소년복지 지원법」이 제정되어 실시되고 있다.

그러나 여전히 청소년복지를 사회복지학의 인간 대상 분야로 간주하기도 한다. 전통적으로 사회복지는 사회학과 심리학, 정신의학 등의 학문에 기대어 이론적 기반을 마련해 왔지만, 복지실천의 방법을 통해서 응용학문으로서의 정체성을 찾아가고 있다. 사회복지학에서는 그 대상 분야로 발달적 또는 신체적으로 열악한 구조와 환경에 있는 계층에게 관심을 두어 왔으며 아동, 노인, 장애인 등이 대표적인 예이다. 또한 사회복지에서는 더 나아가 정치사회적으로 불이익을 받는다고 생각하

는 대상 집단에도 관심을 기울이기 시작했으며, 실질적으로 의식 강화와 임파워먼트의 개념을 통해 복지적 개입 틀과 방법을 제시하고 있다. 그 개념을 적용하는 핵심 복지 분야에 여성복지가 있으며, 연장선상에서 청소년복지를 거론하고 있다(노혁, 2008). 다시 말하면 청소년복지(adolescent welfare)는 '청소년'과 '복지'의 합성어로 청소년을 대상으로 하는 사회복지학(social welfare)의 한 분야를 말한다. 청소년복지에 대한 강점 중심 관점은 청소년 각자의 고유한 능력과 자원을 갖고 있으며, 이러한 능력과 자원이야말로 청소년의 삶의 여러 가지 문제와 어려움에 효과적으로 대처하게 한다는 신념에서 출발한다(Brun & Rapp, 2001). 즉, 청소년은 인간으로서의 존엄성과 보호해야 할 대상이더라도 자아실현이라는 가치에 기반을 두고 청소년의 잠재 능력과 자원을 발견하는 데 많은 노력을 기울여야 한다는 것이다.

청소년에 대한 개념은 그 시대의 사회, 문화, 가치, 정치적 · 경제적 배경에 영향을 받으며 생물학적 · 심리학적 · 문화적 · 인류학적 · 사회학적 · 정치경제적 관점 등에 따라 다양하게 정의될 수 있다. 그렇지만 일반적으로 청소년은 인간발달 주기에서 아동기를 넘어섰지만 성인기에는 도달하지 않은 아동과 성인의 중간에 놓인 연령대의 사람들을 말한다. 청소년복지가 복지의 한 분야로 중요한 의미를 가질 수 있는 것은 이러한 청소년에 대한 개념이 다양하고, 아동기나 성인기에 나타나는 특성과는 다르기 때문이다. 특히 청소년의 문제가 가족의 문제를 넘어 사회적 문제와 연결되어 있기 때문에 가족의 문제를 넘어 사회문제와도 연결되어 있는 청소년문제를 예방 및 해결하기 위해서는 청소년의 욕구와 문제를 올바르게 이해하고 그에 따른 대책을 마련하는 것이 매우 중요하다.

오늘날 청소년복지의 개념은 청소년에 대한 개념 정의와 그 발달적 특징에 대한 이해, 청소년을 보는 관점, 국가의 전반적인 복지 수준, 그리고 청소년정책의 방향에 따라 다르다. 일반적으로 청소년복지는 가정이나 사회로부터 버려지거나 적응하지 못하는 청소년뿐만 아니라 모든 청소년의 안녕에 대해 관심을 기울이는 활동을 뜻한다. 즉, 청소년복지활동은 청소년의 기본적인 욕구를 충족케 하고, 정신적 · 정서적 · 신체적으로 최상의 발달을 기하기 위해서 청소년 자신들에게 직접적으로 또는 가정이나 사회를 통해 간접적으로 제공되는 모든 사회제도적 · 전문적 활동을 말한다. 최근 청소년복지에 대한 개념은 단순히 청소년의 문제에 대한 개입을 넘어서 광범위한 범위를 포괄하며 규정되고 있는 추세이다. 즉, 청소년복지는 청소년문제를 예방하거나 감소시키는 것 이외에도 이들이 자원 활용을 통해 사회 기능을 촉진, 회복, 유지, 향상시키는 것을 목적으로 한다. 그리고 청소년의 기본욕구 충족과 함께 능력 및 가능성을 개발하기 위한 청소년복지 정책, 서비스, 자원 및 프로그램을 계획, 개발, 수행하는 것을 의미한다. 또한 청소년복지란 모든 청소년이 복지를 추구하는 것이며, 기본적인 욕구 충족을 넘어 주체적인 삶을 위해서 청소년의 발달과 기능이 최적으로 촉진되고 발휘될 수 있도록 보장하는 것을 말한다.

청소년복지는 이러한 일반적인 복지 논의로는 적용되기 어려운 영역이다. 청소년복지는 청소년과 복지가 관련한 다양한 학문에 기반을 둔 실천학문이다. 이와 같은 실천학문은 사회 변화에 민감할 수밖에 없다. 즉, 청소년과 복지에 관계된 다양한 학문의 변화에 영향을 받는 한편, 급격한 사회현상의 변화 흐름에서도 자유로울 수밖에 없다. 이런 점에서 보면 청소년복지는 다중적인 실천적 기반과 기술을 내포하고 있다는 장점을 갖고 있는 동시에 독립적이며 명료한 이념체계를 구축하는 데 어려움과 한계를 갖고 있다(노혁, 2011). 실제 청소년복지이념을 논의할 때에는 결국 청소년을 어떤 존재로 보는지에 대한 시각에 따라 이념철학과 방향이 다를 수 있다. 청소년복지의 이념은 명확하지 않다. 「아동복지법」에 따른 아동복지의 기본이념은 차별과 가정의 책임과 지원 그리고 아동심의 활동지원 등으로 요약할 수 있다. 또한 「노인복지법」에 따른 노인복지의 기본이념은 노인복지에 대한 다음 세대의 책임성을 강조하고, 노인의 사회활동에 대한 사회와 노인의 책임 등으로 제시되어 있다. 그리고 「장애인복지법」에서 제시하고 있는 장애인복지의 기본이념은 장애인의 사회참여와 평등을 통한 사회통합으로 규정되어 있다.

청소년복지를 상당 부분 규정하고 있는 법은 「청소년복지 지원법」이지만 이 법은 「청소년 기본법」의 하법 성격이 강하여 기본이념 체계는 「청소년 기본법」에서 찾을 수밖에 없다. 「청소년 기본법」의 기본이념은 청소년이 사회구성원으로서 권리 보장, 자유로운 활동에 대한 기회 제공 그리고 유해환경으로부터의 보호와 사회의 건전한 육성의 책임이 명시되어 있다. 아동과 노인 그리고 장애인의 복지 이념을 통해 「청소년 기본법」의 이념의 범위에서 청소년복지 이념을 제시하면 청소년의 삶의 질 향상과 사회 통합 그리고 보호 및 자율성 보장 등의 요소 등이 될 수 있을 것

이다(강수돌, 2007; 김기헌 · 장근영 · 조광수 · 박현준, 2010). 이것은 아동, 노인, 장애인과 마찬가지로 청소년도 여전히 가정과 사회의 지속적인 보호가 필요한 대상인 동시에 자율 존재로서 현재의 삶을 바탕으로 해서 미래를 지향하는 복지서비스가 제공되어야 한다는 의미를 내포하고 있다(심규성 · 김지연, 2012).

이와 같은 청소년복지의 개념 및 이념의 특성을 정리하여 살펴보면 다음과 같다. 첫째, 청소년복지는 아동복지(child welfare)와 구별되는 영역이다. 둘째, 청소년복지의 대상은 문제해결을 필요로 하는 청소년이나 그렇지 않은 청소년 모두를 포함한 청소년이 대상이다. 셋째, 청소년복지는 청소년의 기본욕구를 충족시키고 문제를 해결하는 차원을 넘어서 청소년의 문제를 예방하고 청소년의 역량을 개발하고 건강한 성장발달이 실현되도록 지원하는 것이다. 넷째, 청소년복지는 청소년에게 직접 제공되는 지원뿐만 아니라 가족, 지역사회 그리고 청소년수련시설을 통해 제공되는 간접적인 형태의 정책과 제도를 포함하는 광범위한 개념이다. 다섯째, 청소년복지는 청소년 전문가에 의해서 지원되는 보다 전문적이고 다양한 지원이다. 따라서 청소년복지란 아동복지와 구별되고 특정 또는 일부 청소년들에게 해당되는 것이 아니라 모든 청소년의 삶의 질 향상에 관심을 갖고 청소년의 문제를 해결하고 예방하는 것이다. 또한 청소년의 기능과 잠재력을 개발하고 실현시키기 위해 청소년에게 직간접적으로 지원되는 전문적이고 정책적인 실천 활동이라고 할 수 있다.

2) 청소년복지의 역사를 통한 발전 방향

한국의 청소년복지는 각 시대의 정치, 경제, 사회적 · 상황적 맥락에 따라 점진적으로 발전해 왔다. 한국의 청소년복지의 발전과정을 잠복기-태동기-확립기-확대기 이후로 구분하여 살펴보고자 한다.

(1) 청소년복지의 잠복기(해방 이후~1961년 이전)

사회복지는 조선구호령과 몇 개의 미군정 법령 및 군처무준칙에 따라서 사회복지 영역이나 대상에 대한 구분 없이 절박한 상황에서 생존만을 목적으로 하는 긴급구호적 성격과 요보호적 성격이 강하게 나타났다. 따라서 이 시기는 청소년의 권리나 복지라는 인식보다는 긴급구호의 방편이나 사회 안정이라는 목표에 더 많은 초점이 주어졌다. 즉, 청소년복지는 문제 및 비행 청소년에 대한 대책이 주류를 이루었고, 청소년들을 사회의 전반적인 보호, 선도, 지도의 대상으로 보았다. 미군정에 의해 「아동노동법규」(1946)가 제정되어 18세 미만의 아동노동을 보호하기 위한 시도를 하였다. 후에 「소년법」(1958)이 제정되어 반사회적 성향을 가진 20세 미만 소년의 생활환경 조정과 성행교정을 위해 보호처분을 행하고 형사처분에 있어 특별조치를 하게 되었다.

(2) 청소년복지의 태동기(1961~1987년 이전)

이 시기는 「아동복리법」(1961년)이 시행된 1962년부터 「청소년육성법」이 제정된 1987년까지 해당된다. 특히 「미성년자보호법」과 「아동복리법」의 제정은 한국의 청소년복지가 도입되는 계기를 마련해 주었다. 그 외에도 근로청소년, 장애청소년의 복지 등 요보호 청소년복지에 초점이 모아졌다. 만 20세 미만의 흡연, 음주, 기타 선량한 풍속을 행하는 행위를 금지하고 미성년자에게 필요한 사항을 규정하여 청소년의 건강보호와 선도를 도모하고자 하였다. 이는 후에 「청소년보호법」(1997)으로 연결된다. 요보호청소년 중 「특수교육진흥법」(1977)이 제정되어 장애청소년도 교육을 받을 권리가 확대되었고, 근로청소년을 위한 야간학교 부설(1977)은 근로청소년의 교육 기회를 증진시켰다. 즉, 교육원이라는 권리가 신장되었던 것이다. 그러나 1980년대 초까지 청소년은 학생이라는 등식이 성립되었고, 학생이 아닌 그 외의 청소년은 비행청소년으로 인식되었다.

(3) 청소년복지의 확립기(1987~2004년)

이 시기는 「청소년육성법」의 제정 이후 2004년까지에 해당된다. 1987년에 청소년정책을 위한 본격적인 근거법으로 「청소년육성법」이 제정되었다. 「청소년육성법」은 청소년의 인격 형성, 보호육성의 효율화, 청소년이 건실하고 유능한 국민으로 성장토록 지원하는 것을 골자로 하였다. 이 법은 '학교는 교육, 사회는 육성'이라는 이념을 갖고 있었고, 학교의 보완적 영역을 사회가 보완하는 것을 필요로 한다고 보았다. 또한 청소년헌장의 제정(1990)과 개정(1998), 「청소년 보호법」의 실시 등 다

양한 법과 제도가 정비되기 시작하였다. 또한 청소년기본계획위원회(1990)가 10년 계획으로 청소년육성 정책을 실시하기 시작하였는데, 이 시기의 기본개념은 자율과 참여임을 강조하였다. 여기에 인권에 대한 내용을 포함시켰고, 결국 이는 청소년종합지원센터를 만드는 촉진제가 되었다. 그리고 1991년에 「청소년육성법」을 전면 개정한 「청소년 기본법」이 제정되면서 청소년을 위한 기본법제와 조직을 갖추게 되었다.

(4) 청소년복지의 확대기(2005년 이후)

이 시기는 2005년부터 현재까지 해당된다. 특히 이 시기의 청소년복지는 단일법령인 「청소년복지 지원법」이 제정됨으로 인해 그동안 미진했던 청소년복지가 본격적으로 발전할 수 있는 계기를 제공하게 되었다. 최근 청소년복지 영역에서 괄목할 만한 성장으로 주목받는 것은 학교사회복지 및 교육복지사업이다. 2003년부터 시범사업으로 운영되던 교육복지우선지원사업의 경우에는 초등학교와 중학교를 중심으로 전국적으로 확대되었고 청소년복지 사업의 핵심 축으로 자리 잡고 있으며, 이런 사업들은 학생 문제의 해결과 예방을 위해 학교를 중심으로 하는 가정과 지역사회와의 협력을 강조하고 있다. 2004년 12월 20일, '청소년위원회 설립추진단'을 구성·운영하였고, 2005년 4월 27일에는 국무총리 소속하의 '청소년위원회'를 공식적으로 발족하였으며, 「청소년 기본법」 개정에 따라 2006년 3월 30일에 '국가청소년위원회'로 명칭을 변경하였다. 이 시기에는 위기청소년통합지원체계 등 청소년복지기반이 조성되었고, 청소년참여와 인권 등이 지속적으로 확대되었다. 아울러 이 시기에 청소년정책 전담부처의 통합 일원화 등 행정체계가 정비되었다. 이후 2008년에 청소년복지정책은 아동복지정책과 통합되어 보건복지가족부에서 추진되었다. 그러나 청소년복지정책과 아동복지정책의 통합이 결실을 맺기 전에 2010년 3월에 청소년복지 정책은 다시 여성가족부로 이관되었다.

2010년 1월 18일, 가족 해체 및 다문화가족 등 현안사항에 적극 대응하기 위하여 보건복지가족부의 청소년 및 다문화가족을 포함한 가족 기능을 여성가족부로 이관하는 내용의 「정부조직법」을 개정하고, 여성부가 여성가족부로 개편(2010. 3. 19. 시행)되었다. 2014년 5월에 「학교 밖 청소년 지원에 관한 법률」이 제정되었고, 2015년

5월에는 동 법률이 시행되면서 학교 밖 청소년을 포괄하여 모든 청소년으로 청소년 정책의 대상이 확대되었다. 아울러 이 시기는 해병대 캠프 사고, 세월호 참사 등의 안전사고들로 인해 청소년 정책 및 사업에 있어 청소년의 안전이 무엇보다 강조되었다.

저소득층 여성청소년들이 경제적 어려움으로 인해 생리대를 구입하지 못하여 비위생적인 물품을 사용하거나 생리 기간 중 등교나 외출을 하지 못하는 등의 어려움을 해결하기 위해 「청소년복지 지원법」이 2017년 12월에 개정되었다. 즉, 여성청소년에게 보건위생에 필수적인 물품을 지원할 수 있는 법적 근거를 마련하여 여성청소년의 건강한 성장을 지원하려는 것을 목적으로 개정하였다. 제5조(건강한 심신의 보존)가 건강한 성장지원으로 수정되었는데, 국가 및 지방자치단체는 여성청소년의 건강한 성장을 위하여 여성청소년에게 보건위생에 필수적인 물품을 지원할 수 있고, 물품은 대통령령으로 정하는 것으로 추가하였다.

청소년에게 자발적 선택과 경험을 제공해야 한다는 관점에서 현실적인 전략이 필요하다. 따라서 지금의 사회환경에 대한 명확한 분석과 그러한 환경 속에서 살아가고 있는 청소년들을 인지해야 한다. 급속하게 줄어들고 있는 인구와 가족구조의 다양화 그리고 청소년기의 연장 등은 현재 청소년들의 삶에 중요한 영향을 미치는 요인들이다. 특히 1인 가구의 증가와 부모로부터의 독립을 희망하는 청소년들이 늘어남에 따라 그에 대한 대책 마련이 중요하다. 경제활동, 주거문제 그리고 범죄로부터의 안전, 지속가능한 이성관계 등이 청소년이 경험할 수 있는 다양한 문제이다. 또한 청소년기의 연장은 단순히 시간의 길고 짧음의 문제로만 끝나는 것이 아니라 그로 인한 경제적 부담은 물론 청소년들로 하여금 사회역할 구조에 흡수되지 못함으로써 갖는 소외감, 사회·심리적 독립성과 자율성을 제약 받음으로써 갖게 되는 좌절감, 불안 등을 낳는 결과를 빚어 낸다. 뿐만 아니라 사회구조가 복잡해지고, 개인별 직업과 사회적 역할이 다양해지면서 이 시기 동안에 겪는 청소년의 욕구와 갈등 또한 더욱 다양해지고 있다(남미애, 2004).

기회란 청소년이 현재의 삶을 충분히 즐기며 미래를 조망하고 잠재적 역량을 충분히 나타낼 수 있는 참여적 기회를 의미한다. 또한 경제적 여건과 청소년의 개인적 능력에 따른 장애 없이 참여할 수 있는 사회적 기회 보장도 청소년 개인의 기회 보

장의 환경 조성 수준에서 청소년의 무한한 창의성을 창출할 수 있는 새로운 참여 기회의 극대화를 기반으로 제시되어야 할 것이다. 이처럼 청소년이 개인적 · 사회적 제약 없이 참여할 수 있는 기회의 제공은 동기에서 능력으로 또는 능력에서 동기로 지속적으로 선순환하는 구조의 시작 고리가 되어 청소년복지의 구성요소와 성격을 드러낼 수 있는 역량 강화를 실천하는 방법이 될 것이다.

02 청소년복지의 과제

1) 청소년복지정책의 차별화 전략

청소년복지정책은 다른 유사한 분야의 복지정책의 방향과 차이가 있어야 한다. 일부 연령이 중복되는 아동복지정책은 그 대상이 영 · 유아, 아동, 청소년을 모두 포함하고 있지만 아동복지에서 바라보는 청소년은 만 18세 미만의 아동이다(송민경, 2009). 하지만 청소년복지정책의 복지대상은 「청소년 기본법」을 근간으로 9~24세로 규정하고 있어 기존의 청소년복지와 아동복지에서 바라보는 청소년복지 대상이 일부 중복되기는 하지만 대상에 차이가 있다.

복지정책의 방향을 살펴보면 아동복지정책은 가족 전체를 대상으로 하는 보편주의의 원칙을 제시하고 있지만 아직까지는 학대피해 아동, 미혼모 아동, 한부모가정 아동 등 양육과 관련된 요보호아동의 문제를 중심으로 사회적 보호가 필요한 아동을 대상으로 정책을 실시하고 있다. 반면에 청소년복지정책에서 바라보는 청소년은 보편적이고 발달 측면에서 '육성'과 비행이나 문제청소년으로부터의 '보호'에 초점이 맞추어져 있다. 즉, 기존의 청소년복지는 육성, 발달, 보호차원에서의 청소년 개인의 문제나 정책적 지원을 강조하고 있고, 기존의 아동복지는 아동 개인을 중심으로 가족이나 지역사회와의 상호관계를 강조하고 있다(송민경, 2009).

이처럼 복지정책의 방향에 있어 차이가 있는 것을 확인할 수 있다. 그러나 유사한 복지서비스에 대한 차별화 전략이 필요하다. 예를 들어, 아동복지정책 사업 중 지역아동센터와 청소년복지사업 중 방과후 아카데미에 대한 사업 목적은 유사하다.

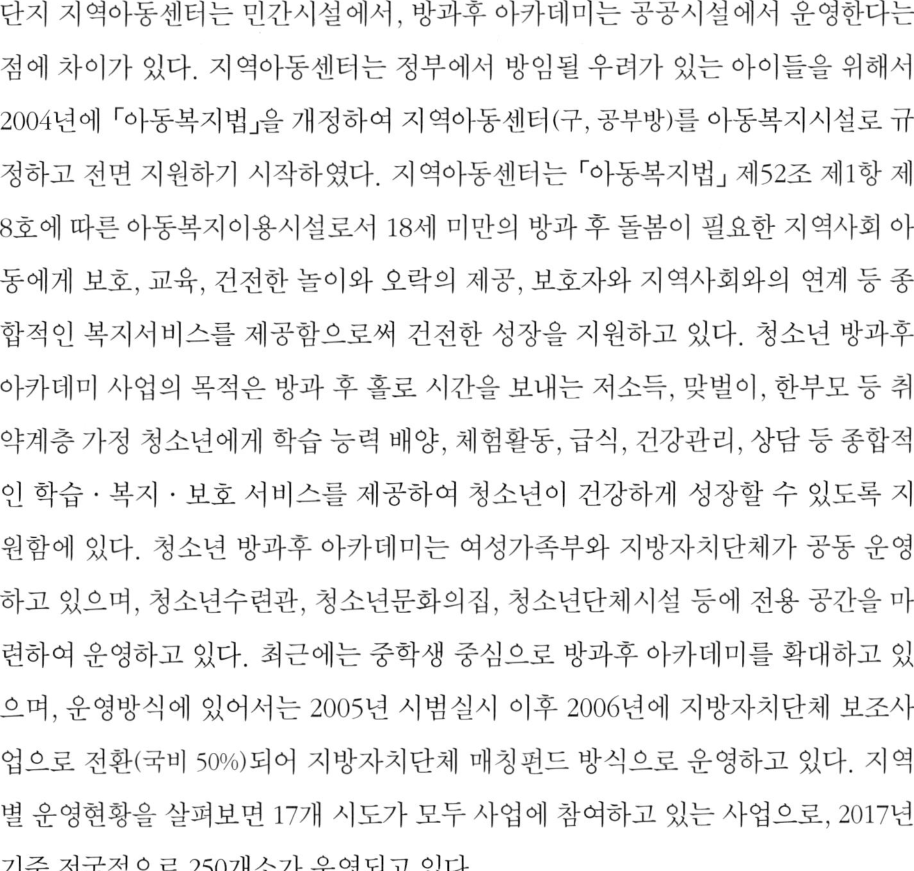

단지 지역아동센터는 민간시설에서, 방과후 아카데미는 공공시설에서 운영한다는 점에 차이가 있다. 지역아동센터는 정부에서 방임될 우려가 있는 아이들을 위해서 2004년에 「아동복지법」을 개정하여 지역아동센터(구, 공부방)를 아동복지시설로 규정하고 전면 지원하기 시작하였다. 지역아동센터는 「아동복지법」 제52조 제1항 제8호에 따른 아동복지이용시설로서 18세 미만의 방과 후 돌봄이 필요한 지역사회 아동에게 보호, 교육, 건전한 놀이와 오락의 제공, 보호자와 지역사회와의 연계 등 종합적인 복지서비스를 제공함으로써 건전한 성장을 지원하고 있다. 청소년 방과후 아카데미 사업의 목적은 방과 후 홀로 시간을 보내는 저소득, 맞벌이, 한부모 등 취약계층 가정 청소년에게 학습 능력 배양, 체험활동, 급식, 건강관리, 상담 등 종합적인 학습 · 복지 · 보호 서비스를 제공하여 청소년이 건강하게 성장할 수 있도록 지원함에 있다. 청소년 방과후 아카데미는 여성가족부와 지방자치단체가 공동 운영하고 있으며, 청소년수련관, 청소년문화의집, 청소년단체시설 등에 전용 공간을 마련하여 운영하고 있다. 최근에는 중학생 중심으로 방과후 아카데미를 확대하고 있으며, 운영방식에 있어서는 2005년 시범실시 이후 2006년에 지방자치단체 보조사업으로 전환(국비 50%)되어 지방자치단체 매칭펀드 방식으로 운영하고 있다. 지역별 운영현황을 살펴보면 17개 시도가 모두 사업에 참여하고 있는 사업으로, 2017년 기준 전국적으로 250개소가 운영되고 있다.

2) 후기 청소년지원을 위한 제도 확대

청소년정책이 먼저 추진되면서 청년정책이 독립적으로 추진되지 않은 측면이 있다. 청소년정책은 1990년대부터 국가 정책으로 법률과 제도를 갖추고 추진되어 왔는데, 이때 청소년을 24세까지로 규정하면서 사실상 청년을 포괄하는 방식으로 이뤄져 왔다. 다만, 청소년정책은 주로 10대 중심으로 이뤄져 청소년 국제교류사업 등을 제외하고는 구체적인 사업에서 20대를 대상으로 하는 정책 사업을 찾아보기 어려운 것이 현실이다. 이러한 이유는 우리 사회에서 가장 중요한 정책 대상으로 부상하고 있는 청년에 대한 법적 기반이 없기 때문이다. 이는 몇 가지 이유가 복합적으로 작용한 결과로 보인다.

우선 청년 시기를 성인기의 일부로 보아 별도의 법률 제정을 하지 않은 측면이 있다. 현재 청년정책의 대상은 발의된 법안에 19세에서 출발해 30대 초반이나 후반까지 포괄하는 것으로 제시되어 있다. 이는 현행의 「청년고용촉진 특별법」이나 「청소년 기본법」의 연령 규정과 충돌하는 문제가 발생한다. 우선 하한 연령과 관련해 국제노동기구(ILO)는 15세를 경제활동인구의 출발점으로 규정하고 있고, 전 세계에서 이 기준에 따라 관련 통계를 제출하고 있으며, 이는 「노동조합 및 노동관계조정법」에서 일할 수 있는 연령을 규정할 때에도 동일하게 적용되고 있다. 「청년고용촉진 특별법」도 이에 따라 시행령에서 15세를 기준으로 청년 연령을 시작하고 있다. 실제로 「청년고용촉진 특별법 시행령」에 청년은 15세에서 29세이나 의무고용할당제에 한해 34세까지 지원받을 수 있도록 되어 있다. 이러한 관련 법에 적용되는 연령의 충돌문제는 관련 법의 목적에 따라 상당 부분 다르게 해석될 수 있기 때문에 청소년 전문가들은 각각의 법에 대한 이해가 필요하다. 특히 일부 분야에서는 청소년을 '소년과 청년의 합성어'로, 0세부터 30세 미만을 의미하는 것으로 정의한 바 있다. 만약 청소년과 청년 법령이 분리되지 않고 별도 제정이 아닌 「청소년 기본법」과 관련 법 개정으로 청년 연령을 담는다면 더욱 손쉽게 연령 중복 문제를 해결할 수 있다는 점에서 이러한 접근방법을 적극적으로 검토해 볼 필요가 있다고 주장하는 연구자들도 있다(김기헌, 2017).

현대의 20대는 과거의 20대와 상당히 다른 양상을 보인다. 초기 성인기에 해당하는 20대들은 고교 졸업 후 취업, 진학과 대학생활 적응, 학비 부담, 진로계획 등 다양한 생활사건과 그에 따른 스트레스에 노출되어 있다. 그로 인하여 청소년기에서 성인기로 전이되는 과정인 초기 성인기가 과거에 비해 장기화되고 있는 현실이다. 이처럼 성인이면서도 청소년기의 특징을 여전히 지니고 있는 또 하나의 집단이라는 관점에서 새로운 개념인 '성인 진입기'라는 용어로 이들을 표현하기도 한다(전지원 · 전자배, 2018).

노동시장의 변화가 청소년들에게 미친 가장 큰 영향으로는 의심할 여지없이 경제적 자립-명확한 성숙의 징후를 지연시켰다는 것이다(강영배 · 손의숙 · 전명호 · 정철상, 2008). 청소년기에서 성인기로 전환되는 과정에서 핵심이 되는 것은 학교에서 노동시장으로의 이행, 가정으로부터의 독립 등을 들고 있다(Jones, 1995). 이와 함께 청소년기의 특성을 심리사회 합성에 맞춰 살펴보는 것 못지않게 청소년들의 노동시장으로의 진입이 어려워지고 있는 사회환경인 청소년을 둘러싼 노동시장의 구조변화에도 주목해야 한다. 즉, 시장이 공정하고 효율적으로 기능하기 위한 제도 공급이 부족하고, 복지가 제도화되지 않고 있으며, 노동시장의 규제가 정착되지 않은 상태에서 시장이데올로기, 즉 신자유주의가 유입됨에 따른 우리 사회의 위험도의 체감은 20대 청년인 후기 청소년들의 고용문제에서 가장 극명하고 압축적으로 드러나고 있다(오혜진, 2013). 청년의 실업률, 질 낮은 일자리(단기 계약제), 대규모 취업준비생들의 존재는 우리나라 청년 노동시장의 대표적인 특징이라고 할 수 있다. 취업준비기간이 길면 길수록 경제적 자립뿐만 아니라 결혼과 자녀출산에도 영향을 주게 된다. 결국 저출산과 인구성장률을 저해시키는 사회문제를 일으키게 된다. 특히 70% 이상이 대학진학을 하게 되는 우리나라 현실에서 등록금의 부담으로 인한 학자금 대출을 갚아야만 하는 부담감은 미취업으로 인하여 심리적으로 불안하고 위축될 수 있다. 이것은 경제적 빈곤층을 발생시킬 수 있는 요인으로 작용되고, 열악한 주거환경으로 인해 신체적 · 정신적 건강에도 부정적인 영향을 미칠 수 있음을 시사한다.

후기 청소년들의 발달단계에서 성취되어야 할 과제가 점차 연장되어짐에 따라 그 연령에서 감당해야만 하고 문제가 될 수 있는 상황들을 해결할 수 있는 다양한 청소년복지정책이 마련되어야 한다. 청소년을 둔 가족을 위한 가족정책이 아닌 청소년 개인에게 적용될 수 있는 복지정책이 마련되어 경제적 빈곤으로 인한 악순환이 되풀이되지 않도록 준비해야 한다. 즉, 취업을 하지 않고 경제활동을 하지 않더라도 학자금 대출, 주거, 고용 관련 문제가 발생하지 않는 제도가 마련되어야 한다.

3) 청소년의 정치 참여에 대한 관심 확대: 선거권 연령 조정

「공직선거법」은 선거권 연령을 19세로 규정하고 있다. 동 규정의 선거권 연령은 19세 미만의 청소년 선거권뿐만 아니라 선거운동활동, 정당가입 또는 활동 및 주민투표권 등 모든 정치적 영역에서 제한의 근거로 작용되고 있다.

대부분의 국가의 선거권 연령은 18세 이하인 것으로 나타났다. 즉, OECD 회원국

표 12-1 OECD 회원국의 선거권 연령

연령	국가명	계
16세	오스트리아	1
18세	이스라엘, 터키, 벨기에, 체코, 덴마크, 에스토니아, 핀란드, 프랑스, 독일, 그리스, 헝가리, 아이슬란드, 아일랜드, 이탈리아, 룩셈부르크, 네덜란드, 노르웨이, 폴란드, 포르투갈, 슬로바키아, 슬로베니아, 스페인, 스웨덴, 스위스, 영국, 미국, 캐나다, 칠레, 멕시코, 호주, 뉴질랜드, 일본 (2015년 6월 17일 기준)	32
19세	한국	1

*출처: 이정진(2018).

34개국 중 18세 이하에 선거권을 부여하는 나라는 33개국이다. 각 국가의 사회, 정치, 문화에 따라 차이가 있기는 하지만 정치 참여의 기준이 선거권 연령을 기준으로 할 때 최소 18세 이상자는 정치 참여를 통해 자신의 의견을 제시할 수 있음을 의미한다. 선거권 연령이 18세 이하인 것이 세계적 추세임에도 불구하고 우리나라는 여전히 선거권 연령을 19세로 고수하고 있어 시대적 흐름에 부합되지 않는다는 지적이 있다. 선거권 연령을 16세로 하향하고 이를 확대하고자 하는 대다수의 국가는 선거권 연령의 하향을 통해서 젊은 세대의 정치적 무관심의 문제를 해결하고자 한다. 어린 나이부터 선거에 참여하게 함으로써 선거의 습관을 형성하고 세대 간 불평등으로부터 발생하는 이익의 불균형을 해결하고자 한다. 또 장기적으로는 선거의 투표율을 높임으로써 민주주의 발전에 긍정적 효과를 미치고자 한다(김효연, 2018).

선거권은 국민 주권 실현의 가장 직접적이고 핵심적인 권리임에도 불구하고 '19세 미만'의 청소년들이 성장하고 그들의 생활에 지대한 영향을 미치고 있는 지역 공동체에서의 정치적 의사결정과정에서 그들을 배제시키고 있다. 청소년에게 그들의 헌법적 권리를 현실적으로 보장받을 수 있도록 관련 법률의 개정이 필요하다.

청소년은 정치 참여과정을 통해서 궁극적으로는 시민의 가치가 실현되는 것이며, 그 속에서 시민이 자유로울 수 있다. 즉, 현재 '19세 미만'의 청소년이 스스로의 문제에 대하여 그들의 관점에서 결정하고 영향을 미칠 수 있도록 실질적 주권자로서 또 현재의 시민으로서 지위를 확인하고 현실화시킬 수 있도록 지방선거권이 보장되어야 한다. 특히 지방자치단체 선거에 참여하는 것은 청소년들과 매우 밀접한 관련이 있다. 청소년들이 주로 생활하는 학교영역, 생활공간, 청소년시설 등은 물론 청소년과 관련된 지방자치단체의 정책(예를 들면, 청소년 우대정책인 할인제도)은 청소년들의 삶과 밀접하게 관련되어 있기 때문에 청소년들에게 직간접적으로 많은 영향을 미친다. 지역의 소속 주민인 청소년들 역시 그들의 이익을 그들의 관점에서 스스로가 결정할 수 있도록 지방자치단체의 정치적 의사결정과정에 참여할 수 있어야 한다. 이를 위해서는 지방선거의 참여를 비롯하여 각 지방자치단체의 정치적 의사결정과정에 청소년들이 참여할 수 있는 방법들이 활성화되어야 한다(김효연, 2018). 따라서 선거의 목적에 부합된 연령을 사회적 합의과정을 통해서 개별 입법화할 필요가 있다. 또한 권리의 주체로서 청소년의 선거에 대한 권리 보장과 실현을 위해 자신들의 삶과 관련된 선거에 적극 참여하여 책임 있는 시민으로서의 실천과 기여를 경험할 기회를 제공해 주어야 할 필요가 있다. 이를 위해서는 미래의 유권자들을 위한 철저한 선거교육이 중요하다. 선거교육은 선거에 대한 올바른 지식을 습득하고 선거와 관련된 현상을 종합적으로 이해하며, 선거에 필요한 합리적인 능력을 길러 선거에 자발적으로 참여하는 태도를 함양하는 데 목적이 있다(최영선, 2015). 로저 하트(Roger Hart)는 발달심리학의 관점에서 '청소년들이 참여의 기술이나 책임감에 대한 경험 없이 갑자기 책임감 있고 참여하는 성인이 되기를 기대하는 것은 비현실적'이라고 하면서 아동과 청소년의 성장 및 발달을 위해서는 참여가 반드시 보장되어야 한다고 주장하였다(김효연, 2015). 참여 중심의 선거교육은 능동적으로 참여하는 것을 목표로 한다. 선거에 대한 이론으로서의 교육이 아니라 선거와 관련된 실제적 · 실천적 지식을 배우고 적용하는 교육이 이루어져야 하는 것이다. 이는 지식 전달 위주의 선거교육에서 벗어나 학습자가 경험할 수 있는 교육을 추구해야 한다(이지혜, 2017).

4) 다양한 청소년범죄의 예방과 대책

최근 청소년에 의해 범죄가 이루어진 것이라고는 믿을 수 없을 정도의 흉악하고 끔찍한 사건으로 형사재판을 받는 일부 소년범죄자들 때문에 「소년법」을 폐지하자

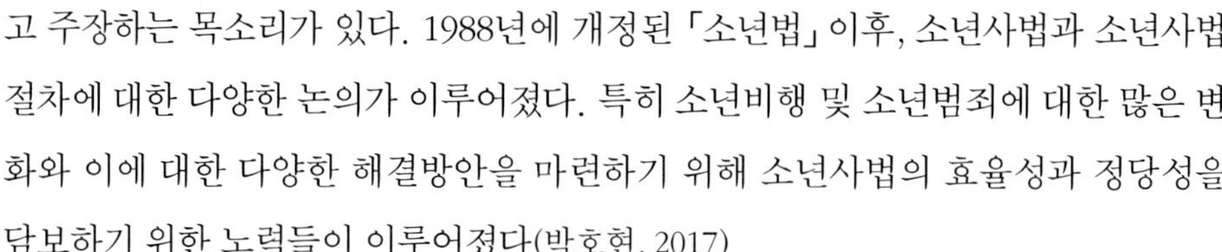

고 주장하는 목소리가 있다. 1988년에 개정된 「소년법」 이후, 소년사법과 소년사법 절차에 대한 다양한 논의가 이루어졌다. 특히 소년비행 및 소년범죄에 대한 많은 변화와 이에 대한 다양한 해결방안을 마련하기 위해 소년사법의 효율성과 정당성을 담보하기 위한 노력들이 이루어졌다(박호현, 2017).

「소년법」의 본래 목적은 아직 미성숙한 단계에 있는 비행청소년들에게 반성의 기회를 주고 교육으로 교정하자는 것인데, 갈수록 청소년에 의한 범죄가 지능화되고 심지어 이와 같은 규정에 대해 잘 아는 미성년자들이 법을 악용해 범죄를 저지르고도 제대로 처벌을 받지 않으려는 경우도 있어 법제도의 기본 취지가 무색해졌다는 의견도 있다. 따라서 진정한 의미의 소년보호 내지는 「소년법」의 목적 실현을 위해서는 일률적으로 모든 청소년범죄자를 동일하게 보호하기보다는 범죄의 강도에 따라 혹은 성인범죄자와 동등하게 여길 수 있을 정도의 위법 행위자에 대하여는 일반 성인에 준하여 취급하는 것이 보다 타당할 것이다(김연지, 2018). 보호주의에 입각한 「소년법」의 취지를 제대로 살려 내고, 흉포화되고 잔혹해진 범죄로부터 피해자와 사회를 보호하기 위해서는 '강온 Two-Track' 전략이 필요하다. 즉, 비교적 경미하고 교정 가능성이 있는 범죄에 대해서는 다이버전 등을 최대한 활용하여 기존의 처분이 갖고 있던 부작용을 최소화하고, 피해자에게 돌이킬 수 없는 상처를 주고 사회공동체가 받아들일 수 없는 극악한 범죄를 저지른 경우에는 현행보다 더욱 강한 처벌을 가함으로써 범죄 발생을 억제하는 한편 사회공동체적 윤리를 지켜 나가야 할 것이다(하권삼 · 양문승, 2018).

청소년재범자의 경우 2013년까지 증가하다가 이후 계속 감소하고 있으나 재범기간 중 1년 이내에 다시 범죄가 발생하는 비율이 10년 평균 75.3%로써 대부분이 1년 이내에 발생하고 있다. 즉, 청소년 범죄자들의 재범을 예방하기 위해서는 1년 이내에 재범방지 프로그램을 적용하여야 효율적으로 정상적인 사회복귀를 보장할 수 있다(한영선, 2018).

또한 청소년범죄를 지지하는 가장 큰 특징은 스마트폰의 확산이다. 스마트폰 확산과 인터넷 발달로 시간과 장소에 구애받지 않고 인터넷 도박이 가능해지면서 온라인 불법 도박시장은 나날이 커지고 있다. 청소년들의 인터넷 도박중독의 문제는 단순히 중독에 그치는 것이 아니라 학교 내에서는 교우관계의 단절, 학업 소홀, 학

표 12-2 인터넷 도박중독의 위험요인과 범죄 현황

구분	위험요인과 범죄 현황
개인적 차원	술, 담배 등의 시작단계가 빠르고, 다른 약물 접근이 매우 쉽다는 인식
	교우관계의 갈등과 단절, 폭력 등의 위험행동
	부모의 지지 부재, 가족 불화 및 갈등
	학업 능력 부족, 학교 부적응, 학업 중단
	자기통제력 저하
사회적 차원	사회경제적 손실의 비용 증가
	사기, 절도, 폭력 등의 제2차 범죄와 그로 인한 피해 발생(성매매, 강제노역 등)
	합법적 사행산업의 레저문화로서의 기능을 저해

*출처: 오세연(2018).

교생활 부적응의 문제를 가져올 수 있으며, 무엇보다 도박을 계속하기 위한 자금 마련 또는 도박으로 인한 빚을 갚기 위해 제2차, 제3차의 다른 범죄로 이어질 수 있다는 점을 감안한다면 우리 사회에서의 청소년 인터넷 도박중독에 대한 심각성과 대책방안에 관한 중요성을 인식하는 것과 이에 대한 대책 마련이 시급하다(안상원 · 한상철, 2013). 특히 인터넷의 영향으로 사기와 횡령 등 재산 범죄와 성폭력 범죄가 늘어 가는 현상이다. 〈표 12-2〉는 인터넷 도박중독으로 인한 위험요인과 범죄 현황을 구분한 것이다.

무엇보다도 청소년 인터넷 도박중독에 대한 심각성을 인지하고 이로 인해 발생하게 되는 제2차 범죄에 대한 효과적인 정책적 대책 방안을 위해서는 불법도박 관련 광고와 인터넷 불법도박 사이트에 대한 지속적인 단속 및 상습적인 불법도박에 대한 강력한 처벌과 함께 도박사이트의 인증절차를 강화해 청소년들의 무분별한 가입을 원천적으로 봉쇄하는 법제도의 개선이 이루어져야 한다.

인터넷 도박에 과의존 또는 과몰입 가능성이 높은 집단은 무엇보다도 학업 중단 청소년들일 가능성이 높다. 학업 중단 청소년의 경우 준비되지 않은 상태에서 사회활동을 하게 되고, 학교에서의 또래관계 또한 유지하기 힘들기 때문에 이러한 점을 감안하여 학업 중단 청소년의 유관기관에서는 내면의 성장이 용이할 수 있는 프로그램을 개발하고 제공하여야 한다. 일반 청소년들을 위해서는 온라인 도박에 대한

교육과 통제도 중요하지만 무엇보다도 청소년의 내면에 대한 형성이 잘 발달될 수 있도록 해야 한다는 연구결과가 지배적이다(조제성 · 김상균, 2018). 따라서 부모의 양육이 자존감의 형성에 유의미한 변수이므로 가정에서는 부모의 역할이 매우 중요함을 인식하여 청소년뿐만 아니라 부모를 위한 온라인 도박 예방 교육을 실시하고, 학교와 관련 기관에서는 부모와 청소년 모두에게 심리적 지원과 상담을 통해 온라인 도박 예방을 위한 지속적인 지원을 실시해야 한다.

5) 특별지원 청소년제도의 강화: 사각지대의 청소년 발굴

특별지원 청소년제도는 청소년 개인에게 초점을 맞추어 필요한 지원을 제공하고자 하는 것으로서 기존의 복지지원 체계와 차별화된 제도로 시작하였다. 기존의 복지지원 체계는 시설 중심, 프로그램 중심의 지원체계라면, 특별지원청소년제도는 경제적으로 어려운 청소년에게 청소년의 필요에 맞추어 직접적 지원을 강화하고자 하는 복지지원 체계이다. 특별지원 청소년제도는 가출 · 위기 · 학업 중단 등의 청소년들을 대상으로 생활비 지원, 건강(의료)지원, 학업지원, 자립지원, 상담지원, 법률지원, 청소년활동지원, 후견인 인건비 등을 지원한다(윤철경 · 김경준 · 박병식 · 정익중, 2006). 특히 현행의 사각지대 청소년을 지원하는 제도는 긴급하게 위기에 처한 청소년들을 지원하고 있는데, 이때 6가지 상황[① 주소득자가 사망, 가출, 행방불명, 구금시설에 수용되는 등의 사유로 소득을 상실한 경우, ② 중한 질병 또는 부상을 당한 경우, ③ 가구 구성원으로부터 방임, 유기되거나 학대 등을 당한 경우, ④ 가정폭력 또는 성폭력을 당한 경우, ⑤ 화재 등으로 인하여 거주하는 주택 또는 건물에서 생활하기 곤란하게 된 경우(화재 등이라 함은 화재, 산사태, 풍수해 등 포함), ⑥ 기타 복지부장관이 고시하는 경우(이혼의 사유로 소득을 상실하여 가구원 소득이 최저생계비 120% 이하인 때, 단전되어 1개월이 경과된 때, 주소득자의 휴폐업 또는 실직으로 생계가 곤란할 때, 출소한 지 6개월 이내, 6개월 미만의 초기 노숙, 기타 법의 취지에 반하지 않는 범위 내에서 지역 상황을 고려하여 지방자치단체장이 추천하는 경우)]에 직면하면 지원이 합당하다고 판정된다(김지연 · 김동일 · 김태완 · 윤철경, 2014). 이때 6가지 상황 중 추가 사항이 필요하다. 특히 화재 외에 지진과 같은 자연재해를 추가하는 것을 제안한다.

또한 청소년들에게 가출은 그 시대의 사회 변화에 따라 원인도 달라지는데, 최근 청소년가출은 가족 간의 갈등과 가족 해체의 가속화 등으로 지속적으로 증가하고 있는 추세이며 가출 후 거리생활을 하면서 또래와 어울리거나 비행이나 범죄에 노출되어 본인의 건강을 훼손하는 등 여러 가지 사회문제를 발생시키고 있다(여성가족부, 2014). 가출청소년의 특징으로 만성화, 저연령화, 집단화 등이 제시되고 있으며 생활유지를 위해서 성을 상품화하여 매매하는 시도가 많아지고 있는데, 대부분 매스컴과 사이버의 영향이 지배적이다(이민수, 2013; 최영신, 2008). 청소년은 성매매 피해자로서 이들의 성매매는 처벌하지 아니 하는데(「성매매알선 등 행위의 처벌에 관한 법률」 제6조 제1항), 검사 또는 사법경찰관은 수사과정에서 피의자 또는 참고인이 성매매 피해자에 해당한다고 볼 만한 상당한 이유가 있을 때에는 지체 없이 법정대리인, 친족 또는 변호인에게 통지하고, 신변 보호, 수사의 비공개, 친족 또는 지원시설 · 성매매 피해상담소에의 인계 등 그 보호에 필요한 조치를 한다. 이때 지원시설의 장은 입소자 및 이용자의 사회 적응 능력 등을 기를 수 있는 상담, 교육, 정보 제공 및 신변 보호 등에 필요한 지원을 하여야 한다(「성매매방지 및 피해자보호 등에 관한 법률」 제10조~제14조). 이는 구법과 달리 '이용자'의 개념을 별도로 명시하여 희망자의 형편에 따라 시설에서 숙식을 하지 않고도 시설에서 제공하는 서비스나 프로그램 등을 이용할 수 있도록 선택의 가능성을 높였다. 관련 시설 입소 · 이용 경력자인 경우 전(前) 입소 · 이용시설 장의 추천을 받아 소정의 심사과정을 거쳐 지속적인 지원 필요성이 있는 자를 선정하고, 초기 대상자는 상담 및 심사를 통하여 자활의 의지가 있다고 판단되는 자를 선정하고 있다. 자립지원 공동생활시설은 청소년 지원시설의 경우 2년의 범위에서 지원기간을 연장할 수 있다. 자활의 의지가 있다고 판단하는 자를 선정할 때 좀 더 유연한 기준으로 자활의 문턱을 낮추는 것이 중요하다. 자활의 의지를 높일 수 있도록 설득하고, 회복력을 높이기 위한 프로그램에 참여할 수 있도록 하는 것이 중요하다. 왜냐하면 오늘날 십대들 사이에서 가출은 특별한 일탈이 아니라 누구나 할 수 있는 행위로 간주되는 반면에 십대 여성이 가출을 하면 성매매에 유입될 가능성이 매우 높기 때문이다(김연주, 2015). 따라서 이들을 긴급한 지원이 필요한 특별지원 대상자로서 발굴하고 이에 적합한 프로그램을 제공하는 것이 마련되어야 한다.

2016년에 한시적으로 시작된 저소득층 여성청소년 생리대 지원사업은 경제적 부담으로 생리대를 구입하지 못하는 경우에 대한 정부차원의 지원방안이다. 저소득층 여성청소년들이 경제적 어려움으로 인해 생리대를 구입하지 못하여 비위생적인 물품을 사용하거나 생리기간 중 등교나 외출을 하지 못하는 등 어려움을 겪고 있으므로 여성청소년에게 보건위생에 필수적인 물품을 지원할 수 있는 법적 근거를 마련하여 여성청소년의 건강한 성장을 지원하기 위한 것이 목적이다. 즉, 여성청소년의 경제적 부담을 줄이고 건강하고 올바른 성장을 지원하는 제도이다. 당초 이 사업은 2016년 10월부터 한시적으로 시행했다가 「청소년복지 지원법」 제5조(건강한 성장지원)에 규정되었고, 여성가족부 주도로 진행하고 있다. 해당되는 여성청소년은 다음의 기준을 충족하는 만 11~18세의 여성청소년이다. 지역아동센터 및 아동복지시설 이용 아동, 방과후 아카데미 등을 이용하는 여성청소년, 의료급여 또는 생계급여 수급 여성청소년(중위소득 40% 이하)이다. '저소득층 여성청소년 생리대 지원 신청서'를 시군구에 제출해 신청하거나 이메일로 신청할 수 있고, 보건소 방문 시 겉으로 표시가 나지 않는 봉투에 넣어서 지급받게 된다. 따라서 청소년의 건강을 지원하기 위해 지속적인 특별지원 청소년제도의 발굴이 필요하다.

더욱이 학교 밖 청소년문제는 최근 잇달아 발생한 부산 여중생 폭행, 강릉 여중생 폭행 등을 통해 충격적 실태가 알려지면서 그 문제점이 다시 부각되고 있다. 그러나 학교 밖 청소년이 모두 위기청소년은 아니다. 학교생활이 맞지 않아 학업을 그만두고 다른 경로로 학업을 이어 가는 청소년들도 있고, 학업보다 직업훈련을 택한 경우도 있다. 그러나 사각지대에 있는 특별한 청소년은 아무것도 하지 않는다. 따라서 학교 밖 청소년 중 무업형에 해당되는 청소년을 지원할 수 있는 방안 마련이 필요하다.

요약

1. 초기 우리나라의 청소년복지정책은 긴급구호적인 성격을 띤 요보호 대상, 즉 보호, 선도, 교화에 초점을 맞추면서 시작이 되었다. 그러나 청소년복지는 전체 사회문제로 다루어야 하며 국가의 관심과 정책을 요하는 영역이 되었다.

2. 청소년복지의 개념 및 이념의 특성을 정리하여 살펴보면 다음과 같다. 첫째, 청소년복지는 아동복지와 구별되는 영역이다. 둘째, 청소년복지의 대상은 문제해결을 필요로 하는 청소년이나 그렇지 않은 청소년 모두를 포함한 청소년이 대상이다. 셋째, 청소년복지는 청소년의 기본욕구를 충족시키고 문제를 해결하는 차원을 넘어서 청소년의 문제를 예방하고 청소년의 역량을 개발하고 건강한 성장발달이 실현되도록 지원하는 것이다. 넷째, 청소년복지는 청소년에게 직접 제공되는 지원뿐만 아니라 가족, 지역사회 그리고 청소년수련시설을 통해 제공되는 간접적인 형태의 정책과 제도를 포함하는 광범위한 개념이다. 다섯째, 청소년복지는 청소년 전문가에 의해서 지원되는 보다 전문적이고 다양한 지원이다.

3. 한국의 청소년복지는 각 시대의 정치, 경제, 사회적·상황적 맥락에 따라 점진적으로 발전해 왔다. 한국의 청소년복지의 발전과정을 잠복기–태동기–확립기–확대기 이후로 구분할 수 있다.

4. 청소년복지의 과제는 크게 다섯 가지로 나눌 수 있다. 첫째, 청소년복지정책은 연령대가 중첩되어 진행되고 있는 아동복지정책과는 차별화하여 다루어져야 한다. 둘째, 다른 연령대와 비교해 볼 때 상대적으로 열악한 부분인 후기 청소년지원을 위한 제도가 확대되어야 한다. 셋째, 선거의 습관을 형성하고 세대 간 불평등으로부터 발생하는 이익의 불균형을 해결하고 장기적으로는 선거의 투표율을 높임으로써 민주주의 발전에 긍정적 효과를 미치기 위한 선거권 연령 조정이 필요하다. 넷째, 흉악하고 끔찍한 사건사고의 행위자로 지목받고 있는 청소년들의 범죄 예방과 대책 마련이 시급하다. 마지막으로, 청소년 개인에게 초점을 맞추어 필요한 지원을 제공하고자 하는 특별지원 청소년제도를 발굴하여 기존의 복지지원 체계와 차별화되는 제도를 지속적으로 마련해야 한다.

참고문헌

강수돌(2007). 한국사회에서 일 · 노동 · 지속가능한 행복의 조건. **본질과 현상**, 41-55.

강영배 · 손의숙 · 전명호 · 정철상 역(2008). **현대사회와 청소년**. 서울: 박학사.

김기헌 · 장근영 · 조광수 · 박현준(2010). **청소년 핵심역량 개발 추진방안 연구**. 서울: 한국청소년연구원.

김기헌(2017). 청년 정책의 현황 진단과 개선 방향. **보건복지포럼, 2**, 54-68.

김연주(2015). 청소년성매매 어떻게 볼 것인가?. **진보평론, 64**, 268-286.

김연지(2018). 소년범죄사건과 정보공개에 관한 비교법적 소고. **소년보호연구, 31**(2), 1-26.

김영모(1995). **한국 청소년복지의 전망과 과제**. 서울: 한국청소년개발원.

김지연 · 김동일 · 김태완 · 윤철경(2014). 청소년특별지원 사업 제도개선 방안연구. 세종: 한국청소년정책연구원.

김효연(2015). 아동 · 청소년의 정치적 참여와 선거권 연령. 고려대학교 대학원 박사학위논문.

김효연(2018). '19세 미만' 청소년의 6.13 지방선거 참여보장-선거권연령 하향입법 개정의 필요성을 중심으로. **법학논총, 38**(1), 199-226.

남미애(2004). 우리나라 아동 및 청소년복지의 현재와 미래. **지역학연구, 3**(1), 139-169.

노혁(2008). 청소년복지의 성격과 방향 재검토: 임파워먼트의 활성화를 위한 비판적 대안으로서 기회를 중심으로. **한국청소년시설학회 논문집, 6**(4), 43-53.

노혁(2011). 청년복지이념의 재조명: 경제적 관점에서 지속가능한 복지사회기반으로의 이념적 전환을 중심으로. **청소년복지연구, 13**(2), 293-313.

박호현(2017). 소년법 개정논의에 대한 고찰. **영남법학**, 44, 141-167.

송민경(2009). 아동복지학에서 바라본 청소년복지학. **2009 한국청소년복지학회 추계 학술대회 자료집**, 67-75.

심규성 · 김지연(2012). 한국의 청소년복지 패러다임과 스포츠복지 개념을 적용한 청소년지도사의 전문성 강화 방안. **한국운동재활학회지, 8**(3), 93-106.

안상원 · 한상철(2013). 도박 중독자의 2차 범죄화 예방방안에 관한 연구. **한국중독범죄학회보, 3**(1), 90-114.

여성가족부(2014). **청소년종합실태조사**. 서울: 여성가족부.

오세연(2018). 청소년의 인터넷 도박중독으로 인한 2차 범죄 실태와 대책방안에 관한 연구. **한국범죄정보연구, 4**(1), 79-96.

오혜진(2013). 순응과 탈주 사이의 청년, 좌절의 에피그램. 우리문학연구, 38, 463-488.

윤철경 · 김경준 · 박병식 · 정익중(2006). 특별지원청소년 선정 및 지원: 대상, 내용, 방법 및 절차를 중심으로. 서울: 한국청소년개발원.

이민수(2013). 청소년의 반복가출과 가출전환 경험연구. 청소년복지연구, 15(2), 87-119.

이용교(1993). 한국 청소년복지의 현실과 대안. 서울: 은평출판사.

이정진(2018). 청소년의 정치참여 현황과 개선과제. 이유와 논점, 1466, 1-4.

이지혜(2017). 참여 중심 선거교육 방향 탐색. 법과인권교육연구, 10(1), 39-54.

전지원 · 전자배(2018). 청소년 참여활동 경험이 초기 성인기 시민의식과 사회참여에 미치는 영향. 한국교육, 45(2), 5-30.

조제성 · 김상균(2018). 학업 중단 청소년의 온라인 도박경험 경로 연구. 한국범죄심리연구, 14(1), 133-146.

최영신(2008). 여자비행청소년의 성적 학대 경험과 비행에 미치는 영향. 아시아교정포럼학술지, 2(2), 77-105.

최영선(2015). 중 · 고등학교 사회과 선거교육에 대한 연구. 부산대학교 대학원 석사학위논문.

하권삼 · 양문승(2018). 현행 소년법의 문제점 및 개선방안. 경찰학논총, 13(1), 279-311.

한영선(2018). 한국의 소년범 처리실태와 개선방안: 보호처분을 중심으로. 한국청소년학회 학술대회 자료집, 215-243.

Brun, C., & Rapp, R. (2001). Strength-based case management: Individuals' perspectives on strengths and the case manager relation-ship. *Social Work, 46*(3), 278-288.

Jones, G. (1995). *Leaving home*. Milton Keynes: Open University Press.

찾아보기

인명

내용

저자 소개

김도영(Doyoung Kim)

제주국제대학교 사회복지학과 교수(사회복지학박사, 청소년전공)

청소년지도사 2급

전 제주특별자치도청소년활동진흥센터 팀장

저서 및 논문 「청소년활동 참여행동 예측모형 검증」(2016) 등

이혜경(Hyekyong Lee)

경민대학교 학생생활상담센터 센터장(사회복지학박사, 청소년전공)

청소년지도사 1급, 사회복지사 1급

전 김포시청소년육성재단 파트장

저서 및 논문 『가족이론』(공저, 대학출판사, 2002)

「청소년이 지각하는 가족건강성 척도개발과 학교생활부적응과의 관계」(2008)

「청소년 건강증진 프로그램 개발 연구」(2010)

「한부모가족 대학생 자녀의 대학생활 적응에 관한 연구」(2016) 등

노자은(Jaeun Roh)

중앙대학교 외래교수(사회복지학박사, 청소년전공)

청소년지도사 2급, 사회복지사 2급

전 (재)경기도가족여성연구원 청소년정책 분야 초빙연구위원

저서 및 논문 『한국사회와 다문화』(공저, 도서출판 경진, 2009)

「청소년의 신뢰: 구체적 신뢰, 일반신뢰, 공적신뢰」(2015)

「A Study on the Establishment of Safe Work Environment for Young Workers」(2018)

「청소년 돌봄서비스 영역에서의 인권교육의 현황과 과제」(2018) 등

청소년학총서 ③

청소년복지론

Adolescent Welfare

2019년 6월 20일 1판 1쇄 인쇄
2019년 6월 25일 1판 1쇄 발행

지은이 • (사)청소년과 미래
김도영 · 이혜경 · 노자은

펴낸이 • 김진환

펴낸곳 • ㈜학지사
04031 서울특별시 마포구 양화로 15길 20 마인드월드빌딩
대표전화 • 02-330-5114　팩스 • 02-324-2345
등록번호 • 제313-2006-000265호

홈페이지 • http://www.hakjisa.co.kr
페이스북 • https://www.facebook.com/hakjisa

ISBN 978-89-997-1788-8 93370

정가 18,000원

저자와의 협약으로 인지는 생략합니다.
파본은 구입처에서 교환해 드립니다.

이 책을 무단으로 전재하거나 복제할 경우 저작권법에 따라 처벌을 받게 됩니다.

이 도서의 국립중앙도서관 출판시도서목록(CIP)은 서지정보유통지원시스템 홈페이지(http://seoji.nl.go.kr)와 국가자료공동목록시스템(http://www.nl.go.kr/kolisnet)에서 이용하실 수 있습니다.
(CIP 제어번호: CIP2019024018)

출판 · 교육 · 미디어기업 학지사

간호보건의학출판 **학지사메디컬** www.hakjisamd.co.kr
심리검사연구소 **인싸이트** www.inpsyt.co.kr
학술논문서비스 **뉴논문** www.newnonmun.com
원격교육연수원 **카운피아** www.counpia.com